本书得到中国社会科学院学科登峰计划"海外中国学研究"优势学科资助

国外中国学研究丛书
何培忠 唐磊 ◎ 主编

De Ao Zhong Guo Xue Jia Fang Tan Lu

德奥中国学家访谈录（下）

[德] 项佳谷 ◎ 编
石之瑜 文旭 唐磊

中国社会科学出版社

目 录

发展政策的昨天、今天和明天：德国经济学家眼中的中国经济
　　——沃尔夫冈·克莱纳（Wolfgang Klenner）教授访谈录 …………… 1

"中国的也是世界的"，这是我研究中国的切入点
　　——汉克杰教授访谈录 ……………………………………………… 17

对传统中国的研究是汉学研究不可或缺的
　　——冯门德（Erling von Mende）教授访谈录…………………… 34

汉学家对文化与宗教关系的思考
　　——柯若樸教授访谈录 ……………………………………………… 51

汉学与中国文学
　　——顾彬教授访谈录 ………………………………………………… 72

汉学、民俗学、考古学三栖的学者
　　——贺东劢（Thomas Höllmann）教授访谈录 ………………… 91

加强中国哲学史研究，强化汉学研究内在的不同化
　　——拉尔夫·莫里茨访谈录 ………………………………………… 126

在金文文稿中寻找中国法律和历史发展的痕迹
　　—— 劳武利（Ulrich Lau）教授访谈录………………………… 134

探寻经济发展和环境保护的共存之道
　　——费多丽教授访谈录 ……………………………………………… 151

儒家哲学与当代中国现代性的冲突与融合
　　——罗哲海教授访谈录 ……………………………………………… 172

大学的汉语教学需要重视语言理论和语法
　　——蔡德访谈录 ··· 182

把握机会、推动奥地利与中国的文化交流
　　——李夏德教授访谈录 ······································· 197

我和中国的关系是不一样的
　　——殷歌丽（Ingrid Fischer-Schreiber）访谈录 ······· 223

从道教研究到汉学教学
　　——常志静教授访谈录 ······································· 237

通过中国古代哲学认识中国
　　——陶德文（Rolf Trauzettel）教授访谈录 ············ 252

孙文主义研究是我中国研究的起点
　　——金德曼（Gottfried-Karl Kindermann）教授访谈录 ······ 278

我的中国研究及中国学知识社群的比较
　　——郎密榭（Michael Lackner）教授访谈录 ·········· 314

我仍然看不到我所爱的中国研究和跨文化研究的尽头
　　——瓦格纳（Rudolf G. Wagner）教授访谈录 ······ 334

为中奥电影交流搭桥铺路
　　——伊莎贝拉·沃尔特（Isabella Wolte）访谈录 ···· 377

以研究儒家思想作为理解现当代中国的桥梁
　　—— Hans van Ess 教授访谈录 ··························· 395

交流与平等对话是了解中国的唯一途径
　　——史安梅教授访谈录 ······································· 431

发展政策的昨天、今天和明天：
德国经济学家眼中的中国经济
——沃尔夫冈·克莱纳（Wolfgang Klenner）教授访谈录

（沃尔夫冈·克莱纳，德国波鸿大学退休教授）

访谈人：Jiagu Richter
时　间：2016 年 7 月 4 日
整　理：齐菲
核　改：Jiagu Richter

克莱纳教授 照片 1

问：很高兴您能参与这个项目，接受今天的采访。现在想请您就以几个方面谈一谈：

1. 您如何开始学中文的，为什么对学中文和中国研究感兴趣；

2. 你的学术发展（包括研究和教学）；

3. 与中国大陆及台湾学术合作和交流的情况；

4. 对中国发展经济模式的看法及中国未来前景的看法。

首先请您谈谈，您怎么开始对中国产生兴趣的？

答：我在柏林自由大学读了经济学，当时让我对中国产生兴趣的原因有两个。第一，中国如果可以作为东德社会主义制度的一种选择性发展道路看起来非常有趣。东德自己只是一个地区性的例子，吸引力有限，而对中国，没人知道以后会怎样，了解得越少，就越容易产生兴趣。

问：这是哪年的事情？

答：70年代吧。所以我首先对中国产生兴趣，是因为中国的发展模式的某些方面可能为其他国家提供选择。第二个原因是，我在埃塞俄比亚工作过，为埃塞俄比亚政府做过投入产出分析（input output analyse），也与对发展政策十分感兴趣的学生讨论过经济制度包括中国的经济制度。这是我当时的两个动机。

问：但是埃塞俄比亚和中国有什么关系呢？

答：埃塞俄比亚的大学生对中国非常感兴趣，他们也认为对于埃塞俄比亚来说，中国可能是未来的发展模式，所以我也想知道中国到底是怎样的。中国的宣传做得很好，但这和现实中的中国无关，于是我就想，不如先学习中文，再看看中国的经济到底是怎样的。从经济学专业毕业之后，我放弃了本来选择的第二专业——数学，然后非常幸运地在一个大众汽车奖学金的帮助下开始学习中文。这个奖学金旨在支持学生们学习所谓的不常用语种，并且支付读博士的费用。中文当时还是一门少见的外语。我很快就选择了一个题目："中国的国民经济计划"（die Volkswirtliche Planung in China），从一些特别的角度进行研究，比如将其和"文化大革命"联系起来，或者对比中国、苏联和东德有什么区别，等等。因为当时的汉学系研究的基本是古汉语，没人教现代汉语，我就去了图宾根大学学习现代汉语。

问：Ladstätter 教授那时候在图宾根教课？

答：对，我也因此第一次去了中国，是跟一个学生团体一起去的。后来我开始在新加坡学习中文，然后又去香港继续学习。

问：学了一年吗？

答：差不多，后来我待的时间还要久一点。

问：这就是说您在图宾根大学的时候就开始学习中文了？

答：对，学了一点，后来才在新加坡加强学习。之后我又去了香港，开始了我的博士课题——"'文革'期间的计划经济"。为了这篇博士论文我花了很多精力，之所以非常花费精力，是因为经济课题需要的大量资料和从中国公开报道中获得的信息完全不一样。当年我第一次到中国的时候对图书馆、书店充满期待，想找到一些关于经济计划的资料，就去了一个很大的书店，书店有三座大楼，第一座楼里是《毛泽东作品选》第一集，第二座楼里是《毛泽东作品选》第二集，第三栋楼里……你知道卖的都是什么。在香港我就比较幸运了，因为香港的大学服务中心里可以接触到许多内部刊物，比如《计划经济》《经济研究》等本来外国人看不到的刊物。

问：在香港也是这样吗，外国人也看不到？

答：比较难。

问：在香港也是吗？

答：我可以接触到这些刊物，但是这些刊物过境的时候是违法的，你无法合法地把它们带出香港。

问：但是在香港本地就没有审查？

答：没有。

问：您也曾经到过大陆？

答：对。

问：在哪个城市，哪个大学？

答：第一次是大学生时期的旅行，去了很多城市。在完成博士论文之后，我开始在汉堡的世界经济研究所（Institution für Weltwirtschaft）工作，这个研究所建立了一个东亚部，我是这个部门的管理人。这对于我的中国研究来说其实是非常幸运的，因为这段时间里，中国刚刚开始了改革，正在寻找一种可以替代计划经济的模式，从当时的角度来说，这个模式不能由美国和日本提供，所以有人就想，德国有社会市场经济（soziale Marktwirtschaft）的先例，市场经济加上社会因素（soziale Elemente），这就是中国需要的。当时的德国大使在北京非常活跃，他和中国计划委员会的负责人联系说："在德国有社会市场经济方面的专家，你们可以邀请一位过来。"于是我就收到了计划委员会和基本建设委员会的邀请。他们先告诉了我北京现有的问题，之后让我去四川、福建、广东的省计划委员会，当地委员会又给我介绍他们的问题和改革的第一步。我收集到这些信息大约一个月后，就交给北京一份报告，叙述了我认为当下起步阶段好的措施和存在的问题。

问：一个月之后就完成了吗？

答：是的，先给那些领导看了。

问：是的，必须要先让他们理解问题在哪儿，然后才能解决问题。

答：没错，不过这在当时还比较简单，因为那时的问题都是非常基础的：负责发展计划的人员甚至不知道钱的意义是什么，也不知道独立的中央银行是什么。对于他们来说，钱就是用来买东西的，只是用来实现计划的资金，比如买100万吨钢铁需要1000万元人民币，他们不知道钱能引发什么问题。另一方面，当时的企业还是国有企业，他们还完全没有考虑过盈利问题，没有以盈利为目标进行发展，也没有向可盈利的领域进行独立投资。第一年的情况就是这样，一切确实都是刚刚起步。三四年间，我一共因此被邀请了三次。第四次，我有幸受邀至国家计划委员会工作半年，同时也在当时的外贸学院授课。对我来说最有趣的是国家计划委员会，在那里，我认识了很多负责计划经济的干部，我们进行过很长的对话，每周有时有两三个访谈。

问：在外贸学院是授课吗？

答：是的，我在那教一些课。

问：在计划委员会的半年，您在那里干什么，当顾问吗？

答：不，这半年我没有做顾问工作，只做了与我研究有关的访谈和课题。当然，也有人会咨询我"您会怎么解决这些问题？"，但正式来说我不是顾问，而是计划委员会的外籍工作人员。

问：这是一个特例，在今天看来这难以想象。

答：在当时来说更加难以想象，我是唯一的一个。

问：这是哪年呢？

答：大概80年代初。那时所有人都非常乐观、非常开放，对一切产生兴趣，对我个人来说也是一段非常好的时光。

问：当时的人还不像现在那样，一切向金钱看，整个国家充满热情，想要做出最好的成绩。

答：是的，包括计划部门的专业人员、部门领导、那些对中国的经济来说很重要的人，都是这样。我非常惊讶，他们对中国经济怎样才能更好表现出了极大的兴趣，我之前在香港的时候，读过一些美国的分析上说，中国经济部门的干部非常在意自身的名声和名望，去地方上出差对他们来说是一件非常自豪的事情，因为地方想从他们这里得到资金，他们就可以借此好好享受这个位置带来的好处，但我在计划委员会的时候完全没有这个感觉。在我看来，他们都在切实地考虑国家现有的问题，发现问题后如果不知道怎么处理，就去找解决方案。当时我们只知道中国不想要美国模式。不过现在已经不一样了，现在中国对美国制度中的某些方面显然也比较感兴趣。这之后我又回到了汉堡的世界经济研究所。

问：这是从1984年起吗？

答：是的。那时，波鸿大学刚好在招聘一位东亚经济学的教授，我当时正在求职，但有些不确定去大学工作是不是一个好主意。我一直对中国经济很感兴趣，和世界银行以及亚洲发展银行也有联系，考虑过是不是去那里更好。后来我和一些在世界银行工作的朋友见了面，他们告诉我，在世界银行或亚洲发展银行工作当然很好，但有件事你必须明白，所有的高位都受到政治因素的影响。这也是我选择波鸿大学的一个原因，当时可能只有两三个学生对东亚经济学感兴趣，但当我退休的时候，学习东亚经济学的学生达到了500人左右，他们学了非常多的经济知识，差不多和经济专业的学生上一样多的经济课，此外再花一部分时间学中文和东亚经济。

问：500个学生，这么多？

答：是的，差不多500个，我可怜的同事要做很多工作，包括看学士论文、学生咨询，等等。

问：500个学生指的是一年内吗？

答：不，总共四年，把学士和硕士算在一起，大概是五六年吧。我的想法是，首先培养他们成为经济学家，首先学习经济学，他们可以在全世界发展，比如有成绩不错的毕业生去了麦肯锡，在巴西工作，如果他们可以在中国和日本工作，那他们也可以去巴西工作。这是我当时的想法，所以他们必须学习很多经济知识，也要学习中文或者日文，之后尽可能用中文或日文材料来深入研究中国或日本的经济。

问：您1984年回到了汉堡？

答：首先去了汉堡，然后1984年在波鸿大学找到了这份工作。

问：您马上就得到了聘用，得到了教授位置，是吗？

答：是的，这在当时对我来说很幸运。其实我根本没想到会去大学工作，这只是一个幸运的偶然：东亚经济学教授这个位置公开招聘了，当时没有其他会中文和日语的经济学家，也没有在中国待过很长时间的经济学家，尤其是在计划委员会工作过的。

问：没有写教授资格论文吗？

答：我的著作就等同于教授资格论文了。我在汉堡的四年出版了不少文章和书，之前也有三四十篇关于中国、日本和世界经济的论文，也算有一些价值等同于教授资格论文的东西。

问：之后您就一直在这里授课了？

答：是的，之后我就留在这里了，虽然我又得到其他的聘用邀请，但是波鸿大学还是更有吸引力，让我留了下来。除此以外，我还和一些大学保持联系，比如日本的东京大学、名古屋大学，都是日本有名的国立大学，大约有四五所，东京大学排名第一，名古屋大学也是一所国立大学。为了项目，我还在东京发展研究中心工作过几个月，并且为项目去过多次。之后，我定期在德日经济学家范围内组织会议，并一次在日本，一次在德国主持过会议，发表了我们的报告。这就是德日经济学家协会。

问：您也说日语？

答：会说一些。

问：您学过吗？

答：我学过。

问：您什么时候学的中文？读硕士的时候您学的是经济啊。

答：我在图宾根大学学的，到硕士为止，我都只学了经济，硕士学的是经济学。

问：您在图宾根大学考取汉学学位了吗？

答：没有，我只学了语言。

问：您学了多少年？

答：在图宾根大概一到两学期。

问：您这么快就掌握了中文？

答：差不多吧，起码是个基础。

问：读中文没问题吗？

答：如果让我读鲁迅，那还是比较困难的，但如果让我读计划经济相关的文章，或者做一个关于经济学的报告，那就没什么问题了。不过，现在的中文和我当时学的完全不同了，人们使用的是完全不同的词，在今天，当你和年轻中国学生在一起的时候，他们使用的词汇和20年前完全不同。

问：您的中文和日语哪个好一点？

答：中文。

问：您没学过古文，而是直接学习现代汉语，是吗？

答：是的，直接学习了现代汉语，但是我还是学了繁体字，去中国的时候我又得切换过来。谈到与中国方面的合作，我和外贸学院一直保持联系，在那里做了一些报告，一些同事也被邀请到波鸿大学来当客座教授。

问：您是指外贸学院？

答：是外经贸大学，以前是外经贸学院。以前只为政府部门培养人才的，后来变成了一所普通大学。我们直到现在都有联系，有些经济部门的人也来过这里（德国），我自己也去过那边。

问：您多久去一次中国？

答：大概一年一两次。

问：之前在计划委员会的时候您在那边待了多久？

答：三次，每次一个月，最后一次整整半年。那时候本身也是非常有趣的时期，当时我被安排住在海淀的友谊宾馆，但其实我更想和中国人一起住在胡同里，还能练习中文，但在当时这是不可能的。之后我与中国台湾"国立"大学和台北大学也有联系。中国台湾"国立"大学和台北大学都有很好的经济学院，我在那里待过两段不太长的时间。我还在新加坡待过一个学期，在新加坡国立大学的东亚中心。当然还有美国，拜访过美国很多与中国经济有关的人，做过报告。法国我已经开了20多年会了，每年都有一个会议，由法国INSEAD工商管理学院主办。那里有一个欧洲亚洲研究中心。还有一些类似的邀请，所以我也去过伦敦、英国其他的大学和澳大利亚。

问：您和中国大陆以及大学方面有没有什么经济计划方面的合作项目呢？

答：我为世界银行写过一篇报告，其中说到中国改革开放初期根本不清楚他们需要哪方面的经济专业人士，大学也无法模仿德国或者美国的大学，毕业生在当时中国的经济体制中无法做什么有价值的工作。当时世界银行有一个好主意，他们找了三个专业人员，一个研究日本、一个研究英国、一个研究德国，看这几个国家的经济学教育过去是怎样随着经济发展而改变的，比如在德国的高等专科学校为了培养出更好的会计，在过去的50—100年里是如何随着时间变得更加学术化、数学化和模式化的。我一直在考虑，对于中国来说，改革阶段最重要的是什么。

问：您是说世界银行找了专业人士，做了关于英国、德国和日本的教育发展模式研究，然后把这个结果给了中国？

答：是的，给中国了。不过当初给出的问题是"在德、日、英的经济发展下，经济学教育如何继续发展"。以上，这就是我的一个和中国相关的项目。

问：您就是做德国调研的那个人吗？

答：对，然后把报告交给世界银行，世界银行再给中国，内容都是关于一些具体的考虑，怎么做对中国可能比较有益之类的。

问：这是一个很大的项目，肯定进行了很长时间吧？

答：是的，项目很大。

问：中国方面谁是您的合作伙伴？

答：那些对相关问题感兴趣的委员会。

Klenner 教授照片 2：1979 年在黑龙江大庆

问：关于您的学术发展，您说最开始的时候您学习的是国民经济计划，之后一直在这个方向发展吗？

答：不，首先作为学者来说，我并没有重点研究的地区，只是研究普通经济学，后来我的地区重点变成了中国和东亚，内容重点变成了中国经济计划。然后我做了一些和日本相关的工作，关于日本经济政策和发展政策，之后同时我也开始研究非洲的发展政策，比如埃塞俄比亚，或者其他非洲国家，整体来说就是发展政策研究、经济制度、货币政策，等等。我在大学工作的时候，课程还包括企业管理，这门课我还是学生的时候是必须学习的，但我对此开始不是很感兴趣，不过因为我教的大部分学生毕业之后都会去企业里工作，必须了解这方面的知识，因此，我又想起来了以前学的企业管理知识，就再次开设了这方面的课程。

问：这完全是两个方向啊。

答：完全是两个概念，两个世界的思维。国民经济学家仿佛苦行僧，企业管理家就完全不一样了……

问：但这个比较赚钱。

答：是的，后者其实比较赚钱，但我还是选择了前者。

问：您的学生会在大公司里成为CEO吗？

答：他们去大公司工作，或者做一些咨询顾问工作，也有很多中小型企业里有我们的学生。非常感谢大众汽车基金会开创先河，建立了这个项目，德国因此在和中国的经济接触上取得了先机。很长一段时间内，我属于很少了解中国和日本的经济学家，还有很多汉学家、日本学家，但是他们对经济方面的问题不是很了解。

问：从这个角度来说，大众汽车公司基金会为国家做出了很大的贡献。

答：是的，我觉得通过这个计划，每年大概有近50位毕业生进入市场，为德国经济付出努力，而法国和英国相比来说，开始时没有这样的条件。

问：每年大约有50名学生进入大公司？

答：这是后期的数字了，初期当然比较少。初期学生的类型也不一样，过去10—15年才是真正针对商业学生的。

问：当时在您上学的时候还不是这样的吗？

答：我那个时代的人们更理想化一点，真的只有对这个题目感兴趣的人才会来学习这个。我的专业方向就像中国一样，发生了很大的变化。许多对市场感兴趣的学生，或许之前已经学习过经济学意义上的"市场"，来到这里之后，我们一起做中国和日本市场的研究，这就必须学习中文和日文，才能在工作时体现出合作的优势：我们不仅是经济学家，还了解中国和日本市场。

问：但您的教授聘书是东亚系的？

答：后来是经济系的。我开始是在东亚系，同时也在经济系，后来有一些合作，就彻底转到经济系。

问：所以您不了解波鸿大学的汉学系？

答：一点也不了解，这是两个世界，我是在经济系的，重点是中、日、韩。

问：对研究中国经济，这可能是最好的解决方案。

答：是的，对我来说其实无所谓，但对学生来说不是。学生如果毕业于东亚系，那么，德国很多大学都有东亚系，每个都学了一点点经济，对东亚系毕业生来说，经济学就是简历和名片上的一行字，并没有真正加强学习过。如果学生通过的是东亚系的考试，那么，谁都不知道他们其实是经济学家，所以他们还是应该成为经济系的毕业生。

问：我也和很多教授讨论过，结论是未来研究中国最好的办法是必须合并，在进行政治、历史、经济学习的同时学习汉学，这样才能做更深层次的研究。

答：是啊。

问：很遗憾，必须找一个对此感兴趣的经济学家才对。

答：是，但这必须是一个会中文和懂中国经济的人，这样的人能在大公司找到非常有趣的职位，以至于大学对他们来说毫无吸引力。我很谨慎地问过我的博士生，你们有兴趣回到大学里吗？他们表示，"我们知道大学是怎样的，我们不想回去。在公司赚的钱是大学的好几倍，还能升到足够高的位置，能得到足够多的自由，为了这种自由也不想回大学"。

问：很遗憾，没人做研究了。

答：在德国当然还有人做，但不一定是以中文的经济文本为基础，但从另一个角度来说，虽然很遗憾，但也不是灾难，因为中国经济此刻的状况对一般经济学家来说都非常易懂，不像刚刚改革开放后的那些年，必须了解很多关于中国经济的东西才能搞清楚。现在中国的经济系统在很多方面与市场经济具有可比性，其中的区别可以通过学习进行了解，所以说虽然很遗憾，但也不是灾难。

问：美国模式就是，怎么说呢，残酷的资本主义。
答：从欧洲的角度来看，有一些不太好的因素。不能排除这些因素中的一些也在中国发展的可能性。

问：不像德国或者很多欧洲国家，更注重社会福利。
答：企业之间、工人之间、学生之间的竞争都很激烈。

谈到与中国机构的合作，我去浙江省比较多，我觉得浙江省很有趣，上海、北京、东北和广州是通过合资企业实现了他们的发展，用了外国的资本的帮助，但浙江靠的是他们自己的力量，自己的资本，虽然也有合资企业的成分，但发展的座右铭一直是使用"自己的资本"，在这个方面，我有时也会和浙江有一些联系。

问：和省政府吗？
答：和各种不同的机构。

问：作为参谋？
答：没有，我们会一起讨论一些问题，我不觉得这是参谋。

问：在哪个城市？
答：在杭州，他们会给我展示台州、宁波、温州及其他城市的问题。这非常有趣，大部分是私人企业的情况。很多私人企业的经理在"文化大革命"刚结束时就很活跃，当然那时不是私人企业的经理。但他们抓住了那个计划经济的年代所提供的少有的机会。我看到这个的时候就想，苏联没有过"文化大革命"，只有计划经济，这可能是"文化大革命"的好处：因为"文化大革命"期间没有计划，最多也就是革命委员会、地方管理委员会去执行一些措施，这代表着基础阶层有很多发言权，活跃的干部有发言权，这些"文化大革命"中掌握经济命运的活跃干部，在中国资本化的时候就比较有优势。

问：在我看来，中国或者中国人有经商的传统，这和苏联不一样。那些"文化大革命"中的干部，之后他们其实并没有权力，他们都没落了。

答：他们政治上有很多问题。

问：很大的问题，反而是那些在"文化大革命"中被打压的干部的孩子，那些高干子弟，很多人在私有化过程中得到了很大的权力和资源，现在都身处大企业的领导位置。他们或者有政治力量，或者有经济力量，有些在国有企业，有些在私有企业。

答：没错。

问：这两个因素很重要，一个是传统。您可以看到，不管在哪里，只要是自由经济，中国人都可以成功，他们有这个传统，也能做得非常好。这种勤劳、节约的传统不仅在国内，也在海外；另一个是这些精英人士会一直保持在精英阶层。

答：是的，很对。

问：我们的下一个问题是经济模式，您怎么看中国的经济模式？怎样会更好，未来会怎样？当说到北京共识或者华盛顿共识的时候，您也会想到这方面吗？应该更多计划还是更多自由？有时候中国的情况并不符合理论，比如更多的自由会带来更好的经济发展，中国有时候也不是这样，您怎么看？

答：我的看法这些年来经常改变。作为一个德国市场经济学家，应该相信只有纯粹的市场经济是可行的，其他任何模式都会导致灾难——这是我们在大学中学到的，虽然我从来没信过。中国经济其实就是一个反证，证明了这个理论不对，人们可以适应体制，在其下进行发展。二三十年前，我去中国的时候，虽然当时没意识到，但其实我那时的想法就像曾经那些环游世界的老英国人一样，想的都是"你们也不错，但我们英国人是最好的"；一直到大约20年前我去中国的时候，也会下意识想：你们必须提高自己的水平才行；然而，过去10年里，每当我去中国的时候，再想到德国，就感到非常绝望——德国没有解决的问题太多了！大计划进行不了，很多小事情也解决不了，这样的情况太多了。甚至你想用一些行政规则去管理他们。所谓"中国有一天可能会达到西方水平"的想法，在过去20年里已经完全消失了。当我想到德国的时候，就有一种非常糟糕的感觉，觉得这里什么都无法推进；我也认为如果中国的政治系统和欧洲一样的话，那会是一个灾难。有些说法认为，中国人非常集体主义，但其实和他们交流之后，我发现像中国人那么个性化的人还很难找到。的确，从形式上来看，他们很集体主义，但实际上完全不是这样。在中国很难想象没有中央政府管理会怎样，这么大的地方不集中管理的话，在世界上任何地方都不行。

问：我接触到的很多德国人现在也意识到，中国人集体主义是被迫的，日本人的集体主义是天生的。但其实在中国，个人主义如此多，以至于必须把他们捏到一起才能有集体，和西方人原来想的不一样。

答：我也这么看。如果是纯资本主义的话，中国可能更差呢！一些成功的商人会有自己的电视台，自己的10家报纸；广州的几个富裕家族会至少有两家电视台，20家报纸；其他大家族会把西湖变成私家湖泊。所以幸亏还有现在这一点共产主义，一点集权主义，否则情况会比现在糟得多。

问：我很喜欢这个项目，这非常有趣。我见过态度截然相反的人，研究当代中国的教授说我们必须了解今天的中国，而不是一味地埋头于故纸堆，而研究古典中国的人会说中国文化是有根的，不能只研究今天，不去理解过去，那样是不会找到好答案的，每个人都有不同的视角，这非常有趣。

答：是的，这很有趣。

问：所以您对中国的未来还是比较乐观的？

答：是的。我也在一个环保NGO里，里面也有很多中国同事。过去的四五年里我们宣传了许多不同的项目。我认为空气污染的问题在10—20年内会得到控制，现在很多地方有大量的风力发电，也在加强推广太阳能，我觉得如果政府坚持这个政策，能源污染在20年内应该会得到控制。现在比较头疼的是水源和土壤的污染，这其实是最严重的问题，重金属和化学污染一旦进入了土壤就没那么容易净化了，这是更为严重的问题。资源问题我觉得20年能解决。

问：但比如汽车尾气污染也是个大问题，因为汽车会越来越多，虽然卡着很多关口，买车不太容易，但是车的数量还是会一直上升，这也是个大问题。

答：这当然也是，还得几十年吧。

问：您是这么认为的吗？

答：我是这么认为的。因为政府知道，他们不作为的话，那整个社会会爆炸。到今天为止，政府还能说，看啊，我们的经济增长率很高，每年都在增长。但是空气污染太严重了，如果他们什么都不做，那10年后就有大问题了，这是我的想法。当然，有钱人可以把孩子送去美国、加拿大或者澳大利亚，对非常富有的人来说这不算什么问题，但对于其他人，尤其是对中产阶级来说这将是一个问题。如果政府失去了中产阶级的支持……我觉得他们害怕这个情况发生，所以一定会做点什么的。而且中国人很有耐心，会慢慢好的，中国人那么有耐心，每变好一点都可以算作进步来标榜。只有土壤污染，准确来说，是其造成的食品污染，这是一个大问题。

问：您觉得政府只要注意这个问题，进行真正的管理，情况就会得到控制，是吗？

答：中央政府已经把这个问题看作大问题了，但是地方政府可能没意识到这一点，不是省政府层面，而是镇政府层面。比如杭州，以前，从上海到杭州的时候，上海的空气很差，但只要接近杭州，空气就会好很多，但现在我从上海去杭州的时候，空气都一样差，为什么呢？因为杭州周边的城镇也想要工业，只有他们表露出想要工业化的意向，就会有上海的企业说，我们有兴趣在你们那儿投资，但工业化会污染环境，而这个小镇子的政府就会说，对我们来说钱比较重要，我们不在意环境。因此，环境污染一点点到了杭州、到了中国西部，甚至是拉萨。比如乌鲁木齐空气就变得很糟了。中央政府已经意识到了问题的严重性，但是很多穷困的地方政府还没有意识到。

"中国的也是世界的",
这是我研究中国的切入点
——汉克杰教授访谈录

(汉克杰 Heinrich Geiger,德国天主教学术交流中心亚洲部负责人)

访谈人:Jiagu Richter
时　间:2016 年 9 月 15 日
整　理:齐菲
核　改:Jiagu Richter

汉克杰教授 照片 1:2015 年

问:我们就从您的家庭背景和您是怎么学习汉语开始,好吗?

答:我的家庭谈不上有什么背景。我是在乡下长大的,在学校里慢慢开始对绘画史和宗教史产生兴趣。从对宗教美术史的兴趣开始,高中的时候我开始看一些中国文化方面的书,那时候就慢慢对中国有兴趣了。高中毕业后,我还不确定是不是真的想学中文,当时我的第一个想法是想学民族学的,但开始学民族学之后,我的兴趣慢慢转到中文那去了。在慕尼黑大学,学民族学的第一个学期,我开始学习中文。

问:就是说家庭背景和您学习中文没有关系是吗?
答:没有任何关系,一点也没有。

问:您对中文的兴趣首先是从民族学开始的,怎么从民族学转变到汉学的呢?
答:我是1954年出生的,1974年高中毕业。那个时候在德国,人们对中国文化的认识还不是很深,我那时也分不清汉族和其他这些少数民族,只能认为,民族学就是研究中国文化的一个导入。就是这样,这么说可以吗?

问:可以可以,因为有的人兴趣的发展比较复杂,有的人就是这么简单。
答:对,很简单。我以前跟你谈到过,那个时候我们对中国的了解还是非常表面,那时,学习中国文化和非洲的一些文化就都是从民族学开始的。那么后来,我开始学中文之后,就慢慢对中国,对中国哲学、美术史、宗教史产生了兴趣,开始搞一些研究。只是刚开始学中文的时候,我对中国文化的看法还是比较表面的。

问:就是说,70年代您开始学中文,高中毕业以后进入大学的第一学期您就开始学中文了,对吗?
答:对,我1977年开始学中文,1978年去了中国台湾,在中国台湾待了一年,1977年第一和第二学期是专门来学中文的。那个我们用的还是麦氏(Mathews)的课本,我不知道你知不知道。

问:我不知道,我没有看过这本书,是当时的教科书吗?
答:对,就是当时的教科书。我们在慕尼黑大学里,1977年的时候用的就是麦氏课本。学了两个学期中文之后，我去了中国台湾。第一，我又要从一开始学起，因为原来的教科书好像不够好，学不了多少东西，所以我在中国台湾很用功，在台湾辅仁大学学了一年的中文；第二，我还去了台北阳明山，那里有一个中国文化大学（位于台北市士林区阳明山的一所私立大学，创建于1962年），我在那里学中国水墨画，因为我对中国绘画很感兴趣。

问：您是研究中国水墨画，还是自己学画？

答：自己学画。我在那儿请了一位老师，一个研究生当我的老师，他每个星期教我两到三次书法和水墨画。因为我本来的想法不是当汉学家，而是当个艺术家，你可能从我的简历上看到了，拿到了博士学位之后我就去了法兰克福上美术学院。后来在法兰克福的一年里，我还是决定不当艺术家，而是继续专研汉学。

问：就是学了以后才知道这个不适合您，还是学汉学更好，是吗？

答：对的。但是你也应该知道，到现在为止，我还是不清楚自己到底是汉学家还是艺术家。我经常从艺术和美学的角度来谈中国文化，不想把科学家和艺术家分得那么清楚。这一点上，我好像学了一些中国文人的风格。我是以中国文人的想法来搞汉学研究的，这个很重要。

问：那就需要很多的参与。您不光需要研究别人，还需要参与艺术的创造和评论，对吗？

答：对我来说，这个很重要。你从我的书上也可以看出来，我的几本书都是从汉学家和艺术家相融合的一个角度来写的，所以我对汉学的研究方法可以说还是比较独特的。我这条路和我的博士导师很像，就是鲍吾刚（Wolfgang Bauer，德国著名汉学家，1930—1997）。如果你研究他的书，你就会发现他的想法也是这样，他常常跟我说，他本来想当个艺术家，但是最后还是决定当个汉学家。那么，我将艺术家和汉学家相融合的想法，以及研究的态度和他的影响也有很大关系。我和Wolfgang Bauer的关系很默契，从他那里学了很多东西，在这方面也因此和他一模一样。

问：他已经去世了，是吗？

答：已经去世了，67岁刚刚退休就去世了，很可惜。我对中国文化的兴趣、研究方法，大部分都和他一样。我很受他的影响，但并不是因为他将我塑造成了这样——我在上他课的时候就发现了，这个老师对我来说非常理想，因为他的兴趣和研究方法和我本来的想法完全一样。他对中国的态度是这样的：他承认自己是西方人，是从西方人的角度对中国文化产生兴趣，再进行研究的。比如说，他专门研究过中国人的个人主义，也研究过中国人的名字，中国人是怎么给一个人起名字的？那么他就把起名字和个人主义的研究放在了一起。他很明确地表示过，他对中国文化的兴趣，就是从一个西方人的角度出发的，一些西方思想家对事情的好奇因而产生兴趣。

和他一样，我也可以很明确地说，我研究中国就是因为一些只有西方知识分子才会对中国产生的兴趣。比如说，我研究美学。美学和哲学一样，完全是西方的概念，可是我认为，对于中国，大部分西方人的兴趣都只停留在一些比较古典的方面，这些东西只存在于课题里，意义不大，而美和美学在中国是用另外一些词表达的。从19世纪末开始，在中国有一些代表人物开始研究美学，比如王国维、梁启超。有人说，你研究中国的美学，这个就完全不对，因为中国本来根本就没有美学，那么，我会对他说，你说得很对，在中国本来是没有美学的，但是现代人都谈美学，要把中国艺术和西方艺术进行比较，把中国美学和西方美学进行比较，那么如果中国没有美学，那么我们比较什么呢？不然这个比较就没有意义了，对不对？所以，我的研究方法就是从西方的概念研究中国的现象：中国美学包括什么人，什么思想，什么学派？开始了这一步工作之后，就可以慢慢进行比较了。

我认为，中国和西方的学术交流最大的问题就是，两个文化的学者之间无法沟通。一个西方人研究中国社会，他就只能从他的所见所闻来谈中式哲学；而中国的哲学家则是完全从另一个角度来谈，看起来好像大家都在谈话，可是一点效果也没有，因为他们没有确定他们的谈话范围。这是我一直以来的一个工作，就是确认（划定）范围，让大家都可以在同一个范围里对话。对话是我最感兴趣的东西。和中国当代的学者们对话，但不能是一个空洞的对话。空洞的对话是怎样的呢？空洞的对话是，如果中国学者从孔子、王阳明这些人开始谈,而西方学者从康德、叔本华开始谈,那他们就只是在自说自话,而不是一个对话!

问:我觉得这是一个很大的问题,不仅仅是在美学领域,在几乎所有的领域都是这样。没有真正的沟通,而是各说各的,那叫独白,不叫对话,两个独白放在一起,也无法称之为对话。

答:对,我的想法和你完全一样,两个独白加起来也算一个对话。但是到现在为止,我们好像还是停留在这个水平上,每个人都在"独白",比如讨论人权问题和法治问题的时候,都是大家各说各的,没有对话的态度。

问:我完全同意您这个观点,我也是这么看。在说起人权的时候,中国强调的是人的发展权,是让人有吃饭的权利,是生活过得更好的权利,与西方所说的不太一样。

答:对,完全不是一回事。为什么我要学美学?因为我觉得美学把生活的各个范围都包括在内了,美学就是听到、见到人的感情、心灵和思想,包含所有生活方式表现出的文化。为什么没有什么人研究美学?因为大家都觉得这个范围太大,很多人都觉得搞美学的人只是在讲空话。一个美术家的课题很清楚,比如他研究齐白石的一幅画,主题很清楚,就是一幅画,作者齐白石;可是我从美学的角度来看,齐白石的一幅画还包括很多不同的东西在内,比如文化和生活的背景。当然,也包括我自己的态度和想法。能把很多不同的想法包含在内,所以美学的范围很大。

问:这其实是一种世界观,对事情的看法都包括在里面。

答:对。说到世界观,你可能发现了,有很多汉学家会说自己非常客观,自己是从客观角度来研究中国的。那么,我则会很明确地说,我是从一个主观的态度来看中国的。

问:您是非常坦诚的,因为每个人都不可能绝对客观,每个人都说自己客观,实际上,每个人的说法都带有自己的烙印和立场,站的角度不一样,看法就不同。

答：对啊。这方面有一个我认为很重要的词，在昨天给你提的文章里提到过，我认为我在研究中努力在做一个"同时代的人"，用德语就是 Zeitgenossen。我在第四页"我本人的态度"部分写了这一点。我研究中国是努力从被研究者同时代的角度来做的，我是什么时候发现这词的呢？70 年代，在柏林有一个展览，这个展览的名字叫 Zeitgenossen Luxun（与我们同时代的鲁迅），这个名字就是这个展览的态度。我觉得他们的出发点非常有意思，为什么研究鲁迅？因为按照他们德国汉学家们的想法，他们和鲁迅就是同时代人的关系。

问：这个我不太理解，因为鲁迅是二三十年代的人，那么，现代的人研究他怎么能是同时代的人呢？应该是作为后人来研究他。

答：嗯，鲁迅当然是 30 年代去世的，他们是 70 年代的人，但是他们认为，鲁迅那时所说所见，以及想要解决的问题，跟他们 70 年代遇到的一些问题还是非常有关系的。我也这么认为，中国的 20 世纪，对我来说也有种同时代人的感觉，比如说鲁迅和另外一些人，我最佩服的中国人，是民国时期三四十年代的人。我觉得和他们也有同时代人的感觉。

汉克杰教授 照片 2：2016 年在德国莱茵河谷 Oberwesel 参加"东亚思想的历史性和现代性"研讨会

问：就是说你们跟这些中国学者的想法，或者说他们所面临的问题，他们所想解决的问题是一样的，从这个角度来说是同时代？

答：对，因为他们考虑的问题是一个全人类的问题，只是针对一个民族或者其他什么。那么我们刚刚说过，"同时代人"这个词对我很重要，因为我是从世界公民的角度和同时代人的角度来研究中国文化的，所以我不喜欢国学，甚至很反对，我觉得，中国的思想家和外国的思想家有着同样的价值，都是世界性的。因为他们是中国人，当然就会有很多比较独特的想法，但世界性的东西不该被国家局限，我觉得他们的独特的思想和价值不仅对于他们的国家来说很重要，对于世界也很重要。我想得很清楚，我不研究中国的爱国主义，因为我对这个一点兴趣也没有；我研究中国的文化，因为我觉得中国的文化传统水平很高，也很重要，对世界文化来说非常宝贵。

问：在这里，我看到一个矛盾。一方面，中国人和西方人真正的对话不多，大家都在单方面表达；另外一方面，您又看到中国真正的思想家，他们的想法是世界性的，并不一定是民族的。那么，您怎么得到这些想法呢？只能通过去看一些古书，找到您认为有价值的东西，而不是和现在的中国人去交流？

答：不不不，我一点儿都没有这个意思。我觉得有学问的人，他们的思想里、性格里、人格里有他们的文化传统。对我来说，个性和人格（Persoenlichkeit）非常重要，所以到现在为止我还是不清楚，自己到底是偏道家还是偏儒家，因为我非常喜欢儒家的人格和价值观，这是很了不起的人格。我在中国有很多非常好的朋友，跟他们交流我确实非常享受，因为他们人格中有非常柔和、非常谦虚的部分，但在这个谦虚里又包含着深刻的想法。那么，我认为研究一个文化、思想和历史，就应该从当代人开始，不是从很久之前着手，比如说宋朝的中国人非常好，可是现在的中国人不好，我绝不会这么说。我觉得，应该从当代人的人格和一些现象着手。

问：我感到有一个矛盾。一方面，如果您和中国当代人接触，您会感觉到很多儒家的思想已经成为他们人格的一部分了，从这里面你能感觉到这种文化的魅力；从另一方面，您刚才说到的我也有同感，就是交流不多，各说各的，实际上没有真正的交流。那么，既然没有更深入的交流，您怎么能了解到他们这种儒家的思想和融入人格的文化呢？

答：我不在大学里工作，而是在一个基金会里工作，在这个基金会里当亚洲部的主任。我们从90年代到现在一直和很多中国学者有很密切的联系，我认识的中国年轻学者也很多，他们来这里时我常常跟他们见面，知道他们在这里读书的时候有什么想法，我们一直有联系。除了培养学生之外，我们在中国也开了很多研讨会，到现在为止，仍然常常到中国去参加研讨会，所以我交朋友的机会比较多，接触到人格层面的机会也比较多。这可能也是我和其他汉学家比较大的一个不同，我真正从人格层面来进行对话，从这个方面来研究中国，我的书里也有很多关于"对话"的内容。

问：那我可不可以这样理解：您有很多机会接触中国人，所以能够更深地了解到中国人蕴藏在人格中的传统；如果没有这样的接触，而是仅仅停留在一般学术层面和官方层面的接触上，那更多的是各说各的，不能很深入地互相了解，是这样的吗？

答：对，对此我有两个办法，第一个是个人的交流，另一个是参加研讨会之类。我研究的题目也都是跟当代史有关系的，我写的第一本书就是《大直若曲——中国美学的当代之路》，我可以很确定地说，一般的西方人对中国当代美学一点兴趣也没有，只对古代的美学是有兴趣的。

我为什么要谈中国美学的当代之路？这个跟我们刚刚谈过的事情有很密切的关系。我觉得，怎么能只谈古代而不谈当代呢？我很喜欢研究转变的时代，中国的美学发展到了今天这样，为什么呢？这个跟中国古代美学的哪一方面有关系？这个现象很奇特，在美学领域里，没有任何人研究当代，没人想要马克思主义的东西。我特别佩服李泽厚和朱光潜，可是现在根本没人对他们感兴趣，因为大家都觉得，一个中国的美学家就应该是完全中国的。可是朱光潜是一个在德国、法国和英国待过很多年的学者，他的外语能力和西方美学知识的功力都很深，对我来说他就是个非常好的例子，因为他不是中国性的，而是世界性的；他把中国最好的东西和西方最好的东西融合在一起来研究。可是，很有意思的是，在中国没有人研究朱光潜，在西方也没有。西方的汉学家们觉得，朱光潜受英国的影响太深了，他们更想研究一些有代表性的题目，比如道家之类的。但我觉得这个代表性没什么意思，到底什么才能真正代表中国文化？我认为水平很高的人，一定受过很多不同文化的影响，所以朱光潜在我的那本书里占有非常重要的位置。

汉克杰教授 照片3：2017年在泰国曼谷参加"东方与西方的哲学与宗教"研讨会

问：您这个想法很有意思，我是第一次听说。我觉得很多研究，无论是研究中国的还是研究中国人，从西方的角度来看，他们都有一种欧洲中心主义，一种优越感，觉得自己是优于亚洲人、优于中国人的。但是在您心中没有这个东西，所以您才会觉得中国的好东西同时也属于世界，这个是难能可贵的。大部分人发自内心地觉得中国人低他们一等，这个想法会造成一些问题，您正因为没有这个想法，所以您才能看到中国的也是世界的，而不仅仅是因为中国独有所以才好。

答：现在你可能也会理解为什么我对所谓"国学"评价不高，因为国学就是国学，可是我觉得这个范围太小了。在中国文化里有好多人，像美学范围内的朱光潜、宗白华——宗白华也在德国待过一段时间，回去之后写了很重要的一些书，比如《美学的散步》。他的著作一点主义性也没有，所以水平很高，他以自己极高的文人品性来研究美术、研究文学，但绝对不讲任何主义。我还是觉得，20世纪20年代，中国有一些让我非常敬佩的人。可是有意思的是，这些人里，宗白华偶尔还有人研究，但是朱光潜现在都没有人研究了，这个我觉得很奇怪。

问： 有您这种想法的人肯定不多，我感觉您这种想法在德国也不多，在欧美都是属于少数的。这是您非常独特的一个方面。以上是您对研究的很重要的一些想法。因为这是一个口述历史，既然是谈历史，那么，想法只是一个方面，另外就是具体做了哪些事情呢，可以谈一下吗？

答： 我很佩服你们做口述历史的，口述历史很适合我的口味，我认为口述历史和文字的历史当然有很多不同的作用。文字历史在中国，从司马迁开始到现在，中国的历史撰写人可能是世界上最有意思的。可是我认为想要懂中国历史，不一定从他们写的书籍来研究，这一方面我和我的博士导师（Wolfgang Bauer）一样，他的兴趣在于研究"另一个中国"（Das andere China）。我认为有两个或者三个不同的中国：第一个是历史撰写人笔下的中国、中国文化；第二个就是"另一个中国"，另一个中国可能以口述历史为基础进行研究，书信也是研究"另一个中国"的重要方面。我和我的导师一样，对"另外一个中国"特别感兴趣。去中国旅游的时候，我发现有两个不同的中国：一个是马克思主义的、官方的中国，可是有很多人并不是这样的，至少有一半人不是。在中国，这样"不官方"的人群特别有意思，我很喜欢和他们谈话，对他们很感兴趣。别人研究马克思主义，我就研究这个，也许也算是一种马克思主义，但他们会有不一样的想法，这个东西对我来说很重要，比如他们为什么对一个艺术品感兴趣，他们为什么写书法，他们为什么写这首诗，他们为什么喜欢爬山？这样的东西正是我觉得很有意思的"另一个中国"。

我上面说过，我认为有三个不同的中国：官方的"另一个中国"，第三个是在海外的中国。很多人解放后离开了中国，80年代初期，又有很多人离开了中国，到了国外。中国有很多得到全世界敬佩的艺术家，比如说在音乐界有谭盾，大家都喜欢他，因为他是个在美国的中国作曲家，西方人喜欢他的作品，因为他用西方的语言表现了一些中国的东西，这种中国性与上述两个中国都不一样，所以应该要把这三个方面分清楚。可能有人会说，如果你连最简单的东西都不懂，怎么能当一个汉学家呢？那么，我承认，有一个最简单的问题我仍然不懂，这个最简单的问题就是：什么是中国？我觉得对我来说，这是最重要也最难的问题。

问：对，这可能任何人都无法回答，因为中国实在是太大，人太多，有各种各样的这一面和另一面，所以您很难简单来总结什么是中国。

答：对呀，可是大部分人研究中国的时候，认为就只有一个中国，但我认为有很多不同的中国，所以我秉持两个态度来进行研究。第一个态度已经说过了，我的研究是主观的，不是客观的；第二个是，在研究中国的时候，我分得很清楚，自己研究的是哪一个中国？是官方描绘的、新的、爱国主义的中国，还是"另一个中国"。

问：就是说您不研究官方的中国？

答：有的时候也研究，你应该研究它，因为如果你不懂官方描述的中国，那么也很难理解非官方的"另一个中国"，所以你应该适当地研究一下这方面，但是不需要在此花费太多精力。

问：就是说您主要关注的是"另一个中国"？

答：对，"另一个中国"。我认为中国是多元化的国家，中国社会是个多元化的社会，这个也很复杂。如果你觉得中国只是一个中国，那么，你的研究当然会简单不少，但我觉得多元化非常重要，做研究的时候也应该尽量多考虑多元化的因素。

问：这会让你的研究变得非常复杂，对于同一个问题会有完全不同的看法，如果你想把它做一个概括是很难的。比如说现代艺术，在中国有些人特别喜欢，有些在国外很受欢迎、很多外国收藏家收藏了中国现代艺术家的作品，但也有很多人，他们对此持完全相反的态度，根本不喜欢。

答：对，所以我不喜欢西方人去中国的时候，只对那些很有代表性的东西感兴趣。什么是代表性呢？我不懂，也不知道，但我并不是一个具有代表性的德国人，你可能也不是一个有代表性的中国人，你就是你，我就是我。但很多人去中国就是这样的想法。之前也说过，我自己也常常写字、画画，那么，我的字画完成后，就到中国去请一个装裱师傅帮我裱画。去那儿的人都是老百姓，没有什么有名的人，我在他那里裱画的时候，发现那里裱的字画和卖给老外的字画完全不一样，像是另外的一个世界。现在大家都在谈中国艺术，谈有代表性的、虚的当代艺术，实际上，应该去谈谈这"另外一个中国"，只要去一个裱画师傅那里，你就可以见到这个"另外的中国"。中国人自己收藏的画和卖给外国人的画不一样，那么，他们肯定也有一套类似的哲学：给老外看的哲学之外，还有另外的一种哲学，那么，我对后者更感兴趣。

汉克杰教授 照片4：2017年在泰国曼谷参加"东方与西方的哲学与宗教"研讨会（二）

问：对于饮食来说更是这样了，如果是卖给老外吃的，那完全不是正宗的中国饭对不对？卖给老外的都是酸甜的、油炸的，但是中国人其实很少吃这些。您大概更喜欢正宗的中国饭，是吗？什么鸡爪之类的，吃吗？

答：我很喜欢吃鸡爪，真的。

问：除了像您这样真的是很深入中国文化的人之外，很多欧洲人还是不习惯真正的中国的东西。

答：我们一家人今年复活节去了中国，到了苏州、杭州，在苏州吃了当地的特产，那里的鸡爪很有名。我太太点了鸡爪，结果所有的鸡爪都是我吃的，她是中国人，但她自己也不吃，我们的两个儿子也不吃，唯一吃鸡爪的就是我。不过得补充一下：她是客气，见我喜欢吃，都留给我了。

问：那您是真的中国化了，真的欣赏中国的这个美食。

答：是的。我还想提一件事情。我写了三本与中国有关的书，里面提到了李石曾。他也是一个民国时期的思想家，和我的导师的题目也很有关系，因为他对那些受过西方影响的中国人很有兴趣。李石曾对尼采非常感兴趣，他自称是尼采的门徒。我的博士论文就是研究宗白华、朱光潜、李泽厚三个人的著作，他们也是跨文化的人，我对这个很感兴趣。2005年，我出版了《大直若曲》，这曾经是我博士论文的题目，后来继续写这个题目时我比较注重"转变"。2009年，北京中央音乐学院出版社出版了我的《枝繁叶茂——西方古典音乐在中国》（*Erblühende Zweige：Westliche Klassische Musik in China*），这本书有中文译本。这个题目跟我之前说的那本书有很密切的关系，我认为中国音乐受过西方音乐的影响，在这本书里写的就是如何受影响的过程：中国是怎么受到西方古典音乐影响的。也有很多人批评我，说你这本书没有意思，因为讲的不是真正的中国音乐，那么，我就反问他们，请你给我介绍一下中国的音乐是什么呢？

我2014年写的书《旅行在另一个西方：丝绸之路上的音乐与中国》（*Eine Reise in den Anderen Westen：Die Musik der Seidenstraße und China*）也研究过这个题目，比如琵琶和二胡本来都是来自西域的乐器。我研究这个历史，目的并不是要批评中国或者其他人，而是想说，任何文化都受过其他文化的影响，这是第一个想法；第二个想法，我认为最应该淘汰的文化是什么呢？是拒绝接受其他文化影响的文化，最高级的文化则是能接受其他文化的文化，排斥其他文化的文化则是很糟糕的文化。比如说，现在在德国，有一些人反对外国人和外国文化带来的影响，我觉得这样的人，他们的水平很低，不要跟他们交流，不要考虑他们，他们很笨，高水平的文化和高水平的人应该能接受其他文化带来的影响。我在 2014 年的那本书里也谈到过唐朝的文化，唐朝是中国文化的黄金时代，为什么呢？因为那个时候他们的皇帝有接纳其他文化的能力。我很佩服那时候他们用来接触、接受其他文化的方法，这些方法非常讲究，直到今天都很值得学习；他们不是把外面的人排除在外，而是选择接受，因为他们有接受的能力。中国文化确实有接受其他国家的文化的能力，所以我很佩服中国文化。那么，我想质疑的就是，现在出现了一些反对西方趋向，我觉得这些人的所作所为和中国文化本身的接受能力是相互矛盾的，中国文化最让人羡慕的地方就是非常高的接受能力。在研究音乐历史的过程中可以看得出来这种接受能力体现在哪里，也可以看得出来，历史在什么时候受到了新的影响，这个影响又是在什么时候中断了。我认为中国的文化链在唐朝时期最明显，中国有一些对待外国人、对待外国文化的方法非常出色，正是因为这些方法的存在，人们接受新事物的能力也很高。

可是另一方面我们也必须看到，中国文化的接受力也是有限的，我们也应该研究一下，这个限制在哪里，什么事情会让他们反对？这个也很重要，应该研究出个结果来。在我的两本书里，最基本的题目就是中国诠释外国文化、外国历史的尺度和方法。似乎我们德国就没有这种方法，他们只有两个截然不同的态度：或者是非常喜欢，或者就是彻底反对。中国对待外国文化的态度则是居中，不是很喜欢或者很反对，他们站在中立的角度，学习好的东西。

问：中国人很能把国外的东西变成自己的，很多国内出来旅行的人比我们在国外了解的都多。他们能把新的东西立刻变成中国人可以理解、可以运用的东西，非常快，这是一种能力。

答：对，这是很有意思的现象。我常常发现，我和中国朋友们一起去看展览、博物馆的时候，他们五分钟就已经看完了，但是我需要两个小时。他们很快，但不是很表面性的，看得还是很仔细。他们确实有这个能力，看得快的同时，还能找到重要的东西。

问：您这是从比较赞赏的角度来说的，但是，中国人有时候比较追求"短平快"，什么东西都求速度，不像德国人那么扎实。他们可以一眼看到重要的东西，但是里面更细微的东西都没有看到，所以我觉得这是中国人的优点，也是中国人的缺点。

答：对啊，这个和中国人的实用主义也是有一定关系的。五分钟之内他们能很快看到他们需要用到的东西，但是没用的东西他们就不看。

问：但是他们不知道，虽然现在没有用，但是几天、一个月或者一年之后，这些东西很可能会有用。这是比较短视的。

答：我很高兴和你谈话。

问：我也很高兴。我觉得接触到了很多不同的切入点，而且我看到了一个对中国不抱成见的汉学家、研究人员，这样的人总的来说还是不多的。很多人都是站在一个制高点，觉得自己代表着先进的文化去俯视中国，但我觉得您好像没有这样的看法。

答：我曾写过"我的基本态度"，第一个方面是 Das Herzwort der Pluralität，意思就是我支持文化多元性，第二个方面是关于中国当代的艺术和哲学。我最重要的看法就是，我是一个"同时代的人"。同时代的人应该是一个谦虚的人，我的中国朋友们都有种很谦虚的态度，这也是中国式人格的一个特点：谦虚。现在有一些中国人太谦虚了，我觉得他们背离了中国传统的儒家文化。同时代的人应该是个谦虚的人，一个谦虚的人会迫不及待地表示他喜欢怎样的模式。一般的科学家会说，我觉得某个模式绝对可行，绝对好；可是我觉得，一个谦虚的人不能、也不会说哪个模式是最好的。这是一个处理经验的问题，这个经验对我来说很重要，我研究中国就是想获得一些经验。经验是什么呢？经验是一件你本来没有想到过的事情，今天我和你讲话，我就获得了一个经验，这个经验我本来没有过。我认为，一个谦虚的人，他获得新经验的时候，不会用他曾经固有的、绝对的模式来解释这个经验，而是依照新经验来建立一个新模式，所以谦虚和经验对我来说很重要。

谦虚的人的优势在于，他以这种"同时代的人"的态度，和满腹学识的主观性来尽自己的责任，什么责任呢？我们生活在这个时代的人都应尽到的责任。我们实际上面对很多亟须解决的问题，一个谦虚的人，他的优势就是能以他自己的，同时也以其他同时代的人的角度来对待这些问题，这就是我的看法。可能我的中文还是不够好，所以想跟你举个例子。我最近两年写过一本书，《中国的自然、自然观和环境保护史》（*Natur Naturbegriff und Umweltverhalten in China*）。

作为一个同时代的人，应该关注什么呢？应该关注这种对中国人和西方人来说都很重要的问题，所以我是从我所掌握的知识出发来研究这个题目：首先，我和中国的学者有一个共同的出发点，那就是环境保护非常重要，自然环境对人类很重要；其次，我承认中国对环境保护、自然和自然的改变有着完全不同的态度和看法。

世界上每个国家、每个文化、每个人都应该面对环境保护这个问题，这对世界上的每个人都一样，这就是所谓"同时代的人"的概念；其次，要承认每个文化和它的历史、背景、思想等不同，因此环境保护有一些不同的想法和观点。写这本书的时候我发现，中国和西方对于自然的概念完全不一样。你看，去年的巴黎气候峰会，所有国家要签署一个协议，我觉得这个就很好笑，虽然都签署了这个协议，但各方对协议的内容却又都有着完全不同的理解。所以，环境保护不存在全球性的解决方法，因为中国人对环保的看法和出发点跟西方人完全不同。如果真的想要保护环境，那么，首先就要承认这个不同；然后，要接受每个文化有它自己的解决问题的途径。不管是在巴黎，还是现在在杭州，奥巴马和习近平虽然签订了协议，但是他们的理解不一样。

问：文化艺术方面您这么说我是同意的，但是说到环境，我觉得现在共同的东西越来越多。比如排污，比如很多治理的做法，中国的确在学，也的确是做得不够。70年代的时候，伦敦也是雾都，莱茵河也很脏，后来你们开始治理了。中国以后也是要走这个路的，我觉得这个问题上共同点更多。

答：可是我觉得，用这个方法解决问题还是太慢。每一个文化肯定都有它自己解决环境问题的方法，文化最基本的概念就是保护生活，没有保护生活的想法，那文化就不能算文化。可是现在中国是什么情况呢？经济方面中国走的是西方的路——工业社会，但他们一点也没办法应对大工业化带来的对环境的破坏，他们完全控制不了。这个和中国的制度也有关系，连习近平说要搞环境保护，省里、县里下面的人也不会管，他们仍旧搞自己的东西，因为他们的兴趣和习近平的完全不一样。所以我觉得，这种事情，最起码还是有一方面要从文化背景上去解决，否则只订个协议有什么意思？大家都觉得好，然后呢？接下来该干些什么事情？我看过一篇文章，上面说巴黎气候协议就算没有中国签署也一样，甚至还更好一些，中国本来的政治层次考虑的比巴黎协议更深入。可是现在他们签署了这个协议还是件好事。

问：我这么理解，对吗？您强调了两点，第一点是多元性，第二点是同时代性，就是说不用旧的模式来做判断，而是去理解中国文化本身的一些特征，它本身所具有的解决这些问题的方式，所谓的谦虚就是不用固有方法和西方的模式来解决问题。

答：对的，就是这样。西方人觉得，如果中国百分之百按照他们的模式来解决环境问题的话就一定会成功，这是西方人的看法，我认为不对。签署协议当然是有意义的，但协议到底还是规定了一个框架（Rahmen），但是在这个框架里面，还是要从自己的文化中来寻找出路。

问：好的，我们谈了很多。很多时候我感觉都不是在做采访，而是在跟您讨论，我觉得进行这个讨论很有意思。或许以后我们有机会可以谈一些更深的东西。

答：谢谢你的采访。

对传统中国的研究是汉学研究不可或缺的
——冯门德（Erling von Mende）教授访谈录

访谈人：Jiagu Richter
时　间：2016 年 11 月 22 日
整　理：李婉玉
校　对：陈善帆
核　改：Jiagu Richter

冯门德教授 照片 1

问：您是从什么时候开始对中国和中文感兴趣的，在大学开始学中文的吗？

答：说起来可能有点可笑，我一直很喜欢中国菜，我父母也很喜欢，所以他们在我小的时候就经常带我吃中国菜,虽然他们不怎么了解中国,这并不能妨碍他们对中国菜的喜爱。年轻的时候他们住在柏林,周边有三四家中餐馆,所以经常去吃。记不清是1950年还是1951年,我们举家搬迁到法国后,也非常爱去那里的中餐馆,或许这是原因之一吧。

1960年,我高中毕业,接着在汉堡攻读汉语和法律的双学位。我的中文是跟着傅吾康(Wolfgang Franke)和Tileman Grim学的,Tileman Grim那个时候还很年轻,与赵忠南一起教汉语。他刚开始在波鸿,后来到了图宾根,他教我们中文,那个时候他刚取得教授资格。他的父亲在上海居住过,是战前德国驻华公使馆的医生,所以有中国的文化背景。

问:我猜想您的父亲是外交官,对吗?

答:不,1945年以前他一直在柏林当教授,进行苏联的种族研究,主要研究鞑靼人和其他少数民族。但是战争过后,他没有拿到教授职位,我觉得肯定不是政治原因,因为那个时候他还在汉堡大学继续任教,在1946年间吧,但他后来没有再努力争取,他去做一些其他的事了。他对中亚非常感兴趣,这对我有一定影响,但是我从不想和我父亲做同样的事情,我觉得这是很自然的事。所以我选择了更具有东方色彩的汉语。

问:所以您学中文的兴趣很大程度上来源于中国菜和中国餐馆,是吗?

答:差不多,但不是唯一的原因。我读了所有弗兰兹·库恩翻译的中国小说,比如《金瓶梅》。我觉得他在向德国传递中国文化的进程中起到了举足轻重的作用。虽然可能会觉得有点怪异,在翻译类似《肉蒲团》这样的作品的同时,当时拘泥古板的社会对他有些疑问。你知道在五六十年代的德国,广大群众对待性的态度是非常拘谨的,相对落后,但是他却对这个题材感兴趣。因为我成长的家庭环境非常多元开放,有很多来自亚洲中部的人来我们家做客,虽然没有中国人,但是有土耳其人、鞑靼人等,所以我觉得我对欧洲以外的国家萌生兴趣也是非常自然的。就是这样,没有什么太重要的原因。我买的第一本关于中国的书是Juliet Bredon翻译的《月历年》(*das Mondjahr*),1937年出版的。汉学研究中最早的是中国的民间传说,这也是我最开始就比较感兴趣的研究方向。

问：这是您读的第一本关于中国的书？
答：是的，我觉得我是在1955年读的这本书。

问：高考过后，您也就因此选择了中文专业，是吗？
答：事实上那个时候学中文的人非常少，我印象中汉堡大学的中文课开设时只有不到15人。但是我的运气很好，开学的第一个学期，也就是1960学年夏季学期，傅吾康邀请了白乐日（Etienne Balazs），他是一位匈牙利裔法国汉学家。他为我们讲解了王夫之、中国官僚政治等。纵观欧洲汉学界，我认为他是引发中国唐宋历史研究热潮的伟大学者中的一个。中国的官僚主义和民族主义以及中国明末被清人征服、清朝的建立，所以我认为他是非常重要的汉学家，不过不是研究近现代中国。他在柏林开始汉学学习，他的博士论文是关于唐朝经济史，后来他移民去了法国。

问：所以您觉得非常幸运第一个学期有他作为您的老师，是吗？
答：是的，他传授给我们很多有趣的东西。不过，我觉得他对其他人的影响可能更大，对我来说，他使我对经济史产生兴趣。但是我只在汉堡学习了一个学期，而且同时学习法律和汉学，这对我来说比较困难，因为那个时候我不是很勤奋。那时学习汉学还必须修日文课，所以我在汉堡大学的时候也学了日文。后来因为个人原因我搬到弗莱堡，从冬季学期之后我有四个学期没再学汉语，这个和我自己也和父母有关系，我的父母想让我继续学习法律。

1963年，我说服了父母不再学法律了，我当时已经完成了所有的课程学分，虽然成绩不是最好的，但是已经达到了标准，只是我不想再读了。后来我得到了父母的同意，不再学法律，而只学中文，因为德国教育体系要求学习辅修科目，我选择了国际法。后来我搬到波恩、科隆，从1963年开始，我就一直师从福克斯（Walter Fuchs）教授学习研究，撰写博士论文。因为时间比较充裕，我也来往于波恩和科隆之间，去上了Peter Olbricht教授的课，他在波恩大学教学，以研究元代蒙古邮驿系统闻名于世，他的这本书可能写于50年代，我认为仍是迄今最好的德国汉学著作之一。

问：他也是您的老师？

答：是的，他也是我的老师。我记得之前和他一起研究过《史记》，但不记得是哪一本了。后来我没有再去波恩，而是经常留在科隆。那个时候福克斯是我的导师，得本（Günther Debon）教授也在科隆大学，后来到海德堡大学任教。他当时在科隆，所以我跟着他学习。那时 Martin Gimm 是福克斯教授的助手。得本教授是一个非常理性的老师，不过我对于他研究的书法理论和文学并不是很感兴趣。我更感兴趣的是福克斯教授和 Martin Gimm 的清朝早期研究。

问：您的意思是得本教授是个很好的老师，他也对书法很感兴趣，是吗？

答：对，我很喜欢他的课，但这方面不是我的兴趣所在。不过他十分在意学生的需要，他是个很好的老师，但是很遗憾我对这方面不是很感兴趣，所以我跟着福克斯教授和 Martin Gimm 学习清朝早期历史、满语和汉语，还有当时满族对整个中国的征服，等等。

问：您主要是跟着 Martin Gimm 做研究，是吗？

答：是的，我后来当了他的助手，做了差不多 10 年呢。他有两个方面的研究兴趣，一方面是满族研究，另一方面是唐朝文化。他撰写了关于唐朝乐曲及戏曲的书。他是唐朝文化方面的专家，也是研究中国音乐的专家。我记得有一次他举办关于中国音乐的讲座，带了一个特别特别大的袋子，里面是各种乐器，他甚至可以当场表演，确实让人大开眼界。他向我们展示了如何使用、在什么场景使用、曾经用在哪个音乐片段中。所以我很喜欢这个老师，虽然我对音乐一无所知，但是这样的课程真的非常令人享受。

问：确实，像这样带着一大包乐器到课堂的老师真的很罕见，并且他还都可以表演。

答：科隆大学或许是一个守旧呆板的学校，但是他们还是吸纳了中文课程，那会儿设立中文课程还是比较反传统的，但是他们还是想保留下来。那会儿，你不用为经费去烦恼。但是现在不一样了，如果你不争取，就得不到经费。

科隆大学的汉学系是个很小的系，我的老师有福克斯教授、得本教授、助教 Gimm 和张浩。我记得张浩的父亲是清朝最后一个文化大臣，我跟他相识的时候他年龄已经不小了，但是他非常幽默。他在巴黎研究音乐，并进行创作，比如交响乐《长江之歌》，他有很浓厚的学者气质。

问：他也是在那里教书吗？

答：是的，他教中文，他也会开一些讲座，我记得1973年我们在牛津举办初级汉学文献研讨会，这个讲座是在牛津的一个基督教堂里举行的，我记得参加会议的汉学教授魏博斗（Bodo Wiethoff）走下楼梯在教堂周围一直说："不不不，我们应该结束这个讨论，我们应该集中讨论林彪，如果有人想了解《易经》，应该去找张浩。"魏博斗最著名的著作是关于中国的海疆边界、中国历史等。他是那个时候寥寥可数的对现代中国感兴趣的人之一。这也因为那时他还在柏林任教授，而柏林是"68运动"（指1968年欧洲普遍出现的学生和年轻人反越战、不满资本主义社会、崇尚社会主义思想的运动——编者注）之后德国"革命"的中心。

问：他从柏林搬到波鸿，并且继续延续了对现代中国的研究兴致，是吗？

答：是的，只是方法不同。在柏林他主要研究的是侵略战争，这也很正常，因为那是"68运动"的时期，近代中国的历史事件对他们都非常重要，当然他也不只研究当代中国。而我们科隆还是比较保守的。我的另一个汉语老师是郭恒钰（Kuo Heng-yü）教授，他是中国人，战前他在柏林学习法律，他在德国留下来了。他是一个很好的人，但是他的兴趣不在教授中文，这很正常，他教中文只是出于生活的需要。

在20世纪60年代的时候每个老师的学生都不多，我们那会儿只有三个学生：Lutz Bieg、Hartmut Walravens 和我。但总有人在周围，比如郭乐知（Roger Goepper），他是东亚艺术学校的教授，也是科隆东亚艺术博物馆的馆长,在德国是非常好的博物馆。他也是我们学校的老师,我经常去上他的课,他非常友善。

问:您的意思是有学生会从别的地方来听课吗?

答:他们来自其他院系,比如东亚艺术学院,东方艺术是艺术系的分支,虽然名字有"东方"两个字,但是事实上我们没有关系。我们是东亚系,主要包括汉学和日本学。日本学开设得比较晚,大概在1970年,甚至更晚,因为我在1973年才开始当助教。

问:您的意思是日本学是在1973年之后才开课的,是吗?

答:是的,刚开始只是客座讲座,汉堡大学的一个博士来讲课,但那时日本学还没有进入课程体系。一直到了70年代才正式开设课程。准确来说,除去之前在汉堡学的一学期汉语,我从1963年才开始学汉语。1968年结业,那时还没有硕士学位,只是毕业。1968年,我作了相关的毕业论文,最开始我和福克斯教授一起研究了DFG(Deutsche Forschungsgemeinschaft)资助的一个课题。

问:什么课题?

答:关于孔子、儒学的一些言论。孔子和他弟子的问答。

问:您翻译了《论语》吗?

答:不,我当时与福克斯教授一起,更多的是各处搜集相关信息。在系里工作了两年以后,1971年我当了助理教授。当时我们的团队比较小,只有Gimm和我负责上语言课,还有来自格勒宁根的车慧文,她来自中国台湾,嫁给了一个在格勒宁根的德国人,她的丈夫去世得比较早。我很久没和她联系了,现在她好像在研究佛教社团,一段时间去了拉丁美洲,后来她成了我的助理。在科隆时,她教中文。Gimm和我教授文言文,车慧文教白话文。那时学生比较不愿意读中国古文,工作量比较大。

问：那个时候你们只有三个人是吗，你们有多少学生呢？

答：是的，只有三个老师。学生不是很多，我记不太清了。"文化大革命"和越战的时候学生多一些。学生们会因为越战对越南语产生兴趣，所以我们曾经多年努力设法开设越南语课。但是当我们最后从大学拿到资金、可以聘请越南语教师时，越战结束了，学生对越南语的兴趣就消失殆尽了。有段时间我们的课程很好，但我们的学生很少，因为大家都不感兴趣了，有时候甚至一个课程只有一个学生。所以很遗憾。你知道，大学行动很缓慢，这也可以理解，因为他们自己不赚钱，需要从别处筹资金。

问：您刚才说，在"文化大革命"开始以后，人们对中文的兴趣也在减少吗？

答：不，事实上，"文化大革命"以后，学生对学习中文的兴趣更强烈了。我们比以前开了更多的关于现代中国的课，比如 Gimm 开了很多关于革命戏剧等讲座。我们至少有一个学生的博士论文写的是毛泽东思想，这是那个时候很时尚的题目，至少在那个时候。这会儿研究现代中国要容易一点了。以前对当代中国研究得少不是我们的错，这是因为中国处于封闭状态。年轻的一代对近代中国更感兴趣。

我在1968年获得博士学位。我博士论文是关于19世纪挪威人在中国的情况。现在说起来挺不好意思的。因为我母亲是挪威人，我父亲去世了，我必须要结束学习，所以我找了一个容易的题目。福克斯教授对我很好，另外一个经济学历史教授 Hermann Kellenbenz，他们两个是我的博导，他们给了我很多帮助。尤其是，虽然福克斯教授对我的课题并不感兴趣，他说看不明白，但是他说只要这个经济历史学家可以解释并且评价，并且能够读懂，就可以了。所以我觉得福克斯教授让我明白了我们应该帮助学生，他确实帮了学生很多。1971年，我作为助理教授，我一直留在这个小学院里面也是有原因的，因为我知道如果想要让这个学院充满生气，你就必须在单位待很久，与人们交流，这需要花很多时间。这与大的院系不同，比如科隆大学历史系，他们有20多位助理教授，需要做的事情就很多。

问：您的意思是因为科隆的汉学系很小，所以您还需要做行政管理工作，是吗？

答：不只是行政工作，你还需要沟通协调。你对汉语感兴趣，但是你需要说服对汉语不感兴趣的人。

问：所以这些工作也花了您很多时间，是吗？

答：是的，我很喜欢 Gimm，但是他不太喜欢做这些事情，他更喜欢在家工作。所以只有我和秘书处理这些行政事务。当然这也是一个借口，某种程度上说我也比较懒（所以博士后花了较长时间）。我很幸运，因为那个时候还没有六年的时间限制，或者说没有那么严格。我当时已经申请任教资格，就可以继续当助理教授了。我应该是在德国当助理教授时间最长的人了，我很喜欢在科隆的那些日子。

问：您刚才说的六年时间是从博士到博士后吗？

答：现在，正常情况下，做助理教授只能做六年，然后就结束了。而在我所处的那个年代要容易、灵活一些。

问：您的意思是成为教授只需要有六年的时间，是么？

答：然后你就需要去找生存下去的职业。我并不羡慕现在的年轻人，他们现在的处境比我那个时候要困难很多。这并不单单是德国的问题，所有地方都这样。现在的年轻人很难专注，因为他们要一直考虑生存的问题。我并不喜欢这样，但是我的女儿非常乐观，她现在已经写完了毕业论文，在 12 月完成答辩。

问：她也是研究汉学吗？

答：不，她研究近东地区。我的妻子是土耳其人，所以孩子更愿意研究近东文化而不是中国，这也很正常。她非常乐观，相信自己会找到合适的职业，我也相信。她比我聪明多了，但是确实我那会儿比她现在容易多了。在 20 世纪 80 年代有个不好的说法，即在德国学汉学当教授是非常容易的。一方面教授人数很少,另一方面是德国汉学热的兴起。只要不是特别笨,不成为汉学教授是不可能的。虽然这种观点对于我那一代人有失偏颇,但是确实也是这样的,那个时候容易很多。但从 80 年代末开始,这个局面不再有了。我那一代人,失败的人很少,有一些人选择其他职业,有人没有在合适的时间毕业就选择其他方向。

问:您也研究明朝,是吗?

答:我仅研究明朝时期的朝鲜嫔妃,明朝的皇帝似乎喜欢朝鲜女子。我的兴趣更多的是在于朝鲜人而不是明朝历史。我现在仍然非常关心朝鲜与中国的关系,我经常进行比较,不过很多材料都存在电脑里,我觉得应该用这些材料做一些相关研究。

问:马尔堡大学没有汉学课吗?

答:是的,他们没有,他们有一些中国法律课程,也是因为聘请教授的原因。我在那里的时候,马尔堡大学有很多关于中国的法律资料,既有中文的也有西方文字的,但是却缺乏维护。资料都放在一个大厅里面,平常都是关闭的,一个星期只开一次来上中文课。

问:他们没有汉学专业,但是他们有汉语课,是吗?

答:是的,他们有一个律师对中国法律特别感兴趣。他们后来也开设了汉学课,莫妮卡成为第一位教授,但是我印象中他们现在又停了中文课了。黑森州把汉学研究集中到法兰克福大学。马尔堡大学主要研究近东,而法兰克福大学主要研究远东。

问:他们是在一个州吗?

答:他们都在黑森州。马尔堡是一个非常古老安逸的小镇,在黑森州的北部。我曾在那里教书,我也曾在汉堡大学教书。读完博士后,取得教授资格后,我在不同地方教过书。傅吾康退休后,我替他上了三个学期的课。后来我又到挪威奥斯陆教学。

问：您后来教授什么课程呢，挪威和中国的关系吗？

答：是的，但远不止这些，还有中国对欧洲的认知，中国人的欧洲游记，等等，当时与郭嵩焘一起。

问：您也会教中欧关系和中国游记，是吗？

答：是的，后面到了柏林也经常研究这方面，但不限于挪威，挪威没有那么重要。一般是海上关系、传教士等人的游记。传教士的记录还是十分有趣的，我曾经关注过一个挪威的传教士，他在佛教研究方面有着举足轻重的影响，有一些传教士还是很不错的，留下了很重要的资料。

1983年，我来到了柏林自由大学东亚学院，在那个时候学校里面的老师有郭恒钰，是个中国人，他的父亲是国民党检察官，1949年他不得不去中国台湾，他曾经在日本留学，然后来到德国，在明斯特学新闻学。不知道可不可以这样说，因为这是一个德国大学，所以中国人在这里获得成功是不容易的，很多年来一直是这样。他们在这里找到岗位很容易，但对于郭恒钰来说，在这里生活并不容易。

问：如果大学为他提供了条件，为什么他的生活还是很难呢？

答：是的，大学帮了他很多，但是还很难，并不只有他一个中国人是这样。在德国的大学里面，汉堡大学有刘茂才，法兰克福大学有张聪东，柏林有郭恒钰，他们那时是中国人里仅有的教授，可能现在还有很多，我不认识年轻的教授，但那时确实很少。我在汉堡那会儿，那里只有刘茂才。他虽然得到了人们的承认，但处境不易，因为别人会说，嗯，中国人！德国毕竟不像美国，在美国的话一点问题都没有，他们很欢迎中国人和本国人一起工作，欧洲其他国家也是这样，在法国、荷兰也容易一些，他们更愿意聘请有这方面才能的中国人。

问：他们比较欢迎移民，相比之下，德国显得封闭一些。

答：现在已经有了很大的变化。但那时我觉得对他们来说不是特别容易。我与郭教授争论比较多，但是出于其他原因，不是因为他是中国人。我很喜欢刘茂才，因为我们的兴趣相近，他所做的唐朝研究，突厥、维吾尔人研究等工作非常重要且非常出色。

问：我们刚才聊到了郭恒钰，郭先生也在柏林吗？

答：他比我先来柏林，我印象中他开始也是教语言的，他很有抱负也很聪明，他和他的同事们不一样，他去了图宾根大学完成了教授资格认定。他研究了很多关于国民党的课题，少数民族在中国等题目。但当时我们系的气氛不太好，有很多原因，但是其中之一是，我研究的是传统中国，但是郭教授和他的助理、后来成了同事的罗梅君主要代表的是近代中国研究。在传统和近代的比例问题上我们有争执。我对多大的比例，以及是否全部是传统汉学，还是全部是近代汉学并不在意，因为我从来不否认近代汉学比古代汉学更重要。但是我觉得想要真正的了解中国，你至少需要了解其根源。当然也有一些个人的问题，但那不是主要的，主要是在传统与现代汉学的问题上。所以汉学系的气氛不是太好。

我组织很多学生得到了 DFG 的项目资金，这是我们德国最主要的学术资助机构。所以我总有合作者。我也从来没有把自己限制在古代中国，我的大多数学生（大约250人，90%）在硕士阶段研究的是近代中国课题。有时候我在想是不是真的需要继续读近代中国研究方面的硕士论文。但是当我开始阅读的时候，我感到特别有意思。比如，我的一个硕士写的是"自助商店在中国是否可行"，这个女生 Christina Gallas 主要研究向中国引入 DIY（Do It Yourself）理念的问题。真的很有意思，我很喜欢读这样的论文。博士论文的情况则不同，大部分是研究古代中国的，只有为数不多的例外情况。如一个叫 Karsten Giesse 的，他现在在汉堡 Giga 中国研究所工作。他博士是跟我读的，题目是"中国台湾的非法偷渡"。这是关于现代中国的研究，但我的大部分博士生还是做的古代中国研究。有些人后来做了教授。

问：您是说您的博士，是吗？

答：是的，我最喜欢的学生是 Enno Giele，他是研究汉朝时期的专家。我在这方面还远没有达到专家的程度，但是我充分给他机会自由选择学习。他非常聪明，而且非常勤奋。他去了美国亚利桑那，两三年前他回到了德国，在海德堡大学当教授。当然他也在研究其他方面，但是汉朝研究是他的主要研究方向。

比较接近我的个人研究兴趣的是 Iwo Amelung，他主要研究 19 世纪 50 年代黄河的水域保护问题，相比汉代这个课题我了解得更多。Amelung 后来去了法兰克福大学。我一直和 Dieter Kuhn 保持着联系，他是维尔茨堡大学的教授。他的专业是中国纺织历史，主要是技术。他不能说是我的学生，他在科隆上学，我在那里申请的任教资格。我把他拉入了这个领域。他在学汉语之前是一个纺织工程师，我那时说，你应该充分利用自己的能力，我们虽然可以撰写中国纺织的历史，但是你了解得比我们多。他现在也是这个领域的专家了。他是 1945 年出生的，应该是在 2010 年退休了。我的另外一个学生 Raimund Kolb 是维尔茨堡大学的教授。

除此以外，Joachim Kurtz 也在海德堡大学任教授，他的博士论文在爱尔兰根（Erlangen）做的，Michael Lackner 是他的第一导师，我是第二导师。他主要研究中国逻辑学，虽然我不是哲学家，但是我能看出他做得非常好。

问：您的博士学生都成了教授了吗？

答：不，不是所有，但是有不少，而且有的做得很出色，所以我一直为此感到骄傲，虽然这样说有点不好意思。我和很多学生，比如 Giele 都成了朋友，也仍常和他们聊天。他们现在很忙，而我已经退休了，相对比较清闲。还有其他的我也有所帮助，如法兰克福大学的韦荷雅（Dorothea Wippermann）教授，我和她很熟，她在科隆大学学习的时候，我觉得我影响了她对于中国语言改革、文字改革等的兴趣。后来她也对我有所帮助。

问：她也是您的学生吗？

答：是的，不过那个时候我还是助教，不是她的教授。但是我们关系很好，我们经常一起做研究。但是我最喜爱的还是我最后一个助教 Rui Magone，但是他没有成功成为教授，他是葡萄牙人，他的论文是关于 1685 年间的京试，他做这个课题是因为他这方面经验比较丰富。我觉得这个课题非常有意义并且很有趣。我还记得他当时写的文章，非常精彩。

问：但是京试是一个考试体系，而不是一次，他只写了一次吗？

答：他只写了其中一次考试，但是从不同方面进行诠释，比如很多人会因压力太大而身体抱恙，或者腐败事件等。

问：他写的京试是在哪一年呢？

答：可能是 1685 年，我不确定。有一些聪明人其实很固执。我极力劝他去获得教授资格，但他不听我的。他从来没有正式打印出他的论文成果。

外国人在德国的日子并不顺利，不仅只是中国人。从报纸就可以看到，外国人需要付出三倍的努力来寻找工作。这并不好，但是你也知道，这不只是德国的问题。另一方面来看，很多人本来可以去尽力争取获得资格，但是他们没有。在德国，大家都在讨论要不要做任教资格申请，但是因为我们生活在学术圈里面，德国的学术界有这个要求，我们还是需要这个资格认定。当魏格林（Susanne Weigelin - Schwiedrzik）被邀请去海德堡时，她需要首先在波鸿大学完成任教资格评定，如果没有就不行。同样的还有 Enno Giele 也一样，他需要在明斯特大学申请任教资格后才可以获得教授职位。当然万事都有例外，我有一个朋友，他很有魅力，他是我所知道的唯一没有学位却成为全职带薪助教的人，他去了普林斯顿，后来在海德堡成了教授，没有进行任教资格评定、博士论文还没有印出来就获得了，但他后来提交了。有些人确实非常有魅力，他们也能够说服其他人。但我们一般人必须按规定做才能获得资格。这是我不同意 Magone 的地方。他是一个来自果阿邦的葡萄牙人，看上去有一些印度血统。他会更难一些。但是他应该努力达到标准，然后再说。像刘茂才确实是在波恩大学完成了任教资格认定，张聪东也是一样，我也很了解郭恒钰，他也一样，然后再为之努力，或许成功，或许不成功，虽然很多人不成功，但他们几个都成功了。

问：您能谈谈关于您自己研究的领域吗？您说您对中朝关系很感兴趣，是吗？

答：我有三个主要的兴趣点，第一个是清朝之前、清朝早期及满族语言，我还有两三百页关于古代中国的多种语言的手稿，我对此很感兴趣。

问：古代中国您指的是？

答：直到大约1911年辛亥革命之前，但是19世纪仍然属于古代中国，这是一个节点。另一个兴趣是经济史——中国古代的土地开垦。大多是研究宋朝到清朝初期这段时间，我的专长是宋朝研究，但是我对这段时间以前的发展也很感兴趣，所以我要追溯到16世纪到17世纪中期。我的研究是地区性的，主要在中国的浙江，我很怀念在绍兴的时光。

问：您的主要研究对象还是古代中国，1911年前的中国，是吗？

答：是的，从1000年至1650年吧，确实是一段很长的时间，研究人们如何灌溉，如何应对干旱和洪水等灾难，如何随着人口的增多不断开垦土地。可以说是农业史吧。浙江有很多湖，他们需要将湖里的水排干做耕地，所以要在水资源供应和耕地之间来进行平衡选择。

问：是哪个年代的农业史呢？

答：宋朝早期到明代末期。因为明代有很多技术创新，改变了水资源的利用，水利不断在完善普及，很多在宋朝出现的灾祸已经不会出现了，或者说有了明显的减少。

问：您说的这些都很有趣，对这么久远的历史您是怎么获取数据的呢？

答：刚开始的时候我大多在浙江工作，我发现在宋朝有很多地方志。这些成熟的材料是我的主要资料来源，当然也有很多私人材料。

问：那您是如何得到这些私人材料的呢，是来自图书馆吗？

答：私人材料我指的是宋书，可读的材料很多，但这并不意味一切。比如宋朝曾巩描述了一个绍兴人还是越州人，这些都是比较著名的材料，但是同时你也会发现一些材料可能鲜为人知，因为他们曾经是地方长官或是皇室亲眷，所以他们也有一些记录。但是这些并不能算是书面证明，这些材料能在古代保留下来已经很不容易了，留存的文件很少，有一些财产交易的合同，但是数量寥寥。相比之下，你知道关于清朝的材料可谓不胜枚举，你会湮没在资料中。我有意避开清朝研究，就是因为相关资料太多了。这和欧洲研究一样，我也曾在很多英国、挪威和德国档案室找资料，要研究的材料太多了。

问：鉴于您的研究，我有一个问题，您研究的古代汉学，这当然是汉学根源，那么，您如何看待未来德国汉学发展的方向？

答：我觉得未来学科会分化，我仍然认为，古代汉学需要发展。但我们也许应该更细化。研究某些具体的方面，以后可以用于其他的方面。现在汉学研究倾向于近代汉学，也应该是这样，因为社会需要了解现代中国的人才，会说汉语，他们知道如何发现汉语的活力，我觉得现在人们会更倾向于近代汉学研究。

我不知道德国未来将会发生什么变化。现在有的大学，比如德累斯顿大学、柏林科技大学。很多没有以人文学科为主的大学，甚至没有人文学科的大学，都会设有汉学系。他们尽力让自己的工程师学习中文，可能是想借鉴利用中国所取得的成就，与中国人建立联系，与中国的学校进行交换项目，我觉得这种办法可能比开办较大规模的语言学院、进行区域研究更好。现在我已经退休了，不太考虑这些问题了。

问：您刚才说像德累斯顿大学这样的大学，他们没有人文学科，但是却有汉学研究，是这样吗？

答：他们有汉学课程，其中语言课程是主要内容，但是他们后来发现只学语言是远远不够的，你需要对背景有一定的了解。

问：工程学方面的背景，是不是？

答：不，是教授这些未来工程师的课程，如教授一些中国的历史和中国概况，等等。我知道德累斯顿大学是这样，因为我的学生在那里教书，我知道柏林科技大学是这样，因为就在附近，其他大学有可能也是一样。我不知道这些是否能被称为汉学，我觉得更像是一种区域研究，以中国为主要研究焦点的区域研究。我们之前也有过这样的情况，战前在柏林，战后在波恩都有这种东方学院。在波恩的东方学院，他们主要教授外交课程，当然有语言学习，但不仅仅是语言学习。我们同样需要一些课程让学生了解中国，而不仅是语言。我认为研究趋向现代中国是一件好事。

问：您是说有较大规模的汉学学院可能没有必要？

答：不一定非常必要，我们可以把这些学科分解成更小的科目，比如东方研究、伊斯兰研究，等等。但是这里又出现同样的问题，那就是尽管对现代非常重要，我们也要考虑其背景和历史。我们学院开会时，有一个做东方研究的教授说："我是研究现代近东的，但是与他们的区别在于，我们研究现代近东国家的同时也要了解伊斯兰、了解《古兰经》，我需要这些背景知识，才能开展现代近东的研究。"我一直告诉身边的人，孔夫子或许不再重要，但儒学仍然非常重要，现在中国人也这么说，这是一种了解中国的工具。我们都有自己的背景，中国的背景文化还是非常重要的。所以我对规模大小并不是非常在意。我觉得现代中国研究比古代中国研究更重要。

坦率地说，我并不是非常喜欢目前中国的一切，而古代中国在很多方面所达到的高度是让人感到震惊的，中国历史充满了失败和挫折，虽然不能说是一帆风顺，但是从整体的历史进程上来看是非常成功的。他们所形成的有效的官僚体系，管理这么多的人口，让他们都有饭吃，这是我非常钦佩的，所以我更倾向于继续研究古代中国。现代中国离我们太近，而且变化太快。我觉得那些"68运动"的追随者只是随着中国发展的潮流随波逐流。下一波潮流到来之时，他们又会随之变化。中国人的看法总是很有影响力的，这也是问题。比如中国人对清朝历史的态度就发生了变化，大约在1985年之前，人们对清朝的看法是很负面的，清朝对中国的衰败负有责任。而1985年之后，中国人对待清朝的看法更折中一些，也看到一些正面的东西，确实清朝有很多成功的经验。如果你看看美国的汉学研究，你会看到，他们的研究成果是非常多的，这些研究说，现在有了研究清朝历史的新视角。实际上这并不是什么新视角，而是很多中国人改变了看法，他们已经在学术层面接受了清朝历史的正面意义。所以我们这边只能跟随中国人的脚步，因为中国人比我们更接近这段历史，不仅资料更丰富，也更关注这个课题。我们很少能走在中国人的前面，我们只能对中国人的态度、看法和研究进行再研究。很少有例外，高本汉（Bernhard Karlgren）和 Padmisia 是例外，但是也就只有这两个例外了。高本汉影响了中文语言学。

问：高本汉是谁？

答：高本汉是一个瑞典语言学家、汉学家，在 20 世纪 20 年代开始研究中国古文的音系。我认为他是为数不多的能够影响中国学者的人，我觉得他对社会文明科学有很大的促进作用，他推动中国人研究自己的历史，看到自己在历史上的创造性。所有其他人都是利用中国人的研究成果。当然，中国的研究也存在着和我们一样的问题，学术上都是"要么出版要么消亡"（publish or perish），很多出版的东西也是没有什么意义的。

有时我也研究新疆的历史，这和我的妻子有关，她曾经参加 DFG 关于新疆 19 世纪末的一个研究项目，为此我读了中国的相关学术资料，但是感到很失望，因为档案馆虽然有很多原始材料，但人们还是使用从英文或俄文翻译过来的材料。其实，档案中有那么多从左宗棠时期开始的资料，这些更重要，我们更应该使用。或许我们只是在模仿中国人，这没有关系，正是通过这种方式人们才能对中国加以了解，所以这并不是一种少数民族情结。

汉学家对文化与宗教关系的思考
——柯若樸教授访谈录

（柯若樸 Philip Clart，莱比锡大学教授、孔子学院院长）

访谈人：Jiagu Richter
时　间：2017 年 6 月 26 日
翻　译：庞竹汐
核　改：Jiagu Richter

柯若樸教授 照片 1

问：从您的名字看，您不是典型的德国人，对吗？
答：我是半个德国人，我母亲是德国人，父亲是英国人。

问：据我所知您有个中文名字叫柯若樸。我们就从您的个人经历开始，您什么时候、为什么当初选择学习汉语，做汉学研究？然后请您介绍您的学术生涯，您的主要研究方向，怎样完成您的博士论文的？最后我们可能会讨论一些您兴趣所在的领域，比如您感兴趣的文化和宗教，还有您在中国哪里做过汉学研究，和中国交换项目的情况，以及您到目前都完成了什么研究。您也在中国台湾做研究吧？

答： 我在台湾的时间更多。你的学术背景是什么，能介绍一下你自己吗？

问： 我主要在维也纳大学教学，但我现在做的这个采访是来自中国台湾"国立"大学的项目。这个项目的领头人是石之瑜教授。如我在发给您的项目介绍里所说，这个汉学家口述史项目已经进行了十多年，采访了几十个国家的汉学家。去年我去中国台湾参加一个学术会议时，开始参与这个项目，并担任该项目德国和奥地利部分的协调人。我也给您发过我们的网站。每个采访都会被做成笔录并发到网上，我将在今年末落实这个项目，如果申请到经费我们也会出书。

答： 所以说你其实是来自中国大陆的？

问： 对，我曾经做过外交官，后来到德国留学、工作。2005年移居维也纳，从2008年起我在维也纳大学东亚研究系教书。

答： 魏格林教授是你们那儿的吧？

问： 对，她是我的博导。我主要研究方向是中国外交，包括中国外交史、中国对外关系史和当前的对外关系。我在维也纳大学教了九年书，除了专业课也教一点语言课。同时也在维也纳外交学院和联合国教书。现在我作为这个项目的协调人采访您。这个项目很有意思，可以和很多汉学家交流，也可以获得德国汉学家研究的全貌。

答： 但这个和你之前的外交政策研究方向截然不同呢。

问： 对，完全不同，我乐于尝试不同的东西，认识不同的人，而且这也不是很占用我的时间，我在柏林和其他地方见了很多人。正如我说过的，您的主要方向是宗教和文化，也是很有意思的题目，我与柏林洪堡大学的一个教授也谈过这个题目，不过他更加专注于道教。话说回来，我们这次的采访会分为三四部分，中间也会夹杂提一些问题。第一部分是您的个人经历，您如何以及为什么选择汉学研究作为专业？

答：我是在波恩大学开始大学学习的，当时是本硕连读研究生（magister），那时候是博洛尼亚体系引入之前，在研究生毕业前没有本科学位。我大约在1982年开始学习人类学，辅修汉学和考古学，当时在德国大学里要有一个主修、两个辅修专业。但是我很快放弃了考古学，将第二辅修专业改为国际法。可是我很快发现我的第一辅修课汉学比主修课人类学更有意思，这当然要花更多的时间，因为当时还上语言课程。一年后我得去做社会工作。你知道在德国，当时中学毕业后需要去服兵役或做社会工作一年。社会工作做完回来后我得做出决定，到底学什么专业。最后我决定以汉学作为主专业，人类学作为辅修，国际法作为第二辅修。我选择中文也是因为我一直对语言感兴趣。高中时我学过拉丁语、英语和法语。所以到了大学之后我想尝试学一下非欧洲语言，一种与欧洲语言相比有很多不同地方的语言。我当时想到，与欧洲语言最不同的可能就是汉语了。

问：您是想挑战一下自己，对吧。

答：其实我在高中的时候曾经在科隆的日本文化会馆学过日语，我有一点学习亚洲语言的经历，到了大学我也考虑过学日语。那时候中国似乎更有前景，因为中国刚刚开始改革开放，我觉得中国是一个很有趣的研究领域，所以决定学习汉语而非日语。一开始只是觉得汉语语言很有意思，想寻找一点挑战，对中国历史、文化和文学等的兴趣是后来发展的。

问：很多人和您一样，觉得汉语十分有挑战性，与欧洲的语言十分不同，很容易引起人们的兴趣，并因此开始了汉语学习。

答：对，你可以观察一下欧洲的汉语研究，开始时，很多人比如莱布尼茨，他们都痴迷于研究汉字的书写系统。文艺复兴时期，很多欧洲人去中国是出于对中国语言的兴趣。但实际上，大部分汉学家只是将语言作为研究中国文化的一个工具，所以德国汉学研究很重要的一点就是，很少人成为语言学家，最后研究汉语语言，大部分汉学家只是把汉语作为研究中国文化的工具来学习。

柯若朴教授 照片2：2007年在普陀山

问：您的情况也是这样？

答：对，我也是这样。这与莱比锡大学汉学系的发展也有关，在1878年，莱比锡大学汉学系有了教授职位，第一个接受这个职位的是Von der Gabelentz教授，他是在德国最早的汉学家之一。他是一个汉语语言学家，他研究汉语，他写的汉语语法书属于最早的汉语语法书。但他是仅有的。19世纪时他在莱比锡大学做汉学研究，但他的继任，担任这个职位的教授都有了其他方面的学术兴趣，进行了比如关于中国历史、中国文化以及中国哲学等领域的研究，莱比锡大学汉学系在他以后没有人主攻语言了，而是都转向了专业研究。

问：这么说您认为莱比锡大学是第一个设立汉学专业的？

答：这是一个有争议的问题，即到底是柏林、汉堡还是莱比锡。莱比锡声称他们是首个有汉学教授职位的地方，当时Gabelentz被任命为东亚语言学教授，他主攻汉语，也研究满洲话等。汉堡是第一个拥有汉学系或者学院的地方，在 1905 年前后建立。柏林当时开设了一个东亚语言学院，那里教汉语和其他东方语言，它不隶属于大学学院，而是属于一个培训殖民地官员的学院。所以到底哪里是德国首个开展汉学研究的地方，还是有争议的。

问：所以柏林的东方语言学院主要是针对殖民地官员的。

答：我觉得那些关于东亚的研讨会主要是培训去殖民地工作的官员的，大部分人是从事社会服务、军事、行政管理和从事外交行业的，肯定可以找到这个学院相关的历史，但我不知道在哪儿。不过话说回来，我开始在波恩学汉学，但并没有成为一个语言学家，而是发展了其他方面的兴趣，我的硕士学位论文做的是文化史方向，具体说是学术史和文化史的综合，内容是司马光的《司马氏书仪》，一个关于家庭礼仪的著作。你应该听说过《朱子家礼》，也就是朱熹写的家庭礼仪，其实《朱子家礼》基本上是《司马氏书仪》的修订本。我当时学司马光那本的时候主要关注是丧仪部分。你可能想知道为什么我选那个主题吧？其中一个原因是在波恩大学指导我论文的人 Rolf Trauzettel（陶德文）是研究宋代理学的，当然宋代知识分子的历史也很有趣，但哲学不是我最大的爱好所在，我还是更喜欢人类学，我还在继续学人类学。所以我得选择一个既反映了我的兴趣也反映他的兴趣的题目来写研究生论文，我当时的选择是宋代史，关于司马光的。但这个主题并不是历史的，更多的是关于哲学的，里面有一些人类学的关注点，比如礼仪，关于礼仪是怎样进行的，礼仪有什么功用，以及家庭生活。总之主要是关于"礼"的，也就是家庭的礼仪以及儒家思想，我的论文是更加偏向实践的，而非理论的。其实司马光的文章是非常吸引人的，因为在那个年代司马光曾试图去建立一套可以取代佛教礼仪的礼仪系统，他当时写书的时候，也就是 11 世纪的宋代，很多"家礼"并不遵循传统了，人们更多地依照佛教和道教的规范去实施礼仪。司马光是个传统主义者，他致力于在中国社会重构儒家体系，此后的程颐、程颢兄弟和朱熹也延续了他的传统。当时司马光做这些的时候，也尝试了不同的方式，比如他写了展示中国文化发展的《资治通鉴》，此外他也为了重构家庭礼仪而写了《书仪》。

问：您的意思是，《家礼》是家庭礼仪的传统，他所处的时代盛行佛道之说，取代了儒教思想。

答：没错，司马光认为当时的家庭生活逐步地不再顺应儒家的传统，他想复兴儒家古典传统对家庭秩序的规范。其中一个很重要的礼仪是冠礼，也就是男性的成年礼；笄礼，女性成年礼；婚礼，结婚仪式；葬礼，丧葬仪式，如此等等。他当时想构建出一个用来实践的模型，如何去组织和操作这些仪式。

问：面对当时礼崩乐坏的这种状况，司马光试图复兴儒教，对吗？

答：是，他的这本书十分有趣。司马光认识到时代的更迭，每一个朝代的家庭结构、物质条件也有变化，不可能每个时代都将礼仪根据《仪礼》中的规定做得一点不差，尤其是丧礼，人们要做出相应的改变。他十分谨慎地在11世纪的大背景下改变礼仪，礼仪怎样被做出改变、哪里做出改变、怎样根据时间和场合做出调适，这些都是我曾关注的方面。他的书还有一点引人注目的地方是他加了很多脚注或是评论，有一些脚注具体描绘了礼仪该如何进行。但也有一些评论，解释了当时的时代之于礼仪到底遇到了什么问题。他在书中表达了很多批判佛教以及风水，他持与风水相对立的观点，有意思的是，原因并不是因为他不信这个，而是他觉得风水是有不道德的地方。

问：为什么呢？

答：因为风水是与坟墓相关的，人们选择吉日吉地，是因为可以从祖宗那里享福获利（profit），然而礼仪并不是图享福获利的，在世的人不应该怀着获利的动机而为祖先做事，而是应该出于道德，这是第一个风水违背道德的原因。第二个原因是人们为了等待吉日和吉地会耗费很多时间，他们将祖宗的尸体不及时埋葬，有时把棺材放在寺庙里面，少则几个月，多则几年，最后有可能就忘掉这件事了，司马光将此界定为不孝。因此，司马光对风水是持质疑态度的，他对民间风俗的评价是很有启发性的，你可以从这里了解到他以及宋朝的精英们不喜欢那种宋代的风俗以及为什么。

问：这些是您在硕士论文《司马光的礼仪与家庭》（*Ritual und Familie bei Sima Guang*）中写到的内容。

答：对。他的书很有意思还在于，在我之前很少有人研究过，即使在中国和日本也没有，很少有人对这本书感兴趣。因为这本书本身并不是那么成功，这也是为什么一百年后朱熹写了《朱子家礼》，这本书当时十分有影响力，很多精英家庭使用它。朱熹说，虽然很多人持有《司马光书仪》，尽管它是个很好的著作，但没有人用它也没有人实践书里的礼仪，因为这耗资巨大而且繁复，不少人书架上有这本书，但实际上没什么人实践它。所以朱熹说他想将司马光的书简化，让它能更好地服务于实际，所以很多人，甚至学者也更多地去研究《朱子家礼》，因为它才是在文化史中真正有影响力的。

问：这就是您的硕士论文？

答：对，我1989年完成了。但是硕士毕业后我该做什么呢？其实我当时有个计划，想把我之前的主专业人类学抓紧学完，人类学我上过很多的课程，比辅修要求的更多。我当时主要在科隆学人类学，因为科隆的人类学相对好于波恩大学的，尽管我的学位是在波恩拿的。在科隆我有个叫 Irmtraud Stell-recht 的老师，她主攻南亚方向，尤其是巴基斯坦。她邀请我参加一个项目，在80年代末的时候，项目叫"喀喇昆仑山脉项目"（the German Karakorum project），她得到了主要赞助，在那进行民族志研究。喀喇昆仑山脉是在中巴边境的山脉，在新疆和巴基斯坦之间。他们委派了很多研究人员去研究不同种族团体。我当时的任务是做喀什的研究。

问：您去过吗？

答：没有，当时有很多任务要做，我们主要负责喀什和维吾尔文化，尤其是维吾尔传统医药系统、中医的研究，以及喀什不同医药系统之间的相互影响。

问：您的硕士论文是汉学研究方面的，但您的博士论文又转向了人类学研究？

答：其实我虽然把人类学作为辅修学习，但是我是按照第二专业学习它的，因此我有比较扎实的人类学功底，和相关的教授也联系紧密，他们也有涉及中国的研究，所以给了我研究员的职位。但是喀喇昆仑山的研究后来被取消了，那些研究也无法继续实施了，之后我也得自己调整自己的方向。

问：所以您必须结束，又重新回到中国研究了？

答：首先，我计划提高我的汉语，因为在我做研究的时候是无暇顾及此事的。我曾经到中国出差过，但并没学语言，所以口语不太好。正好我的博士研究因为项目的取消泡汤了，我也找不到其他替代的题目，所以我决定抽出一年时间去中国台湾学汉语。

问：您在波恩的时候是学过汉语的吧？

答：对，仅仅在波恩学过。

问：您当时学的是现代汉语还是古代汉语？

答：都学了，否则我无法研究司马光的作品。在波恩的汉学学院要求我们两种汉语都学习。我的汉语水平是这样的，我认为我的阅读很好，阅读原文都没有问题，但是我的口语和听力就没有那么理想了。

问：你当时在波恩学了几年汉语？

答：一共六年吧。

问：那是真正的学习。现在很多人从零开始学汉语，只学三年，那是不够的，不能使用汉语。

答：对，六年也不太够。在德国没有汉语的语言环境，我不是"语言天才"，所以我需要在母语的语言环境下学汉语。当时博士研究计划取消了，我又没有机会重新申请到中国大陆或台湾学汉语的奖学金，我自费去台湾学汉语，我和我妻子在那待了九个月。我在私立学校里报了课程。

问：那一定花费很大吧？

答：那个时候台湾的物价也不太高，我与此同时还教英语和德语，然后把挣来的钱都交给了汉语老师。当时学得很见成效，我上的是一对一的班。我不需要学汉字和提高阅读与写作的水平，因为当时读什么都没问题，所以我报了特别针对提高口语和听力能力的课程。那些课程很好，当时是在台中，台湾中部的一个城市，也是在台湾排前三名的大城市。学校叫中华语文研习所台中分校，是个很有历史的学校，50年代就创办了，它起初是为传教士学汉语而建立。他们教了很多传教士，那个时代很多学校都是商业性的，他们与传教士团体签协议，教会派教士们去那学习汉语。

问：您在那学了九个月汉语，之后回到了波恩还是科隆？

答：科隆，在台湾的那段时间我找到了博士研究的新课题，我对台湾的民间信仰、宗教文化及一些庙宇十分感兴趣，当时很想研究一种特别的庙宇。

问：我留意到您的一个研究是关于民间教派的，那您是怎么界定"官方的"（official）和"民间的"（popular）呢，民间在这里怎么解释？

答：这里"民间的"就是与"官方的"对立的，即不属于道家和佛家文化，不属于中国的任何一个大的传统宗教，人们自主组织的宗教活动。

柯若樸教授 照片3：2017年在台北"国家"图书馆

问：它既然不属于道家或者佛家文化，又属于什么呢？

答：它是一个杂烩，汇集了各种成分，比如说……你是哪里人？

问：我的故乡是芜湖，长江中下游的一个城市。

答：你们那最主要的庙宇是什么？

问：我想是相关佛教的叫"九华"的寺庙。

答：其实中国有很多与道教和佛教无关的寺庙，比如福建就有妈祖庙，既不是道教的也不是佛教的，它属于地方宗教，这种地方的庙宇被当地人民建立并组织起来去敬仰地方神的。在浙江也有许多这样的庙宇团体，用来供奉地方的神祇，而且不属于佛道文化。

问：这些地方的民间宗教既不属于佛教，也不属于道教，那是两者之间的一种宗教，吸收了两者的元素吗？

答：对，其实这也是在中国大陆很受争议的问题，这些民间信仰到底属于什么宗教，得看是被哪个宗教机构管理的，比如中国有五大宗教，佛教、道教、伊斯兰教、基督教、天主教。除了这五个宗教之外还有很多地方民间信仰和庙宇，其实这些小宗教信仰也不太清楚自己是属于什么的，他们活动的地方不被看作一个宗教活动场所，常常只属于非物质文化遗产。

问：那中国大陆和台湾还是把它们当作一个宗教来对待吗？

答：大部分人不把它们看作宗教。比如我之前在北京待过两个月的时间，二月和三月，我去过北京西山辖区内的妙峰山，那有个很大的庙宇，那里每年农历四月都会有进香朝圣的庙会活动，庙宇里也有不同的大殿，可以拜碧霞元君、玉皇大帝、五路财神。然而在官方来看，妙峰山不是一个宗教活动场所，而是一个地方文化单位。所以到底这些民间信仰的宗庙和活动属于什么是个有趣的问题，因为在中国很多类似的信仰并不归宗教局管辖，而是归地方的文化局管理，因为这些信仰没法被归到五大宗教里面去。所以是否宗教界需增设第六个宗教"民间信仰"还是有很大争议的。我认为可以有一个局下设置的处级部门来管理这些信仰，但它和五大宗教信仰不是一个级别的。说到中国台湾，台湾的民间信仰也十分活跃，中国大陆也是如此，包括浙江省。很多庙宇得以重建，还定时举办庙会。我当时很注意观察台湾的民间信仰自台湾经济奇迹起是如何变化的。台湾在60年代起经济就开始腾飞，在二三十年间实现了从农业社会到工业社会的飞跃，因此台湾在这些年间经历了快速的变化。传统民间信仰被看作乡下的信仰，台湾的乡下也有很多庙宇，大多信仰与农业密不可分，很多仪式是相关播种、收获或是时节的。但是在社会被有机地组织起来之后，宗教信仰发挥的作用就大不如前了。这些民间信仰也发生了很大的变化，我当时对这些变化十分感兴趣，也就是台湾的宗教变迁与社会变迁之间的关系。我当时选择了一个可能会给我提供大量关于社会变迁对宗教变迁影响的数据的民间信仰。

问：也就是说您找到了博士论文的论题，关于中国台湾社会的。

答：下一步的问题就是我需要一个导师辅导，我最终找到一个做这个方向的加拿大教授欧大年（Daniel L. Overmyer）。我于1989—1990年间在台湾，在1990年夏天我回德国之前，我先去了加拿大温哥华见了欧大年教授，解释了我的博士计划，他当时很高兴，也接受了我作为他的学生，然后我就从温哥华飞回科隆了。我在科隆又待了一年，这期间我申请了去加拿大读博的奖学金，申请的是英属哥伦比亚大学。我当时很庆幸我申请的奖学金非常好，叫加拿大政府奖学金（Government of Canada Award）。德国和加拿大之间有交换项目，政府相互对彼此的留学生提供在本国学习的丰厚奖学金，作为教育交流的一部分，我当时有幸得到了这样的奖学金。

问：然后您就在加拿大又待了一年？

答：四年，四年的奖学金，涵盖了日常生活费用和医疗保险，所以这是个很棒的奖学金。我在1991年搬到了加拿大温哥华开始我的研究，在这过程中我也辗转在台湾待了大半年，因为要为课题收集很多材料，而且在台湾我得到了由"国家"图书馆下设的汉学研究中心提供的研究基金，涵盖了八九个月的研究经费。当时主要在台中地区收集地方宗庙和民间信仰的相关资料。

之后我就返回了温哥华继续写我的博士论文《善书的仪式背景：台湾鸾堂的个案研究》，最终我的博士论文在 1996 年完成了，之后于 1997 年毕业获得了亚洲研究的博士学位。

问：您非常幸运，总是能拿到奖学金，现在就没有那么容易了。

答：以前还蛮容易的，我也是够幸运。1997 年，我在加拿大又待了一年，因为当时我的导师欧大年受邀去了香港中文大学做访问学者，所以我代替他在学校教了一年的课。然后我收到了美国大学的工作邀请，我们全家就这样在 1998 年搬去了密苏里大学的宗教研究所，同时也有了孩子，然后获得了东亚宗教研究的助理教授的职位。自此我从亚洲学转向了宗教学。

问：其实您博士期间已经接触到宗教了，只不过是一种特定形式的宗教。

答：没错，但是我的博士学位是亚洲学的学位而不是宗教学的。

问：但是您在密苏里大学也教了关于宗教的课程。

答：对，只做宗教学，我当时教了中国宗教信仰课、日本宗教信仰课、世界宗教导论课，等等，所有关于亚洲或是宗教的课程。我总共在那待了整整 10 年，就是从 1998 年至 2008 年，在 2005 年被任命为副教授。从 2007 年至 2008 年我是宗教学系的主任。

问：您当时也学了很多新东西吧，因为您在做台湾宗教的博士研究时涉及更多的是社会方面的，但是您第一年教书的时候，宗教的部分您也自学了许多新知识？

答：对呀，常学常新，我必须得教很多没学过的东西，比如世界宗教的伊斯兰教、印度教，等等，前几次教课的时候收获最多的其实不是学生，而是我自己。事实上，这是非常棒的经历，强迫自己去拓展自己的眼界，不止于台湾，更着眼于宗教理论或是更一般性的宗教归属，等等，我很受益于此，而且密苏里也是相当棒的一个地方。

问：您在 2008 年的时候回到了德国？

答：2008 年，我搬去了莱比锡大学，就是我现在的这个职位。当然我的研究重点已经从宗教转向汉学，我目前的工作是汉学研究，我现在的职位是中国文化与历史教授。

问：您是否曾想过，您本应是做中国的文化和宗教研究的，但您那时又在宗教，甚至世界宗教上投入了很大的精力。

答：对，可以说我有两个主要方向，第一就是民族志研究，也就是田野研究，当时在台湾做的宗教研究就属于这个方向，我现在也做这个方向的研究。我现在有两个身份，一个是人类学家，特别是宗教人类学研究，大部分在台湾进行。另一方面我也是一个汉学家，做以文献为基础的研究，比如司马光的研究。我现在做的是明清时代文学与宗教的关系，特别感兴趣的是明清时代的小说，特别是《西游记》《水浒传》，等等，这些都是与宗教有关的文学作品。还有地方戏、说唱文学。有一个特别的研究就是关于韩湘子的故事，韩湘子是八仙之一，"八仙过海图"里面韩湘子就是吹笛子的。韩湘子的传说是一个蛮好的个案，可以用来研究一个母题的发展与变迁。韩湘子的故事开始于唐代，在不同的文体中有不同的改变，比如笔记、传奇，还有明朝的南戏，明末时代，有一个长篇小说叫《韩湘子全传》。我将《韩湘子全传》翻译成了英语，这本书在 2007 年由华盛顿大学出版社出版了，维也纳大学应该有这本书。在韩湘子的传说中，韩湘子是唐代韩愈的侄子，韩愈作为儒家代表十分有名，当时教韩湘子读书，以备考科举，但是韩湘子对读书没什么兴趣，他只想修道成仙。韩湘子拜吕洞宾和（汉）钟离为师，离家求道，最终成了仙人。玉皇大帝把韩湘子又派回了家，让他去度化韩愈成道。《韩湘子全传》里面有大量篇幅描写韩湘子度化韩愈，让韩愈相信，他的学问以及在政府的作为都是没有意义的，而且会导致分裂，最终都是枉然。这个过程贯穿着很多冒险故事，但是最终成功了。这个传记很有趣地展现了中国社会中道教和儒教的关系（从道教的观点出发所看到的）。今年 2 月或 3 月的时候我在北京收集了很多关于韩湘子的传统民间文学作品。我试图研究韩湘子的传记在清朝是如何改编的，传记的主题如何变化。

问：您想通过这个案例来研究文学与宗教的关系？

答：对，韩湘子是我论文的实例，尽管有很多故事，但是选择韩湘子也是一个巧合，我是想通过韩湘子这个人物来研究明清文学、宗教以及民间文化之间的关系的。这是我与汉学有关的研究，以文本为基础的文学和文化。

问：您当时看的明清的作品主要是白话文还是文言文？

答：我主要看的是白话文，其实在结束司马光的研究之后就很少用文言文了。但是明清时代关于韩湘子的那些白话文其实要比文言文还难读，相对来说，文言文好懂是因为它有简明清晰的语法结构。但是17世纪的白话文还是挺棘手的，有一些方言掺杂在里面，如果不懂当地的方言的话很容易因为语言学上的问题搞得一头雾水。

问：英语的白话文您用的是哪个词？

答：Vernacular，就是民间、民俗的意思，其实应该翻译成"俗话"。

问：一般会认为"白话文"是与"文言文"相对的语言，并没有"俗"这一层含义。

答：这是在明清文化背景下的，在明清文学中，大体至少有三种语言，文言文，很多人用文言文写东西，比如蒲松龄的《聊斋志异》这个笔记小说是用文言文的；比如《三国志》《西游记》《水浒传》一类用的是白话文，这是一种特殊的白话，没有人将这种话作为口语，它混合着一些文言元素，但是是被简化了的文言，比如《三国志演义》就是一个简化后的文言文作品；第三种语言就是所谓的口语，这就是我刚才说的"Vernacular"，就是口语的文字复述，这样的文学作品在明朝就有，清朝就更多了。比如说唱文学在形成的时期颇受当地的方言影响。如果你不懂这些方言里面用的不寻常的汉字去表现的词语，一定会觉得很难。

问：您的意思是明清时人们用文言、白话和"Vernacular"三种语言来写作，那么，"vernacular"比白话更加正式吗？

答：没有白话正式。白话文用来写小说，比如《西游记》是用白话写的，但这里面用的白话并不等于日常所使用的语言，是被风格化的文学语言，包含很多文言。有些小说多一些，有些少一些，如《三国志演义》里面有很多文言成分，其他小说这个成分要少一些。明代著名小说里的白话文并不是纯粹的口语，它是一个融合了很多文言元素和口语元素的人工语言。但也有一些被称为"俗文学"或是民间文学的文学作品用的是更加偏向口语的语言，这种才是我说的"Vernacular"语言。其实与其说它们是语言不如说是种风格，比如你在现在用现代汉语写一封信，可以选择文言文风格，也可以用口语风格写，当然也可以选择混合两者的风格。也可能开头和结尾时用的是文言风格，信的中间用你用口语的风格。现在的中国人写作会混用这三种，在明清时期人们也是一样，我会称它们为一种语言的三种风格（registers）。

问：清代的"Vernacular"文献更多吗？

答：我不能这样说，因为清代离我们最近，自然存留下来的文献就多。明代也有这样的文献，但是毕竟年代更遥远，也没有人专门收集，所以明代俗文化的作品留存下来的很少，或者说中国的知识分子不太重视这个方面，不把它们收藏在图书馆，大部分在日本的图书馆，那里有几本相关的文献，中国就几乎没有保留下来什么。

问：您的关注重点就是从这些俗文学入手来研究文学和宗教。
答：没错。

问：直到现在这还是您的研究重点吗？
答：一个重点就是人类学和民俗学的大研究，另一个是关于明清的文学和文化的研究。当然我会发掘很多这方面的新主题，我也不是只做一个主题的研究。关于韩湘子那一部分我说过我春天的时候在北京待了两个月，收集到了很多新材料，我还没有时间研读这些材料，但是我想写一些关于它们的文章或者写本书。

问：您并没有做关于当代中国大陆的宗教研究？

答：还没有。

问：你做得更多的是中国台湾的民间宗教，而非道教或是佛教。

答：对。当然我在北京的时候也拜访了很多寺庙，比如几次去妙峰山的时候，采访了不同的人。我也去了龙泉寺，是北京附近最大的一座寺庙，它的住持是中国佛教协会会长，我其实对中国大陆的宗教与政治关系以及宗教政策也很感兴趣，虽然这不是我的研究重点，但如果我发现了有意思的材料，我也会写一些相关的文章。

问：所以佛、道、儒之间的关系并不是您关注的重点。

答：对，但是也有一些东西很有趣，然而时间有限，我只能研究更主要的方向。

问：另一个问题是，您和中国的交流项目做得怎么样？我也是中国西南大学的外籍教授，每年去一两次讲学，据我所知您在莱比锡有中国学生。

答：对，她研究生是在莱比锡读的，后来又继续在这读博士，还有一个学生来自西安，她主攻唐代的佛教碑文，最近又有了个新学生，他是云南大学学历史地理的学生。

柯若朴教授 照片4：2017年与贤清法师在北京龙泉寺

问：所以说您也接收中国的学生去您那跟您做您的方向的硕士或博士研究。

答：对，他们得继续深入学习文学或是宗教，因为这两个是我的主要研究方向。但是所有学生都选择宗教方向了。有一个主要做的是清代广东潮汕地区的民间信仰，另一个做唐代的佛教碑文的研究，还有一个研究儒教在当代中国的复兴。这些学生学术功底都很好，如果他们研究的内容我也感兴趣，而且我有能力指导，帮助他们做这方面的研究是一件十分开心的事。

问：您在中国也教书吗？

答：挺少的，只是在访问的时候会上些课、做些演讲，比如今年春天在北京的时候在清华大学和中国人民大学就做了些演讲。

问：什么主题？

答：在清华讨论了孔子学院在中国公共外交政策中的地位和角色，在人大的演讲主题是清代民间文学韩湘子的研究。随后我去安徽在一个会议上做了有关德国学者的道教研究的报告。

问：是在哪个大学？

答：只是一个会议，在一个叫涡阳的小镇，一个被定义为老子故里的地方。那里有供奉老子的寺庙，每隔两年都会有关于老子的国际会议在那里举办，关于老子和道教文化的。会议是由安徽省道教协会组织，中国人民大学举办的，我是受中国人民大学的何健明教授邀请来参加的会议。自1986年起中国人民大学就开始与莱比锡大学有合作往来关系，是莱比锡大学的姊妹校，所以我们与中国人民大学的关系是相当不错的。中国人民大学在中国的宗教学研究上也是数一数二的，有了这层合作关系当然对我的研究来说也很好。

问：那么，您近几年来也经常去中国吗？

答：对，至少每年一次吧，有时一年两次。这主要也因为我同时也是莱比锡大学孔子学院的院长，所以我也每年或每两年去参加国家汉办举行的孔子学院的国际大会。我们这边的孔子学院是莱比锡大学和中国人民大学合办的，我是作为孔子学院的德方院长，而中国人民大学的教授会担任中方院长。莱比锡大学的孔子学院是2008年成立的，我们的中方院长已经更换过三任了，都是中国人民大学研究德国语言文学的教授，他们来到这个环境可以很顺利地工作。

问：你们的孔子学院是学术性的还是面向社会的？
答：是面向社会的一般的那种。

问：那你们就主要是教中文和举办一些文化活动？
答：对，教中文、办展览会、音乐会等文化教育方面的活动。当然也参加莱比锡的一些文化交流活动，如巴赫文化节、莱比锡书展等。当然也涉及一些学术性的活动。他们也会支持我们大学汉学系的一些座谈会等。我们还有一个客座学者的项目，中国大学的学者可以申请孔子学院的奖学金来莱比锡大学交流一个学期。我们还负责德语版的《孔子学院杂志》编辑工作，所以说学术方面的活动也并不少。

问：我也经常读那个的。
答：对，这是我们这里的产物，编辑是莱比锡大学孔子学院的。

问：那么，你们也需要很多人做相关的工作吧，比如收集和编辑工作？
答：我们有两个专人负责杂志编辑，当然也会聘一些独立作者和记者，工作量很大，但我们累并快乐着。

问：您觉得孔子学院对社会有影响吗？很多人认为孔子学院的投入与收益不太均衡，中国政府对孔子学院的投入很大，现在有500多个。
答：上次我查是有540个，有一些是关掉了，但是更多的孔子学院又新开起来，所以总数是持上涨趋势的。

问：那您觉得欧洲社会对孔子学院的态度是怎样的呢？

答：我觉得在社会上的影响是相当正面的，很多人也知道它。对我们来说重要的不仅仅是教中文和搞我们自己的活动，我们也参与很多莱比锡大学的其他社会活动，比如莱比锡国际图书博览会时，我们会请中国的作者和翻译去读文章，作为展览会中的一个活动。对中方来说，孔子学院的一个强项是，因为它是中外合作机构，其中有中国人也有德国人，德国雇员了解当地的文化和目前在发生些什么事，哪些是重大的事件，然后可以决定参与哪些事，邀请中国的学者、艺术家、音乐家参加这些活动，给中国一个展示自己文化和人才的平台。这方面进展很好。确实中国在这方面投入巨大，我们用这些资金去组织活动、设置计划，比如图书展览会。当然中国的纳税人要考虑这个投入的情况，在莱比锡获得的反响是相当不错的，我认为这种投入是值得的。

问：这很好，因为听说在有些国家，孔子学院的影响比较负面。

答：是的，有的地方是有矛盾的，你或许也听说过美国的芝加哥孔子学院。这其实是一个孔子学院开设在哪个地方的问题。比如在美国的芝加哥孔子学院，其实问题在于孔子学院和大学的关系太近了，很多孔子学院建在大学里面，成为学院的一部分，这就带来了很多潜在矛盾。

问：因此孔子学院最好是独立的？

答：对，独立或者半独立都可以。孔子学院和大学太近会带来两个问题，第一，这样校园里所有的活动带有政治问题的可能性，如大学邀请达赖喇嘛来做演讲为例，这是其中一个问题，尤其在美国；第二，这影响到孔子学院和社会的关系，在大学中的孔子学院是作为一个教学服务机构存在的，对学校外的社会带来的影响有限。因此孔子学院最好是脱离于学校作为半独立机构而存在。

问：因此，您觉得孔子学院的主要任务是面向社会，其次是教学？

答：两者都有，我们都尝试过。比如我们在莱比锡国际图书博览会中所做的就是面向普通群众推广中国文化，比如我们面向公众教汉语。但同时我们也希望孔子学院参与大学的讲座、研究、引进中国学者做访问，等等。我们就是这样做的，德国大部分的孔子学院也是这样，作为一个相对独立的机构服务于社会和学术事业，将两者平衡起来，当然也会遇到一些问题。学术自由也是很重要的一点，孔子学院不隶属于学校的话就可以避免这类问题。

问：您是否遇到过一些阻碍，比如您想搞某个活动，但是中国的汉办并不同意。

答：汉办也有干涉过我的计划，但不是政治原因。常常是他们觉得我的一些活动计划可能没那么有意义或者耗资太大了。这些事实上与政治一点关系都没有。其实我们汉学家相当了解什么样的节目是汉办能接受的，我们能做的其实蛮多的，大概也能摸清什么样的计划汉办可以支持。一些会引起中西方矛盾的活动，汉办不支持，那我们也可以找其他机构来资助。

问：另一点就是，有时候孔子学院在面向社会开办活动的时候，并没有多少观众参与。

答：我们这里进行的还是不错的，我们通常不仅开办自己的活动，而且加入其他的城市活动，作为它们的一部分。比如说我们请中国的作者和翻译在孔子学院朗读图书，可能有12个观众参与，但是作为莱比锡图书博览会的一个节目，可能就会有50个观众。所以我们的策略是不单独作为一个机构推出自己的活动，而是作为其他大活动的一部分，这样才能获得更多的观众，造成更大的影响。

莱比锡大学的孔子学院做得不错，其实在我接受莱比锡大学教授职位的时候同时也担任了孔子学院的院长，当时我也怀疑自己是否能做好，因为我之前主要是在台湾做研究，但我还是很开心，进展得也不错。

问：到现在也有九年了。

答：对，九年了。同时我们与台湾的合作也很多，因为我的研究很多也是在台湾进行的，和台湾机构的关系也很好，所以我们也和台湾做了很多学术交流项目。

问：那么，在未来您会做一些关于中国大陆的研究还是仍然研究台湾，或者你会做关于当代中国的历史方向研究吗？

答：我对当代中国的很多问题是很有兴趣的，比如中国的宗教政策以及政府关系，虽然这些研究可能是敏感的，很难做。我在北京曾经做过一点这方面的研究，我收到过浙江大学任命我为客座教授的邀请，如果我有时间我会去杭州做一些相关的研究，我也不是很确定。我现在手头的研究任务已经很多了，8—11月这三个月我还得去台湾做其他的研究。

问：在台湾是继续做民间信仰的研究吗？

答：不，是不同的项目，是宗教博物馆，我们在莱比锡有一个叫"多元世俗"（multiple secularities）的大项目，主要研究宗教与世俗文明在不同社会中的关系，涉及当代社会和古代社会。我在这个大项目中做一个关于台湾的宗教组织对博物馆的组建和运行的分项目。因为博物馆是一个世俗单位，从这可以看民间信仰是怎样利用像博物馆这样的世俗单位的，如何与世俗事务协商的。我做了一些相关佛教博物馆和佛光山佛陀纪念馆还有一些妈祖庙附属的小博物馆的项目，我可以从这里考察博物馆在不同宗教信仰组织中扮演怎样的角色。我在那做三个月的考察研究。

问：谢谢您接受采访，参与这个项目。

汉学与中国文学
——顾彬教授访谈录

（顾彬 Wolfgang Kubin，波恩大学退休汉学教授）

访谈人：Jiagu Richter
时　间：2016 年 11 月 9 日
整　理：齐菲
核　改：Jiagu Richter

顾彬教授 照片1：2010年在四川大学做讲座

问：我想这个采访分这样几个部分：您为什么会选择中文和中国文学研究作为您的专业，怎么开始的？第二个问题是您学术的发展，第三是您怎么看德国汉学界对中国文学的研究情况，您认为将来会有怎么样的发展？现在从第一个开始。

答：你不是第一个问我这个问题的，我可以重复一下我以前的回答，没什么新的内容。我不是一个典型的汉学家，原来学习古代希腊哲学，学过六七年的古代希腊文，看过原文的柏拉图著作，那个时候我大概十三四岁。16 岁的时候，我从哲学转到神学，高中毕业后就决定了要去大学学神学，学了两年希伯来文。但是那个时候是 1966—1968 年之间，德国神学都是新教的，新教的神学可以说发生了革命，把神学现代化了，因此我学的不是传统的神学，我学的是现代化的神学。那个时候我才二十一二岁，什么都不懂，神学教授们给我的感觉是，他们不谈神、不谈上帝、不谈人，在他们的讲座和演讲之中，我找不到人、找不到神、也找不到上帝，什么都是空的，这样一个感觉——只是一个感觉，不是事实，感觉和事实还应该分开。60 年代的时候，我已经开始写作好几年了，我 14 岁开始写作。在明斯特大学开始学神学的时候，我们有一年请诗人们来开朗诵会，来了一个汉堡的年轻诗人，他是庞德（Ezra Pound）的译者，给我介绍了庞德用中文写的诗歌和唐诗翻译，我觉得我应该学一点古代汉语。因为学外语是德国人的传统，我在学校学了五门外语，在大学可能还学了 10 门外语，学外语是一个习惯，所以为什么我不学古代汉语呢？学了古代汉语我就能看李白诗的原文了。因此，我开始在明斯特大学每个星期上两个小时的古代汉语课，那个时候在德语国家基本上学不到现代汉语，没有现代汉语课，只有古代汉语。学古代汉语的人很少。

问：您在大学学汉语是什么年代呢？

答：大概 1967 年、1968 年。那个时候我们才三个学生，我们的老师都没什么学生，因此对我们特别好，不让我们走。因为不让我们走，他们用的方法是多跟我们结识，他们办公室的门总是开着的，我们有问题可以随时去找他们。1968 年，我来到维也纳大学，不光学日语，也开始学现代汉语，那个时候在维也纳大学虽然没有汉学系和中文系，但是可以学一点点现代汉语。

问：当时是跟谁学呢？

答：跟一个天津来的中国人，徐志秀（Vivien Peak）。她的口音很奇怪，不能说 tian，而是 tien，所以我一直有些困难。她教现代汉语，作为老师她做得很好，我的中文名字"顾彬"是她选的，我应该感谢她。因为在维也纳大学不能学古代汉语，所以我在这里只学了一个学期就回到明斯特继续学古代汉语，但是我当时还是没有决定是不是以神学作为我的主修课。1969年夏天我去了日本，去唐朝的中国，在日本保存了唐朝的中国，唐朝的中国你现在在中国大陆找不到了。在日本我说日语，那时候我还不能说中文，从日本回来后，我就决定要学汉学，因为我找到了我的中国，我的中国是唐朝的中国，到今天我还是这样。当时我决定了要学汉学，哲学是第二专业，日耳曼文学第三，然后我换了一个大学，因为听说波鸿大学有一位研究唐朝诗歌的专家。后来我在那里学了三四年，读了博士，博士论文的题目是"杜牧"。

顾彬教授 照片2：2014年在深圳文学讲坛

问：杜牧的作品研究？
答：对，研究他的诗歌。

问：您后来把中文作为您的主修课？
答：汉语，应该说是把汉语作为我的主修课，70年代初的时候还没什么机会很好地学习现代汉语。

问：但是您感兴趣的是古代汉语，您并不想转到现代汉语的。
答：原来不想，但是后来1973年、1974年的时候，当时的西德和中国建立了外交关系，所以一部分外国学生能够去今天的北京语言大学学习现代汉语。我原来不想去，但是我的导师非要求我去。

问：当时您已经读完博士了吗？
答：是的，1973年，我27岁的时候。

问：但是研究中国文学，如果不去中国仅仅待在德国，那还是有所欠缺的。
答：当然了，我现在都知道。后来1973年、1974年，我在今天的北语学了一年的现代汉语。

问：那等于是您第一次接触现代汉语，以前学的都是古代汉语？
答：在波鸿大学的时候，我从导师那里学了一点现代汉语，但是结果是，我能读得懂，但是不会说，也听不懂：眼睛看得懂，耳朵听不懂，口说不出，到了北京之后我慢慢开始听、说现代汉语，学了一年。

问：一年回来后您又回到了波鸿鲁尔大学？
答：那个时候我的导师要求我回来接替他，因为他身体不好。接替他的意思不是说工资像他一样很高，实际上我的工资很低，基本上没什么钱，但是他希望我代替他上现代汉语课，在当时的西德基本上没有什么汉学家能够教现代汉语。

问：您的导师是谁呢？
答：Alfred Hoffman教授，中文名字叫霍福民。他是胡适的好朋友，唐诗专家。他非常好，是第一流的汉学家——如果不谈日韩的话，他甚至可以说是当时德国、欧洲，乃至世界最好的汉学家。他40年代在北京和南京跟中国学者学习过。当时他是世界上最好的汉学家，现在不能够这样说了，因为美国有不少研究唐诗的人，研究得非常好，比如说Stephen Owen，他的中文名字是宇文所安，我不喜欢他的中文名字，他的书都是翻译成中文的。

问：那您回来接替您的导师教课吗？

答：1975年回来了，但是工资太低了，那个时候我已经有了孩子，因此我到处申请工作，最后是柏林自由大学要我，作为他们的副教授——我们的制度不一样，副教授这个翻译是有问题的，但是等于中国的副教授——工作是介绍20世纪的中国文艺文学语言。从1977—1985年我都在柏林自由大学工作。

问：您是1985年以后又到波恩大学？

答：是，在那里，我的任务是专门培养学生学现代汉语，搞中德、德中的翻译，介绍中国20世纪的概况。但是从1995年开始，因为我没有走——我原本可以离开这里去其他学校，但我没有走——大学允许我回到古代中文系，这就是说，我从波恩大学的中文系转到了汉学系。波恩大学有两个系，一个是中文系，以教授现代汉语为主；一个是汉学系，以古代汉语为主，主课都不一样，是两个系。

顾彬教授 照片3：2015年在中国讲课

问：这是很少见的，因为中文在西方没有那么受重视。

答：对，这个跟波恩大学的历史和制度有关系，每个大学都有自己的特点，都不一样。到现在还是这样，完全不一样。

问：这是很不容易的，因为很多学校成立一个汉学系都不容易，它居然能保持两个。

答：对，不一样，中文系属于翻译中心的一部分，汉学系是属于文化哲学中心，不一样，这两个系制度不一样、内容不一样、语言不一样、思想不一样、完全不一样。这很难理解，因为其他大学没有这样的制度。

问：那前者，中文系可以说以翻译为主？
答：基本上是这样，还要学习中国概况。

问：属于比较应用型的对吗？
答：你说得对。

问：那如果要是搞研究的话应该在汉学系了？
答：对。

问：那您后来1995年转到了汉学系，转过去以后，以什么为主要研究方向呢？
答：对，我的研究方向就是中国古代，中国的说法和我们的说法不一样，对我们来说，古代包括中世纪和近代，那么，我研究的是古代哲学，中世纪的诗歌、近代的散文、当代的文学。

问：中国古代也包括当代文学？
答：不包括，这是我的爱好和方向。我自己不太区分古代和现代，如果你想了解现代，你应该也了解古代。

问：所以您当时的研究主要是古代，但是个人对现代也有兴趣，可以这样理解吗？
答：是。

问：当时是不是还做一些教学工作呢，也是古代方面的吗？

答：那当然啦，每周都上八九个小时的课，什么都有，包括古代、近代、现代，当代对我来说不是主要的，这不是我的任务，但是课外有很多活动，比如说我请中国很多当代作家开朗诵会。

问：您是怎么跨越古代和现代呢，在教学和研究当中，因为如果您要研究古代的话要花很多精力和时间，那怎么能和现代挂上钩呢？

答：我在波恩大学中文系教现代汉语等课程的时候，研究古代中国是我的爱好，是我课外的、在家的、和大学没有关系的研究工作。我 1995 年到了汉学系以后，翻译并介绍分析当代文学变成了课外的、业余的、家里的工作。

问：正好反过来了。

答：对。

问：那这样两种方向，哪种您更喜欢呢？

答：我更喜欢以古代作为我的重点方向。

顾彬教授 照片4：2015年在杜塞尔多夫孔子学院讲"中国酒文化"

问：我看您2006年的时候有一个采访，对中国现代文学没有什么很高的评价，认为目前，现代，没有什么真正的文学作品。

答：你理解错了，我常说中国有世界上最好的文学作品，但是都是诗歌，人家不承认诗歌，人家觉得中国当代文学最重要的作品是长篇小说。但是，长篇小说无论是在美国、德国还是中国，都进入了危机，基本上二战之后就没有人能写出好的长篇小说。

问：您认为长篇小说没人能写好，进入了危机，但这并不是仅仅是中国文学面临的情况，而是整个世界的普遍情况？

答：对，中国好的短篇小说和中篇小说是有的，但是没有好的长篇小说。

问：是，有很多，像卫慧作品那样的算不上文学，也能够被捧起来。前几年她还去德国做朗诵会，我很奇怪怎么会有人请她，这个不管从哪个语言来看，这都不是一个文学作品，但是受到很多人的追捧，这个很难理解。

答：对。

问：那您在教学当中后来是以古代为主了，现代的是自己的爱好，做一些活动和介绍，没有把它引入教学当中，因为工作不需要，是吗？

答：1995年以后不需要。1995年之后，课外做报告是有的、书是有的、文章是有的、翻译也是有的，但是这不是我的任务，是我的爱好、业余工作。

问：您有没有去读博士后，这里的教授不是都需要有博士后吗？

答：我1981年，35岁的时候就是博士后了，如果没有的话，在当时德语国家的大学也没法做教授。

问：那您的博士后论文是关于什么方面的呢？

答：中国文人自然观。

问：这个中国文人您指的是什么，有没有具体的历史阶段？

答：从古代到清朝。

问：那这应该是指中国古代文人。

答：对，基本上是。

问：那您后来一直在波恩大学吗？

答：对，都在波恩大学。

问：我们已经谈了第一部分您的发展经历。那么，第二部分就是您在学术上主要做了哪些方面的工作。您刚才说了古代和现代您都做过，但是您有没有专注于研究某个重点？

答：我不喜欢专注研究某个重点，像 Stephen Owen，他研究唐朝的诗歌，但唐朝前唐朝后，他研究得不够；还有荷兰的柯雷（Maghiel van Crevel），专门研究1989年以后的诗歌，1989年以前他什么都不知道，1949年以前他什么都不知道，辛亥革命以前他什么都不知道。从《诗经》到莫言，我不敢说我什么都研究过，但是我都翻译过，我写过，如果一个汉学家他只了解比如说民国或者当代，但是其他历史经过他什么都不知道，我就很讨厌。

问：就是说如果仅仅是研究很窄的面，您认为不是一个好的汉学家。

答：我这样回答你的问题吧：如果我在德国的时候专门研究一个人、一个时代，那大学会对我很有看法。

问：对，德国大学是希望一个教授什么都能教。

答：对，我可以教概况课。虽然我不是历史学家，但是中国历史总轴到现在我都教过，如果是概况课的程度，我可以教。

问：可不可以这么说，您认为研究不应该仅仅在一个比较窄、比较小的领域，应该更宽一些。

答：对。

问：那您最感兴趣的是哪些方面？
答：唐朝、唐诗、周代的哲学、宋代的散文。

问：后来的元曲和清朝的小说呢？
答：我都写过，我都有书，150页的成果目录，我写的书有几百本。

问：还有一个问题就是德国汉学界对中国文学的研究。您主要还是以文学为主，虽然也有哲学和历史方面的研究。
答：历史我不敢说我研究过，我教过，教是可以的，但研究谈不上，我研究的是哲学、文学、宗教之类的，你可以说思想史，但是我不是历史学家。

问：您说宗教您也研究过？
答：我教过课。

问：宗教史吗？
答：你可以这样看，我在中国也教过宗教史的课。

问：佛教，还是道教？
答：都包括在内。

问：那等于说是中国宗教概况？
答：可以这样说。

问：但是您还是以研究文学为主？
答：我最初学的是哲学，所以很难说我研究的是哲学还是文学，可以算都是吧。

问：那您认为德国汉学界的中国文学研究是怎么样的一种状况？

答：应该包括奥地利在内，应该说德语国家的情况。德语国家的汉学在七八十年代的时候比较强的是翻译，翻译和介绍了很多中国文学，无论是古代、近代、现代还是当代，基本上我们什么都翻译过，这也包括东德。好的作品都有译本，比英语国家早，比方说杜甫，美国现在才有英文全集，但是我们德语国家，比如奥地利早了70年，30年代就有了杜甫全集德文版，李白全集德文版也是30年代就有了，当时英语国家什么都没有。我们德语国家的汉学不少方面可以说是先锋的，但因为我们是小国，德语太复杂，中国人、美国人都懒得学，所以人家都不知道，就像我们是不存在。七八十年代的时候，我们有第一流的译者，但是这一批介绍中国古代近代文学的人，现在都已经去世了。现在在德语国家有一个新的倾向和情况，那就是，如果我没记错的话，现在只剩下苏黎世大学还有一个人在专门教中国当代文学，但是这个人不懂民国，不懂辛亥革命之前的文学。现在在德语国家，没有一个大学的汉学系或中文系还会专门请一个教授教中国文学，没有了。

问：就是说除了苏黎世这个人以外，找不到专门教中国文学的人了？

答：基本上没有，研究中国当代、古代文学的人是有的，但他们都退休了，都在大学之外，和我一样在大学外研究，不在大学里。

问：那是不是说这个新的倾向就是不重视文学？

答：你可以这样理解，现在更加重视一些经济、历史和政治方面的问题，注重实用的知识，人家说文学没有意思，没有用处。

问：这个倾向只是在德语区吗，其他地方不是这样吗？

答：在法国好像大学内会有不少人在做翻译，翻译中国现代、当代文学，古代我不敢说，我不清楚。美国在研究中国文学方面很强，如果不谈中、韩、日，他们是在这个方面上最强的。

问：您认为在别的中国研究方面也是美国最强吗，比如政治方面，等等？

答：这个难说。如果不谈哲学，不谈思想史，不谈文学的话，美国真的能够和德国，和欧洲汉学比，因为美国汉学——很可惜德国汉学有时候也一样——受意识形态左右，和科学叙述没有什么关系。所以我们现在看美国汉学家们时都应该小心，因为这些人他们都不懂中文，他们只看翻译的资料，另外呢，欧洲的历史、思想史，他们基本上都不懂，因此他们都是从固有的成见上来看待我们欧洲人。他们唯一的标准是，在欧洲写有关中国的书的人，是男的吗，是白种人吗，是欧洲人吗？如果都是的话，他们就会全盘否定。如果你作为一个男性、一个欧洲人、一个白种人，那你完了。现在在汉学界有一个新的种族主义：白的不要、男的不要、欧洲人不要，因此你最好是一个女的、一个欧洲之外的非白种人；如果你是黑人、女性、残疾人，那你什么好处都有。

问：这是指美国的学术界，是吗？

答：德国现在慢慢也开始变成这样，英国更可怕，英国的汉学现在在看书之前，会先查询要看的书是一个男人写的吗，一个欧洲人写的吗，是一个白种人写的吗？如果是的话，他们就不要看，他们要看中国人写的书。

问：这是英国的做法？

答：对，英国的，伦敦 SOAS 的新的倾向，学生对白种欧洲男人写的有关中国的书反感，他们觉得作者最好是中国女人，因此我有的时候说，汉学是意识形态 ideology，不是学术、不是科学。

问：可能是因为您刚好处于这三个群体之中，会有这样的感觉，如果站在不同的立场可能会看法不一样。

答：这是他们说的。

问：会受到这样的歧视，这我还是第一次听说，发表作品的时候会受到影响，他们更喜欢非欧洲人、女性作者写的书？

答：这就是为什么卫慧在德国非常成功，因为她是女的。

问： 我觉得可能是好奇，中国本来是非常封闭的社会，他们觉得奇怪为什么会出来这样一个作者。

答： 你说得很好。

问： 回到我们刚才的问题。您对德国或者说德语区中国文学的研究是怎么样的看法，你是觉得美国对中国文学的研究更加领先吗？

答： 美国对中国文学的研究是非常丰富的，非常多，虽然我不太同意他们的观点，但是我应该承认，除了日韩之外，美国是世界上研究中国文学最多的国家。

问： 最多是不是意味着最好呢？

答： 有的时候也可以说是最好，有时候可以这么说，比如说 Stephen Owen。虽然不一定都是最好的，但是应该承认他们的努力。他们的书我都看过，虽然我经常不同意他们的观点，但是我承认他们是努力的。

问： 在对中国的其他研究上是不是这样呢，比如说政治问题上？

答： 我只说我的个人感觉。美国在研究哲学上是很有问题的，是方法问题，他们研究得不少，但是方法很有问题。美国汉学家最大的缺点在于他们没有历史感，他们自己的历史太短了，只有几百年，因此他们不懂两三千年以前在欧洲发生过什么，他们只能从比如 18 世纪开始看世界，从 18 世纪开始美国才开始渐渐有文化、有画家、有文学。

问： 那欧洲对于中国文学的研究，您认为主要问题是在哪，是投入的人力太少，还是方法问题？

答： 我们基本上没有什么问题，德语国家的每一个大学都会有汉学系和中文系，基本上会安排中文课，人员也不少，因为我们研究中国的人太多了，他们在德语国家找不到工作，就都去了北美，因此在北美你会发现不少来自德语国家的教授。也包括英国在内，英国也有一个维也纳大学的人当教授，Fuehrer。我们的问题在于大学没有钱，上大学都不用交学费，因此我们不能像美国大学一样多雇人。美国大学大部分都有学费，大学有经费，因此他们不缺少人上课，我们总缺少人上课。我还没有在波恩大学退休以前，每个星期上九个小时的课，负责200个学生，无论是学士硕士还是博士，都是跟我毕业，都要来上我的辅导课，这样我要累死了。因此，在德语国家很少有汉学教授还在搞研究，很少有教授出书，有些教授甚至连一本书都没有。

问：您认为这样的状况影响了对中国文学的研究？

答：当然了，我不是说没有出书的教授就没有知识，他们都很有知识，上课也上得很不错，可是下课后他们太累，可能行政工作太多了。我给你举一个例子，我睡得不多，每天四五个小时，有时候24个小时我都不睡，因为不允许，德国大学也不允许我睡，睡是犯罪。我给你一个例子，每天早上四五点钟起床，七点钟到办公室开始工作，有一次我们系里要维修，很多东西要从三楼搬到一楼去，工人不去搬，说这不是他们的任务，因此我脱下我的衣服，一个人把所有留下来的东西搬到下面去，花了几个小时。

问：不可以找学生吗？

答：不能的，这不是他们的任务，我不可能叫他们的。

问：学生肯定会愿意的，中文里"师父"就是师如父的意思，您的学生们不知道这一点，他们中文没有学好。

答：在德国你不能够请学生，这不是他们的任务，你应该自己想办法，所以我耽误了自己的工作，没时间去写我的戏剧史。又比如在厕所缺少卫生纸，也是我自己去拿，真的。

问：这是德国的特色，如果您有中国学生的话，老师有问题，帮个忙是很简单的事情。

答：在德国不行，这样可能校长会骂你。我可以请我的同事帮忙，但早上七点钟他们还没有起床。

问：您认为德国大学的经费太少，搞中国文学研究的教授们没时间去做研究工作，是吗？

答：这是我的感觉，的确是这样的。我当时觉得自己还有这个精力，但不一定每个人都有，可能有人身体有问题，也可能他们觉得多开会对大学好，这个很难说。我也开过会，每个星期都开，但是我开得少，如果可以不开我就不去，但是他们总是开会。对我来说最重要的是上课、写书，对他们来说最重要的除了上课以外可能是开会。我每个星期也来开会，但是如果可以早走我就走了，回去写我的书，而他们可能觉得坐在那里，职业就是开会，散会了就回家睡觉。

问：我觉得喜欢开会是中国一些官僚的做法，在德国，尤其还是在学校里也这样吗？

答：也有，有人觉得如果不开会的话可能对自己有坏处。

问：那就是说除了经费比较少，造成了教授们没时间、没精力做研究之外，还有没有其他影响到中国文学研究的问题呢？

答：还有一个原因：中国的作家总是批评其他的人，他们唯一歌颂的是他们自己："我是了不起的，我应该获得诺贝尔文学奖，你别研究这个、那个，你来研究我"，但他们没有什么好作品。我给你举一个例子，张枣，20世纪最重要的诗人，但是他48岁就去世了。杨炼你知道吗？杨炼算是中国最好的诗人之一，张枣却告诉我，杨炼连一首好诗都没有。高行健2000年获得了诺贝尔文学奖，张枣非常高兴，给欧阳江河打了一个半小时的电话，表达他的愉快，因为北岛没有获得诺贝尔文学奖，原来应该是北岛获奖，不是高行健。北岛总是支持张枣，给他机会发表诗歌，给他机会出杂志，但是知道北岛没有获得文学奖之后，张枣却非常高兴。

问：但是高行健也是中国人啊？

答：因为高行健不够好，张枣觉得自己比高行健好得多，因此他觉得，如果高行健可以获得文学奖，那我也可以；但是如果是北岛，他知道自己比不上北岛，所以他就嫉妒了。对我来说，所有的中国当代作家，男的，都在批评他们的同行。我们总是听他们批评同行，就懒得翻译他们的作品了，觉得他们的作品太差，也觉得没有意思，他们总是不向我介绍他们其他的同行，总是在说他们自己——你应该翻译我，不要翻译别人。比方说莫言获得了诺贝尔文学奖后，不少山东作家就说，我比他好得多，诺贝尔文学奖应该给我，不应该给他，你别管他，你应该翻译我，你应该介绍我，我好，他很差。

问：只是山东，还是全中国都这样呢？
答：全中国。很多人说莫言太差，没有意思，不要看。

问：那您怎么看？
答：莫言我说了太多了，我不要说了。他很可怜，获得了诺奖之后好像也没有再出过什么书。长篇小说不是一个中国文学的问题，美国、德国也有。好的长篇小说很难写，莫言不是意外的。

问：您觉得德国汉学界对中国文学研究的现状不是特别让人满意，是吗？
答：不能这么说。我们一百年来，做了很多，贡献了很多，德国汉学界最少出过十几本中国文学史。翻译方面我们什么都翻译过。现在问题在于，研究中国文学的人基本上不在大学内部，都是在大学外，作为一个爱好在研究，而不是任务。他们原本可以去睡觉、去喝酒、去吃饭、去玩。如果我的记忆正确的话，现在除了苏黎世大学以外，没有一个德语国家的大学专门教中国文学，原来都有。

问：您不是说苏黎世大学是例外吗？
答：现在是例外，突然变成了一个例外，因为原来都有研究中国文学的位置，现在被取消了。德语国家其他已经存在几十上百年历史的研究中国文学的教授位置被取消了，不要了，现在要的是经济、政治、历史。只有苏黎世大学在10年前设立了这样一个职位。如果大学现在还会有人研究中国文学的话，那不是他的任务，而是他的兴趣爱好，是业余的行为，跟我在波恩大学1985—1995年一样。那个时候，中国古典文学研究不是我的工作，但是我在写，早上六点钟写，晚上十一点钟写，就这样写完了。其他人总在看电视，我都不看，根本不看，电影我也不看，我工作，工作，工作，都是为了中国，我把所有的心血都给了中国，真的。因此，三点钟醒来的时候我非常紧张，我听到一个声音：起床，工作。或许我还能再躺一个小时，但是到目前为止，最晚我是四点钟起床，现在也是这样，我只允许自己睡三四个小时。比方说科隆大学，他们原来有专门研究20世纪中国文学的位置，但是新的教授公开说不要文学，就取消了。波恩大学我退休后没有人教文学，我的接班人教历史。

问：那您认为这样一种状况是不是应该改变呢？

答：首先中国作家应该改，中国作家总批评他们的同行，我们都不好意思研究了。

问：这是中国人一个大的毛病，文人相轻。

答：文人相轻很麻烦。比如说现在伦敦那个马建，原来是写西藏小说的，他谁都骂，很厉害，唯一一个留下来的好的作家是他自己。中国作家就是这样，我第一，我了不起，你应该翻译我，你别管别人。

问：但是翻译谁的作品不是他们说了算，是您去选择的。

答：他们不肯承认。你为什么翻译他呢？他没有好诗啊！比方说，张枣告诉我，你出了五本杨炼的书，但杨炼一首好诗都没有，这就是说明他完全否定了我出的这五本书。但是我也出过五本张枣的书。

问：说到诗歌，您认为现在中国是有好的诗歌的？

答：有的。

问：您指的是现代诗还是格律诗？

答：现代诗，比如说欧阳江河和王家新、北岛、翟咏明。他们的诗歌我都翻译过。

问：您认为他们不错，但他们在欧洲或者世界上得到同样的评价吗？

答：在美国有，在欧洲除了德语国家之外不一定，在德语国家还是有比较好的评价的。

问：为什么在德语国家比较有好评呢，是不是受您的影响？

答：这个不好说，我不能够谈我自己。

问：那您今后还打算继续做教学工作吗？

答：我现在在中国三所大学上课：北京外国语大学、青岛海洋大学、汕头大学，按照他们的需求，教中国哲学、中国文学、中国宗教和翻译学的课。

问：您是用中文讲课吗？

答：当然。

问：那您一年要去很多次中国了？

答：我住在中国。

问：一年大概在中国多少时间呢？

答：最少10个月。

问：那基本上是住在中国了，您习惯中国的人际关系吗？

答：现在有一些困难，但是我无所谓，我觉得我是中国人，不是德国人。

问：像我是中国人，在中国出生中国长大，但我现在回去都会有一些地方不习惯。

答：我明白你的问题，这也是我的问题，但是没有办法，只能这样。

问：您如果每年能在中国住10个月，说明你还是愿意待在那里的。

答：在那里上课、备课、作报告，不无聊。我觉得这样自己有一个任务，不会像其他德国大学的教授一样，退休后什么都不做，在家看电视，准备等着死。

问：您现在有70岁了吗？您是1945年出生的，现在应该已经72岁了。

答：你们是这么看的，在我来看不是，只有71岁。

问：那您现在除了教学以外还做研究吗，研究些什么呢？

答：当然做，我每年出最少三本书。我在研究周代哲学，已经出了七本书，现在在出第八本，我写过孔子、孟子、荀子、老子、庄子等的书。

问：您的书一般是用德文写的，在这里出版？

答：是。

问：我看到您与奥地利的Bacopa出版社合作比较多，出了不少书。

答：基本上我的文学作品都是他们出的。

问：您有没有用中文出版的书呢？

答：有，我的散文集。我每个星期给《南方周末》之类的杂志报纸写散文，现在有人把他们收集出书。

问：我一定会去拜读一下您的作品。

汉学、民俗学、考古学三栖的学者
——贺东劢（Thomas Höllmann）教授访谈录①

访谈人：Jin Ye-Gerke，Rebecca Ehrenwirth
时　间：2012年2月25日，2013年7月24日
地　点：德国慕尼黑大学汉学研究所
整　理：Jin Ye-Gerke

问：贺东劢教授，感谢您抽出时间接受我们的采访。参阅了您的履历我们了解到，您是1971年开始大学学业的，对吗？

答：1972年。

问：那还是在中国"文化大革命"期间。您是如何决定攻读汉学的？

答：当时很多不同的因素在做出这个决定时产生了影响，政治形势也起了一定的作用，但是我指的不是那些尽人皆知的事情，而是那些当时人们还不知晓的事情，因为正是我们不了解的东西才会引起我们的好奇，这也适用于我。我当时有愿望想更多地了解这个国家。但是我也不得不承认，这其中也不乏一些很幼稚的想法，因为那时人们会自然而然倾向于把理想化的东西注入自己尚未正确了解的事物中去，我想当时那一代人都有这个倾向。

对我们这一代人来说，"文化大革命"不是从一开始就是负面的。建立一个始终不断更新的社会的想法在当时当然显得很富有吸引力，尤其是面对那

---

① 标题为收入本书时所加。因篇幅有限，该访谈录收入本书时有所缩略，全文请见 http://www.china-studies.taipei/act02.php。

时世界上很多僵化的国家体制。但是这种状态只能得以持续，在你不受任何具体实情之累的情况下，和在你不真正知晓人们是如何实践这个理想的情况下。人们只知道中国释放出来的信息，至于其他的或者被人们忽视，或者没得到任何程度的了解。不论是那些"文化大革命"产生的负面结果，还是"大跃进"后期的大饥荒。三四十年里没有任何人提到这些，因此不光是无知的德国大学生们没有注意到，而是整个德国社会都听不到有关的信息，甚至在西方的媒体看不到任何有关报道。由此看来，我是属于那些事后才发觉自己太天真的人之一。那种幼稚我和许许多多人共有，无论你从属于哪种政治倾向。

问：可以说，您对中国的第一接触是通过媒体吗？

答：非也。对当时中国的现实状况的兴趣当然是其中之一，对中国艺术的兴趣，或者泛泛说对中国文化的兴趣是其二。起初我是想学些很正经的东西，所以一直想进入艺术学院，并开始长期集中地钻研艺术，尤其是欧洲当代的艺术。很快我就发现日本绘画和图绘对欧洲创作的重大影响。当我尝试了解日本文化时却又发现其中国文化的背景。就这样我的兴趣一步一步地转向中国。然而做出学业上的决定则是较晚的时候，可以说是在最后一刻才下的。我的这个决定使我父母感到非常高兴。这倒并不是因为他们对汉学多么了解，但是他们知道，选择艺术家这个职业一般不会有太好的结果，这样看来选择汉学的不确定性相比之下还是更能让他们接受。

问：您觉得可以说，欧洲或者说德国刚刚经历了"68运动"，那时开始学汉学的大部分是毛泽东主义的追随者，或至少是"左"派，热衷于共产主义的人吗？

答：是的。

问：那您本人是否也是他们中的一员？

答：不是。如果您一定要笼统地区分左右的话，我更愿意把自己归于"左"派，但那实际上是最肤浅的接触。我对那些东西感兴趣，但并没有像当时的很多人那样加入任何组织。当时有很多那类的组织，大部分是以字母K

开头，究竟是马克思主义者、列宁主义者、毛主义者、托洛茨基主义者或者其他什么别的。我觉得这种世界观未免太过于简单。

问：那您向古代中国的改道是什么时候发生的？

答：与古代中国产生较强的关联其实是在大学期间产生的。在德国学了一年以后，我去了台湾，原因其实十分简单。因为1972年和1973年第一批去中国大陆的留学生一年以后回国。他们去的时候都非常兴奋，还在那里买了蓝外套、蓝帽子，可回国以后就没有再穿戴过一次。也就是说很多人起初的幻想破灭了。这使得一部分人完全放弃了汉学学业，另一部分人开始放弃共产主义的理想，还有一些人则由此彻底改变了自己固有的世界观。但是即使在台湾的时候，我的兴趣还是在整个当代中国。我想，跟古代较深入的接触是后来慢慢发展起来的。

问：那时汉学专业是否也不是这样的（注重古代）？
答：稍微夸张一点说，当时根本没有什么学业方向。

问：您是指慕尼黑汉学系吗？
答：对。我是因为这个原因决定去台湾的，因为这里的中文课实在是不敢恭维。

问：那时已经有语言课程？
答：完全没有语言课恐怕是不行的。当时的那位教中文的先生，人很好，是个很容易相处的语言学家。在他的专业领域他当然应该享有崇高的声誉，但是很不适合作为中文教师。学习语言对我来说是个很重要的原因，我想其他人肯定也是如此。语言是个很大的目标，同时也是个很大的障碍。

问：其他的课程呢，当时都开设了什么课？我是说，您1972年上大学，到1981年拿到博士学位，系里都开过些什么课？
答：我的硕士论文是关于台湾的一个少数民族，是个偏重民俗学的课题。

这个题目也体现了我的主专业和副专业的选择。民俗学对我来说几乎等同于主修，同时我当然还攻读中国艺术及考古学。这决定了我们不得不接触古代中国。研究的方法论我更得益于副修而非主修专业。恰恰是非常注重方法论的民俗学——尽管对此的看法我们可以商榷，但是我从中学到一些以后在我的汉学研究中对我很有帮助的东西。此外，我还参加了中国哲学的课程，其中很多是跟着 Wolfgang Bauer 学习。还有中国文学的课。我还记得参加过一个关于中国无政府主义的课。我得做一个关于中国无政府主义的榜样克鲁泡特金（Potkin）和巴枯宁（Bakunin）的报告。总的说来没有什么死规定，只有到报名硕士考试时要参加一定数量的高年级讨论课，其他的则很自由。我觉得这种自由很不错，我也很希望我们今天的学生也能享有这种自由，不过我们今天的课程涉及的领域非常广，这是当时没有的。

问：中国艺术和考古学学分您是跟谁修的？

答：Finsterbusch 女士当时开这方面的课。那真是个完全不同的世界。还记得我当时上课的时候抽烟斗。这在今天就不行了。后来在我自己的课上我还抽过烟斗。Finsterbusch 女士这样的情况今天也不大可能有了，她没有在中国待过很长时间，而且她的中文带有一点儿萨克森口音。比如，在讲"觚"（gu）（一种容器）时，她常常说成"ku"，而"ku"她发音是"gu"，很难习惯，尤其是对低年级的学生，但是我们的听力由此得到一些提高。

问：如果说当时中国艺术及考古学就已经成为汉学的一个附属领域的话，我觉得是很不同寻常的。

答：它不是汉学的附属领域，而是一个独立的副专业。对旧学制的硕士生来说一直到今天都是这样，只是新学制的硕士生就没有这个专业选择了。现在之所以如此，就是因为考古学只能是新硕士学制要求的两三个专业重点之一。

问：那就是说，这个专业从本科课程中被取消了？

答：要想较专注地学这个专业，必须得具备一定的前提条件。所以一般来讲，学生不会一开始就同时选择这个专业作副修，而是在第五或第六学期具备了所要求的一定的语言基础以后才选修。这一点上其实一直都是这样。所以学士学位开始以后也没有什么根本变动，还可以做的，较早就开设这方面的课程，当然是基础程度上的课程。

问：当时选这个专业的学生多不多？

答：很多。我是说，选这个专业可以提高你独特的优势。因为在整个德语国家没有其他地方可以学。这一点至今也还是这样。也许只有一个类似的专业：海德堡大学开设的艺术史专业。起初一直都是研究绘画和书法艺术，后来 Ledderose 教授去了以后他们也开始涉及一点考古。不过不是从方法论上，而是更偏重古代艺术品的研究，研究范围从研究的时代来看会有时间上的交叉点，但方法上是不一样的。

问：这个专业最早是从什么时候开始的？

答：这个我一点都不清楚。我只知道，我开始念大学的时候已经有了，估计应该是这之前不久的事情。另外，Finsterbusch 女士是在慕尼黑取得教授资格的，那个时间应该是设立这个辅修专业的时间。

问：也就是说，某种意义上您是隔了几代教授这个"教椅"的继承人，对吗？

答：这个说起来有点复杂。刚开始这只是个 C3 级教授位置，相当于今天的 W2 的位置。我觉得应当说，当时奠定的基础是我今天所从事的工作的一个重要的组成部分。

问：在大学期间您的研究领域发生了转变，从汉学转到民俗学，再到考古学……

答：是的，然后又回到汉学。看起来我的生活是在画圈圈。这其实是由很多偶然的因素决定的。我快要开始读博士的时候，德国考古研究所给我提供了一个科研位置。其他单位没有这样做，于是我一头扎到这个领域。如果当时民俗学或汉学领域有人要我的话，可能一切会是完全另一副样子。争取教授资格时，我接到三个邀请：一个是汉学专业的，一个是史前史和远古史专业的，那是涉及中国的课题，还有一个是民俗学专业的。后来我选择了民俗学。因为我觉得所有我感兴趣的都可以在这个领域深入进行，因为这是个面很广的专业，似乎所有考古方面的内容，所有涉及中国地区的内容都可以兼容进民俗学，反过来则不是那么容易的。

问：这可是三个完全不同的学科。您觉得他们之间有什么特定的关联？

答：我当然也可以说我是脚踏三只船。很幸运我得到了这个教椅，但是我想，虽然这个发展我事先并没有计划，但最终的结果对我是很有益的。现在再看，我已经不是从职业角度判断了，因为出于职业的考虑对我来说常常很不利，对于汉学家我有点太民俗学，对民俗学家我又太偏重史前史，对史前历史学家我又太汉学。但换个角度看，正因为我从事古代中国的研究使我坚信，如今要想在这方面做有意义的探索不能仅看原始资料，还应该认真对待考古方面的资源。在这些不同的领域不总是能找到统一的结论，它们所呈现的图画不总是一致的，但我还是认为这种尝试会对我们有所帮助的。民俗学对我的帮助显然很大，使我的研究更具清晰的系统性，尽管我利用考古资料的论证还较原始，但总的来说我尝试从历史角度提出问题，它们同时也具备社会学的因素，这对我很有补益。我之所以长期从事边缘族群、少数民族的研究并不是事出偶然，无论是考古学领域对中国边疆地区的研究，还是民俗学方面对至今还生活在那里的中国少数民族的研究。

问：在三个不同的学科领域找到研究的关联性肯定不是件易事……

答：我并不这样认为。你看，汉学其实没有某个固定的领域。如果你研究中国文学，那要去文学研究所，研究中国历史，要去历史研究所，研究民俗方面的课题，要去人类学研究所。然后当然还有这些不同学科的关联研究。也就是说，任何一个汉学家都必须从什么地方获得他的方法论，我觉得那就是在介于历史学和民俗学之间。而考古学对我来说其实只是个为了能够搞懂某些资料的工具。考古学不提出问题，而是为找到某些问题的答案提供帮助。

我们不能像人们通常所做的那样，把它看作试验性的尝试或统称为民俗考古学，我十分不赞同。也就是说，如今有人为了研究欧洲以外的文化试图将这些文化归纳到整理出来的文明范畴里去，以对中国古代的状况得出基础科学结论，我认为这是非常不可取的。

问：在您的将近10年的学业间中国发生了很大变化。在您完成博士学位时中国已进入了改革开放时期。这期间您一定……

答：我的学业是1981年初结束的。我当然已经感觉到中国在发生大的转变。但人们不一定领悟到这个大转变的全部情形，正像起初没意识到"文化大革命"发生的真正背景那样，人们当时并没有能力真正估计改革开放。它只是个小变革，还是个真正的革新？或是个天翻地覆的大变革，它将带来什么样的后果？从这个程度上讲我关注它，但仅此而已。在此我不能确切说，我能对此阐述什么个人的看法。

问：但是您从未产生过终止学业或转学别的专业的想法？也许会觉得中国没有前途或者类似的想法，直到中国发生了这个转折。

答：要是我真的寄希望于中国的未来，当时也许我做不到。是这个国家，这个文化太使我感兴趣，引起我兴趣的具体对象随着时间的推移曾有过转变，但是如果只考虑到有个稳定的前途的话，我早该学别的东西。我是想说，对于我父母来说，唯一可考虑的只有法律和经济，而这又是我不想学的。这使得我的人生在较长一段时间里富有悬念，这不完全符合我的期待。幸好一切发展得还算顺利，没有过什么中断。当然也有过一些时候我曾反思过，我所做的是否都是对的。但这种情形在我学业期间并没怎么出现过，而是在我完成学业以后，成了家，有了孩子，我一下子得面对新的责任，那时曾明显有过这样的顾虑。

问：暂且不论您的学业经过，我觉得，在中国尚未如今这样开放时，也许会使学术研究较为困难。比如说，很难接近原始资料，当时什么都政治挂帅，而不是学术至上。

答：我常说，我们当时在西方对中国的了解只是一小点，相当于在一个纸盒子上钻个小孔，往里面能看到的就那么多。这当然只能看见很少的一点。基本上，到今天某种程度上还是如此。中国从其丰富的文化层面，还有其广阔的地理延伸来看，基本上可以说是个大洲而非一个国家。我想，要写比如说奥地利的历史，可能相对来说容易些。而要写中国历史，经过那么多个朝代，跨越那么大的地区，包括那么多历史上发生过的巨大变动，涵盖面要大得多。也就是说，在德国我们可以走这种途径，即要么满足人们对汉学研究依然存在的百科全书式的要求，或者要么走英美的路，选择一个哲学家或一个历史时期比如说1513—1525年去研究。这后一种做法的优点是你在这个领域会非常专，但也有可能因此失去对全局的把握。现在很难让我说此做法完全正确，彼做法完全偏颇。但我个人觉得很幸运，在这里享有其他地方恐怕不能得到的很大的学术研究的自由。美国的情况部分是这样的，如果你要去中国文学所学中国历史，因为你对此感兴趣，这根本行不通，因为这被看作专业不专一。

问：您觉得在台湾留学期间对您产生了哪些影响？因为您刚才提到大部分人选择去大陆，而您有意识地选择了去台湾。

答：是的，我有意识地选择了台湾，不是出于政治考量，而是很简单，我不想失去某种自由。我已提到，台湾那个时代的特点并非因其拥有强大的民主体制，它完全也是个压制体制地区，不过还得提一提的是，我在台湾见到的政治宣传与其说给我很深的印象，不如说让我觉得很好笑。如今我也说不好，这段时间对我有任何影响。至今留下一些足迹的当然是民俗学方面的研究，因为我在那里做过较长时间的实地考察，关于那里的一个高山族，就此为题写了硕士论文，后来的博士论文也是这个题目。也许还就此扩展到一些历史方向的研究，因为我发现这个课题涉及文化的变迁，所以它不能仅限在最近10年、15年，或者20年时间内，而是得回溯到过去很长的历史，具体就是得追溯到日据时期，到明清时期。

问：选择台湾辅仁大学是否纯粹只是偶然？

答：正是这样。我当时去咨询了一下，我们是三个人一起去的。我们打听了一下都有哪些可能性。恰巧有个人去过那里。他讲的关于那里的情况都非常正面，所以我们也决定去那里。其实当时只是出于实际的考量，很简单。出发的时候我们三个都是第三学期的学生，我们第二学期的时候开始计划。

问：当时学生第二、第三或第四学期去实地留学是不是很普遍？

答：不是，那只是我本人的茫然的选择。在语言学习这一点上别的人的情况也差不多。很长一段时间以前根本没有去中国的可能性……对很多人来说没有这个可能。传统的汉学家没有去过中国，跟印度学家一点儿不同，他们那里只有两种人，一种是喜欢印度的，一种是恨印度的：我的天，最好不要使自己被陌生的文化玷污。在一个国家只短期逗留还是长期在那里也是有区别的。比如说 Wolfgang Bauer，他虽然后来去过台湾一段时间，但那是他已经拿到教授职位以后，他申请了免去课务后去的。而对我们当时并不是说去那里有多大的吸引力，而是首先考虑到哪里可以学到正经的中文，另外那里的条件至少还可以接受。所以台湾很快成为可考虑对象，然后是选择新竹的语言中心，它属于辅仁大学，但是与其并没有什么关联。

问：如您所述，当时很多事情都得学生自己主动争取吗？因为现在的学生得到很多支持，也有更多的联系和可能性。而您说，很多事情您都得自己去张罗。

答：那时候正赶上一个高潮，我们同时开始的一共有近100人，第一学期过后仍是这么多人。三个去了台湾，两个去了大陆，这或许仅占5%。而今天我们几乎所有学生在参加硕士毕业考试时都去过中国至少半年，或最好说至少一年。我们那个时候则是很少见的。

问：当时您作为一个在台湾的欧洲留学生有没有可能跟去大陆留学的同学联络？

答：我如今不能说当时没有这种可能性，但是我是先把邮件寄回家，再由人转寄。直接联络不行。我们也受到监视。所有的邮件都被拆开过，无论是寄到台湾的，还是从台湾寄出去的。有段时间还发生过这样的事，1975年我和几个台湾学生在台北合住一个公寓。一次一个人突然搬出去，然后搬进来一个别的人，这个人的任务就是向我问很多问题。他们的确很关心谁在我们这里。

问：您刚才说过，台湾当时还没有民主制度。那您在那里的日常生活中感受过哪些专制制度的影响吗？

答：因为我本人没有直接受到什么，所以说我没感受过什么。但只要稍微有点观察力的人就会自然察觉，从头至尾一切都是被操纵的。随处可以看见安全人员出没，你知道总是有个影子跟着你，看你做什么，去哪儿，和谁在一起。过了一段时间以后你当然结识了一些人，跟他们谈话，但是有些这样的谈话可能不应该进行，因为可能你会冒风险。

问：作为一个年轻的学生您当时对台湾的政治氛围有什么印象？

答：非常不好。我不得不再强调一下，我去台湾并不是因为我为那里的自由所激励。

问：当时台湾对西方世界的态度如何，是开放的还是持批评态度？

答：都有。我是说，刚开始一切还基本上按部就班。但是我去台湾时正值台湾退出联合国，中华人民共和国进入联合国时。台美关系严重蒙上阴影。我还记得我的一些德国同学感到很害怕，因为当时（台湾）对外国人的情绪十分偏激，我们似乎不知什么地方总跟美国人沾点儿边，所以有的同学在他们的T-恤上写上：我是德国人！以一种令人困惑的、潇洒的方式保护自己，但是（他们）没有考虑到，这样做可能收到完全相反的效果。因为对大部分（台湾）人来说，德国似乎是美国的一部分。但是台湾当时的人口结构并不是十分同一，来自西方的外国人中的一部分马上就认同了国民党。但是我个人从来没有遇到什么麻烦。

问：您当时已经开始研究那里的少数民族，您跟那些原住民有联系吗？

答：是的，是这样的，在我留学台湾初期就有个机会，去一个邹人村落待几天。那个地区当时属于禁区，类似美国的印第安人居住区，不是谁都可以进入的，得要特殊许可，这很难获得。位于阿里山附近，被旅游业严重污染，从那里两个小时的徒步行程，也就是说离开一个索道站两个小时路程。我觉得很有意思，所以1975年去了一趟，然后1978年、1979年在那里待了较长时间。在这里或许要讲一个故事：1975年我再次去那里的时候，我一个人，第一次我们是三四个人一起。最后快离开的时候有一个告别聚会，当然也吃得不错，还有一些很少见的珍馐，当然不是与中国菜作比较，而是相对欧洲菜来说。他们跟我说："这个你反正不吃！"我当时回答："我什么都吃！"上来的是蝙蝠，带皮带骨，蝙蝠身上也没有什么其他的，肉很少，其实基本上也没有什么可怕的，但是我犯了一个错误，吃完后我说："我觉得很不错！"当时没想到，我后来有关这个领域撰写硕士论文，后来博士论文也是相同的课题，要去那里考察较长的时间，又来到这个村落待了好几个月，也没想到那里的人还记得那次聚会的情景，每个星期我至少一次、甚至两次吃到我最"喜欢"的那道菜。

问：您跟这些原住民是如何沟通的？

答：用国语。当时也学了点邹的语言，但仅限于日常用语，我跟他们交往得很好，但是从来不够用来讨论一个较复杂的事情，所以用国语跟那些大概50岁以下的人交流根本没问题，而跟年长一点的就较困难，他们大部分不会国语，他们会日文，这个从历史上很容易找到原因。但我的日文不够好，以至于我不能流利地和他们交谈。但我总是有人在身边，有问题的时候可以让他们帮忙翻译。在当地我跟一些人，主要是年轻人有直接联系。这基本上是唯一的取得可靠信息的途径。

问：那个蝙蝠的故事把我们引入了一个新的话题，也是您目前正在做的课题。可以说，那时的这个插曲引起您后来对中国饮食文化和习惯的兴趣吗？

答：正像我在解释我的专业选择时有很多故事一样，我也有几个故事关于您刚才提到的我的大作。坦率地讲，我就此题目开设过不少次课，三次上下。我对此一直都感兴趣。但之所以写这本书是因为，在我的关于中国文化概史的那本书出版后，那位出版商请我吃午餐，同时来的还有这本书的女编辑和我的太太。进餐时我们叫了瓶上等白葡萄酒。我虽然自称是红酒爱好者，但是有好的白葡萄酒也不会反对。那位出版商，Wolfgang Beck 先生也是如此。两杯葡萄酒后我们也开始谈论未来的写书计划。他原本的计划是完全不同的。大概是三杯酒后，我们开始谈论饮食。我说，我有时自己也开一些这方面的讲座及实习课。这样就有了个主意，我何尝不就此写本书呢？第二天我完全恢复了常态，思忖，昨天那些不过只是多少礼貌性地说说而已。可是过了一段时间以后，负责我书的那位出版社女编辑打电话来问，写那本书的计划怎么样了？我当时感觉，其实在我写所有那些书时的情形都是类似，我起先总是说：我的天哪！但是，真正写的时候我却觉得很有乐趣。

问：我当然也觉得这个话题与民俗学的研究之关联很有意思。在政治上台湾政府对原住民的政策，几十年以来都十分紧张，不久前好像才公开得到认可。

答：其实他们一直都以某种方式被认可的。问题是，是否在政治上给他们一定的地位，很长时间里是没有的。现在他们被称为"原住民"，比到目前为止的称谓"高山族"，即高山上生活的民族，要自然得体得多。日语里面也有所谓的"高山族"的说法，它反映日本也使用过同样的对待方式，即集中隔离方式。到今天人们其实也没有真正采取什么扶植措施。不过，集中隔离方式有两面性，一方面它意味着活动范围和自由的限制，另一方面也意味着自由买卖土地的限制。这一点，回过头看明显的是个幸运，因为如果当时那里的土地可以自由买卖的话，我们可以想象情况会是怎样，尤其是在当时的背景下，尤其再加上喝酒应酬是个很有效的办法，几杯酒下肚后，那么，很有可能那些土地会以很低的价格出让，通过这种社会边缘化，他们的土地很可能会一点一点地从他们手中被买走，发展走势可能完全像北美印第安人一样。

问：您现在还继续从事这个领域的研究吗，还是什么时候已经结束了，您与台湾的研究所还有联系吗？

答：我跟一些人还保持联系，不过不是研究所的，我已经很长时间没再去台湾。我的意思不是说，这方面的研究已经宣告结束，因为我还有很多别的感兴趣的课题，只是现在的研究更侧重历史角度。不过我是个"重犯"，常常会重新捡起以前研究过的课题，有可能我会什么时候又回到这上面来，但肯定不会是我这两三年内会考虑的研究重点。

问：您有没有学生现在从事这方面的研究？

答：有，时不时总是有学生对民俗学感兴趣。时常有学生就此课题写硕士或博士论文，只是不怎么关联台湾，多是涉及大陆。当然得说一下，此类课题只能在某些时代前提下接受，或给学生，或才能够研究，而在别的时代背景下则会有困难。仅举一个例子，维吾尔民族的自我认知作为博士论文课题一定是无比有意思的。但是有可能简简单单因为受外部政治条件的限制我们不能作研究，很简单，你无法称意地对此进行研究，那就得另外想个题目。

问：您是什么时候第一次去大陆的，有没有事先计划？

答：我刚发现我的长期记忆要比我的短期记忆好，这可能是痴呆症的前兆，是80年代。

这次是有计划去的。做完博士以后我有一段时间去搞了搞考古学。但是时间不长，以后我的重点又回到民俗学。我当时已有个民俗学的教授位置，不是我的第一个位置，而是第二个，我后来也是在民俗学专业取得的教授资格，也就是说，我在民俗学方面的研究范围得到扩展包括所有一切相关的后果。我额外获得了很多有关其他文化的知识，因为我试图了解一些其他的，与中国不相干的地区；我的教授论文写的是关于东南亚的，一段时期我还研究过西非，我没必要跟这些保持距离。出于这些原因，首先去中国的可能或必要不是那么大。到后来，当我像一个有过失的孩子又重新回到汉学的怀抱的时候，才有所改变。但并不是说我那时才第一次去中国，只是从那时起去中国变得较定期。

问：因为民俗学的教学其实使得您的研究范围扩大了，不仅限于中国和亚洲……

答：我的范围确实有所扩大，也做了很多各种各样的研究。这一点从我发表的论著并不能看出来，因为大部分论著还是明显跟亚洲有关，只有一个例外，就是关于西非的东西。但是总体来看我基本没有完全脱离过中国。但是即使在民俗学方面我仍然有很多计划，还有一些东西我至今都一直很关注，但常常马上又放手，那就是在加强关注语言、笔译、口译，还有特别是东南亚以及华人所起的作用，这里不是指文学上，而是日常生活上。即使在这方面，也很有可能将来什么时候以某种方式回头来研究。在民俗学系我当然也开设了一些很普通的课，入门性的讲座，其实所有方面的课都开过，从社会秩序到宗教民俗学、人类工程学、劳动生产工具学，还有其他的有意思的东西，应有尽有。

问：您有什么研究重点吗？

答：可以说，我进行过的所有研究都含有历史的因素。地理范围的限定刚才已经说过，我写教授论文的时候，题目是关于"东南亚地区的吸烟草的习俗"。我关心的不是谁什么时候在哪里抽了多少烟草，尽管论文表面上看起来说的是这些，我关注的是这个现象：这种提神剂很快传播开来并被人们接受，以至于一两代人以后已经没人知道烟草其实是外来的植物，它被人们收进本土文化的神话里，在礼仪上起着很重要的作用，某种程度上取代了槟榔的地位。借助烟草这个例子我想揭示的是这个快速的转变过程。

问：那考古学吸引您的是什么呢？

答：我不认同自己是个考古学家，而是按照这里的理解应该算是古代史学家，也就是说，我的研究方式是历史学的，只不过比一般的汉学家论证时更关注吸纳考古方面的材料。我也不去做考古挖掘，但并不是说我从没参加挖掘过。我常常遇到这样的联想，我要去中国的时候常有人问："你是去教他们挖掘吗？"我就回答说："是他们教我挖掘。"他们那里到如今已经有一代接受过国际专业培训的考古学家，我能跟他们夸夸其谈什么考古挖掘技术？那完全没用。那些东西也是我不会也不想会的,我更关心的是那些根据物质文化得出的结论哪些可以用来还原历史。

问:从什么时候开始外国人可以参加考古挖掘?

答:这是一个很难的问题,因为我没有清楚的答案。这取决于参与的程度,也取决于投入的程度。过去50年里这个参与很普通,只是在大部分情况下我怀疑得出的结论是否相符。主要是我不十分赞同,基本上是考古学的理所当然的逻辑:要看文物是如何被挖掘出来的。我只关心那些严肃的考古发掘。我感兴趣的是,在一个墓穴里什么东西放置在什么位置,并不是说我需要把这些绘制成图,我关心的是,以这些为依据是否能够还原死者生前的社会地位,是否能据此得出什么结论,葬礼的习俗是否与某些礼仪相关,等等。为此我其实不需要这样的挖掘。有一点不要忘记,所有的坑又都会被填平,一段时间以后就什么也看不到了。大部分有外国人参与的挖掘,其实不是真正的挖掘,而只是表层考察,不会是那些有轰动的发现,但是,如果允许这样说的话,巴伐利亚的文物保护局在重大考古发现时,也不会马上邀请中国或日本的考古学家参加,他们肯定要自己搞,当然。

问:民俗学、考古学和汉学的研究方式是不同的吗?
答:是的。

问:您经常比较您的研究成果吗,您跟中国的研究所保持经常的联系吗?
答:是的,不可能不这样做。

问:您跟哪些研究所合作较密切?
答:基本上跟两三所研究所的合作较多,考古学方面的一个是社科院考古研究所,我曾经多次在那里客座,另一个是北大,我是两个顾问委员会成员,是在一个以研究艺术史为主的研究所,他们专门研究汉代,我也是编委之一;另外还有一个联系刚刚在建立中,那就是跟陕西考古研究所的合作。我和米勒女士还计划在德国研究基金会(DFG)申请一个研究项目,主要涉及公元4世纪、5世纪、6世纪这个地区的情况。已经进行了一些互访,应该进一步加强交流。民俗学方面稍微少一点,也是跟社科院的联系较多,尤其是跟一位宗教领域的研究员。我还为杭州大学做顾问,因他们打算建立考古研究所。我的顾问工作很成功。他们想做的正好跟我建议的相反。我跟他们讲,建立一个不要太靠近政治的研究所,一个以学术为主的、不是咨询性的。但是就像我刚说的,他们也深入讨论了我的建议。我的印象是他们所做的是正相反的。也可能他们根本没有决定的权力。还有就是,我不用太费口舌,它带有一定的官方性质,那就是跟广州的中山大学的双边交流。这很大一部分还是建立在私人关系层面,目标尚未准确定位。我可以想象,往我们称为欧洲民俗学或民族学方向走,少一点跨民俗学的课题,多一些历史的成分,这样会不错。

问:中国艺术及考古专业全德国只有慕尼黑这儿有,对吗?

答:对,只是这个名称当然不完全对。我们所做的基本上是以考古为铺垫的历史研究,艺术在其中。艺术之所以在其中,是因为艺术没有任何时代的限制,但是我们当然有一个与欧洲完全不同的出发点。一方面他们有欧洲史前和早期历史,有古代历史,有古典考古,罗马属地及罗马帝国考古,早期基督教考古,拜占庭艺术史,中古艺术史以及现代艺术史。我们尝试以某种方式涵盖所有这些领域,在此当然我们的重点在较早的历史。偶尔我们也大胆涉及一点较晚期的艺术。我本人不是这方面的专家,也没权利讲艺术史。虽然我曾有过艺术史的教席,东亚艺术史,这只是因为这个系叫这个名称,是在海德堡,所以我的教席也被冠以此名称。而我当时的重点是考古,就像我现在试图做解释。我之所以能够如此做是因为Ledderose教授当时包揽了其他的领域。我不太赞同这个专业的称谓。但是要改名称很费劲,而且还担着风险,可能某些东西会被删去。所以我们不愿冒这个险。再重复一遍,我们这里确实是独一无二的,我们所做的在德国其他地方没有人做。海德堡的艺术史系我已经提到,科隆以前有过一个名誉教授职位,还是Roger Goepper在的时候,那是很久以前的事了。还有就是柏林大学东亚艺术史专业,但是他们与我们的研究大相径庭。

问：慕尼黑这里重点研究什么？

答：部分可以简单地说主要是到唐朝，也就是说涉及部分宋代。在一般的讲座或讨论课上即使我涉及新石器时代，但重点还是历史，可以说从商到唐，如果铺大一点或许可能从商到宋，如果更大范围的话，即使这样做也得限定重点，那可能是从汉到唐。对米勒女士就更是这样，她的重点是南北朝。

问：柏林和科隆的做法有什么不同？

答：科隆只有一个名誉教授职位，是科隆大学所设的一个课程，并不是一个独立的专业。柏林的专业是普通的艺术史，就是说他们主要研究绘画、书法、艺术作品，且更多的是较晚期的。

问：对中国艺术的研究，我觉得目前正经历一个高峰期。

答：研究我倒不清楚，但是（艺术品）买卖倒的确是如此。但是您放眼看看，欧洲有几所院系传授中国艺术史知识？非常非常少，一目了然。那些这样做的基本上也都有一个与考古学沾边的重点。原则上我们不得不质疑，像海德堡大学那样将东亚艺术史归到艺术史系的做法。这样做也行不通。也不是个能使本专业的情形稳定下来的灵丹妙药。

问：也可能要稍微限制一下考古专业……

答：必要的话可能得如此。我觉得我们无论如何得重新彻底思考一下专业模式，相互间关联更紧密的模式。问题是我们这里是否想要一个由理论背景、方法论背景和系统背景各不相同的人组成的庞大的汉学系，还是要一个，以艺术史为例，研究中国艺术的艺术史学家，一个研究中国考古的史前史和早期历史学家，一个研究中国历史的历史学家，一个研究现代社会现象的政治学家，等等。那就得建立一个额外的机构，他们以某种方式来突出中国研究的重点，就像美国的模式。但是我在美国的大学待过，也在英国的大学待过，我不能说那里比我们这里运作得好。那里的情况常常是这样，唯一的一个中国历史学家往往是那辆历史学家车上的（多余出来的）第五个轮子。我这里说的是历史学系、哲学系，文学系也同样如此。

问：别的学科如美洲学或日本学是否也存在类似的问题？

答：是的，当然。只是这里的日本学机构更统一些，这些问题表现得不是那么明显。我想，他们有一个文化史，人类文化学的重点，另一个是文学史的重点。至于北美洲学，他们当然还有很多别的途径，而且自然可以以某种方式进行横切面研究。

问：可以说汉学专业至今尚未有一个自己的可行的研究传授法或方法论？

答：不可能有，我这样认为。不可能培养学生同时精通中国哲学、中国历史、中国文学、中国民族学、中国考古学、中国文化学，等等。这样做可能最多在初级阶段可行，最多到本科学士，此后他们就必须得有自己的重点，必须得从哲学、文学理论、人类社会学或其他什么地方引进方法论。我们也可以建立个体系兼顾所有这些，但那应当是个相当庞大的机构。我会赞成这个模式，我觉得巴伐利亚州不需要三个汉学研究所，一个就够了。我不一定认为它非在慕尼黑不可，当然它应该在慕尼黑，但是可能从专业到专业会有所区别。这取决于比如说研究的氛围，我觉得一个地方要有个很强的汉学，可能那里有个很强的日本学，很强的中亚学是非常有意义的。那就需要双倍这么多的教授和研究人员，一个真正意义上为所有与中国相关的研究起聚合点作用的研究机构，为什么不呢？但是我们现有的是个不寻常的结构，也不要忘记，我们这里还算是较规矩的配备。我不知道别的什么研究所还有三个教授职位，如果有，肯定也是极少数。另外还有个问题，这种配备是否能够长期化固定下来，包括研究人员的数量。有的传统的汉学系只有一个教授和一个助教和半个秘书。处在这个情势下你自然要问，中国学或各中国学科能涉及多大范围。

问：您不认为，德国汉学系统缺乏一个统筹的规划吗？因为每个研究所随意设定自己的研究重点，而且重点会一日之间改变。而且这里也缺少一个研究所间沟通协调的机制，比如汉堡说的重点领域是这个，别的研究所的重点放在别的领域。这也许也是可行的？

答：没有这样的协调，但是当然各研究所形成了自己的重点领域。如果要研究中国历史汉堡当然是个好去处,海德堡也是个好去处,慕尼黑是个好去处。请允许我这样不谦虚地说,大部分研究所的专业是涉及现代的课题。我们根本不是完全回避这些课题,但是我们的重点是历史。我想这样的设定重点是非常必要的,否则就不可能运作。跨州之间的协调是做不到的,您知道,大学一如既往是由各联邦州所辖,因此也没有这种决策的可能性。也可能借一个例子足以说明。我三四年前接受一项任务,不是评估所有汉学系,而是评估北威州所有的所谓的小规模学科院系。我们一共五六个人。我们发现,他们的结构,较谨慎地说,相当欠理想。我们在北威州不需要七所中国问题研究所,两三个足矣,但是他们必须得到良好的支持。最近几年,各州下放了一些权利给大学,有些是真正的,有些只是做样子,但是大学并没有很好地利用。比如说北威州,所有有印度学的大学他们首先做的是取消印度学。如果位于杜塞尔多夫的州政府没有干预的话,北威州可能就没有印度学研究所了。我必须承认,尽管我的领域是汉学,但是我同样认为印度在各个方面,因为其历史等与中国同等重要。如果没有一个高层次的机构,(做起来)就很难。汉学家间也经常讨论,当然都持不同的主张。有的宁可保留小型规模,有的更喜欢有所扩大。但是不能期待一个专业目前会得到很多资金。就是说,更多的资金是要截流别处的资金才有可能。这是毋庸置疑的。

问: 可能在德国更多的取决于个人而非体系或政治管理层?当然相对于中国和中国的体制来看。

答: 真的如此吗?我是说,我认识不少中国同行,其中一些还非常熟。其实我总有一个印象,个人或名人跟我们这里一样起的作用很大。我的中国同行没有一个认为自己是可替代的。当然我这样说有点夸张的成分,但是我四顾一下各个专业领域有哪些优先方面,一般是取决于优秀的研究人员,自然也有几个次一点的,但他们是好的经营者。这基本跟我们这里大相径庭。

问: 您认为中国享有和这里同样的研究自由?

答: 不是,我没有说研究自由,我说的是优秀的研究人员。当然这取决于每个研究人员赢得多大的发展,可供他在有限的空间发挥出极致。这样说应该是政治正确的。

问：从您的履历来看您是首先在海德堡大学获得的教授职位，后来才来到慕尼黑。这其间您还兼过一些客座教授，甚至世界范围内。

答：说世界范围有点夸张。海德堡是我的生涯中的一个美丽的荒谬：我当时是个拿到博士学位的汉学家，获得教授资格的民俗学家，而在海德堡东亚艺术史系得到一个教授职位，这个专业我从未深造过。虽然我跟Finsterbusch教授攻读过艺术和考古，但那是考古学的，跟艺术史没任何干系。一下子我成了东亚艺术史教授，是个双重的夸张，因为关于中国我算是知道点儿，而日本和朝鲜则相对知之甚微，这是形式上如此。事实上Lothar Ledderose教授当时更多负责日本，他的重点是艺术史，而我带来的则是考古学方面的特长。至于客座讲师或客座教授，如果跨越我的整个职业生涯来看，到如今已早超过五六年的范围，那些真的就不算什么大不了的了，只是隔上几年到某个大学做个短期逗留，其中一些时光我觉得十分珍贵。

问：下一个客座讲师的任务把您带到北京，后来还到了澳大利亚，美国和瑞士。我觉得从地理上看真可说是从东到西！

答：瑞士是个特殊情况。在伯尔尼我间隔一年时间在那里先后讲过两个学期的课，都是中国考古方面的集中讲座。他们那里没有这个专业，也没有汉学专业，但是他们有小亚细亚考古学。那里的要求是学生们应该在今天的伊拉克、约旦、黎巴嫩、伊朗地区以外也要涉猎一下亚洲。这样我在那里开了个讲座。

在北京我两次在中国社会科学院考古研究所。我其实十分珍惜这些机会，那也是个可以与人们进行交流的好时机。不过有一次有点辛苦。因为我得做个报告。在我抵达北京的第二天。每次到北京的时候我都不是很精神。我给他们打电话：要做个报告，关于那些通常的东西，一个小时的时间，他们马上说："不不不，两个小时！"我现在已经是个重要人物，允许讲两个小时。我虽然并没觉得自己真的很重要，事实是，我得连夜将我的讲稿延长一倍……用外语讲还真没有那么多现成的说来就来。后来也没有两个小时，而是一个半或一小时四十五分钟,也许就我的地位半个小时或三刻钟正合适,我也会感觉更舒服。但是我跟那些所长们的关系较好。基本上我每次去北京都去他们那里。是在澳大利亚国家大学的博士后学院,那里与一般的院系日常生活有所不同。我是受那里的东南亚历史学系之邀。可以这么说,我先在北京搞的是中国考古,尤其是中国北方,然后又搞东南亚历史。真有点发疯。但是这是跟我的教授论文有关的。其重点就是东南亚。我还去过哪里?牛津和Tucson(亚利桑那)——大致就这些地方。

在乌鲁木齐一般是六个星期,有时是八个星期。我在那里做过两个报告,没有常去讲课。同时,我并未因为与那里的联系而感到不幸,因为新疆的旅游条件也有所改善。

问:那里的研究条件如何,比如说中国社会科学院的考古研究所?

答:非常不错。他们那里唯一的问题,这个问题我们这里同样也有,就是太多官僚主义,太缺乏创意的可能性。另外以我的眼光看,还有一个较大的缺点,就是图书馆建在研究所以外,到那里需要一个半小时乘车穿过北京。如果运气不好,会正赶上午休或类似什么的。除此之外,就实验室来说,那里的设施装备要比欧洲这边的考古实验室好上90%,可能只有一两个德国的实验室可以跟它媲美,那里也十分开放。

问:您跟这些研究所有什么合作项目吗?

答:没有。我和那里的一个同行曾经有过合作设想,是关于一个土司防卫设施。土司是被改造成政府官员的本地头领,在湖南。但是后来没搞成,因为那个同行后来离开社科院,去了文化遗产研究所,在那里主要负责水下考古,而我从来不擅长潜水,对此也了解得太少,不足以能做成什么。

问:您上次提到,水下考古现在越来越热。

答:是的,他们投入了资金,令人感到惊讶,我估计之所以投入大批资金是因为他们发现在那里也可以赚很多钱。至今大部分是私人公司,或者简单起见,我称之为"淘宝者",在什么地方挖到一条船,然后将那里的东西拿去拍卖，成交的都是大笔金额，在欧洲或印度尼西亚或别的什么地方。我想这样一个市场人们不情愿随便关着。另外，操作也是非常庞大的工程，如今人们也乐于从事，如果还有一条沉船，那再好不过了！

问：这些机构实际上是如何组织的，是否有地区的划分，比如新疆，那里是否有个地方考古研究所？

答：社科院的组织相当复杂，我是说考古研究所。他们一方面有时代的划分，就是说有负责早期研究的，有负责汉唐的，然后有晚期的；但是也有地区的划分，一部分是以分所的形式，另外还有体系上的或方法上的划分，就是说以一个假设为前提。实际上是个三重组织体系。

问：这些挖掘出来的文物是如何管理的，中国是否有自己的规定或者通用国际的规定？

答：中国当然有一个《文物保护法》，十分严格，如果触犯的话严重情况下会处以死刑。如果中外合作的话，很清楚，不像以前那样双方分摊挖掘文物，而是文物归中方，文字发表首发权也在中方，诸如此类。如果中方总是及时发表，那也毫无问题，可是世界上考古学者们常常习惯挖掘出文物以后隔好多好多年以后才发表论著。还有，一般也不是随便谁都可以发表，而是早就有规定，在团队里也是论资排辈的。如果中方迟迟没有进展，我，比如说代表德国或美国一方，不可以说："那好，我不管你们，我发表我的这部分内容"，尽管我必须得这么做，因为我对德方或美方的赞助单位负有责任。这一点我觉得太苛刻，偶尔也会有例外，但是你必须费力去争取。而这通常不是考古学者所能掌控的，而是在有关管理部门手中。

问：这种情况是什么时候开始的？因为您提到以前不是如此。

答：我把考古划分成三个阶段。第一阶段是发掘的东西通通被拿走。第二阶段是分成，就是说一半归所在国，另一半允许资助及主持挖掘的一方带走。这听上去要比实际情况好，因为在现场由谁决定带走什么，留下什么？也就是说有过一段时期尽管有分成的规定，欧洲人还是没分享，而是把一些碎片留下，所有好东西自己都带走了。也有这样的情况，比如在埃及，正好与此相反，给欧洲人所剩无几，只是些碎片可以拿去鉴定。是很棘手的事情。如今几乎全世界的情况是，所有权归挖掘地国家所有。棘手的情况是当涉及特殊规定时，尤其是涉及很大数目的资金，比如说有日本人出资的和田附近"尼雅遗址"的挖掘，致使除了中国和日本考古学家以外，别人不许进入当地，因为他们把这个地区都圈起来了。顺便提一下，这种情况在民俗学领域也存在，如一句口头禅所说"这个民族归我所有"！我觉得这不能说是个好的发展。还得补充一句，对合作的需求也是不尽相同的。有一段时期的情况是，社科院的考古研究所出面寻求合作考古。如今情形是文物鉴定在某种情况下以某种方式共同进行的工作，但是还有很多机构，无论是博物馆还是大学，他们随时也有与国外共同从事挖掘的设想。

问：也许也是因为以前中国没有自己的资金，而现在他们可以自己独立进行很多工作，有钱赞助项目。

答：这当然会有一定的影响。以前是这样，这里仅非常简化地来讲，通常是非中方的合作伙伴提供全套设备，有时还负责中国挖掘人员的费用。后来设备，包括一辆新吉普车都留在中国。有些机构就是这样备齐他们的装备的。现在中国是个对等的谈判伙伴，国外的资金不再流入，合作的兴趣多在文物修复领域，因为特殊的修复技术在中国的历史还不长。比如漆器，中国最好的情况下还是排在日本之后。但是，如果是在中国长期不被重视的皮革，那就十分困难了。

问：一方面大家都想分享考古发掘，而另一方面，在报纸上会读到，又有些人践踏文物。

答：是的，也有一些有名的艺术家对待文物十分不小心。这是个很困难的章节。一方面可以说，对一个民族/国家来说，考古起到一个联系的作用，另一方面对于地方而言它也十分重要，因为越来越清楚地看到，各个地区，粗略地说相当于各省，他们都努力建立各自的传统体系，而且与其他省份互相竞争。此外，还有各个文物保护机构间，也常常存在竞争。也就是说（国家）文物局与其地方分机构间，还有博物馆，他们在中国比如说与德国相比做法完全不同。还有，考古学如今已经在很多大学扎根，而以前有段时期只有一所大学有，现在这样的大学有好多，仅北京设有史前史或考古专业的大学就比以前多。所有的人都想从中获利。国外关系有时候会因此被利用作为工具，但这不是什么大不了的事。

问：考古研究所与历史学者的关系如何，谁具有最后阐释权？

答：这当然很清楚，所以有指令性的研究项目，您刚才提到社科院的考古研究所，他们就参与了"夏商周断代工程"。再次为方便起见简单地说，据我所知，这个项目的主要任务是证明夏朝是否确实存在过。既然是个指令性任务，那总是可以找到什么可以证明的。当然我丝毫不排除夏朝存在过的可能性，只是是否能够确认所找到的文物就是出于某个时期，是否一定是夏朝出土的，唯一很有把握的情况是，如果我们有什么碑文，或者找到什么瓷器、青铜器，上面刻有"夏朝××年制"，但事实是永远不会找到。商朝相对而言，在原始材料方面就好得多，因为有甲骨文，很多金文，还有较接近后来汉的史籍记载。我想，没有谁能简单地拥有诠释权。中央和地方间总是争，中央认为他们自然而然应该拥有诠释权。这里的中央就是说社科院，它无论如何是个国家设立的机构，但是如果去新疆，或去四川，你会发现，他们看问题可能没有北京那么狭隘。

问：不久前听说国家文物局，可以说新建国家博物馆时，因为这之前那里是历史博物馆，他们从很多省级博物馆要过来很多展品。这类事情在别的国家是不是不会这么容易发生？

答：这要看情况。在法国可能也会发生，在德国很可能不会发生，因为这里所有文化领域都归联邦州负责。再者，你永远不会知道那里哪些展品是真品，永远不会知道博物馆展出的是真品，还是真品实际上被保存在某个保险柜里。有时候展品会被注上"复制品"或类似的标注，但不是所有都注明的。有些文物我曾在五个不同的地方看到，每个地方都让人觉得他们的是真品。这怎么可能？或者这五个机构，大部分是博物馆，他们之一拥有真品，或者他们中间没有一个有。另外还有一点，我们在北京刚刚有一个很好的考古展，在古代方面首都博物馆也非常不错。社科院考古研究所他们自己的收藏，只是几乎没有人知晓，而且他们也不是正常对外开放的。但是那里大部分是社科院自己的考古挖掘文物，是属于全中国最好的。

问：他们不必将挖掘的文物交给文物发掘地所在的省，省博物馆吗？

答：这个问题上常常会有冲突，只是那不是中国特有的问题，在别的国家很可能也是如此。有时候中央独断专行，但也有时候不管你中央说什么，地方上的人还是我行我素。

问：这当然有历史方面的原因。北京是较晚才成为首都的，而和西安相比，后者的东西当然很多。

答：是的，也得看，还有上海博物馆，他们的很多东西都是各个地方来的，要是现在的话，这些东西他们可能就得不到了，比如从云南来的东西。滇文化展览是上海最好的展览之一，按理说，这个展览应该在昆明，或者说，应该在国家博物馆，看你怎么看。

问：这是个文化争夺战，也是争夺地位，或者也是资金的比拼，看谁付得起。

答：很清楚，同时也是争优势。这是很重要的一点，有些博物馆的资金实力可能会比一所大学雄厚，也有一些实力雄厚的大学。此外还有一个问题，如果一所大学，比方说北大，他们在浙江挖掘，那些文物该归谁？不是所有情况都是事先规定好了，文物一定得归省级地方，也可能会归县级地方或区级地方。

问：但是他们不一定都有自己的博物馆吧？

答：如今已经很普遍。人们总有这样的想象，好像是个金字塔形，最上面的是国家级博物馆，下面一层是较好的省级博物馆，然后是差一些的，最下面是那些较靠边的博物馆。可实际上不是这样，也有不少小的博物馆，私立博物馆，他们的条件也非常好。

问：个人如何有能力做这些，他们会在这方面投资？

答：您知道，我想，中国的亿万富翁人数要比德国的多。谁都知道，每个人只有一次生命。如果你是在一个很重视历史传统，重视祖先的社会长大的，你可能也想能够起码让自己稍微能够不朽一点。目前，有不少通过其他渠道致富的收藏家已经做到。令我吃惊的是那些收藏的质量，经历那些困难时期，如"大跃进"和"文化大革命"，还能够保存得那么完好。这要归功于个人收藏。

问：您是否对考古研究和文物还不受重视的那段时期的情况有所了解？比如说"文化大革命"时期，那时很多文物都失踪或是被毁坏。

答：很多文物遭到毁坏这点是肯定的，不容置疑。但是总还是有一些考古机构，其中一些拥有非常好的，也在国外受过教育的考古学者，比如西安。另一方面，我也认识一些考古学者，比如说历史博物馆的前馆长，"文化大革命"时受到虐待，手指被剁去，"文化大革命"时吃了不少苦。另一方面，一些重大考古发现都是在"文化大革命"时期发生的，比如说马王堆，比如说满城。使大部分考古学者十分为难的是，一方面他们必须积极地去看待伟大的中国文化遗产，而另一方面他们觉得他们所听命的上级，那些上层人物，剥削他们的劳动。这样做实在不容易。很多时候是这样，那个时期发表的论著都有一个专门写前言和写后记的人。在前言里他们引用马克思、恩格斯，后记里相应地引用毛主席语录，而前言和后记之间则是正常的考古学。

问：谢天谢地！也许正因为这些原因，考古学在当时的遭遇与其他学科相比，还算是受到一些保护吧？因为人们因此有优越感，产生民族自豪感。

答：也没有受到什么真正的保护。这样说吧，考古学相比之下有个优势。宗教建筑是建在地面上的，我可以放一把火，它们就没了。考古的优点是文物都在地下，所以不太容易受到打砸和破坏。另一方面我们也清楚地知道，重大的毁坏发生在什么地方，比如说新疆，看看那些石窟的壁画，很多东西遭到毁坏是肯定的。

问：您刚才提到过，国家文物局与博物馆及考古研究所之间的关系与西方国家的不同，有怎样的区别？

答：比如说有别于一些德国的机构。仅就这一点来看，德国没有一个中央的文物保护机构，那是联邦州的领地。以慕尼黑为例，这里是属于州文物保护局所辖。这里不得不顺便说一下，德国文物保护方面开始落后于中国。联邦文物保护局每每成为政府经费削减的牺牲品。这对于一个以重视文化为荣的自由州来说很不像话。很多事情上责任区分是很清楚的。这一点上双方没有什么区别。基本上就考古发掘而言，尤其是紧急挖掘，而 90% 的挖掘是紧急挖掘，因为一切得很快地进行，因为那个地方建筑施工时发现了什么文物。这一般是通过地下文物保护部门进行的。还有有针对性地挖掘，比如大学从事的挖掘，或各省自己的考古研究所主持的挖掘。此类的一般事先都得谈妥，谁负责什么。但是也会发生这样的情况，如果一个挖掘后来发现很有价值，那国家文物局会突然说，它已被列入国家十大考古发现了，所以我们收回管理权。我和 Müller 女士就曾遇到过这种情况。是在陕西的一个考古挖掘，他们请我们参与挖掘一个较大的遗址工程。可是后来突然一下子国家方面对此感兴趣，所以谁都不准挖了。不仅我们被拒之门外，地方文物局也不许继续挖了。这类的中断指令是好还是坏我们也许可以争论。但有些情况下这是件好事。不一定是只要能挖的，什么都要马上挖出来，也不可能做到，因为根本没有足够的人力能在一个较理想的时间内完成。以汉帝墓为例，幸好人们足够理性，认为应该一点一点地来，要由几代人来完成的工作，不如此也根本无法保护这些文物。或者人们只进行一些表面的挖掘，而大部分的成果都无法获取。这也不是一个好的选项。

问：说到评估，您是否遇到过国外的与中方的评估结论不合，因此不被中方接受或不许发表这样的情况？

答：我没听说过，但是也不排除有这种情况。仅仅因为几乎没有一个中国同行会去看在德国发表的东西，因此这种情况基本上不会发生。我知道一些中外合作的项目，双方得出的结论不相同，但是这并不意味着就会在发表论著上出现内在矛盾，甚至在一些论文集中不同的观点并存，这种情况应该是可以接受的。这是相对开放的,当然这并不是件易事。在中国,常常会有这样的情况,不是最好的考古人员,而是地位高的人士有发表的权力。而地位高的人不一定是最好的。因此,有时候会出现所发表的东西的质量令人产生怀疑。那么,如果要是授权合作出版文物目录时,而这个目录还要出各种语言的版本,这时就必须做一些删节,甚至适当的调整,否则就根本行不通。但是大部分情况都运作得不错。

问:也许因为结论大部分是比较清楚的?没有太多的主观看法。

答:哦,当然会有。我是说,比如我说这是把剪子,它就是剪子,我们不用费时间讨论。涉及古代的器皿时问题就复杂得多了。因为至于这个东西是把斧头呢,还是把小斧头,抑或是把横斧,也还可能是用作凿子。我们不能就其外形来做出百分之百的判断。当然如果再涉及就整体下结论时就更加复杂了。比如说,如果是遵循马克思主义历史观的话,那它就是全世界某些历史阶段的产物。你愿意的话,据此可以辨别一个文明的发展程度。还可以根据血统而下结论,假定统治的形式,母系的和父系的,相对中国的母主社会和父主社会。也可以据此得出诸如封建社会或奴隶社会的结论。问题是,依我看,在中国被认为是奴隶社会的那个时期里几乎没有过什么奴隶。从考古角度来看,根本无法确定母系制度向父系制度的转变。确定这个的前提是,比如说先发现了一个陪葬很奢华的女性墓葬,之后又发现了陪葬很奢华的男性墓葬。如此一切当然就会很清楚。但是考古学中90%的情况不是如此。

问:眼下中国一切都在国际化,科学领域也是如此,也许考古学也不例外。人们可能会逐渐选择一些新理论。

答:并不是那么容易。要放弃一些官员旧有的教条对一个科学机构来说做起来并不容易。它会不被接受。另一方面也要看情况。我们可以借助文物给我们提供的自由空间。我不必每个墓葬都去探讨清楚家庭的体系,我不必每次都去讨论一下从属关系,而是可以探讨别的问题。我想这是唯一的一个办法。但是你如果马上说结论实际上是错的,那就太冒险了。我的一个中国同行曾因为批评 Lewis Henry Morgan 而遇到过很大的麻烦。Lewis Henry Morgan

是一位民俗学家,他是恩格斯思想的奠基人,马克思主义者以他的家庭模式为前导。那位同行曾一度被指控为反革命。这在今天来说依然很难接受。而在当时若是被烙上反革命的烙印那会意味着生命危险和肉体的痛苦。他其实并未批评马克思和恩格斯,而是批评 Lewis Henry Morgan。但是我们今天在中国史书中会看到,如果就某个古代情况提出批评的话,也许批评现代也是如此,我是说,历史上司马迁曾经这么做过。

问:您1973年及90年代,也就是说主要在这段时期,做了很多研究考察之旅,去过中国大陆、中国台湾和蒙古。

答:我是1988年来慕尼黑的,1987年去的海德堡。后来我基本上只做过两三个大的项目,都是跟联合国教科文组织相关的。联合国教科文组织当时有个计划十年进行的"丝绸之路"项目。无论如何我有个机会成为教科文组织此项目的协调委员会的成员。这后来为我参加到这个项目中来提供了便利。"野外考察"这个概念我觉得并不很恰当。这就是被称为"沙漠之路野外考察"和"游牧之路野外考察"这两个项目,一个是在新疆,另一个在蒙古。我们开玩笑地把 desert route ("沙漠之路")戏称为 dessert route ("甜点之路")。那也是个艰难的时期,因为新疆有段时间几乎无法进去。不能把我们凭空想象成一个行进中的骆驼大队,我们是坐四个轮子前进的。部分时间在山上行进的。但是我们从西安到喀什都是坐汽车,是吉普车和小巴士。一共差不多四五十人,我们总是有中方的向导。

问:还有什么人参加?

答:是很国际化的,当时还有伊朗和伊拉克人参与,那时两个国家还在开战,还有美国人、哈萨克人。真的非常国际的队伍。当然东道主国总是有人参与。基本上是这样,大部分的路段是在中国境内。有历史博物馆的馆长、北大考古所主任参加。可以说是个级别比较高的团队。坦率地说,对我来说,留在记忆中的更多的是蒙古。我们在蒙古西部到过一些地方,那里两三天都见不到一辆别的车辆,进入阿尔泰是这样,还有在戈壁滩边缘地带。我们还有过非常冒险的过夜经历。部分是在蒙古包里,很美好。

蒙古包是由毡子制作的，防护性能很好。但是后来蒙古方面有人建议搞简易帐篷，那几乎无法防御轻微风吹，还搞来了气垫床，除了空气什么都不能留住。在白天30多度，夜晚低于零度的气温条件下，实在不是很好受。白天还好，而夜晚相当凉，因为地上没有铺设任何隔绝层。我们也没有带睡袋，整个过程是……

问：您们考察的时候是什么季节，路上多长时间？

答：是六、七月，每次差不多六个星期。说到国际化还有个这样的情况。我们团队里还有几个素食者，其中一位来自印度，即使在很困难的情况下她也什么别的都不吃。在像蒙古这样的国家，早餐吃羊肉，午餐吃羊肉，晚餐还是羊肉。第二天早上跟前一天晚上一样，而且羊肉也不是小羊的肉，而是老山羊的肉。因此，吃饭对他们来说是件难事。要不是大家把自己带来的干粮分给他们的话，那真的会成为一个很大的问题。因此，大家可以想象我们的情况，有一部分工作我们是有组织的，像这样的现场讨论会，就是说在发掘遗址现场就地讨论有关题目。比如我们在哈拉和林（Karakorum）的时候探讨了那里的城建方法及城建规划。我觉得是个很有意思的经历。

问：您前面说过，以前的机会很多，现在不同了，或者说没有那么多了，这是不是因为一切都改变了，您得承担很多义务？

答：正是这样。

问：理论上是否还有些机会从事点别的？

答：是的，我还有专门从事研究的学期。最近也才去过北京，去社科院。还是有这种可能的，只是这样做组织起来十分困难。一般对我来说去中国最好的时间正是我们这里开学期间。因为这正是适合考古挖掘的时候。现在在新疆正好是春季末，一切都解冻，在蒙古也是如此。西北大学的研究员马建刚刚给我发了邀请，我不太清楚是做什么，是跟挖掘有关的。但是总是无法成行，因为他去挖掘的时候我走不了，而我在那里的时候没有任何挖掘项目在进行。他虽然也愿意把我送到那些地方去，然后再跟我见面。但是我从中不能获益，对他而言总的来说是增加了负担，因为他不能带我去看什么，所以就变得毫无意义。

问：像联合国教科文组织这样的考察之行最后都出了哪些成果？

答：发表了大量的论著，真的是大量的。我得强调，发表的东西当然质量参差不齐，而且对象也不尽相同。另外，也成立了几个研究所，这是就研究"丝绸之路"而言的。我想，通过这样的项目从事这方面研究的人也因此建立起了相互间的联系。

问：如今教科文组织是否还组织类似这样的项目？

答：没有了。那个项目也已结束了。我虽然还为教科文组织正式带领过一些考察，但是不再是国际级别的了。这也是个很麻烦的事情。因为通过我在那里的成员资格我对那里的政治层面有所了解。那里的决定往往不是出于科学角度的考虑，而是出于政治利益。这使得这方面的交流有时候十分艰难。这也不是我的所长，必须得承认。

问：您是半途当中加入这个考察项目的，是吗？因为您前面提到这个项目计划进行了10年。

答：是的，起初是 Karl Jettmar 参与的，他当然是德语国家中中亚研究的老前辈，我是后来替换他的。

问：70年代的考察之行的目的只是针对您的少数民族研究，类似田野考察，或者是为了别的？那时您还去过蒙古、泰国和老挝。

答：在蒙古，是因为教科文组织的项目。我还去过内蒙古，但是是因为别的项目。去泰国和老挝是因为我的民俗学方面的兴趣。那个时候人们无法去中国，无法去云南，也无法看到那里的少数民族的生活情形，而只能对此获得一点浅显的印象。去泰国北部和老挝部分地方是因为那里居住着一个族群，他们不是被称为苗，而是 Meo 或 Hmong，但是他们同属一个民族，这是其中的原因。那段时期很有意思。老挝当时很不太平。那是我一生中第一次，也是唯一一次遭到枪弹袭击，不是我，而是我们三个人的团队所乘坐的船只。真的很乱，我们沿湄公河上行，这边飞过来子弹，那边飞过来子弹，而这些子弹基本上不是冲着我们的船而来的，而是对岸。但是你身临其境，那感觉真的不是好玩儿的。那是越战后来的波及，还有老挝反对派 Pathet Lao 和保王派间的争斗，当然背后还有美国人和部分亚洲势力，法国人来之前的地方势力。

问：这是为了完成您的博士论文而去的吗？

答：不是。主要是有个机会了解一下几个较大的民族，你在其他地方无法接触到，他们也生活在中国西南部。其实那不算是实际意义上的田野考察，去 Hmong 村庄待几天，去苗村落待几天。"科学考察"这个概念，那只是个大标题，因为我从事的其他项目那才真是以科研为目的的。这样说吧，这次行程主要是为扩展我民俗学领域的视野，特别是关于西亚及东南亚少数民族方面。

问：我想，那时也没有太多关于这方面的文字，使您能坐在图书馆去翻阅。

答：没有。基本上只有些二三十年代写的东西，还有大陆当时官方的读物。但是得知道，那是部分，那时还是"文化大革命"的后期，民俗学那时不是受重视的学科，而是正相反。民俗学被看作没用的学科，因为社会主义已经那么发达，以至于不存在什么民族和文化的差别了。可读到的文字很有限。

问：某种意义上您可以说是这个领域的先锋……

答：啊，不是，肯定不是。如果要说真正的田野考察的话，我想说，在台湾从事的那些可称得上，那次时间也足够长，工作强度也足够。虽然就某些方法而言现在想来有些东西是可以省去一二的。因为，我也已经谈到，台湾当时不是民主体系，存在很多很细节的检查，所以不得不做一些妥协。

问：您也曾在慕尼黑主办过展览，是个偶然机会吗，通常情况下这样的事是不是不属于您身为教授的工作范畴？

答：不完全是偶然。是不属于我的工作范畴，但也没有什么坏处。那个展览有个很简单的来历。那时慕尼黑这儿有个项目，由 Michael Friedrich（他后来去了汉堡）和我一起主持，是有关瑶族宗教文献的。在这个展览之下还出版了一本内容翔实的目录介绍。有很多人员参加了出版工作，Müller 女士合作了很长时间，Obi 女士也参与了几年，Xaver Götzfried 也做了一段时间，还有一些其他人员。我们从一开始就强调说，如果可能的话我们就只做一个展览，展物是我们图书馆现成就有的。我们又补充了部分国家图书馆的东西，还有一部分来自私人收藏。更多的是个学术展览，不是什么大的展览。我们还上了德国晚间新闻报道。那时我们真的感到非常非常骄傲。

问：那是个很成功的展览喽？

答：那不是因为上了晚间新闻。我想，那真的是个办得不错的展览。出的那本展览目录后来基本未加修改地被收录一套丛书出版。它的确可以说促进了人们对一个陌生的文化的理解，另一方面也促进了瑶族文化的研究，因为一本大型展览目录的影响远远大得多。

问：展览是面向专业人士的吗，公众的兴趣呢？

答：不是，是面向公众的。慕尼黑瑶族研究的专业对象都在我们的研究所里，给五个人办一个展览恐怕比较困难。公众很感兴趣。有一个很多人参加的开幕式，布展很多是由巴伐利亚国家图书馆操办的。但是 Müller 女士和 Obi 女士出了很多力。方案反复讨论了好几次，那是个非常有创意的团队。

问：如今您是否还参与主办任何展览，也许您跟很多博物馆还保持联络？

答：是的，我还不时收到这方面的询问。很久以前我曾和 Wolfgang Stein 策划过一个缅甸展览，但这个展览从未与公众见面。Wolfgang Stein 现任（慕尼黑）民俗博物馆的副馆长。那个展览的展物主要来自 Scherman 的收藏，我们把这个收藏全部采纳。但是因为博物馆其他地方的开支，所以没有能力再办下去，只好放弃。目前有个小的照片展览，规模不能与那次相比。现在时常有人问我能否给这个或那个出点主意，但是没有正式策划过什么了。

问：您目前还在撰写新的论著吗？

答：真称不上论著。我是说，我上次也提及，一个是《打鼾的狮子》那本书12月份将出英文版，还要出个中文版。另外就是12月还要出本诗集，选的是有关"过去"这个话题的诗歌。一个看法是：我的天，衰老是多么的可怕！或者是印度教的观点：让我们尽情挥霍吧！因为生命是如此短暂。我跟Beck出版社还有一个承诺，再一次，就是我目前正在酝酿的，那是有关中国文字的。一方面是从中国文字作为信息的载体开始，当然一直谈到书法，或类似的内容。但是我目前不愿意将交稿日期固定死，因为我目前根本无法预见下一段时间我的情况会怎么样。眼下我每天只能在电脑前坐很短时间，我只能尝试慢慢来，让我的构思慢慢趋向成熟。我不会口述听写。我必须得坐下来，一句话翻来覆去地斟酌。

问：您不仅在论著方面，现在我们也了解到您所从事的事情都体现出您的广度，不是局限在某个课题范围内，非常开放。看看我们的学士学制，我认为，现在的学生则到最后一般只盯着某一个课题，一般来说是他们的学士毕业论文的题目。他们没有那么多的可能，因为他们很快得读完学位。

答：但是也有人可能会说，他真的有必要海阔天空、无边无际地写吗？难道他不该专注于某一专题吗？我认为（新的）学士学制没有带来任何改善，而更多的是走下坡路，至少对那些需要自由空间的学生来说。当然也不否认有这样的学生，他们需要有一个限制范围，有两三个地方当然也是有道理的。我觉得，比方说，一个学生在整个大学期间修得的成绩最后也要在总成绩里体现出来，这是有道理的。这样做的目的是，或者说应该是，学生们从一开始就要更加努力。但是就本专业以外的知识视野来说，肯定是和从前每个学生需要有两个辅修专业的时候无法相比了。以前学生总会不仅有时间去听听辅修专业的课程，还可以去听听自己感兴趣的课程。如今的学生都成为自己课表的奴隶。坦率地说，我不觉得学生的质量由此而得到提高。

问：Wolfgang Bauer 是不是个严格的导师？

答：我在我的博士论文里致谢的时候，感谢他将我的博士论文这颗小麻雀蛋盛纳入他的龙巢。Wolfgang Bauer 其实更属于较宽松类型的人，他的研究范围完全与我的不同。其实我的研究方向更接近 Herbert Franke。只是我读大学的时候他正在任德国研究学会副主席，还身兼很多别的职位，因此我选择了跟从 Wolfgang Bauer，因为他是他们当中较常在系里的一位。除去他的人品不说，我也的确很喜欢他。随着他们的逝去也宣告一个时代的终结。他们两位对我来说，某种程度上称得上是我的榜样，也许是因为他们都属于非专业出身的内行。Franke 有他固定的时期，主要是宋元时期。他真的非常熟，他不仅能够研究中文文献，也通蒙古文和西夏文，还有鬼知道什么，但是没有精准达到与单纯研究蒙古、单纯研究契丹或西藏的专家同等的水平。而 Wolfgang Bauer，我想他一直都视自己为哲学家。他所写的很多东西，关于中国哲学的，我们从中能够看到他自己的影子。他对那些原作的理解基本上是他自己从中的领会，这些不可以随便套用到别人身上。

加强中国哲学史研究，强化汉学研究内在的不同化
——拉尔夫·莫里茨访谈录

（莫里茨 Ralf Moritz，莱比锡大学东亚研究所首任所长、汉学教授）

时　　间：2017 年 2 月
翻　　译：黄舒怡
核　　改：Jiagu Richter
说　　明：本篇为书面访谈，未采用回答形式。

莫里茨教授 照片 1：2008 年在莱比锡大学孔子学院

我的学术生涯始于哲学。我 1959 年开始在莱比锡大学学习哲学，并于 1963 年毕业。学习期间，我专门从事哲学史研究，我的基本观点是，希腊哲学是所有西方哲学的基础。从这篇论文开始，我了解到中国哲学与西方哲学的不同结构，这使我对比较哲学产生了兴趣。在这样的背景下我在哲学之外还学习了汉学。1963—1966 年期间，我在北京完成了相关学习，主要是在中

国人民大学学习哲学和汉语。1969 年，在莱比锡大学取得哲学博士学位。

我注意到中国传统哲学与宗教思想有紧密关系，也是一种特殊的社会意识组织形式。因此，中国古代思想就开始走上从神话（mythos）到理性（logos）的发展道路，当然还不仅如此。于是，我在博士论文《惠施与中国古代哲学思想的发展》中对这一领域展开研究（Berlin，1973）。我的研究结论是：希腊、中国和印度哲学思想蕴含着三种世界观：希腊哲学呈现出外向性（extraversion）和客体关系性（object relatedness），主要关注如何处理人与外部世界的关系；中国哲学以社会形态（sociomorphy）呈现出主体相关性（subject relatedness），主要关注人如何培养真实的道德品质，形成与世界本原一致的行为，从而产生可以引领他与世界的本质同质的行为，最终的目的是融入外部世界，消除内部与外部的区别；印度哲学以内向形态（intraversion）呈现出主体相关性（subject relatedness）。

但是我发现中国古代哲学家惠施以及"名家"代表了一种与中国古代主流精神文化不一样的思想。由此就产生一个问题：为什么会这样？我的研究表明，不同的社会历史条件会产生不同的思维方式。然而，它们不代表任何一种特殊的民族内在本质，他们是有条件的。当社会历史背景变化时，思想产生的条件也跟着变化。多年来，我沿着这条研究思路编撰了《世界各地哲学起源的原因及方式》，1988 年在柏林出版，后又做了中国与希腊哲学对比，写成论文《惊讶与混乱中的痛苦》（*The Astonishment or the Suffering from Disorder*），发表于著作《新研究之镜中的汉学传统》中，该书于 1993 年在莱比锡出版。

在我看来，中国传统哲学的具体组织方式、研究定位和方向（甚至整个中国文化）都基于政治文化绝对性概念，缺乏社会意识相对性（"中国"等同于"天下"，这代表了"中国"和"天"的共延性）。这种意识的产生背景同时也影响了中国古代社会和政治模式，这些模式也在很大程度上塑造了人们的思维方式。这或许就是中国与古希腊差异的根源所在。然后，有意思的是惠施和"名家"却体现出中国主流思想的衰退，这促使人们研究这种现象产生的原因。我发现，这是由历史上周国分裂引起的独特政治社会相对性导致的。同样重要的是，这种相对性的影响也很有限，因为这种相对性仅限于中国内部（中国就等于天下）。于是，我们自然就会发现，在秦汉时期中国统一后，"名家"实际上并没有作为一个哲学学派继续存在。最后，哲学概念应该是对现实社会生活环境的抽象理性思考。

我感兴趣的另一个领域是推动早期儒学到魏晋玄学再到宋代新儒学演变的原因，这种演变受到了外来佛教的影响。1997年在莱比锡举行了一场研讨会，台湾"中央"研究院的学者也出席了该会议。会后，我与台湾的李明辉教授合编了《儒学的起源，发展与前景》一书，于1998年在莱比锡出版。该书详细描述了儒学发展的不同时期、内部分歧与矛盾及其发展的内在推动力和外在条件。

莫里茨教授 照片2：2008年做"儒学与世界观"为题的报告

特别是宋代新儒家思想的发展让我找到了理解现代自然科学（即现代物理学）没有在中国文明中得以产生的思路。在新儒学中，尤其是宋代理学中，一切事物的本质都是相同的。这一主张避免将一般性与特殊性以抽象理性的方式分开，一般与特殊被认为本质上是一致的（这是儒家存在论伦理的一个特征）。有了这样一种思维习惯，就不会有什么思想动力去把一般性孤立起来。没有这种思想动力，便不会进入这样的思维模式，即将自然规律看作一般与本质、必要与客观关系，但是这些关系构成了现代自然科学的基础。要回答为什么没有将对一般与特殊区分开这个问题，需要回到前面所提过的

"中国"与"天"的共延性（coextensionality）这个概念，实际上，人们通常认为这是由中国传统的社会政治结构导致的。

在我的学术生涯中，我常常问自己："汉学在我所处的社会中应该起到什么作用？"正是这个社会提供了可用的财政资源。当然，汉学应该有助于其他人文学科的理论概念研究，如历史、哲学、政治学、经济学和社会学——那些在西方学术界受主流欧洲中心论思维方式影响而得不到有效发展的领域。毫无疑问，汉学有培养合格学生的社会责任。在我看来，最重要的一点是：汉学必须在兼收并蓄的基础上传播有关中国的知识，通过翻译传播中国传统、现代以及将来的观点。因此，汉学应以其成果作为反对所谓的"文明冲突"的工具，为世界各文化的相互理解和相互尊重做出贡献。这样，汉学必须抵制深深根植于西方社会的任何形式的欧洲中心主义，如今的欧洲中心主义是以往殖民主义在现代的回归。汉学家应该解释如何在中国历史和文明基础上去了解中国，应该说明中国的历史和文明基础在其历史发展进程中以何种复杂的方式决定和形成对现代全球化世界认识的影响的。这是了解中国这个混合型社会存在的问题、取得的成就以及面临的矛盾的有效途径。这个概念能引导我们接受当代世界的多元现代性（参见我 2002 年在台北"中央"研究院中国文学与哲学研究所发表的关于儒学与多元现代性关系的文章）。

基于前面提到的目的，我重新翻译了《论语》和《大学》。我的出发点是：中国传统思想的基本内涵和基本理念是整合统一。所以，"仁"是儒家的核心术语，我们不应该把它解释为一种人与人之间的关系，译为英语的"charity"或者德语的"Nächstenliebe"，而是表达人与社会的关系。从这一前提出发，"仁"似乎是整合的内部规范表达，而"爱"（通常翻译为 love）则是"从内部规范转到外部世界"的表达，是"仁"在现实生活中的实践。在这种情况下，我发现必须改变西方对儒家术语的传统翻译方式，这些传统翻译源于基督教思想，是欧洲中心主义的明确标志。

从 1969—1980 年，迫于形势，我中断了对古代中国文化的研究，转而研究中国现实的社会进程。我当时尤其专注于研究儒学与毛泽东思想以及毛泽东思想与马克思主义的关系。毛泽东思想中的儒学是什么？尽管毛泽东思想里有很多反儒学的观点。马克思主义的术语在毛泽东思想产生过程中起了什么作用？我作为合作编辑和合作者参与了一个大型的德俄项目，该项目的成果于 1982 年在莫斯科以俄文发表，题为《中华人民共和国的阶级与阶级结构》。这一"插曲"在我的学术发展中有着绝对重要的作用：使我对从历史进程的结果角度来审视中国的文化历史产生了极大的兴趣。我深信，与中国社会的经济、社会和政治生活保持持续的联系，对于保持"汉学"的公众接受度至关重要。

1984 年，我获得莱比锡大学汉学教授职位，该职位自 1958 年以来一直空缺，于是我得以继续在中国传统文化领域的研究工作。我觉得是时候将我对春秋战国时期不同哲学思想的看法做一个总结了，随后于 1990 年在柏林出版了《中国古代哲学》一书，在书中我试图论证不同哲学流派的社会历史条件及其相互影响对思想发展的意义。

在民主德国时期，学术界遵循以下原则：每一位研究世界某区域的专家都应该受到如下学科的系统学术训练：语言学、经济学、社会学、历史学、哲学等。这其中有一个基本的前提：汉学被认为集合了这些系统性研究领域的一系列问题。这一原则在确保汉学与其他学科的接触以及促进理论思考方面十分有用——它能防止在世界区域研究中出现理论限制。

高等教育部聘请了各种类型的顾问，我本人是亚洲、非洲、拉丁美洲哲学和考古学顾问成员，通过这些顾问工作，我得以与政府机构保持长期联系。毫无疑问，聘请顾问也是一种控制手段，但是，他们也在向官方呈现不同学术主体的利益方面起到了重要作用。德国统一后，这些顾问没有了，与此同时，这种与当局的有益联系也因此失去了。

德意志民主共和国解体后，东德汉学的局面发生了翻天覆地的变化。汉学家们得以参与世界性的学术讨论，也能够获得国际上有关中国研究的文献。我们觉得有必要建立一个面向整个德国的汉学团体，于是，于 1990 年在东柏林成立了德国汉学协会（German Society for Chinese Studies），我有幸成为协会创始成员。

1993 年，莱比锡大学东亚研究所重新建立——最初从成立仅延续至 1963 年。我负责了研究所成立工作并担任首任所长，一直到 2006 年退休，中间也有过间断。这些年来，我们开展了丰富的研究活动。在我领衔下开展了一系列项目（大多数是学位论文项目）：对中国法家代表人物韩非子的新解读（后来 Wilmar Mögling 做了新的德语译文）、Olf Lehmann 的现代新儒学家牟宗三质询、Anne Philipp 的新道家王弼在宋代新儒学抽象化过程中的作用研究、Thomas Tabery 的清代哲学家颜元研究、Kai Filipiak 的中国武术研究、Falk Hartig 的中国共产党研究以及 Christina Leibfried 的莱比锡汉学研究。其中一项特别有挑战的工作是由托马斯·詹森（Thomas Jansen）完成的、对莱比锡大学图书馆现存的大量从古代到现当代不为人知的文献进行登记整理。该文献是一个巨大的宝库，最早的有 16 世纪的著作，还有 1687 年的欧洲第一个孔子译本。其中我们还发现了 124 部中国地方志，尤其罕见的是 1579 年（明万历七年）的《杭州府志》，整理为 2 卷本，使得该著作首次亮相于公众。

上述提及的研究项目成果大多选入莱比锡大学东亚研究所自 1998 年起编撰的"中德地区/莱比锡东亚研究系列"。

如今汉学已作为学生的主要课程目录，选课学生迅速增至 200 人，反映出德国对中国的兴趣不断增加。在此背景下，我们需要制定新的课程大纲，包含以下内容：

——1919883091——汉语。

——1919883090——中国从古至今的历史、社会发展基本知识，包括文化史和思想史知识。中国社会在过去、现在乃至将来的形态。

——1919883089——有关历史、社会、文化特殊问题的课程，以便学生可以根据个人兴趣做出选择。

——1919883088——跨文化交流指导，直接为中文语境下的工作做准备。

其中有两个重要的考虑：

1. 大部分选课学生并非定位为学术研究，而是为了个人未来的职业目的。

2. 课程目标应该是帮助学生形成对中国的综合性理解。实现这一目标的前提条件是开展系统的教学，这种教学不应从教授的兴趣爱好出发，而应考虑该课程应该包含哪些汉学知识。

与中国学术机构保持长期有效的合作是必不可少的。60 年代，我在中国人民大学的学习是莱比锡大学与中国人民大学合作的起点，这个合作持续了半个世纪之久。在中国人民大学逗留期间，我有幸成为哲学系石峻教授的学生。那时人们无法预见中国后来怎么从落后的状况发展成现代化的国家。我属于极少数亲身经历了这个变化的汉学家，因此能有机会进行真正的比较。当我到达中国时，展现在我面前的是一个新的世界。所以我能够欣赏这个巨大且独一无二的进展。

在东德和中国之间政治上的纠葛结束之后，80年代初，我得以如愿邀请中国人民大学校长袁宝华教授访问莱比锡大学。这次访问为两个大学签订合作协议奠定了基础。根据这个合作协议，我们两个大学成功地进行了多年的学生和学者交流，很多莱比锡大学的学生因此可以（去中国）提高他们的语言能力，许多年轻学者去中国收集博士论文的资料。这个合作没有因东德的政治变动而受影响。

我个人则得以在1987年和1989年作为中国人民大学哲学系的访问学者进行中国哲学史的研究，我特别得到了张立文教授的帮助和支持。这为我的"古代中国哲学"项目提供了不可或缺的准备，1990年这本书在柏林出版。此外，我也为能在中国学术期刊上发表一些文章而欣喜。

中国人民大学和莱比锡大学合作的高潮是在莱比锡大学设立孔子学院。这是基于两个大学之间长期稳定的合作而发展起来的。我是德方筹办孔院的负责人。没有汉办的支持，成功设立孔院是不可想象的。中国人民大学任命了第一任孔院中方院长，那是我的老朋友赖志金教授，她30年前访问莱比锡时我就认识她了。她曾就在莱比锡的生活经历出版了一本书，书名是《环球同梦》。我十分荣幸成为孔院的第一任德方院长。

德国统一后，我们得以和台北的"中央"研究院，尤其是和中国文学与哲学研究所，建立起学术联系。我想重点提一下与李明辉教授富有成效的合作。应他的邀请，我有幸在台北读到了"中央"研究院发表的论文。随后，李明辉教授又慷慨地应我之邀担任莱比锡大学客座教授。他的学术报告于2001年在莱比锡以德文发表，题目是《现代中国的儒家思想》。

德国统一后的这些年里，我一直有个心愿，希望莱比锡大学能弥补西德汉学一个弱项，即对语言学与文化史的片面定位，使汉学研究更加贴近中国的经济、社会和政治发展，建立相应的研究和教学路线，这种路线不是对立的路线，而是对已有历史文化图景的补充。遗憾的是，由于外部条件所限，西德的汉学体系移入了东德，上述心愿也就无从实现了。

对德国汉学的发展来说，最关键的是与中方研究机构的密切合作和参与国际学术交流。在德国大学的汉学专业化方面，重要的是汉学内在的不同化，保持与其他人文学科的紧密联系。这样可以提高德国中国学的理论水平，同时开发历史学、社会学、哲学、经济学和宗教研究等领域与相关中国其他人文的研究题材。这是我对中国研究及其他人文学科研究的观察所得出的看法。

汉学家应努力促进社会大众对他们学术研究题目的接受程度。他们应该对社会上迅速增长的对中国的兴趣做出反应。为此，他们必须研究中国当下的发展，以完成十分紧迫的任务，即向我们自己的社会和大众解释中国发展的情况。相对于内部学术讨论，德国汉学界更需要强化面向社会。

另一方面的紧迫任务是，加强对传统中国文化和历史各个方面的理解，特别是出版成套面向大众的书籍和翻译作品，这是避免各种形式的欧洲中心主义的一种特殊方式。这应该是一个始终需要延续的工作，在这方面，孔子学院可以发挥很大的作用。

在金文文稿中寻找中国法律和历史发展的痕迹
——劳武利（Ulrich Lau）教授访谈录

访　　谈：Jiagu Richter
时　　间：2016 年 11 月 9 日
整　　理：兰吉韵
核　　改：Jiagu Richter

劳武利教授 照片 1：洪堡大学的博士生

问：我们认为，对中国法律的研究是中国研究非常重要的一部分。您致力于这方面的研究已经很多年，并取得了诸多成就，所以我们将您列为被采访者之一。我们采访的都是研究中国的不同领域的人。另外，我们的采访更多关注一些年纪稍长、有丰富积累的汉学家。他们的历史是德国汉学研究史的一部分，应该记载下来。您应该快 50 岁了吧？

答：我现在 64 岁。

问：我希望通过这次访谈主要了解以下问题：您为什么会对汉语和中国研究感兴趣，您为什么会选择这个研究？第二方面是关于您的学术发展：您研究过些什么，都进行得怎么样，您主要的研究重点是什么？第三，您怎样看待该研究领域的发展前景，您对这些发展做出了什么贡献？

答：我来自德国东部，出生在德意志民主共和国（GDR），我曾在柏林洪堡大学学习。1990 年前，德国还未统一的时候，也就是从 1972—1977 年，我在柏林洪堡大学学习历史学、民族学和汉语。1974 年，我开始学习汉语，学习现代汉语和古代汉语，开始时学习汉语研究学院的课程，后来在东柏林科学院有关科学家的指导下学习中文经典文本。

问：您刚才说，您除了学习历史学和汉语以外，还学习了什么？

答：不仅中国历史，还有德国历史和世界历史，等等，民族学和亚洲语言是我的兴趣所在。因此，1974 年有学习现代汉语的机会，所以我开始学习中文。当我还是小孩子的时候，就对中国十分感兴趣，当时，我看了来自中华人民共和国的一本期刊，叫作《图解中国》，十分吸引我，因为它代表着另一种遥远的文化。将德国这种西方国家的文化和中国文化进行对比也让我乐在其中。当我开始学习中文的时候，共产党领导的东德关注的重点是当代政治和毛泽东思想，我对这些并不是那么感兴趣，我想寻找其他的研究领域，于是，我开始研究古代中国的社会和文化。对我来说，学习文言文真得太难了，因为上大学的时候，我们只有一门相关的课程，内容不多，但科学院有研究古代中国的学者，在他们的帮助和教导下，我读了很多文言文书籍。毕业的时候，我选择了一个研究中国的课题作为我的硕士毕业论文，主题是殷商甲骨文有关人类祭祀活动的记载研究。

问：商朝？

答：对。这篇论文写起来十分困难，因为当时东德没有有关资料，联系和组织从日本交换过来很难。最后，我还是完成了这篇硕士毕业论文，随后，我成为了博士候选人。1981年，我拿到了博士学位，我的博士毕业论文是关于古代中国史前时代的哲学家及其思想和战国时期著名哲学家，包括韩非子、孟子、老子对于史前时代的认识。

问：好的，我发现了一个问题，您刚才谈到您的硕士毕业论文的时候提到了日本，为什么您的论文会和日本有关系呢？

答：因为著名的有关甲骨文的手稿在日本，他们也出版了一些二手文献，所以，东柏林科学院组织了换书活动，他们以书换书。

问：您的意思是和日本换书吗？

答：是的。日本学者从我们这里换到有关自然科学的书籍，同时，我们从他们那里得到关于甲骨文的手稿。20世纪70年代，日本学者在甲骨文的研讨上很有成就，那时中国大陆还在"文化大革命"的末期，而日本继续着对古代中国的研究，没有中断。这也是为什么我们可以和日本换到相关书籍。我学过日语，虽然说不了，但是我能看得懂日语。我看的日语的书籍主要是甲骨文的索引和手册。

问：您的意思是，在准备硕士论文的时候，您看了很多用日语写的有关甲骨文的书籍，对吗？

答：我只看了一些，并不是非常多，因为对我来说，阅读日语不是那么容易，但最重要的是，我读了并使用了日语的甲骨文手册。让人震惊的是，我最开始接触的中国文学是中国最早的文学——商朝文学和殷商甲骨文文学。

问：刚才您提到了两个专业术语，我不是很理解，一个是索引，另一个是？

答：甲骨文。我论文的主题是甲骨文上人类的祭祀活动。

问：殷商的甲骨文上记载的人类祭祀活动，对吗？

答：对，是商朝时期的。

问：您的博士毕业论文是关于中国古代哲学家对史前中国黄金时代的构想，例如黄帝时代、尧舜禹时代，对吗？

答：是的，我研究的是在战国时期的哲学家对中国史前黄金时代的构想，并进行了分析。我曾在民族学学院学习，所以，我需要找一些跟中国民族学相关的课题。我拿到博士学位之后，我曾在民族学系做助理研究员。

问：民族学？

答：是的，我在民族学学院的职位一直持续到1984年，1984年我转到了中国研究系。接着我开始了博士后研究，撰写教授论文，内容是进行史前研究。这是典型的德国和苏联的科学体系，当教授必须要做过了博士后研究，通过了教授论文，与其他国家的不同。

问：当您研究中国之前，曾在民族学学院学习，是吗？

答：是的，后来，我选择了一个新的研究内容，我开始研究金文（bronze inscription）。1984—1988年是我的博士后研究阶段，其中一年，我在上海复旦大学博士后流动站工作。

问：是吗？我也曾在复旦大学读书。

答：对，复旦大学是中国知名学府，我的导师精通金文。对我来说，这是一段难忘的时光，让我受益匪浅。

问：是在复旦大学历史系吗？

答：是的，历史系的教授担任我的论文导师，同时我也与中文系有联系。我的教授论文题目是西周金文上记载的土地授予和土地转让。有趣的是，在"文化大革命"之后中国挖掘出了一些青铜器，上面的金文可以在一定程度上反映出当时的土地性质及土地转让交易的事例。这似乎与中国传统的观点"普天之下莫非王土"是矛盾的。因为这里却提到了土地私有制问题，这一点十分有趣。随后，1990年，我在教授论文中发表了这个发现。

问：我有个问题，您刚才提到，您研究发现，金文中的相关记载和"普天之下莫非王土"的传统思想相互矛盾，您能解释一下吗？

答：好的，这一点的确有点令人费解。中国的传统看法是，天下土地归君王所有，但这不是历史的真实写照，因为西周已经出现了早期的土地私有制，在新发现的金文中，我发现了这一趋势。

问：这的确是个有趣的发现，因为这种传统观念在中国已经根深蒂固，您的发现将打破这种禁锢。

答：是的。对我来说有趣的是，我可以将这种发展与古希腊和古罗马的发展做比较。

问：这本书是在德国出版的德语书籍吗？

答：对，这本书是用德语写的，并在德国出版。我已经出版了三本专著，第一本是用德语出版的教授论文，将要谈及的第二本也是用德语出版的，第三本是今年刚出版的英语书籍。

问：您把同样的内容翻译成了英语吗？

答：是的。你也看到了，阅读英文书籍对我来说毫无障碍。我现在也写了很多英文文章，但是我并没有长期在英语国家待过。作为东欧国家的研究人员，我们可以经常去苏联，所以我的俄语很流利，比英语更好。我也没办法改变了。

问：是的，完全理解。您也知道用英语出版的学术文章读者更广，更具影响力。

答：对，是这样的。我一个美国同事曾说过，阅读我用德语出版的书籍十分困难。遗憾的是我在遇到他之前，就已经出版了该文章，所以最后的一本专著我是用英语写的，但是我得到了母语是英语的人的帮助。特别是翻译的时候，要选择恰当、易懂的单词，就要求你必须精通这门语言，才能做到游刃有余、精准无误。

问：我理解，您说您出版了三本书，第一本是您的博士后论文，第二本是什么？

答：第二本是《奏谳书》译本，里面收集了一些从汉朝开始记录的刑事案件。1984年，湖北张家山出土了一本法律案件集，名为《奏谳书》，我译注了这本手稿，并于2012年在日本出版。2009年，东京外国语大学邀请我做客座教授，我在东京大学亚非语言和文化研究所进行了长达一年的研究。这段时间内，我修订了当初在做由德国研究基金会赞助的研究项目时所写的初稿中的一些刑事案件的细节。

问：所以这本书是2012年在日本出版的，对吗？是用什么语言出版的呢？

答：德语。虽然没有多少日本人可以看懂德语，但是这本书依然是非常精美的，你知道的，日本印刷的书籍质量都很不错。我非常喜欢这本书。

问：是的，我有所耳闻。

答：第三本书也是我的第三本专著，是由荷兰莱顿的博睿出版社出版的，题目是《中国皇帝形成阶段的法律制度以及加注释的秦朝刑事案件集》。但是我必须要解释的是，德国统一之前，我在德国柏林洪堡大学担任研助，德国统一之后，我就被解雇了，为了生活，我不得不重新寻找出路。于是，我去做了中学教师的培训，并在海德堡一所中学当老师，但是你知道的，我已经完成了博士后学习，拿到了教授资格，所以我也在海德堡大学授课。我成为讲师和助教，1996年，我离开了中学教师岗位和海德堡大学的教职，开始在一个研究早期中国秦汉时期的法律术语和刑事诉讼程序的课题组担任研究助理。

问：我对您的这段历史非常感兴趣。您的意思是，您原本在德国柏林洪堡大学的中国研究系工作，但1990年德国统一之后，您不得不离职，这是怎么一回事呢？

答：实际上，本来这个系的教授和研助一共有15个，但是在德国统一之后，只有三位留下来了。当时处境十分艰难，要另寻工作并不是一件容易的事，因为当时我只是个在德国东部长大的年轻学者，和德国西部的同事几乎没有任何联系。现在我与他们有很多联系，但在那个时候，这是很困难的事，所以我不能继续做研究工作。

问：您的意思是，15个在那里工作的教授和研助们，只有3个能留下来，其他人都必须离职，但这并不是因为政治或者政府机构，为什么要让这12个人离职呢，他们还可以继续做研究，对吗？

答：对的，我个人还在继续做研究，并且在中学教书，当然，我也在大学里无偿授课。

问：我的意思是，大学是教学和研究机构，与政治并没有必然的联系，为什么这12个人必须要离职？

答：这就是我们的历史。如你所见，我非常年轻的时候就拿到了教授资格，我也是柏林洪堡大学中国研究院里最年轻的研究员之一，但我到了1996年才全职从事专业的教学和研究工作。

问：这真很让人费解。因为我曾经是个外交官，我认识一些东德的外交官，他们不能继续在西德外交部工作，这或多或少有政治因素存在，可以理解。但是在研究、教学机构也这样，我不能理解。

答：我之前谈到的中国研究系里的人，他们在这里继续了两到三年的研究工作，但没有任何人得到了教授职称，并且也不能在中国研究系担任教授。政治因素不仅影响着外交官，我们这些学者也不能幸免，这就是事实，我们无力改变。

问：好的，我知道了，您从1990年德国统一之后便离开了柏林洪堡大学，之后便在汉堡接受培训，成为了中学教师，一直任职到1996年，对吗？

答：是的，我有家庭，有两个儿子，我必须养家糊口，不可能一直无偿做研究。

问：1996年的时候，您被海德堡大学聘任了，对吗？

答：对，当时海德堡大学有一个由德国研究基金会赞助的项目十分吸引我。

问：是什么项目？

答：这个项目是DFG（Deutsche Forschungs Gemeinschaft）资助的项目，因为中国于1984年又出土了许多写在竹简上的有趣的手稿，其中也包含了法律手稿。我读过其中一份刑事案件集，前面说过叫作《奏谳书》，这份手稿记载了自汉朝第一年开始的刑事案件。在DFG的资助下我翻译了这部手稿。

问：《奏谳书》是关于哪方面的？

答："奏"就是上奏的意思，"谳"就是向更高级别的官员递交案件以待解决的意思。我翻译并注解了这份手稿，对其中的刑事诉讼，特别是专业术语做了分析。相比西方文化来说，中国的法律术语发展甚早，这些手稿都十分难懂，因为必须要先弄明白法律术语的特殊含义，这就是为什么我会开始收集法律术语，并编写早期中国法律术语字典。我希望能在明年或者后年将它出版。这个工作非常有趣，因为它能帮助我理解汉朝早期的法律术语，同时我还可以重构刑事诉讼程序的不同阶段。

问：这本字典叫作《法律术语字典》吗，关于哪个朝代的？

答：叫作《中国早期法律术语字典》，是秦朝和汉朝早期的法律术语。十分有趣的是，在现有的文献中，有关刑事诉讼程序的知识非常有限，因为儒家并不喜欢法律领域，所以，当时法律文件根本没有得到传播。第一部法典是在公元7世纪的唐朝颁布的，但是，《奏谳书》在公元前2世纪就已经问世了，其中有大量的事实和细节都是未知的，它们并没有被记录到现有的中国古典文献中。

劳武利教授 照片2：在海德堡大学参与第一次德国科学基金会项目时

问：这个项目启动于1996年，也就是说，您现在还在编写这本字典，对吗？

答：是的，这是个耗时的大工程，因为需要对各种法律手稿进行研究。首先，我是从湖北张家山的《奏谳书》开始着手研究的，同时，我还在研究其他的一些法律手稿，所以会花这么多时间。

问：这也是DFG（Deutsche Forschungs Gemeinschaft）项目的内容之一吗？这个项目和海德堡大学有什么关系呢？

答：所有的研究项目都是在海德堡大学中国研究系进行的。

问：好的，我知道了，所有的项目都是海德堡大学的中国研究系设立的。

答：是的。我在海德堡大学中国研究系担任副教授半年。这个项目耗时不是很长，项目结束之后，我回到了柏林的中学担任教师，教历史和社会学。1996—2009年我一直同时在大学教授古汉语，从1999年开始利用中学放假的时间做研究。从2013年至今我在汉堡大学讲课，职务是讲师（Privatdozent）。按照德国大学的规定，讲师相当于副教授，但没有副教授的工资和级别，也不必有固定课时。非常有趣的是，我在柏林洪堡大学的一位女学生，现在在南京档案馆工作，大概是 2008 年的时候，她遇到了一位来自东京外国语大学的汉学家，他的专业是法律史，所以对《奏谳书》非常感兴趣。我的学生告诉他，她的老师已经在柏林从事法律手稿研究多年。随后，2008 年，这位出生于德国的日本教授来到柏林拜访我，我们在我家里就《奏谳书》的相关研究讨论了三个小时。他回到日本之后，便写信邀请我去东京外国语大学做访问教授，我答应了。我在东京外国语大学做了一年客座教授，在这段时间里，我得以修改了以前的手稿并出版。

问：太棒了，这是您出版的第二本书了。

答：是的，因为那里关于中国的第二手中文文献数量庞大，所以我需要用这一年时间阅读并修正一些不正确的观点。这年年底，我在日本出版了《奏谳书》译本。随后，汉堡大学中国研究系的一位教授（Michael Friedrich）正在寻找研究课题，他对此很感兴趣，因为他是长沙岳麓书院现任院长陈松长的老朋友。岳麓书院从香港的古董市场买下了带有法律内容的竹简。陈松长教授不是法律史方面的专家，但是，他是研究中文古文字学的高手，他解密了岳麓书院找到的竹简上的法律手稿，这是我对此进行分析的基础。他请汉堡的这位教授帮助他分析这些法律手稿，所以汉堡的教授问我是否愿意加入由德国研究基金会赞助的这个秦朝法律手稿研究项目。岳麓书院里的手稿由两部分组成。第一部分手稿是秦朝之前的刑事案件汇集。

问：哪个朝代？

答：秦朝，秦始皇的"秦"。十分有趣的是，我曾研究汉朝早期的手稿，但秦朝之前的手稿要比汉朝时期的手稿早 30—40 年，在秦之后，包括汉朝在内，都借鉴了秦朝的法律系统。秦朝开启了中国法律系统的大门，我从 2010—2014 年一直研究分析这些手稿并乐在其中。

问：您刚才说到岳麓书院收藏的手稿由两部分组成，第一部分是前秦的刑事案件吗？

答：秦朝由两部分组成，第一部分是前秦。秦朝统一六国之前，从公元前246年到公元前221年秦始皇统一中国并成为中国第一个皇帝的秦朝时期合起来称为前秦。

问：好的，您的意思是第一部分是公元前221年前的刑事案件。那么，第二部分呢？

答：第二部分是"律"和"令"。

问：这是什么意思？

答："律"的英文翻译是"statutes"，"令"的英文翻译是"ordinances"，"律"和"令"是秦汉时期两种不同的法律。

问：所以就是秦和前秦的"律"和"令"。

答：是的。您的中文比我好。

问：对您来说，用中文交谈可能比较困难，不然的话，用中文交流是最好的，这样更直接一些。

答：是的。这个研究项目是我们和岳麓书院紧密合作完成的。他们有手稿抄本以及竹简的照片。在出版之前，我必须要说，我和来自汉堡大学的一位年轻研助共事，我们都被邀请到同一个部门的德国小组，负责解读竹简上的文字，并将其重组起来形成完整的文章。能够加入这个部门，我感到非常有趣，因为我知道了中国学者是怎样将这些竹简上的文字解码，并重新整理成章。这项工作十分困难，因为这些竹简是从古董市场买来的，最初的排列顺序已经被打乱，所以，要解码文字，再重新按照正确的顺序排列实属不易。

问：您所说的"slips"是什么意思？

答：这是"竹简、木牍"的意思，是手稿的载体。

问：明白了。

答：我加入了这个部门，当然也有了自己的解读文本。2014年，我翻译了这些刑事案件集的第一部分。今年，我将这些手稿出版了。

问：您在中国还是德国出版的？

答：在荷兰莱顿的博睿出版社出版的。博睿出版社非常出名。

问：是的。所以这本书是用英语出版的，这就是您的第三本书吧。

答：是的，这个项目持续时间为2010—2014年，完成之后，我必须另寻工作，于是，我于2014年底在海德堡大学担任副教授半年。2015年初，我在国际人文科学研究联合会（International Consulting for Research in the Humanities）做研究工作，负责研究古代中国的《日书》。

问：《日书》是什么？

答：这个手稿的字面翻译就是《日书》，这不是我的专长，但是这些《日书》手稿和我以前研究的法律手稿出土于同一个墓穴。我试着将这两者进行比较，这样我就能搞清楚，当时司法官员在判案和处理诉讼时，是否会运用到《日书》。这是一个非常有意思的研究任务，耗时几个月。从去年，也就是2015年9月开始，我一直忙于研究由岳麓书院买下的法律手稿的第二部分，也就是"律"和"令"，特别是"令"手稿的主要部分。

蒋经国国际学术交流基金会资助了我对岳麓书院法律手稿的研究，这个项目自2015年9月1日开始持续了几个月。自2016年1月1日开始，我参与DFG资助的项目"清代立法中的令"。

十分有趣的是，过去我们并不知道"令"在秦朝司法中扮演如此举足轻重的角色。在迄今的二手文献中，还没有这方面的信息，比如说在《史记》中。所以，我现在的工作任务是填补这个空白。

问：很好。我现在需要返回到刚才的话题。2015年的时候，您在哪里研究呢？

答：国际人文科学研究联合会，在德国南部的埃尔朗根。

问：好的，您在那里开始研究的手稿，用中文怎么说？

答：中文是《日书》，它是一本古人从事婚嫁、生子、丧葬、农作、出行等各项活动时，选择时日吉凶宜忌的参考书。

劳武利教授 照片3：在汉堡大学进行第三次德国科学基金会项目时

问：好的，《日书》是从什么时候开始记载的呢？

答：秦朝。它和法律手稿是从同一个墓穴出土的。

问：嗯，所以您的任务就是研究《日书》和法律手稿的关系，对吗？

答：是的，我将这两种不同的手稿进行对比，希望能找到二者之间的关系，但是，墓主的身份并不是十分明确。例如，我们认为，当时，墓主可能担任司法部秘书一职，可能是一个抄写员，可能负责撰写诉讼协议，也有可能他只是在司法部门工作而已。

问：这就是说，您从2015年初开始着手研究，只花了半年就完成了这个项目，对吗？

答：是的，并且我已经将其出版了。非常有趣的是，中国对这两者的研究分为不同的方向，《日书》的研究专家和法律手稿的研究专家并不会相互合作，所以，国际人文科学研究联合会让我负责研究二者的关系。当然，司法官员在判案和处理诉讼时是否会运用到《日书》，这个话题真得非常有趣。研究结果非常明确，那就是，两者之间根本没有任何联系，可能《日书》的收藏只是墓主的个人爱好，跟司法部门的官方手稿并没有关联。

问：也就是说收藏《日书》只是出于个人兴趣？

答：是的，他的职务是跟法律有关系，当然，可能他学过法律，学习读和写法律术语和法律史，这与他的职业生涯有关，但我认为这和《日书》没有任何关系。这只是我的判断。当然，也有一些相关的问题。比如，我曾指导过研究有关早期中国法律史的博士论文，特别是《奏谳书》和湖北张家山出土的汉朝《律》。现在我还有两位博士候选人，是两位年轻的中国女学生，她们每两个星期就会到汉堡大学来阅读相关法律手稿，随后，我们将一起分析讨论。

问：所以，您实际上有好几个博士学生，对吗，您目前有多少个呢？

答：是的。目前有两个。

问：一共加起来是多少个呢？

答：我同时是第三个学生的副导，除了刚才的两位女学生，还有一位年轻小伙子，他目前正在研究这些出土手稿的信息，但这并不是我的专业所在。他研究的是考古问题，所以我只是他的副导。而这两个从长沙来的女学生是研究法律手稿的，所以由我指导。

问：所以，目前，您一共同时指导三个学生，对吗？

答：是的。

问：但是之前您还有一些读博士的学生吧？

答：是的，当然！还有一位，他和我一起合著了我最近的一部专著，也是我的博士生候选人，海德堡的 Michael Lüdke，我指导他关于《奏谳书》的博士论文。

劳武利教授 照片4：在东京外国语大学做访问学者

问：所以您一共有4位博士学生？

答：是的，一共4位。

关于是否常去中国的问题。对，我经常去中国，2014年，我去上海的华东政法大学参加会议。每年，岳麓书院的陈松长教授会在汉堡大学访问2个月。他是岳麓书院负责法律手稿的总编辑，也是我们主要的合作伙伴。每年夏天的7—8月，他都会来汉堡大学和我们一起讨论研究这些手稿。我们将手稿里的刑事案件材料与之前未发表的资料整合在一起，于去年出版。今年又出版了"律"集。还有三个墓出土的手稿将要整理出版。所以，每年夏天陈松长教授都会来到汉堡大学访问2个月，我们会在8月初召开研讨会，同时还有来自德国和欧洲其他国家各大学的研究员。

问：您9月的时候回到柏林着手您的研究课题，所以当时您仍然在中学教书吗？

答：是的，直到2009年，我以客座教授的身份去了东京，之后，我决定全身心投入科研，现在我不再在中学任教。我很高兴能集中精力做我的研究。

问：那挺好的。您从9月份开始研究课题，就是说您现在已经不在大学工作了，只是专心于自己的研究，对吗？

答：对的，对的！

问：那么对未来的研究方向，您有什么打算呢？

答：我的计划是写一部有关秦朝"令"的专著。法律手稿的材料都来源于岳麓书院。也许两年后我就要退休了，但我依然会继续这个研究，当然，在有生之年，我会出版一本关于中国古代法律术语的字典。或许在有生之年，我要研究土地私有制在中国的发展，为此，我已经收集了很多材料，但我需要时间去分析它们。目前，我在整理法律手稿，而不是研究中国土地私有制的问题。

问：嗯，那一定很有意义，这个课题也与中国现代发展有关。您应该知道，在中国，人们买的房子或者公寓产权期限是70年，但70年后会怎样是一个很大的问题，我们应该学习历史，这对未来或许有参考意义。我很期待您这本关于中国古代法律术语字典的出版，因为我最近刚好出版了一本《法律语言》的书，这是根据我在维也纳大学8年授课经验写的一本教科书。

答：太有缘了，我们是同行。

问：对，我们是同行。我曾经在中国当过一段时间律师，所以我现在教的是和法律相关的内容。我出版的《法律语言》是关于现代的法律术语和法律语言的，所以，我也很想多了解一点中国古代的法律术语和法律语言。现在人们一般认为中国应该学习西方的法律体制，但实际上，中国自己的法律史也有很多有待发现和值得借鉴的地方。

答：中国法律史非常发达，我认为刑律是其中最先进的。如果今后我有什么关于中国法律术语的问题，我可以来请教你吗？

问：您太客气了，十分愿意与您合作。

答：我很期待！中国有自己的传统，有高度发达的法律系统，中国人应该引以为傲。另外，一些没有法律知识背景的人来翻译例如像二手文献中的一些文章，刚开始他们会觉得非常难懂，因为对专业术语一无所知，所以，翻译出来的译本也就"马马虎虎"。所以，我们最好要明确知道专业术语的含义以及整个术语体系，这十分有意义。

探寻经济发展和环境保护的共存之道
——费多丽教授访谈录

（费多丽 Doris Fischer，维尔茨堡大学汉学教授）

访谈人：Jiagu Richter
时　间：2016 年 12 月 5 日
整　理：齐菲
核　改：Jiagu Richter

费多丽教授 照片 1：2016 年

问：你是怎么开始学习汉学的？

答：我们的高中有 13 个年级，直到 12 年级我一直想以后当教法语和历史的老师。但是当时我上学的那个州老师过剩，如果上师范专业的话，即使成绩很好都可能会失业，鉴于这个情况，我觉得应该重新考虑一下。这一年中我一直在考虑该学什么,可以说,最初我并不知道还有汉学这个专业,只是碰巧遇到了。当时我们有就业信息中心。因为我的确开始重新考虑专业问题,就去了那里。当时的可能性很多,不上大学也是一条路,因为我对法语很感兴趣,所以当时一直在考虑用法语当专业可以干什么工作,然后偶然在信息中心碰到了汉学专业。我并不是马上就决定了要学习汉学,但我开始慢慢在想,觉得学这个可能有意义。

问:这个就业信息中心有汉语专业介绍吗?

答:只有介绍界面,没有人来具体介绍,你可以知道当时都有些什么专业。碰到汉学的时候,我一点也不知道 Sinology 是什么。我少年的时候比较喜欢读与历史相关的小说,可能也读过一些关于中国的小说,现在记不太清楚了。简单来说,我在 13 年级的时候开始考虑上两个专业。我当时考虑的是经济学和汉学,这个想法有点像登象牙塔的感觉,因为当时汉学系主要的内容是文学、哲学和语言,没有关于当代的内容;同时,上学的时候虽然没接触过经济学的课,但是我对此比较感兴趣,所以觉得学经济管理可能也有意义。我担心只上一个专业可能太无聊,我年轻的时候对很多的事情都很感兴趣,所以最终决定同时学两个专业。一般人不学两个专业,一个就够了,所以当时我和汉堡大学汉学系和经济学的代表都谈了谈,说我在考虑要不要上两个专业,他们都说你敢做就做吧,可以试试看。我觉得既然他们没有反对,那我就试试吧!因为我们家里和中国没什么关系,所以我当时这样考虑:试试同时学习经济管理和汉学。我对自己比较诚实,我知道经济管理自己肯定可以学,这个是没问题的,但汉学我还得试试,如果太复杂的话就算了。就这样,我上了两个星期汉学系的语言课之后,觉得这个太好了,我可以继续!

当时是 80 年代,因为我之前没去过中国,家里和中国也没有什么关系,所以我对中国的了解实在不多;而且我们又不能随便用假期去中国旅游,第一是当时没法这样做,第二也是因为很贵,所以没法成行。三年后我才第一次去中国,为什么等了三年?因为我有两个专业,这个对于申请奖学金来说有点复杂,一般人上汉语课两年后就可以第一次去中国了,但是我两个专业有些冲突,三年之后才去的中国。当时是公费的,而且我可以在中国待两年,拿着奖学金先试上一年课，然后可以延长到第二年。我记得很清楚，当时和父母在飞机场告别的时候，我妈妈说希望你一年之后就可以回来；结果到中国两个星期之后我就给他们写信说，妈妈，你最好做好我要待两年的准备。因为我一到中国就觉得挺好的，自己选择的专业还是对的，因为最后确定你是否喜欢这个专业的，很重要的一个原因就是你在中国是否适应，你觉不觉得在中国学习很有意义。我一开始就觉得特别好，我要继续，然后在中国待了两年之后才回去。我1987年去，回来是1989年6月份。应该说，当时是国外的组织让我们尽快回来，不是中方要求我们要离开，当时我觉得这个很麻烦。

问：1987—1989年，是中国经济发展非常好的时候，也是整个国家欣欣向荣的时期，所以在那里待的感觉可能很好，是吗？

答：是的。我当时是在武汉大学上学。我觉得在武汉上学是一个很好的机会，为什么呢？因为武汉当时不是一个游客很多的地方，而是一个比较有代表性的中国二线城市。当然，北京、上海也是典型的中国城市，但是武汉不像北京、上海。我当时已经有了这些考虑：北京和上海的代表性有限，反而是武汉更有代表性；我去之前不太了解，去了之后才发现，因为武汉没有旅游者，所以可以坐船通过三峡，在武汉下船，过一个晚上，算是旅游吧！当时武汉只有一个国际饭店，就是长江饭店，所以大部分武汉人还不熟悉外国人，少数的外国人都不是旅游者，而是专家或者学生。我当时觉得跟本地人沟通起来特别容易，不像西安和北京这种旅游者很多的地方，一看到外国人就以为是游客。这是那时候武汉有的一个很好的特点。还有，因为外国学生不多，西方的学生也不多，所以我们跟中国学生沟通的时候，日常都用汉语说话，这给我们学语言打下了一个很好的基础。

问：是说方言还是普通话？

答：我在国外学的就是普通话，在武汉，专门给外国学生的汉语课也是普通话。当然，如果你到武汉大学其他班级的课上去旁听——当时允许旁听其他的课——你就会发现，有很多课，授课老师都不是武汉的，各个地方的口音都有，所以我们当时开玩笑说，如果你在武汉上学，那方言听力会比较好。我当时还可以模仿一点武汉的口音，但是我们都不认为武汉的口音特别好听，所以还是说普通话。

费多丽教授 照片2：1987年在武汉一个中国朋友家做客（左二为费多丽）

问：老师给你们讲课大部分还是用普通话讲的是吗，交流还是主要用普通话吗？

答：对，他们用普通话。我还记得有一门经济系的课，是一个讲座，那个老师要求每个学生发言，用五分钟做一些介绍。刚开始我特别失望，因为每个学生说的都是方言，我真的听不太懂；他们讲完之后，老师站起来说，这样不行，这是经济管理方面的课，你们都用方言是不行的，商业上想要成功的话，必须要学普通话。于是我才发现，其他学生也是来自不同的地方，说的是不同的方言，互相之间也无法沟通，我一个外国人有的问题，他们之间也有。当时的学制和现在的硕士学士学制不一样，我们当时在中国进修的两年，在德国其实不算，所以我还要在德国上两年课才能毕业。在中国待的两年，对我以后做的事情是非常重要的，但是对我的学历和大学的项目来说没什么影响，所以我又用了两年的时间在汉堡大学经济系毕业。毕业之前半年我收到了一封信，是吉森大学的一个教授，他邀请我毕业之后进入他的研究小组，帮助他研究中国经济的问题。

问：在您经济学专业毕业前半年就收到了这样的邀请？

答：对。收到信后我心里很矛盾，因为当时我在汉学系所有的课都上完了，但是硕士论文还没有写完，所以我联系了汉学系的教授，对他说，我经济系快毕业了，汉学系还要写硕士论文，但那边有一个读博士的机会，我该怎么办？他说你去吧，经济管理毕业以后，你可以在汉学系直接读博士，不用再写硕士论文。于是我从经济系毕业以后，就到吉森大学开始工作。我在那边只待了两年，因为当时关于中国经济的研究在德国都是依靠研究课题，所以没有专门的助手，我担任课题助手。挂靠在课题上的研究结束之后，就必须依靠新的课题才能继续被聘用，所以两年的时间快结束的时候，我就联系了在杜塞尔多夫大学的一个教授，他说可以给我一个位置，在杜塞尔多夫大学从事当代中国研究的工作，这里专门讲中国经济的课。

我的博士导师一直是吉森大学的教授，所以我一直是吉森大学的博士生，但是换到了杜塞尔多夫。没想到在杜塞尔多夫工作了两年后——虽然是大学研究所，但是他们资金来源也不是大学预算——我们的外部资金来源变了，五个助手的合同不能延长了，我就是其中之一。我当时就考虑要不要现在结束我的博士论文，然后就不搞学术了；或者我再试试，是否能在另外的教授那里找到位置。我和杜伊斯堡大学的何梦笔（Carsten Herrmann – Pillath）教授通了电话，跟他介绍了杜塞尔多夫大学的情况，他说可以给我一个位置，不是无限期合同，也不是全天的，因为像我这样专业的人太少了。后来我就去了那边，在杜伊斯堡待了两年以后，何梦笔教授要换到 Witten/Herdecke 大学去，他问我要不要和他一起去。我心里有点矛盾，因为我基本上是两年在武汉，两年在汉堡，两年在吉森，两年在杜塞尔多夫，两年在杜伊斯堡，在每个地方只待两年就离开了，我不想马上再换地方了。当时杜伊斯堡大学担心他走了以后，如果我也走了，本校的中国经济专业就不得不关闭了。我特意和大学教授校长商量了这件事，我当时还是助手，合同期限比较短，只有一年，如果杜伊斯堡大学能给我一个更好的前途，我就留在这里。校长答应我，如果我在1999年之前把博士论文写完，就给我一个副教授的位置。这样我就决定了留在杜伊斯堡，又用了一年半的时间，成为了杜伊斯堡大学经济系的代理教授。一共两年，其中的一年半不是正式的，因为我博士论文还没有写完，按照规定不能当代理教授，但是实际上我就是代理教授，负责所有中国经济的课和工作，读完博士以后，他们就正式给了我代理教授的资格。

问：但是现在似乎仅仅有博士学位还不能当教授，要考了教授资格以后才可以当教授？

答：有两个方法，一个是你写授课资格论文，当博士后；第二个是在申请教授位置的过程中，有专家证明你的学术基础、学术背景和学术出版物，相当于一个博士后。但是这和当时的代理教授没有关系，大学代理教授的自由度更高，可以算是临时的，我们聘了一位新的教授 Markus Taube，他来了以后我就不当代理教授了，但是我一直还用我的副教授的位置，副教授可以。这个一直到 2007 年，我之间有半年时间请假，去生孩子，然后 2007 年，我离开了杜伊斯堡大学去了日本，在日本当客座教授半年。从日本回来以后，我到德国发展研究所（Deutsches Institut für Entwicklungspolitik）去了。在那边，德国发展研究所不是以地区发展为重的一个机构，他们的研究是按照课题来组织。当然，他们也聘用我是因为他们需要我有关中国的专业知识，因为当时我是唯一一个会说汉语的专家，但是从我们要搞的研究来说，还是以题目为重。我当然也以中国为主要研究题目。他们在聘我之前没想到，我来了以后，很多人发现在德国发展研究所有一个中国专家。所以，我后来还是负责关于中国经济的一些东西。2012 年的时候，我的从那边到了维尔茨堡大学。

问：您是维尔茨堡汉学系的系负责人，是吗？

答：我在维尔茨堡的教授位置叫中国经济与管理（China Business and Economics），是一个新的位置，我去之前没有。他们新开了一个专业，新设了一个位置，我负责的硕士项目也是我去的时候才成立的。他们聘我的时候已经计划开一个关于中国经济的硕士项目，国际硕士。我们有汉学系，属于东南亚文化学院，现在有三位教授，还有一位印度学教授，一共是四位教授。学院的院长每两年更换一次，我也当过院长，目前是我的同事在当。我们都属于文化学院，文化学院很大，有超过 50 个教授；此外我也属于经济系，我的位置是属于两个系,一边是文化学院,一边是经济系,经济系比文化学院要小一些,教授只有 20 人左右。

问: 文化学院是包括各种语言的,是吗?

答: 也有地理学、音乐学、古典历史、现代历史,等等,因为一些历史原因,他们把很多的专业放在了一起。

问: 那您等于是两边的工作都要做?

答: 我在经济系上课就是给本科生讲关于中国经济的课,除此之外,我在经济系就没课了。但是,还有我们硕士项目的学生,如果研究中国经济也得上经济系的课,哪怕他们之前是汉学毕业的,想读硕士也要上经济学的课,所以我们这个项目也是这么做的。我同时在两个系最大的优势是,如果带博士生,我可以看看他的学术背景怎么样,然后可以跟他们决定,到底是在经济系还是汉学系。读博士的学生都是像我这样有两个专业。如果单是专门搞中国经济,最好先学经济,然后来学汉学。先学哪个一定要弄清楚。现在我可以给我的博士生一些建议,看看对他们来说在哪里读博士最适合,这是我属于两个系最大的好处,同时,我也可以和两个系的同事做一些合作研究。

问: 我们谈到了您迄今为止的一些发展过程,第二个方面想请您谈谈您主要的研究方向,研究的主要内容和领域。

答: 我博士论文对我的研究方向可能有一些影响。当时去吉森大学的时候,虽然我是经济管理毕业的,但是我的博士导师是经济学的,所以我一直在考虑博士论文还能写什么题目。当时幸好有一个中国代表团,是中行的。他们来的时候,对德国的竞争法和反垄断法感兴趣,他们问能不能给他们一些这方面的书。于是我发现,竞争制度(Wettbewerbsordnung)在中国似乎也是一个比较受到重视的题目,同时还有另外一些制度。我就在考虑在中国竞争制度是怎么运行的?因为在计划经济时期,竞争应该是一个不允许使用的词,可以说竞赛,但是不可以说竞争;中国当时已经很明显要建立社会主义市场经济,市场经济一个最重要的概念就是竞争。竞争制度的一些条件是市场经济一个很重要的组成部分。我就在考虑，要不要研究中国从计划经济到市场经济的过程之中，怎么建立中国的竞争制度？这个不仅是我对中国的兴趣点，也是当时一个理论上的问题。大部分的计划经济在1989年、1990年柏林墙倒塌以后，东欧的国家决定马上转变成市场经济，但实际上，他们并没有一个竞争制度，他们好像和中国不一样，中国的决定是慢慢来，不是一下子转换到市场经济的制度。但是当时没有一个理论会告诉你具体该怎么办，我们当时进行了很多市场经济和计划经济的比较研究，研究两者的区别在哪里。如果要研究怎么样从计划经济到市场经济，这个过程应该怎么做？如果不想一下子就改变所有的制度，而是要慢慢来，又应该怎么做？这方面没有什么好的理论，只能把这个制度慢慢地变成一个事情，看它有没有什么发展。所以我觉得，既要研究理论，也要看中国国内的讨论是怎么回事，经济方面的讨论是怎样，有什么学派？有什么说法？第三个就是看中国的政策，实际上就是中国对竞争制度的概念和想法，所以我的博士论文花费时间比较长也和这个有关，因为实际上，我研究的是中国的经济制度，这是很宽泛的一个题目。我对国内学者的讨论也比较重视，所以这一方面是一篇经济系的博士论文，同时也可以说是一篇在汉学领域很有价值的论文。我想强调这一点是有两个原因，一是之后我申请教授学位的时候，我的博士论文得到了水平相当于博士后的评价，质量超过一般的博士论文。

问：您博士论文的题目是什么呢？

答：《转型过程中竞争制度的建立——以中国为例》（*Aufbau einer Wettbewerbsordnung in Transformationsprozess*）。我从那时开始就一直对中国的竞争制度，不论是产业政策还是竞争规则，都特别感兴趣。第二是我也因为这篇论文，对中国国内的理论讨论产生了兴趣，所以以后我在这方面还做了很多。这个历时弥久的研究一直是我后来一些研究的重要基础。论文写完一年后，我就申请了一个DFG的研究课题，这个课题可能有点儿奇怪，就是我当时要研究的是从制度经济的角度分析中国的统计、媒体、经济和经济学这样的一个方案，听起来可能有点奇怪，但是我的概念当时是，希望能更好地理解中国经济制度内的信息是怎么产生的，怎么搜集的，怎么通过媒体宣布的，怎么分析的？一个是统计局，一个是媒体制度，一个是经济学制度。最后，我集中研究中国媒体经济，虽然统计制度、经济学的制度也研究，但是最后也没出版多少，出版的还是中国媒介经济方面最多。为什么呢？第一是在申请课题之后，要看看获得审批的资源有多少，我申请的资源比通过审批的要少，所以我要细化一下课题的方向；第二是我当时认为研究中国媒介经济特别有意义，几乎没有人理解中国媒介经济，很多人对此有兴趣，但是只有少数人想理解中国媒介在市场经济方案、同时也在政府控制的世界里面是怎么运作的。所以，我从研究方向来说是以媒介经济为重，实际上这个和我的博士论文方向有一定的关系，因为这个也涉及中国媒介的竞争制度，国有媒介和集团媒体，反正这个和我比较重视的竞争以及产业政策都有关系。

同时，我当时也一直在教关于中国经济的课，所以在讲课的时候，跟学生们做一些研究课题的时候，我的研究方向就更宽一些，因为学生需要研究中国经济方面的很多事。我去日本的时候基本上主要是讲课。你知道，我也是《中国国情研究》（*Länderbericht China*）系列的作者。我一共三次参与了这部书的工作，第一次是我还在杜伊斯堡大学当助教的时候，何梦笔教授当时是这本书第一册的编辑，他问我要不要当编辑，因为这个项目太大，两个人做不了。然后到2004年、2005年的时候，联邦政治教育中心要再次出版各国国情系列（Länderbericht, Bundeszentrale für Politische Bildung）时，问我愿不愿当编辑，我很愿意，当时就干脆自己当主编，不当编辑，当出版人。现在我为什么说这个？因为我2007年在日本的时候，一边讲课，一边把这本书完成了。之后我到德国发展研究所去的时候，他们聘我就是为了建一个关于创新与可持续发展的项目，这个你应该知道，他们有一个研究重点是创新制度。创新制度和竞争制度不是完全一样的概念，但是有很相似的地方，所以我就到那边去参加这个课题。

我们当时的目的是，怎么支持发展中国家在可持续性方面的进步，创新制度怎么支持他们的可持续发展，包括和可持续发展有关系的技术。我当时开始专门研究中国的太阳能和电动汽车这两个行业的发展和这方面的经济政策，这方面的竞争制度和产业政策之类的东西。这虽然是另外一个行业，但这和我以前做过的研究有联系，还是竞争制度、产业政策和新制度经济学。

我们在德国一般说竞争制度，在英国、美国的说法是新制度经济学，他们很少说竞争制度，他们一般强调的是新制度经济学，概念很相似。我研究经济媒介的时候，理论上也是用新制度经济学，发现新制度经济学的转型理论和竞争制度理论有一定的区别，但是有很多共同的概念，所以我是从竞争制度开始搞研究的，后来做新制度经济学更多一些，然后就到了德国发展研究所，从创新制度的角度来分析。但实际上，区别是概念的区别，有一些专业概念的区别，但是有很多类似的问题，兴趣上来说很像。

费多丽教授 照片3：1994年在中国人民大学学生宿舍

问：就是说您整个还是沿着这个方向做的，从竞争制度，到了新制度经济学？

答：对，找到的一个研究方向就是环境问题，这个跟我们在德国发展研究所的课题有关系。可持续发展和环境保护有很大关系，我之前一直有这个想法，对中国环境问题，环境经济研究也很感兴趣，但是比较担心这个方向需要很多专业知识——你要研究环境的问题，就需要做功课，需要了解化学生物学的专业知识，而且我一直觉得自己这方面知识储备可能不够。但是我到了德国发展研究所，开始研究太阳能和电动汽车之后，发现环境政策、环境保护和经济学、经济发展学有很多关系，所以我当时就开始慢慢改变了态度。没想到最新的2014年的《中国国情研究》里，我写的就是关于环境保护的报告，这个是 10 年前连我自己也没想到的。

现在研究中国经济，如果不同时考虑环境保护的问题是不可能的，所以现在我们大学研究中国经济的学生都要上中国可持续发展问题的一些课。我不是说因为中国环境问题特别不好所以要批评中国，这不是我的想法。我的感觉是，我们现在都知道中国环境问题很大，而且也可以看到中国政府在尽量把经济发展和环境保护联系在一起，这个过程很慢、很麻烦、也很难。还有一个风险就是，中国在这样向前走的情况之下，会把比较脏的产业搬到另外一些国家去，这样的话，全球的环境保护和气候变化问题就没办法解决。在中国，很多人认为欧美人关心中国环境保护的问题就是为了批评中国，或者因为不愿意看到中国发展起来或者怎样，并不是这样的，我认为中国人和其他国家的人一样，有同样的权利去追求一定的生活水平，但是实际上现在有一个问题，就是如果全世界人都模仿欧洲人或者美国人的发展过程和生活方式，我们的气候环境问题会更大。所以，我们需要尽量和中国一起找到解决经济发展和环境保护之间矛盾的办法。

问：但是现在把比较污染环境的企业搬到生产成本比较低的地方去，这是全球性的现象，不是中国特有的。

答：有这样的趋势，但不是说所有的国家都这样做。我的概念中还是这样的：欧美国家大部分到中国去的目的，一半还是为了享受中国大市场的消费前途；但是很多的东亚国家和地区，中国台湾也好，中国香港也好，日本也好，韩国也好，他们原来也是依靠重工业发展起来的，八九十年代抓住了中国改革开放的机会，把很多的工厂搬到中国；中国也很欢迎这样的项目，因为这样对他们使用劳动力有好处。中国有很多潜在劳动力，所以当时很多劳动力密集的产业都搬到了中国。他们使农业的工业化也发展起来，这些也很需要电和别的资源。

从近 10 年前开始，他们已经开始慢慢感觉到中国的劳动力价格不会一直那么低，而且环境保护的标准、劳动标准、法律标准都会提高。这样的情况之下，当然有很多企业开始考虑是否留在中国，留下来的话，可以在中国生产，希望以后把产品都卖给中国人；或者就搬到其他劳动力成本、法律要求以及环境保护方面标准都比中国更低的地区，在那边生产更便宜的东西。那么，我们现在从理论上来说，就有不一样的想法，一些人说，现在已经可以看到，中国很明显正在把一些能耗很高的产业搬到其他国家，包括以前就在中国投资的东亚企业；也有人说，正因为中国市场有很大的吸引力，他们才不会搬走，他们知道标准会提高，那就按照要求继续生产。我们现在都看到，很重要的是，要避免原来的投资者迁移到东南亚国家或者非洲去，再次按照中国的发展模式继续，就是先发展，后治理——你们中国有时候这样说：我们要先发展，然后治理，即从环境保护的角度来说的治理。如果是在另外一些地区，比如非洲那样的大洲的话，我们再这样做会有什么结果？这个对全世界的环境保护有一个很不好的影响，气候变化也难以避免。

问：我完全同意您的分析，一个是挪到成本比较低、竞争力比较强的地方，这是一个全球性的现象，另外就是把比较脏的产业挪到其他地方，也不是中国特有的情况，比如说耐克、阿迪达斯之类的企业，它需要消耗能源比较大，污染也比较厉害的，都是从欧美挪到亚洲一些国家，包括中国。如果这个现象不是中国仅有的，那么，只从中国来找解决办法是不是也不行，要跟全球的趋势一起来考虑。

答：我的意思是，2008年的时候，中国已经有一个关于需要新发展模式的讨论，我当时在广州和一些人讨论过。因为当时的广州、深圳已经从八九十年代的发展中获益，找到了一个中国的发展模式，是改革开放的先行者，所以他们那个时候在考虑南方需不需要一个新的发展模式。当时我就和他们讨论，你们找一个新的发展模式是什么意思？是一个适合广东的发展模式，还是一个全球都需要的新模式？因为我们发现，一个让全世界所有人能达到同样生活水平、同时还保护环境的发展模式是不存在的。

那时候很有趣，坐在我旁边的两位，右边是一个年轻人，他说，你说得对，我们一直在找的新发展模式应该是一个世界都可以模仿的发展模式；左边的人年龄稍微大一些，就是在想怎么把本地的环境搞好，怎么把中国南方搞好，劳动保护要做得更好，所以还是要把这些能耗很高的产业搬到比较偏的新地区，或者国外。当时我觉得这就是一个矛盾，因为欧洲也好美国也好，在早期工业化的时候，基本上没人考虑过对环境和能耗的影响，当时的人对这方面，特别是工业对气候变化的影响一点概念都没有，直到八九十年代，中国开始发展起来的时候，我们才发现一般的工业化发展模式有什么不好的影响，而不是说之前没有这方面的影响。我的观点还是，通过中国的例子和后果，我们才理解了工业发展模式和环境保护问题的严重性。现在我们当然都是通过沟通来找到解决问题的办法，这个问题不是中国要解决，全世界都要。但是现在"一带一路"的政策以后，中国政府支持国内对环境影响较大的企业去国外，在国外就可以用原来的环保标准、劳动保护标准来工作，这个是比较难得的吧？这不仅仅是中国的问题，而是全世界的问题。

问：就是说在研究这个问题的时候，实际上有很多共同性的，因为别的地区也面临全球化的这个问题。

答：到今天，不管人家喜欢不喜欢中国，中国都那么重要。因为中国现在的确变成一个大国了。中国经济很大，虽然按人均标准不是特别高，但人口那么多，面积那么大，在经济学上对我们怎么理解国际经济还是有影响的，为什么呢？典型的经济学课本中谈论国际经济或者对外贸易的时候，一般假设的是一个小国家。在经济领域，小国家的意思不是指面积小或者人口少，而是你能不能影响国际市场的价格，这个就是我们现在的国际经济制度。

中国因为人口多，需求高，生产数量大，所以虽然在如何从发展中国家变成工业国家这方面有一定代表性，但是另一方面来看，中国也是一个例外，是一个真的从经济学角度来定义的"大国"。这个大国不是中国政府说的"大国"的意思，实际上中国经济问题还是有一定层次的。比如说2008年，中国政府考虑为了经济安全而准备一个石油储备，全世界也理解中国为什么要这么做，那石油价格肯定要提高吧，因为他们知道，中国储备石油，今后的石油量肯定会多，这样国际市场就马上受影响。现在如果中国实施支持企业到国外投资的政策，这不是一两个公司出去，是同时有很多公司出去要投资，这样当然国外也会受一定影响，中国那么大，有那么多的钱，如果要同时购买国外的企业，当然会引起一些反感。这样的东西很多很多，所以如果要理解中国经济的政策，中国经济的问题，有时候真得从经济学角度来说，你必须要分析考虑一般经济学不会考虑到的因素，那就是中国的大，中国人口的多，虽然人均不太高，但是毕竟我们还是按照国家为单位来进行分析的。

问：您的意思是说，因为整个的量特别大，所以对世界经济和整个世界的影响是很大的。

答：是的，比如人家突然发现中国人喜欢吃巧克力，以前可能不吃，但从某个时候起也开始吃巧克力，这对世界的可可粉，奶粉的价格都会有影响；如果中国人现在因为减肥不吃巧克力，这又会有影响。如果中国人因为各种各样的原因要投资黄金，那黄金的价格会高，而且哪怕并不是所有的中国人都买，就算只有10%的中国人这么做，就已经足够造成影响了。实际上这也是很重要的东西，我现在对欧洲人一般说，我们要理解中国和中国的问题，那就不要用德国比较中国，而是用欧洲来比较，这才是一个类似的经济团体。但是德国和中国、欧洲和中国的情况也有一些区别，就是经济制度的区别；而且我们有各种国家，中国有省，在政治制度之内国家和省又不一样。所以这样的中国经济给我们最重要的教训就是，每个要分析的问题，我们都必须考虑如何进行比较才是最好的，是从整个市场比较，还是从总人口比较；或者如果要理解中国的某一些问题，可能不能拿中国和德国比较，而是将德国和中国的一个省比较，等等。这个每次要考虑，这是我和我的学生讨论的问题。我经常告诉他们，不能随便说中国和德国比起来怎样怎样，不能随便比较的。

中国经济也有一个优点，就是中国经济特别丰富，一是因为它是一个例外，是一个经济学角度的大国；第二是因为中国发展很快，变化很快，所以永远有新的问题出现；第三，可能是因为已经研究中国经济很久了，我现在发现，从80年代在中国上学至今，很多眼下出现的问题和方案，如果你不结合当时的历史背景就比较难理解，所以我现在除了各种研究之外，也对解释中国国内经济学家研究的不同看法很感兴趣。因为中国其实有很多学派，大多数国外人看中国都以为是共产党的一党制国家，只有比较集中的政治制度，但是实际上，在经济学方面中国国内有很多不同的看法，有很多讨论。这一点国外好像很多人不理解，我可能也没有完全理解，但比一般人好一些。

问：对于中国有不同流派的看法，您有没有试图向西方社会去介绍这种情况？

答：做过，最开始就是在写博士论文的时候，当时写博士论文，还要讨论国内的一些学派。最近我做出来一个实验，虽然还不是非常理想，就是试着把国内的经济发展模式和环境保护模式的讨论和学者怎么沟通的写出来。这个比较复杂，为什么写这个呢？因为2013年新一届政府出来后，很多人在经济政策方面寄予厚望，希望会有新的、开放的改革，特别是国有企业改革和信息方面的一些新的改革方案。同时，当时对前届领域时期的经济政策持比较批评态度的人，都对环保问题避而不谈，如果你看当时出来的关于经济学的书，激烈讨论新政府需要做出何种改革的那些人，他们一般都不谈环境保护，连绿色产业都不谈。当时我就有些担心，从经济学的角度来说，胡温时期有些政策有不少问题，特别是支持国有企业发展的大经济项目，就是2009年出来的振兴经济方案，支持中国经济撑过金融危机的经济项目，这个对中国经济的影响在某些方面来说不好，特别是债务（赤字）问题，当时很明显了。所以2012年、2013年讨论经济改革的那些人，都非常批评前届领导在这方面的经济政策，但是同时前届领导也强调了绿色发展，可持续发展之类的，所以当时经济学就不谈环境保护了，因为经济学本身就是不谈环境保护的。

问：您指的是2013年以后，这些人开始不谈环境保护了，以前的时候是谈的，是吗？

答：不能说不谈，但是经济学家谈得很少。2012—2013年的时候，新政府已经选好了，但十八届三中全会还没开，那时候很多人都希望在经济上能做出很多新的改革，国有企业改革也好，各种各样的改革也好，在竞争方面、金融方面有很多好的，有道理的想法。但是那些专门研究经济问题、也出版了很多著作的学者，他们是典型的经济学者，不太考虑环境保护。所以我当时就想，如果三中全会出一个新的经济改革方面的方案，做了很多改革，但不关注环境保护了，那怎么办？当时我已经比较重视这些问题了。我今年年初写完、夏天出版的一篇文章，就是从这个角度出发去写的。以前我们有一些改革，节奏比较快，80年代后才慢慢出台了一些环保政策，那么，经济政策和环境保护之间的关系在中国是怎样的，怎么样发展的，跟国内的经济学方面的讨论有什么关系？现在的一个问题是，经济政策也好，环境保护政策也好，好像战略都不是特别明显，三中全会里面关于环境保护的内容很少，基本上是关于生态文明的，但是也没有很多；还有一个政策就是资源要由市场安排，也没有很多环境保护方面的说法，所以它一出来我就比较担心对环境保护的影响。同时，在改革方面有比较好的一个方案，现在，三中全会过了三年后，我的印象是，中国政府在环境保护方面比我当时预料到的要重视一些，因为三中全会里面基本上没有什么环境保护的方案，实际上环境保护政策还是有不少进步——当然环境保护的问题还是很大。同时，当时说的一些经济改革方案好像还没实现，也比较难实现，不是很成功，而且 2015 年、2016 年中国经济问题比较突出之后，好像现在政府还是越来越多又延续以前时期的经济政策。

问：是什么样的政策呢，加强控制吗？

答：就是比较松的货币政策，以国家投资项目支持经济发展，控制金融改革，原来他们不愿意这样做，但是我们看到的数据好像还是在走这条路。

问：您的意思是，这三年时间说明了经济方面的改革还是比较难实现，但是环保上虽然当时没怎么说，但是现在看来是有进步的，是这样吗？

答：至少是政策上有进步，但是结果我们还要等一下再看。

问：政策上是比以前有进步？

答：现在对环境保护的强调力度还是比较大的，毕竟问题很严重，中国也发现如果环境恶化问题解决不了，对社会政治稳定也是一个问题。

问：现在能不能谈谈您对今后发展的看法？中国经济研究在德国汉学界的发展，我觉得您那里是做中国经济研究的一个中心了，其他大学好像没有太多以这个为重点的，今后的发展您怎么看？

答：首先，为什么中国经济不是一般大学研究的重点。这大概有几个原因。第一个原因是，90年代，研究中国经济问题的学者不多，有的大部分有经济学、比较经济制度的背景，就是研究计划经济与市场经济，两者之间怎么转变，而且他们的位置基本上在经济系。冷战结束后，中国进入世界贸易组织，在经济学上面不少人有这样的错觉，觉得以苏联、东欧和中国都市场化了，都是一般的市场经济，所以不需要专门研究中国经济的经济学者。第二个原因是，也是90年代开始，所有的经济研究机构也好，大学也好，都越来越重视评价制度，就是他们在哪里出版著作，他们的研究所和院系是怎么被评价的，他们认为研究中国经济无法让他们得到更好的评价，因为中国经济是区域经济，区域经济和地方经济一般在国际杂志上得不到很好的位置，他们一般重视专业审评和排名，所以对于研究中国经济也好，日本经济也好，他们都不是很感兴趣。所以，简单来说，一直从90年代中期起，不管是经济研究所还是大学经济系，他们都关闭了区域经济的专业。但杜伊斯堡大学一直是个例外，因为杜伊斯堡大学的中国经济、日本经济和东亚社会当代和经济研究所从制度来说比较稳定。这也是我去德国发展研究所的一个原因，当时我要找一个正教授的位置，你知道，在德国我们要换大学，但是别的大学都没有这样的位置了，所以我想那就去研究所吧。然后过了几年，2005—2007年的时候，慢慢开始了一个新的趋势，就是中国虽然入世了，而且说是社会主义市场经济，但实际上，中国经济还是很不一样的，所以一般不懂汉语、也不了解中国专业知识的学生也不是特别了解中国经济，那个时候就开始说，可能还是要问一些汉学家，让他们来给我们解释中国经济。当时传统汉学对经济不感兴趣，所以从那个时候起我们才开始慢慢意识到，可能汉学系需要一个以社会学、经济学为重点的专业，所以你看现在在奥地利和德国，很多小汉学系现在有中国经济与社会、政治与社会这类课。但是专门搞中国经济，而且聘请经济学者来上课的大学还是不多，基本上只有杜伊斯堡还有维尔茨堡，别的没有。所以我们不仅是一个比较特殊的中心，而且肯定是唯一一个以中国经济为重点的培养硕士的大学。这是一个国际项目，四年前开始以来，现在我们的学生已经是来自全世界的了，不仅是德国或者欧洲学生，也有美国、南美、中国、奥地利、俄罗斯、东欧等各国的学生，所以这个项目真的是国际化了。

费多丽教授 照片4：2017年在维尔茨堡大学

问：那应该是英语授课。

答：全部是英语授课。

问：还有个问题是，您是研究中国经济和中国环境发展的，那么，您对于将来的发展有什么看法？因为在环境发展方面实在是问题太大，有的问题是没法用一般的想象来找到解决办法的，您对此乐观吗，怎么看这个前景？

答：这个问题很难。我乐观在哪里？乐观在目前有很多中国人都意识到这个问题了，只要中国人开始考虑一个问题，就会找出解决方法并立即去办。但实际上，第一，他们想到的办法就是不在中国搞污染严重的东西了，搬到国外，这样的话我对中国的情况可能是乐观的，但对全世界的情况就不一定乐观了。第二，不管和经济发展有关系还是和经济改革有关系，只要是关于环境保护的政策，都会对社会造成很大影响，但实际上你需要的是独立的、负责的、自己考虑问题的实力，就算这样也无法把这些问题从上到下都解决或者控制。至少按照我们欧洲的经验来说，一个好的经济制度和比较成功的环境保护，需要授权基层（empowerment），每个人都应该对此负责、为此努力。而且在地方上也需要很多的活动，你需要很多的地方上的好办法。但是目前在中国，虽然要保护环境，强调创新，但同时他们也强调从上到下的控制，这个有一定的矛盾。我乐观在于，人们对这个题目现在比较敏感，很多老百姓也对环境保护更加了解。但这个是目前的情况，长期来说，10年，20年，30年，50年，总的来说我还是比较乐观的。我觉得比较难受的是，从去年开始，我发现中国人不乐观了，以前中国人可能不是这样的。德国人不是很乐观的人，总是在考虑问题，分析问题，不算是特别乐观，所以作为一个德国人和一个学者，我每次去中国的时候，都会觉得太好了，中国人这么乐观。目前，好像不能说所有中国人都特别乐观。但这也有可能和地区有关，也和你的谈话对象有关。我有个博士生，他今年夏天在中国待了几个月，他说他在南方碰到的人就很乐观，而我印象中不太乐观的是中国北方和西部的人，我近年来没去过南方，可能南方好一点。但是比较来说，我觉得和以前不一样，以前每当我觉得某些方面是不是有问题，某些方面是否需要改革，等等，和朋友谈起来的时候，给我印象很深刻的是他们一般很乐观，但是最近的印象可能就不太一样了，所以我希望这是一个波动期，也希望我的博士生的经历更有代表性。

问：我觉得这个可能也是一个发展的过程，因为您了解得越多，发现的问题就越多，认知度越高，就越会产生不满。我觉得德国的民众是比较成熟的，所以它在一些政治上不会很像美国社会一样，随着一些媒体的宣传去走，可以说是一个比较成熟的公民社会。那么，中国正在往这个方向走，可能在这个过程中，一些有知识的，有想法的人就容易有不满，这是一个原因；另一个原因可能是北方的环境比较差，比南方差多了，问题越大就越容易引起人的不满。

答：北方人和南方人比较大的区别，我的理解是，北方人比较重视政治政策，（南方人）就不太重视这个，经常说政策我们根本不管。

问：特别是北京，因为几个世纪一直是京城，连出租车司机都会和你谈政治。

答：我说不乐观的印象不只是北京，去年在南京、苏州、重庆好像都有一定的问题，南方说的是广东、深圳这些地方，这两年我没去过，中国太大，我有博士生，我听他们的经验就好。

问：您每年都要去中国吗？

答：每年都去。今年我去待了三个星期，一般每年也去很多次，但不一定待这么久。我儿子出生前我一般每年要待两个月，之后就每年去两次，每次两个星期，因为孩子还小，现在长大了就好一点。我希望将来通过课题再去住半年或者更长一点时间。要平衡事业和家庭之间的关系。

问：您说硕士生是国际项目，哪里来的学生都有，那比如维尔茨堡大学和中国的研究机构有没有什么固定联系？

答：有，一个是语言中心，这应该是我们在北京专门的机构，我们和奥斯陆大学和奥胡斯大学合作，可以说是我们的一个代表处。这个中心在北大，因为是我们的学生都要去北大进修，学汉语的最少要在中国待半年，本科的时候要去，硕士学汉语也要去，因为我们有一些硕士是经济系毕业的，还得学汉语，所以也都要去中国进修。他们在中国上课的学分也算我们项目的一部分，我们需要保证上课的内容和质量，北大的老师保证了这一点。

问：这个中心在北大，然后你们四方联合？

答：是和北大国际关系学院的合作。

问：等于是四方了，北大、维尔茨堡、奥斯陆、奥胡斯。那么，你们以什么方式合作呢，老师不用你们派，你们怎么合作？

答：首先我们出钱，那边一个办事处的人是我们付钱的，讲课的是北大的老师，我们每年也邀请一两位老师到我们大学来当客座教授，一般在一个学校待几个星期，然后去另一个学校。我们还有夏季学校，欧洲学生可以去，这个不是在北大，是通过我们的办公室在长春组织的。此外，偶尔也有临时合作，我们也在考虑在哪些方面可以合作，但是到目前为止还是学生去那边进修，我每次去北京我也要和他们见面，希望将来合作会扩大。

问：你们这个中心的规模怎样，多少学生？

答：维尔茨堡大学的话，冬天是我们国际硕士项目的第三个学期，这个要看每个年级有多少学生。我们目前的学生大概十来个人吧，夏天去的要看本科的年级是多少，可能是20来人，同时还有另外两个大学的学生。

问：您刚才说硕士生十来个是吗？

答：不，今年冬天开始，新来的硕士生有43个人，都是搞中国经济的。这43个人一部分有汉学背景，一部分是经济系毕业的，这部分就需要学汉语，去中国进修，那些在本科时候学过汉语、去过中国的人，就不需要再去北大。

问：我想引申问一下，硕士生有40来人，本科生有多少人呢？

答：新来学中国经济的硕士有50来个人，一共有差不多接近60个。因为我们还有汉学硕士。本科的话，我们没有专门中国经济方面的本科项目。我给本科学生讲的课，去年有30个学生。现在我辅导的硕士学生一共差不多80个学生吧。本科我们汉学系今年开始好像20个左右，本科学生的数量最近在下降。这在德国大学都一样，有一部分原因是因为现在学生数量最高的时候已经过了，第二个大概是现在中国在媒体上的形象不如五六年前了。还有一点你也知道，汉学系的学生数量有一定的波动，社会对中国的印象比较好的时候，学生数量会提高，反之就降低，所以数量有一定的波动。第三个就是以前维尔茨堡大学的本科是德国唯一一个以当代中国为主的项目，现在全德国有好几个，所以不是唯一的了，所以我们要考虑怎么竞争，怎么让更多的人来维尔茨堡。因为我们的项目很好，但有些高中毕业生考虑的不是哪个项目好、哪个不好，而是觉得柏林城市不错，或者汉堡城市不错。维尔茨堡大家不是很熟悉，以前这个不太影响我们学生数量，但现在有了更多的当代中国本科项目，所以有些影响。

问：他们有了更多的选择，但很多人并不是根据研究方向来做选择，而是看对城市的感觉。

答：是这样。

儒家哲学与当代中国现代性的冲突与融合
——罗哲海教授访谈录

（罗哲海 Heiner Roetz，波鸿大学教授，原东亚学院主任）

访谈人：Jiagu Richter
日　期：2017 年 6 月 26 日
地　点：波鸿大学东亚学院
翻　译：庞竹汐
核　改：Jiagu Richter

罗哲海教授 照片 1

问：我知道您在您的研究领域颇有建树，很高兴您能参与我们的项目。这是国立台湾大学的一个跨国别的项目，已经进行了 10 余年。我是该项目德国和奥地利部分的负责人。迄今我已采访了近 30 位汉学家并且准备在今年年末的时候结束该项目,如果经费许可我们会将口述内容整理出版。我的访谈会分为四五个部分,第一部分是您如何开始学习中文的,什么使您对中国和中国研究产生了兴趣;第二部分是您的学术发展情况,如您的硕士、博士论文的内容,您的教授论文的研究方向,以及您在不同地方的教学和研究生涯;第三部分,我知道,您对儒家思想和中国的宗教问题很有研究,您怎么看待儒家思想与其他宗教和思想的关系,儒家思想在过去、当代以及未来扮演的角色;第四,您和中国大陆或中国台湾的学术合作。这是我们访谈的大致内容框架。

答:我是从1968年开始学业的,那时德国正在经历学生运动。我首先学的是社会学,之后转向了哲学和汉学,那时中国正是"文化大革命"的时期,这也是欧洲当时关注的一个话题。我一直对海外研究比较有兴趣,所以种种情况综合起来,我最终选择了哲学和汉学,这是我选择汉学最初的情况。其实我当时对于政治的关怀还是有的,关于中国的,或是关于汉学研究的兴趣不仅仅是在文化历史方面。我认为汉学并不是纯粹的史学或文化史研究,而是要关注政治问题。

问:不是过去的政治情况,而是当代的政治情况,对吗?

答:对,是有关当代的政治,以及未来政治问题的。当然也要了解中国古代的政治问题,去进行反思。你刚刚问我的学术生涯是如何发展的,我想了一下,"文化大革命"从去年算已经是50年前的事了,在当时,中国是德国及德国大学谈论的一个重要话题。有一次,我的哲学教授 Alfred Schmidt 问我能不能找到哪怕一个关于中国对马克思主义重要理论做出重要贡献的例子。虽然他在其作品中也引述过毛泽东,但他认为其实毛泽东并不是一个伟大的哲学家。当时这个问题引起了我的思考。我觉得这可能与"主观"或是"主观性"(subjectivity)的问题有点关系。当时毛泽东主义者认为"主观胜客观",把人民群众调动起来,就可以跳跃历史阶段,中国可以很快进入共产主义阶段。他们忽略了现实情况,十分主观地认为中国可以实现历史跳跃,并开展了"大跃进"运动。当时的苏联也攻击中国的毛泽东主义,认为中国忽略客观的历史发展规律,过于强调人民群众的主观能动性。我认为当时的这个主观性问题属于"群众路线"问题,这可能是很重要的一点。所以我一开始就是从这个"主观性"问题入手的。当时波鸿的汉学家Tilemann Grimm说,其实这种主观性的想法并不是毛泽东最先提出来的,而是王阳明的思想。要先理解王阳明,才能理解毛泽东,这就是我硕士论文写王阳明的原因。然而,想要理解王阳明就必须深入了解中国古典哲学,尤其是要先读孟子的文章。

问:Tilemann Grimm是您在波鸿这个职位的专任教授吗?

答:对,是我的前前任,他是波鸿大学东亚学院的中国历史教授。我因此从王阳明走到对中国古代的研究,仍然在寻找主观性问题的根源。但这已经和毛泽东不相关了,我不再对诠释毛泽东思想感兴趣。但是我仍然继续研究主观性问题,它成了我的主要研究兴趣。但还有一个相反的论点,那就是主观性其实根本不存在于传统的中国历史中,这是一个很重要的反命题,比如黑格尔也强调过,中国只有"实体"(Substanz),完全没有"主体性"(Subjektivität)。这意味着中国社会从未变过,从未向前发展。想要推动社会发展就必须对世界、对政治和社会秩序提出一些挑战性的问题,但是中国人从来不发展自己的主体性。

问:这是谁提出的观点?

答:黑格尔,黑格尔的这个观点影响很大。他影响了马克思和马克斯·韦伯,当然韦伯也对西方的中国研究有着深远影响。如果中国没有主体性,没有主体的话,也不可能有主体权利,这是一个重要的政治后果。比如人权问题,按照这个看法在中国不可能有真正意义上的人权,因为如果没有主体的话就没有权利的承受者。结果就是,中国或多或少是一个专制的状态,没有真正意义上的政治参与。

问:您说的主体是中国在国际法中的主体权利还是国内法中的个体人权?

答:不是中国在国际法中的主体权,是个人的权利。我认为,一个国家不承认和不尊重其公民的主体权利就不能在国际上伸张其主权。重点就是个人和国家的对立关系。黑格尔等人的说法是,在中国唯一存在的主体性是国家,即统治者的主体性。个人没有一点发言权，在家里、国家和整体社会都没有。如果我想做相关主体性的研究，我就必须面对这个很有影响力的假设。在写完硕士论文之后，这些问题仍然是我在汉学研究中的主要问题，之后我开始写我的博士论文。

问：所以您的硕士论文是关于王阳明的什么方面？

答：关于王阳明的知行合一（unity of knowledge and action）。我的第二个阶段就是博士论文研究的主体与客体（subject and object）问题，讨论了中国哲学中主观与客观的关系。我想证明，在中国古代哲学中，主观与客观之间是区分开来的。这就是我在法兰克福大学作的博士论文的题目。在这之后我就写了我的教授论文。

问：毕业了之后就直接写了？

答：不是的，我记得我的硕士论文是在 1977 年完成的，博士论文是在 1983 年完成的，教授论文大概是 1990 年前后。我的教授论文也是关于主体性的，主要涉及了儒家的伦理，出的书叫《轴心时期的中国伦理》（ie chinesische Ethik der Achsenzeit，英文本 Confucian Ethics of the Axial Age，中文本《轴心时期的儒家伦理》）。这本书讲了主体与主体之间的关系（Subject – Cosubject），也就是人与人之间的社会关系。我想在这本书中论述的内容是与黑格尔和韦伯对立的，其实是与很多哲学家和汉学家的观点也是不同的，我这本书强调了"自律"（autonomy，与"他律"相对）的伦理，他们认为中国不存在这种伦理，而我跟当代新儒学哲学家一样（譬如李明辉）认为是存在的。所以我的看法一直涉及"个人"这个概念。你刚才提过关于中国作为一个国家的权利问题，这个问题与我所研究的是截然不同的，我的问题是，一个国家能不能限制公民享有基本的政治权利，是不是让所有的权利被国家和政治精英所垄断。我认为，一个国家是不能这么做的。

问：在完成硕士论文之后您就开始在大学工作了吗？

答：对，我从 1978 年底之后就开始在法兰克福大学，工作了大概五年，之后从 1985—1990 年又在这个大学得到了一个助理教授工作。然后停了一段时间后又开始做合同制教师，然后大概五年时间我休抚养孩子的假。90 年代的时候我也曾经失业，1998 年我来到了波鸿大学担任教授，之后就一直在波鸿，现在属于退休返聘状态，三年期限。

问：这是您学术生涯的发展情况，那么您当时都教些什么呢？

答：我主要教中国古典哲学，重点从事伦理学的研究，我也会做一些关于生命伦理学的研究，也会涉及一些政治伦理或者与人权相关的问题，总之是中国古典哲学的问题。对我来说很重要的一点是，我探究中国古典哲学的问题时不仅要从历史角度出发，还要涉及中国的现代性问题、全球性的现代性问题，这是一个很重要的背景，和现今的情况息息相关。

问：什么是您教学的主要内容？

答：我们教学的主要范围都是十分基础的问题。在德国，我们在小学、中学里都接触不到任何有关中国的内容，学校以外也没有条件学汉语，所以在大学的教学都是从最基本的内容开始的。这就意味着当我开中国哲学导论课的时候我要从一个很基本的方式去入手，一般性地介绍中国哲学的基础知识，然后才开始特别地讲授不同的哲学思想或是哲学学派。我们必须去读儒家文本、道家文本以及法家文本，这样我们才能对中国哲学有一个大致的印象。德国大学的一个很大的问题就是，他们一般来说不给我们提供与这个题目的重要性相配的条件。

问：您的意思是他们不仅是不鼓励你们做中国的研究，对其他东亚国家的研究也不很支持。

答：对，包括印度还有其他一些重要的国家，其实这种做法是相当德国中心主义或是欧洲中心主义的。譬如，学习历史的学生以后想做老师，但是学校希望他们能教德国历史或是欧洲历史。世界史和东亚历史相比德国和欧洲，终究是其次的。

问：您说的是汉学系的学生吗？

答：是历史系的学生，他们中大部分都想毕业后当老师，但是他们学习的内容都是被学校的授课大纲规定的。在大纲里面你是找不到中国这部分的。

问：直到今天情况也这样？

答：情况有变化，但是变化不大。这是多可笑的事，因为欧洲史即世界史的时代已经过去了。

问：那也就是说，您教的这些学生都得从最基本的问题入手。

答：对，那些本科生。

问：您教过研究生吗？

答：当然。

问：教他们会深入一些吧，也是关于中国伦理和哲学的？

答：没错，主要是关于中国伦理和哲学的，会更加深入更加精确。比如说我目前开了一个研讨课，和我的朝鲜研究同事一起开的，有关前现代中国和朝鲜的不同政见者，也就是和中国政府相左的那些言论。

问：这是给研究生的课程。那您带博士生吗，什么方向？

答：对，历史或是哲学方向的。波鸿大学之前有非常专门化的中国历史与哲学专业方向。这个专业的课从第一学期就会开，所以学生会很系统地深入历史或是哲学方向的学习。但是这个专业方向在本科学制改革（博洛尼亚进程 Bologna Process）的时候被取消了。学生们从那时起不学中国历史与哲学而学普通"汉学"。

问：这是从什么时候开始的？

答：不是，好久就开始了，我到波鸿任教不久就开始了。学汉学的本科生，除了汉学之外还可以选择一个自己感兴趣的课（第二专业），可是不一定必须选哲学和历史之类的专业。在研究生的课程中，中国哲学与历史仍然保留着，这个阶段是可以深入研究的。但是因为一个课程至少需要至少两个教授，而实际上我们系只能有一个教授，所以学校取消了这部分课程。当然学生也仍然可以深入研究某一个方向。只是以"中国哲学和历史"为名的专业没有了。

问：波鸿东亚研究系有哪些科系？

答：波鸿东亚研究系在德国大学是很大的一个系。可以在这儿学中国哲学与历史、中国语言和文化、日本历史、日本语言和文学、韩国语言和文化，还有东亚政治、东亚经济政治、东亚宗教、中亚宗教，我们总共有九个教授，是个很大的系。学生们最感兴趣的是东亚政治和经济。最近很多学生因为喜爱日本的动漫以及韩国的"韩流"而选择这些学科。

问：您认为中国的儒家、道家和佛教之间的关系是如何的？这三者在中国文化和传统中扮演着很重要的角色，他们相互的关系怎么样，儒家的角色又是怎样的呢？

答：我想，中国前秦儒家思想其实是中国那个时代的文明危机解决方案之一，是中国那个礼崩乐坏时代的一剂解药。那个时代必须寻找一种新的方案去解决怎样组织社会、怎样将社会重归和平，怎样解决在这个世界生存的问题，而不是止步于从前的思想，因为之前的思想并不能解决中国的危机。那个百家争鸣的时代就是为解决周朝的土崩瓦解而出现的，为了拯救中国的危机，不同的哲学思想都发展了起来。当时不同的派别都提出了自己的方案。儒家就是其中之一，他们是从伦理学入手的，他们认为必须发展伦理，用伦理来支撑人。然而道家提出了另一个观点，他们认为人们要归于自然，要无为而治，人们用自己的"为"破坏了自然秩序，他们提出了人与自然合一的观点。法家给了另一种社会组织方向的方案，他们不需要伦理，而是需要国家机器。你刚才也提到了佛教的思想，那是很久之后的事了，佛教是在中国又一次危机的时代填补了另一种需求。儒家和道家思想出现的时代是相同的。而佛教在印度产生的时候情况其实也差不多，也是当时遭遇了危机，而佛教思想提供了可行的解决方案，给出了秩序与规范。当然这些伟大的思想之间有相矛盾的部分，但是总体来说他们也是相互关联的。我这儿有本书是杨儒宾的《儒门内的庄子》，也就是将庄子看作儒家人物，其实孟子也是半个儒家、半个道家人物。我的主要兴趣不仅是这些学派之间的差别，而且是它们的共同点和所有这些在一起构成的、可以产生中国伦理的全貌。

问：也就是用一种融合的方式去看待儒、道、佛，看它们怎样综合起来对中国发挥作用？

答：对，我认为这些思想都仍然是重要的，它们之间是互相补充互相佐证的。

问：下一个问题是儒家在中国扮演着什么样的角色？对当代中国而言。

答：这个问题不同人有着不同的看法，我认为现代的社会不可避免地有现代性问题。一个真正的现代社会是一个民主社会，是一个拥有主体权利或是人权的社会。从一个现代民主社会出发，我们就必须去考察20世纪一些儒家学者的思想，比如牟宗三，他认为民主社会需要直面人权问题和多元性，他们试图证明儒家和现代社会是兼容的，且是支持现代社会的。如果不这样证明，那么在将来，民主现代性问题会和中国的文化发生矛盾。如果将现代性问题植根于中国的传统，这将比说它是一个外来的思想更加有优势。他们把儒家思想发展成一个民主国家和社会的现代思想。他们当然也是传统的儒家学者，但是他们将儒家问题置于现代社会之下考虑了。但是在中国大陆有些儒家学者们将儒家思想作为武器与当代民主社会相对立，和所谓的西方价值或是西方的现代性相对立。他们将儒家思想作为建立所谓特色现代中国的工具，而忽略所谓代表西方价值的开放社会、开放的话语权、采访自由以及民主体系。中国的精英而非大多数人民群众决定着何去何从，如果儒家思想就这样保留着，被精英们控制着，那不是好事，但是有些旧式的儒家似乎梦想着重建老式的精英体制。

问：您说的这些是关于旧式的儒家，是因为"新儒家"是跟西方的思想亦步亦趋的，是吗？

答：我认为，"新儒家"的哲学家们展示出儒学不仅与现代政治相协调，而且可以支持建立在民主和人权基础上的政治现代性。不过，我的印象是，当今这些哲学家被视为曲解了儒学的叛徒，他们背叛儒学而转向西方。从1905年，在隋朝开始的科举考试制度被取消以后，儒家与国家机器的联系消失了。之后儒家变成了"现代游魂"（余英时）。在儒家不再是君主制度的一部分之后，儒家在帝制前所具有的批判精神和原发性民主因素又可以看到了。但是，如今有一个相反方向的发展：儒学又要成为国家的一部分了。有些儒学家不愿意将中国变成一个民主社会，而是想继续独裁统治。

问：也就是说，儒家思想最早期是比较自由的阶段，从汉代开始被统治者利用。那么，您怎么解释秦始皇"焚书坑儒"呢？

答：焚书并不仅仅是针对"儒家"，而是针对所有的"百家"。秦统治者不想让社会有自由的思想，但是儒学不但被工具化，自汉朝开始，它发挥了积极支持帝制的作用。可是，到了20世纪，在成为"游魂"之后，它以自己的力量从旧的机制中解放出来。

问：然后从汉代之后，儒家一直是被统治阶级支持的，直到1905年。

答：并不是一直稳定的状态，但是大致是这样的。从20世纪起，儒家从某种意义上又像在古代的时候一样自由了，但还是保留着很多传承下来的部分。

问：您认为新儒家将伦理和现代性的结合是十分成功的。

答：对，它曾经成功过。这曾是一个很大的成就。

问：如果考察中国的社会，从19世纪的中日战争开始中国就面临着巨大的危机和损失，对于中国社会来说那正是接受西方思想的最佳时机。

答：那一阶段当然有很多来自西方的思想，其中包括民主和人权的思想。

但是因为儒学影响了欧洲的启蒙运动，它在这些思想的传播中也有一定的作用。另一方面，来自西方的思想不仅仅有民主的思想，也有支持和强化专制国家理念的反民主思想。中国民族国家（Nationalstaat）的成立是建立在与西方和日本的在政治和经济竞争基础上的。但是中国的民族主义者不相信人民大众的自由，他们认为，只有一个强大的专制国家才能在国际竞争中成功地保住自己。

问：两个问题同时抛向中国，人们不知道他们会面临什么，所谓的现代性会不会带来毁灭和灾难，西方社会是否面临着瓦解，是否回到过去也会遭遇不测。当然那时的伦理道德也开始崩坏，人们会权衡这些，可能看不到什么乐观的未来。

答：现代化是与巨大的动乱和起义一起来到中国的。你说得没错，当时中国的情况是，在20世纪的时候中国意识到自己是一团糟。在当时最盛行的就是建立一个可以控制社会发展的强势国家，并且经过几十年使经济有极大地发展，但不是发展民主。不过我们不应该忘记，在许多欧洲国家包括在德国，民主也是经历了长期的发展才得以实现的，而且也绝不是一直有保障的。

问：您和中国大陆或中国台湾的学者有合作吗？
答：我特别和台北"中央"研究院有合作。

问：是一些项目吗？
答：参与研讨会等，也有一些项目，但不是固定的那种。不过我们会讨论一些大题目，比如刚才说过的主体性问题。

问：您访问过中国大陆吗？
答：当然，但是我没有官方合作，只有私人合作。

大学的汉语教学需要重视语言理论和语法
——蔡德访谈录

（蔡德 Wolfgang Zeidl，维也纳大学东亚研究所汉学教师）

访谈人：Jiagu Richter
时　间：2016 年 12 月 19 日
地　点：维也纳大学汉学系
整　理：齐菲
核　改：Jiagu Richter

蔡德 照片 1

问：您是怎么开始对中国产生兴趣，学习中文的？
答：大概十二三岁的时候，我看到了一个从日本进口的玩具，上面有奇怪的字体，其实是日本的汉字，就对日语产生了兴趣，我让在图书馆工作的妈妈带一本日语的教材给我，但是我爸爸反对，因为他觉得日本只是在模仿中国，所以劝妈妈给我带一本汉语教材来。那时候只自学了一点点，30个句子吧，因为学习太忙就失去了兴趣，但是在我的脑海里一直都有中文这个东西。

高中毕业之后，我先开始学英文和心理学，但是也不知道毕业后能做什么，做一个心理学家吗？希望也不大，所以就决定换一个专业，就开始学习汉学。我爸爸也同意，他也觉得心理学可能没什么前途，所以他支持我换专业。那时候是1978年，当时需要选择一个主修专业，一个辅修专业，我已经在大学学了两年心理学了，就把心理学当成辅修专业，转而主修汉学，放弃了英文。为什么要学汉学呢？有两个原因。第一个原因是我仍然对汉字感兴趣，想学这门语言，第二个原因是我知道学了两年汉学之后，如果通过了考试，就百分百可以拿到奖学金。那时候我真的很想出国，因为对奥地利的生活不太满意，也想有一些国外生活的经历，更主要可能是为了去玩、去探险。所以，在学了两年汉学后，1980年，我去台湾又学了一年。现在看来这个时间太短了，应该再多待一两年，但是当时我爸爸已经有些不耐烦了，他想让我赶快回奥地利继续念博士，结束学业，拿到学位。那时候除了博士之外没有其他学位，没有硕士，也没有学士，硕士学位是1984年前后才引入的。

问：您的博士论文是关于什么题目的呢？

答：毕业题目很难找。我做的是关于中国80年代体育新闻报道的题目，那时候自己不太成熟，所以随便选了一个比较喜欢的题目。我选这个题目的动机，一方面是因为我喜爱体育，另一方面是因为我想运用一些在心理学那边学到的方法。在奥地利学心理学都必须学一些统计学，我一直对数学、统计学也比较感兴趣，所以我想运用这些知识，最后也用到了。心理学我作为辅修课学完了，没有去那边读博士，而是选择了汉学。写博士论文的过程特别漫长，不知道用了多少年才做完，那时候没人帮我，教授也没提供什么帮助。

问：当时的教授是 Ladstätter 吗？他的兴趣好像也不在这方面。

答：是的，他的兴趣不在这方面，他开始以为我会研究体育新闻报道的语言，他对这个比较感兴趣，可是我觉得这个题目太难，所以我研究的是一些体育新闻报道中新闻学方面的东西。那时候我碰到了一个中国人，他帮我从报社里拿到了一些内部刊物，我主要研究了那些内部刊物。基本上论文的重点是新闻学。

问：这个论文是什么时候做完的？

答：1994 年交上去的，花了快 10 年吧，1994 年论文通过，博士毕业考试是 1995 年。

问：在此之前您已经开始教汉语了吗？

答：已经开始了，我记得是 1987 年前后，就在维也纳大学汉学系。最开始教的是语言实验室的课，觉得很轻松，因为有录音带，所以也不用自己示范，掌握发音理论就可以了；90 年代初期开始教汉语的综合课，报刊阅读是 2000 年前后开始教，后来教了一点古代汉语，不过这只是一个基础课程而已，因为我自己对古代汉语的知识也不多。

问：整个维也纳汉学系其实是以现代汉语为主的。

答：对，并且它不是以语言为主的，而是以社会科学、政治历史为主的。

问：但是在 Ladstätter 的时期还是以语言为主？

答：他比较注重语言，自己也写过关于语言方面的文章，但是后来他的兴趣也转移了，开始对新疆感兴趣。他在那边的研究我也不太清楚，就记得有一次他请了一个新疆来的教授在这里教书，一个访问学者，在这里待了半年。Ladstätter 的中文名字叫罗致德，在我认识他的那段时间内，他的兴趣是新疆。我一直对语言很感兴趣，所以他希望我写关于体育新闻报道的语言，但是我没按他的想法做。

问：那你从1987年就开始教学，到现在也快30年了，教的一直是汉语的综合课，报刊阅读吗，还有其他的吗？

答：还有古代汉语、文言文、阅读课，都是基础课。

问：那您的工作主要是在教学方面，是吗？

答：是，写完博士论文后就没再做过任何研究，一直是教学。

蔡德 照片2：2017年在维也纳十区教区议会（后排右二）

问：那您的教学经验应该非常丰富了。您在教学当中有没有发现什么规律，汉语教学应该注意哪方面的问题？您现在好像在和一个同事一起写汉语教材，对母语为德语的人学中文，您认为有什么规律，怎么能学好？

答：我先说汉字方面的。我觉得作为成年人学汉语或多或少应该知道一点汉字的内部构造、来源、由哪些部分组成、一些演变过程，等等，因为这样容易记。教给小孩子横、竖、撇、点，小孩子可以记住，但成人不能够这样教，所以我尽量给他们一些关于汉字构造的信息，让他们了解汉字的意思。

问：但现在学习的都是简体字。

答：学汉学的人必须掌握一定的繁体字。听说在美国有一个规定，每个大学都要求学汉学的学生一定要掌握繁体字，我们这里对这个规定比较轻松，能看懂就行，不要求会写，我听美国的留学生说，在美国还要求会写。

问：我们这里的重点还是简体字，您在解释这个字的构造和演变的时候，怎么去讲它从何而来的呢？

答：我有一本北大出版的这方面的词典，上面解释得比较清楚，基本上解释了每个汉字的构造，而且说明了是怎么演变过来的，对教学很有用，这是汉字方面。当然，我会在第一学期进行比较系统的教学，第二学期不是我来教，第三学期和第四学期就让他们背课文、基本句型和生词，但并不是每个汉字的演变过程。

问：这个系统指什么呢？

答：每个汉字都解释，课文里涉及的每个汉字，我们第一学期开设的这门课，专门教其他老师没时间教的内容，叫作"中国语言文字的理论和实践"（Theorie und Praxis der Chinesische Schrift und Sprache），主要教语音方面的一些东西，每个音节的发音、声调、声调的一些规律，还教词类，汉语有哪些词类。我教的内容还包括所有和汉字有关系的，汉字的六书、笔顺、怎么查词典，每个汉字的构造和来源，等等。按照现在系里的政策，一年级的课都由母语是汉语的人教，除了这门"中国语言文字理论和实践"外，其他都是母语老师教。这门对理论进行解释的课是我们教。

问：这个就是把一年级所学的字一个个地解释？

答：对，还有每个字的意思，至少让学生背一个意思，比如说"英国"的"英"字，到底是什么意思。

问：一个意思够吗？

答：我觉得就够了。

问：那"英"既有"英国"的意思，又有"英俊"的意思，该怎么讲？

答："英国"的"英"是以后才讲，开始只讲最主要的一个意思。

问：不过一年级刚刚开始，很多人从零开始，要学很多字。

答：所以我只要求他们背一个意思，演变过程也不需要他们背，只是为了帮助他们多理解一点，这样容易记得住。

问：这些也是考试的内容吗？

答：考试我要求他们背六书，一个字到底属于六书的哪一种，是会意字，还是形声字，还是指事字。

问：您是语言学的专家了。

答：我对语言学感兴趣，所以现在我看中文文章，主要是看语言学方面的文章，对这个比较感兴趣，因为写教材也需要这方面的知识。

问：您看的是德语的介绍材料，还是中文的？

答：中文的，全看中文的，有一个中文的数据库可以从网上下载，是中国国家的数据库，里面收集了各种各样的文章，不仅仅是语言学的，英文叫CAJ（China Academic Journal）。

问：就是说你在这个数据库去找关于语言学的资料？

答：对。

问：这是在为编写教材做准备，这个教材叫什么呢？

答：叫《初级汉语》。

问：您怎么想到编这个教材呢？

答：我的同事夏老师有这个想法，他需要一个人帮他写语法部分，这个部分需要用德文写，那我们就一起编写语法部分，用德文解释中文的语法现象。

问：这本书适用于哪个阶段的中文学习？

答：从零开始，到二年级左右的程度，大学前四个学期的语言教学。我负责词语解释和语法部分，也是和他一起编写，不是我一个人。

问：重点是怎么样用德语解释？

答：对，因为我发现到了二年级，很多学生完全不知道教材里面的课文写的是什么内容，有一些语法结构他们真的不懂，所以我觉得还是有必要用德文解释一下。或者如果有录像和图像等现代化的方法让他们慢慢体会，那就更好了。

问：您认为对于成年人来说，学习中文需要用母语来解释吗？

答：我觉得这样比较省事，否则需要100个语境，很多例子，才能让学生慢慢地体会到一个词的用法。当然让他慢慢体会也是一个好办法，不过太费时间了。

问：他们是没有这个时间的，因为学士一共只有六个学期，对于中文来说，六个学期实在太短了。刚才我问了您对于德语母语的人学中文有些什么样的教学方法，您说第一个是汉字方面的构造，第二个是语法方面。

答：当然也可以用幽默的方式进行教学，做出一些可能不太准确，但是有趣的解释，但是我觉得这个不符合大学教学的要求。

问：什么是幽默的方式呢？

答：我看到过这么一些书，它们用幽默的方式解释汉字。我一时间无法举例，但书中的解释是不正确的，只是为了搞笑而搞笑，解释也是他们自己想出来的，不是正确的意思。这样或许能引起一定的兴趣，但是我觉得大学应该教学生正确的知识，而不是那种逗乐的东西。

问：可能社会上很多人学语言只是为了丰富生活，但大学不是，所以教给学生的应该是准确的知识，这个准确性就要通过正式的资料，在语言研究方面进行一些解释，必须有据可查。也就是说，对学中文的母语德语者来说，第一个要强调的是汉字的构造和来源，第二个就是语法，要解释它的语法，是吗？

答：对，当然他们还要练习，不过这不在我的教学范围，一般由母语是中文的老师来带他们练习。理论可能要占整个学习的30%，我的教学重点是理论课。

问：您是说理论占30%，练习占70%？

答：我觉得理论不能低于30%，这是一个大概的数字，不过这个数字反映了我们现在实际的情况。我们现在的做法是，到了二年级，一共有四门课，一门是讲语法理论的综合课，理论课在综合课里面，一门是语言实验室课，一门是口语，一门是写作，按照这个比例理论课只占25%。

问：这么算来，口语、写作、阅读、综合课，还有一门实验室课，一共五门课，所以理论只占20%。

答：这是二年级的情况，一年级应该更多一些。一年级有综合课，但是综合课是由中国人教的，还有语言实验室课和口语课，还有理论与实践课，比例是20%—25%。不过理论这方面很难说，我们在综合课上，理论部分也只占50%，其他的50%也是练习。

问：那您刚才说的不能低于30%，这个实际上是做不到的，只能不低于25%。

答：是，不过可以说这一部分全部内容都是围绕着理论和语法。我的意思是，不能忽视理论，不能忽视语法，这方面的知识不能忽视。

问：就是说，对学习汉语的德语母语者来说，一个是词的构造，一个是语法，还有一个是练习，理论部分的比例不能低于25%。另外还有一个问题，刚才还说到了维也纳大学汉学系的发展，因为您这么多年一直在这里，您应该知道这是怎样的发展过程。

答：除了语言方面之外，其他的我不太清楚。语言方面，70年代末期的时候，我在汉学系的学生最开始有25人，我还专门数了一下，这是学期刚开始的时候，可能有人只学了两个星期就走了。到了90年代，学生数量大概增加到200多人，后来又回落了，现在只有100个左右。学生结构也不一样，最初都是本地人，基本上都是奥地利人，可能其中有一两个从德国过来的学生；后来有很多在奥地利长大的中国人来学汉学，所以学生的结构有所改变。还有，维也纳经济大学搞过一个项目，叫国际经济管理，学这个专业的学生如果把汉语当成副科，就不需要学太多数学方面的东西，所以很多学生，尤其是在奥地利长大的中国人，本专业是国际经济管理的，也开始辅修汉语。当然，也有很多奥地利学生选择这个办法。这个好像是90年代的事情，现在不知道是否还有这个项目。

问：那现在还有没有从经济大学来的学生呢？

答：好像有，但我不知道现在的规定是不是和以前一样，学汉语可以少学数学的这个规定。

问：这对他们来说是很容易的事，数学很难学，但是对汉语是母语的学生，学汉学比较容易拿学分。那在教学方面，这些学生和我们维也纳大学的学生有什么不同吗？

答：如果是中国人，当然有他们自己的特点，比如他们的口语都没有问题，但是汉字有的还不认识，对汉字的掌握程度和我们外国人一样。

问：教他们会容易一些吗？他们的中文程度高一些，两种学生程度不一样，教起来也有难度，是吗？

答：好像他们可以直接考试，不用上课，但我不知道现在还有没有这个规定。我不管这方面，都是我们办公室在管。

问：就是说，在1978年的时候是25个学生，到了90年代增加到了200多人，现在人数又下降了，保持在100多左右，这个变化是什么原因呢？

答：这个很难说，因为我开始学汉学的时候，中国还非常封闭，后来奥利地有过一段时期的中国热，他们大家都知道中国的经济越来越发达，跟中国做生意的机会越来越多，如果你懂汉语的话，将来找工作比以前容易。后来不知道为什么下降了。

问：这个下降是最近几年的事情吗？

答：大概是从2000年开始就有所下降，但是具体我也不太清楚。最近几年，可能是因为除汉语之外的其他方面的考试太严格了，有所谓的入学考试，特别严格，是关于历史、政治、经济和文学方面的考试，很多学生都没通过。后来，因为知道很难通过那些考试，所以他们干脆不学汉学了。

问：这个入学考试其实是一个学期之后，而不是一开始就有，是吗？

答：对，但基本上是一种入学考试，因为你如果三次不通过的话，就要等一年半才可以重新开始。谁会等一年半呢？基本上是通过考试把学生淘汰了。

问：这个做法实际上是严肃了对汉学的学习，以前有很多人进来了，但是可以拖很多年都不能毕业。现在把这些人淘汰了出去，只有真的想学的、学得好的人，才可以继续。

答：不过也有这种情况：我曾经在中学教汉语，培养了一个对语言相当感兴趣的学生，不过那所高中是中专，重点是旅游业和会计学这方面的东西，对政治、历史、文学方面他一点都不懂，也没必要懂。所以，虽然他在我们大学一年级的时候语言没问题，都通过了，但是其他的那些考试都没通过，因为太难了。对他们来说，他学的都是旅游方面的知识，从来没学过什么政治方面的内容。

问：现在就是要求学生在第一个学期就必须把这些基础知识都学会，如果你没有达到的话就会被淘汰？

答：对。当然，你有三次机会。

问：所以您对这个新的办法还是有看法的，觉得不一定合理，是吗？

答：对，怎么说呢，对我们来说不是很有利，因为学生少，大学给的钱也少。

问：就是说大学的经费是根据学生数量来的，如果学生数量减少，那经费也会减少，那教学安排会受影响？

答：对。

问：那现在每年也就是一百左右的学生，是吗？

答：对。

问：其中有多少能坚持下去呢？

答：我觉得能学完第二个学期的学生大概有七八十个，大约2/3。具体的数字我不太清楚。

问：维也纳大学汉学系一开始就是以现代汉学为主的，您觉得这个方向可以吗？

答：我对这个没有什么意见，只不过我个人对科学、历史、中国哲学等这些东西不感兴趣而已。

问：可能有的学生也不感兴趣，只是对语言感兴趣。

答：对，或者对中国哲学感兴趣。

问：哲学这里没有吗？

答：没有。我开始教学的时候，还有很多学生对老子、道教等非常感兴趣，现在可能已经没有了。

问：像道教之类的东西，或许只是一种好奇，不一定真的要研究这个。我在柏林做访谈的时候，有一位已经退休了的教授是专门研究道教的，他的学生就很少。

答：这可能也是一种转变。二三十年以前可能这种兴趣还比较普遍，我记得那时候有一个同学，他告诉我一个故事：他在中国的时候一定要和一个中国人谈道教方面的东西，那个中国人一直不语，几分钟之后，却突然问："你有没有外汇？"原来他对这个话题完全不感兴趣。外国人对这个感兴趣，外国人要和中国人谈关于道教方面的东西，可中国人感兴趣的是钱。我的那个同学感到很失望，他以为任何一个中国人都懂道教。

问：现在汉学系的学士数量是有所下降，那研究生呢？

答：现在好像保持在一百左右，还算比较稳定。说起研究生，研究生有一个新的方向，拿到学士学位后，现在有两个方向可以发展，一个是传统的，往社会科学方向发展；一个是往汉语教学方向发展，可能他们将来希望能在中学找到教汉语的工作。

问：学生对这个比较感兴趣吗？

答：对这个比较感兴趣。我发现好像对这方面感兴趣的学生很多，对传统的科学研究感兴趣的学生少，不过这些人将来能不能找到工作还很难说。

问：您刚才也说您在中学教过汉语，那么，奥地利中学教授汉语的情况怎么样，是否已经列入了课程当中？

答：我们还没有成立像西班牙语、法语、俄语等的教师培养制度，中文教师资格还没获得国家的承认。

问：这个承认实际上也是对大学里这个专业的承认，对吗？那就是说我们现在汉语教学的这个研究生部还没有得到承认。

答：没有得到正式的承认，我听说主要原因是，师范专业的老师必须从学士时就往这个方向培养，而我们第一阶段在一到三年级的时候，没有开设专门培养教师的课程，从四年级，也就是研究生才开始专门培养教师的课程，我听说这是一个问题，也是为什么没有获得正式承认的原因，所以将来能不能靠这个找到工作还是一个问题。不过我听说,现在有一个中学已经可以把中文当成选修必修课了。我教课的那个中专里,中文还只是一门选修课,那个中专是关于旅游的,还有一个是一所商校(Handelakademie),这所学校有一个特殊的规定,凡是有一定汉语基础的人可以选那个选修课,他们可以把选修课当成第二外语。第二门外语是西班牙语、法语和俄语,如果有一定中文基础,比如说是从中国来的学士,他们也可以把汉语当成他们的选修课,当成第二外语,不用去学西班牙语、法语或者俄语。这是一个特殊的规定,只有这个商校才有,但是我听说在普通的中学已经可以把汉语当成可选择的必修课,而且可以作为毕业考试的科目。

问:这只是在一所中学实行吗?

答:好像有几所,不只是一所。那个课是在一区的一所高级中学叫维也纳学术文理中学(Akademisches Gymnasium)开设的,这是一所水平比较高的中学,不过别的中学可以让自己的学生去参加这里的课程学习。

问:我曾经有个学生就是这所学校出来的,中文很好。就是说,那里的中文课不是刚开始的,已经有一段时间了?

答:有五年左右了,是一个从我们汉学系毕业的中国人在教。

问:只有一个人吗?

答:只有一个人,因为她在中国还有亲人,所以她组织过两三次暑期学习班,让学生去中国住在亲戚朋友家里,她自己组织的。

问:他们那里有多少这样从中学开始学中文的学生?

答:我去年参加了他们的毕业考试,一共有十个人左右,其中一部分是有中文背景的,也有四五个是本地人——奥地利人,没什么家庭背景。我是所谓的监考官,现在他们要求每次考试都有两个考官,一个是从其他中学过去的,因为我也在另一个中学教课,只要是中学老师,都有资格当监考。

问：这个班不是针对一所中学的，其他中学的学生也来，一共有8—10个人，是吗？

答：对，一开始人会多一些，到考试就不多了，不是每个人都会选中文作毕业考试的科目。有一些人，虽然学完了五年的课程，但还是觉得太难，最后选了别的课作为考试科目。

问：您觉得对于汉语学习来说，这是不是一个方向？
答：当然了，越早越好。

问：但是问题在于，孩子对中国文化和中文的兴趣会受很多影响，不仅是受家长的影响，也受媒体对中国报道的影响，如果正面报道多，感兴趣的人就多，负面报道多，人就少一些。

答：对。教学方面，当然要应用现代化的媒体和网络资源，这是一个必然的趋势，不过我自己在这方面做得太少，我已经老了。

问：网上的资源也存在一个选择问题，现在信息爆炸，网上的东西很多，要有选择，因为有些东西随便谁都可以写，那它的可信度也要打问号。

答：对，但是从语言学习的角度来看都一样，比如说现在可以从网上看到一些中国电视剧，因为下面都有字幕，所以尽管你的听力很差，但也可以理解它的内容。

问：但是如果有字幕，第一时间就去看字幕了，所以有时候只能遮住，不要看。

答：我也有这个问题，但还是有用的，我还没找到一个办法把那些电视剧用作一个系统的教材。

问：这个很不容易，您要一段段看，不能整个看，要切片。

答：对，比如说打招呼的方式，可能每个电视剧都有打招呼的镜头，要从很多电视剧里面剪出打招呼的场合，这个太难了，不知道怎么弄。

问：现在年轻人比较懂电脑，他们做起来比较容易，但不一定有兴趣。

答：他们知道怎么用，但是深一点的他们也不懂。

问：需要两方面结合，既需要对语言现象感兴趣，又要有能力把这个东西弄起来，否则能发现问题但是不会弄。要和年轻人一起做。

答：要求技术水平稍微高一点的，一般年轻人也做不到，需要专业的。

问：需要想一些点子、一些办法，来让这些电视剧来帮助我们学习，用现代的手段来帮助教学。

答：以前我开始学汉学的时候，中国大陆每两年派一个老师负责口语课和写作课，他们大部分是以前语言学院派来的，现在叫北京语言大学。到了2000年，我们这边取消了这个项目，因为那时这里已经有足够的既有汉语教学能力，母语又是中文的人才了，所以他们觉得可能已经没有必要从中国聘请老师了。那时候分工是这样的，中国老师负责教写作课和口语课，一个在奥地利长大的中国人，他负责语言实验室课，奥地利老师负责综合课和语法课，还有一个奥地利老师负责三年级的口语课。这是发展的一部分，以前是官方派老师，现在是我们汉学系聘请了一些在奥地利生活的中国人。

把握机会、推动奥地利与中国的文化交流
——李夏德教授访谈录

（李夏德 Richard Trappl，维也纳大学孔子学院外方院长）

访 谈 人：Jiagu Richter
时　　间：2016 年 12 月 16 日
地　　点：维也纳大学汉学系
整　　理：齐菲
核　　改：Jiagu Richter

李夏德教授 照片1：2012 年做客人民网

问：今天的采访是不是可以谈这几个方面：您是怎么开始对汉学感兴趣的；学术发展及其重点；另外，您这么多年担任孔子学院外方院长，这也是一个特别的地方，您怎么做相关工作的？您认为孔子学院对中国文化的传播有什么作用？今后有什么发展的方向；最后还有一个问题，您在维也纳大学汉学系这么多年，应该说是元老了，所以对奥地利的汉学教学、教育是怎么

看的？您认为今后应该怎么样发展。

答： 首先非常感谢你来采访我，我基本上用中文讲，如果有需要再用德文补充。第一个问题，我对中国的兴趣从何而来。其实，还不到 10 岁的时候我已经对汉字有兴趣了。我爸爸生于 1907 年，妈妈生于 1909 年，我 1951 年出生的时候他们已经超过 40 岁了。第二次世界大战之后，我的父亲原来是在苏联的战俘，他大概在 1949 年前后回来，1951 年生了唯一的孩子，就是我。父母对旅行非常有兴趣，从三岁开始，他们就带我去各个地方，我中小学的时候，我们已经去过了非常多的地方，从维也纳到土耳其、葡萄牙，基本上全欧洲，我们都是坐客车旅行，不是坐飞机。我喜欢外国，喜欢和国际有关的东西，对各个国家、各个语言、各个文化都非常有兴趣，和我父母的培养有很大的关系。除此之外，音乐对我来说也是很重要的一部分。五岁的时候，我的父母给我找了一个美国教授，学了一年之后，他想要把我带去美国，但因为我是唯一的孩子，父母不想让我离开他们，就没有去。后来，我有机会参加了别的合唱团，比如说维也纳青年合唱团（Wiener Jeunesse Chor），我们和 Leonard Bernstein 等都合作过，在金色大厅都表演过。我个人非常喜欢古典音乐，这也得益于从五岁开始父母的培养。

汉字，或者说关于中国的知识在 50 年代、60 年代很难找到，但是我有一些参考书，到了中学我买了各种语言的参考书，后来自己也开始学汉字。我对很多欧洲之外的语言都非常有兴趣，在中学的时候已经学了其他的文字，比如印度文或者阿拉伯文，虽然没有学好，但是非常感兴趣。我的意思是，我对中国文化的兴趣不是因为思考了很多，而是一种间接的、天然的兴趣。就是从 10 岁左右开始，从可以得到的资料开始接触。1970 年，我在维也纳第一区拿到了中学毕业证书，1971 年，去当了一年兵，因为那个时候在奥地利还有义务兵役，必须服役九个月或者一年。我的爸爸本来是一个军官，他退休的时候是奥地利军队的上校，在 1955 年奥地利国家条约（Österreichischer Staatsvertrag）之前，他是奥地利军队的建立者之一。奥地利 1955 年之前是被四个大国占领的，他们在被美国占领的蒂罗尔州开始建立奥地利军队，我的爸爸是 B. Gendermarie（预备国家宪兵），就是奥地利国家军队的前身，当时还不是正式军队。对我来说，音乐和大自然对我的影响都非常大，我最早的记忆就是三四岁的时候在那里度过的，因为蒂罗尔是高山地区，我的父母经常会带我去山上远足散步，这些爱好也是从那个时候开始的。音乐、自然和对外国的兴趣，这是我小时候的主要爱好。

问：您刚才说到有的人可以当九个月的兵，有的人可以当一年，因为您的父亲曾经是上校，所以希望您多当些时间的兵？

答：对，他希望我去当正式军官。中学毕业以后，当然有一个问题随之而来，就是你大学要学什么。毕业的时候就必须做出决定，你将来的工作是什么，你的专业是什么？当时学校的就业咨询人员（Berufsberatung）问我的毕业考试主选了哪几门课？我说英文和德文，他们就非常简单地说，好，那你报英文系和德文系。非常简单，一秒钟就说完了。所以，当完兵之后我在维也纳大学英文系和德文系报了名，那是1971年的秋天。可是因为我的兴趣很广泛，对于语言、文学和国际文化都很有兴趣，所以，我专门学了中世纪英文、英文的语言史，等等，再加上印欧语研究，也学了一点古典的爱尔兰语；在德文系，我很快就学了语言学理论；在文学方面，不单是当代的文学，比如说托马斯·伯恩哈德（Thomas Bernhard），还很快就学了古典冰岛语，所以去中国之前我已经开始写德语系的博士论文，题目是《古典冰岛语文学》，就是1000年以前的冰岛语文学。本来我一直在看什么时候可以学中文，满足我的兴趣，但是1973年10月，维也纳大学新建立了汉学系。夏天七八月份的时候，我去找当时建立汉学系的系主任Ladstätter教授，告诉他我虽然是德语系和英语系的，但是也希望可以学中文。他积极友好地讲了很多情况，系主任会给一个年轻学生做这么深入的介绍，这给我留下了非常深刻的印象。既然汉学系欢迎我来，那么，十月初我就开始上课了。

当时除了德语和英语之外，每个星期有14节中文课，Ladstätter的教学重点是现代汉语的发音，我们开始学的时候，大部分时间和重点都是在学现代汉语语法，每星期四次发音课，有时候会听录音到晚上九点钟。Ladstätter对学生还有一个特别的要求，他要求把学过的东西都背下来，所以需要背的东西非常多。当时我们用的教科书是John de Francis 60年代写的教材书，是一套非常全面的《初级汉语课本》《中级汉语课本》和《高级汉语课本》，很大的一套书，原本是他写给美国军队的汉语教材。他是美国人，主要是在夏威夷马诺大学教学。我们当时每个星期用这本书上 14 个小时的课。Ladstätter 本来还有一个助教，叫 Erich Buttenhauser，他后来当了驻华大使。1974 年的二月份，我得到了汉学系的一个 20 个小时的工作职位。

李夏德教授 照片 2：2013 年在曲阜种友谊树仪式上

问：那时候您已经学完汉学系的课程了吗？

答：还没有，那时候刚学了一个学期。这个职位主要的工作是助理，协助建设一个汉学系的图书馆。当时汉学系在九区的一栋楼的顶层公寓里，所以我们不得不把书放在厨房或者浴室、浴盆里，到处都是新买的书。那时，我主要的工作是给出版社和书店写信，告诉他们我们要买什么书，等书来了之后再把它整理好，给它一个编号，等等，可以说我是真的从一开始就在维也纳大学汉学系工作。

问：可能每本书您都触摸过。

答：对。因为我个人本来对书非常感兴趣，所以这个和我的兴趣没有矛盾，也能鼓励我自己及时买书，我自己一共有 11000 本书，这是我的"私人的图书馆"。1974 年二三月份的时候。有一个机会可以申请去中国的奖学金，Ladstätter 教授就鼓励我，说我应该申请奖学金。那时候奥地利有一个评估委员会，在奥地利教育科研部——现在名字都改变了，分别是科研部和教育部——有一种考试，不仅是内容方面的考试，而且考官也包括了政府部门里的一些官员，他们要考虑到你去中国要承担的责任。1974年的时候，大部分奥地利人根本不知道中国的情况是怎样的，而且还是一个共产主义国家，你从中国回来之后会不会带回一些对奥地利不利的思想？他们是担心这个。总之后来，评估委员会决定了让我和另外一个人得到奖学金，我们是第二批可以去中国读书的奥地利学生，第一批比我更早的是 Helmut Opletal 和 Emanuel Ringhoffer。Ringhoffer 是奥地利新闻社以前的记者，现在退休了。我们买了火车票就去了中国。

问：第二批两个人，除了您之外还有谁？

答：Martin Krott。后来他在厦门担任奥地利的一个很大的印章公司 Trodat（卓达）的驻华代表，现在已经退休了。反正当时我问很多奥地利人，中国到底是怎样的，他们都不知道，因为1974年的时候除了一些电视台、广播电台和报纸的报道以外，自己去过中国的外国人非常少，我也不认识他们，所以我也必须感谢 Ladstätter，他鼓励我申请这个奖学金。能得到这个奖学金是一件非常好的事情。在我自己当老师以后，也一直鼓励我的学生，"现在机会那么多，你们都应该申请一个奖学金去中国或者国外看看"。

李夏德教授 照片3：2013年在奥地利议会拉贝奖颁发仪式上

问：那您在中国待了多长时间呢？

答：两个学期，1974—1975 年，在北语，那个时候叫北京语言学院，后来就改成北京语言大学，北京语言文化大学，一直在改名字。对我来说这是一个非常新的世界，我觉得我的父母也非常勇敢，让一个孩子去"文化大革命"时代的中国待了一年。到了北京之后，我们都可以感觉到"批林批孔"的气氛，那个时候是"文化大革命"后期，有革命委员会、开门办学、向工农兵学习，等等。现在看来这些只是一种宣传或者口号，但是对我们来说是第一次跟中国有直接的来往，而且是直接在当地有这样的体验，一辈子都有很深的印象。我第一次去中国在这样的一个历史阶段下，这影响了我一生，不仅是作为汉学家的一些想法、概念和兴趣，而且对个人的兴趣和价值观也有影响。我是一个在欧洲长大的人，有着欧洲非常传统的音乐背景和天主教背景的人，去了那么一个充满革命气息的共产主义国家。我在中国并没有发生什么不好的事情，可能我运气好，反正我也不是一个引起矛盾的人，只是非常好奇，然后就接受了当时的情况。

问：会感觉和欧洲非常的不一样，但是您还是接受了，没觉得有什么抵触？

答：非常不一样，但我从来没有所谓的文化震撼，因为太感兴趣了。加上有一个国际平台，那边有不同国家的学生，国家不是很多，但是有西欧的学生，部分非洲学生，部分亚洲学生，没有苏联和东欧的，那个时候他们还不允许去。比如说苏丹、柬埔寨、北朝鲜和越南，这些国家的学生都有。我跟这些同学都有很密切的关系，这个也满足了我从三岁以来对全世界的兴趣，了解各个文化，以中国为主，但不仅仅是中国。在所谓的开门办学的时候，我们在公社劳动了一段时间，在工厂劳动，所以亲眼看到了工人们的生活是怎样的。虽然允许留学生看，但他们也不是为了我们就改变了这个工厂，所以我们看到的（都是真实发生的）。

问：就是说没有作假，您看到的是真实的。

答：对，这个不是假的，我知道他们休息的时候吃什么，什么时候休息、睡觉。我们都在机械厂，我自己也在一个很大的模具厂工作，我的工作就是把一些零件磨平。我们也要在农场和人民公社劳动，挖田地什么的，反正对我来说是完全新的东西。从上学一直到去中国之前，我接受的都是传统的欧洲文化，和中国的非常不一样，所以我到了中国之后发现一切都很新鲜，还有这样一种社会，这样的一种政治氛围？我原本的兴趣是语言，没有考虑到政治，我到中国去不是为了了解共产主义国家或是为了了解中国的社会，我申请奖学金就是为了学习汉语。本来可能有一点犹豫，但因为我很早就非常喜欢旅行，在欧洲时一个人就去了北欧和西欧，所以我最后还是鼓起了勇气，买了火车票去中国，到了中国学了一年，非常有意思。

问：就是说您本来的兴趣是在语言和文化方面，不是为了研究政治问题去的，所以您到那里也没有把这个作为重点。

答：对，可是当时在中国，从早到晚每天都能看到另一个社会，另外的一个政治系统，所以就很好奇，但我也没有这个好还是不好的概念，只是觉得和我们不一样，所以才有兴趣。总体来说去的原因是为了学习汉语，学完了以后就回来，我还去了朝鲜和中国香港旅行。回来的时候我带了100公斤的东西，是我自己的两倍重。

问：从中国回来带了100公斤行李？

答：对，经过西伯利亚，而且我在伊尔库茨克下了火车，把东西放在旅馆，在贝加尔湖坐船。我的意思是，我不是很强壮的人，但是我带了100公斤的东西，11件行李，大部分是书和一些纪念品，有些是自己买的，有些是别人送的，民间的东西。

问：您去北朝鲜和中国香港是从中国大陆去的，是吗？

答：对，从北京到香港，可是那个时候必须走罗湖桥，可以说我从维也纳到香港到九龙，全部都是坐火车，除了罗湖桥之外，那个时候没有通车，所以我必须拿着我的行李过去。

问：那等于说从中国去旅行，然后又回来了。

答：对，从香港回到北京，申请了两个签证，越南和朝鲜。可是越南的签证没有给我，朝鲜给我了，所以我一个人去了朝鲜待了 10 天。我下车的时候被告知不受欢迎，应该回去，可是我说我有签证，我已经在这里了，他们最后没有办法，只能把我当成一个客人，给我车，给我翻译，虽然他们不想我留在这里，但我有签证，可以留着，所以也是很有意思的经历，1975 年的 10 天。

回来以后，有一个工作位置是空的，因为 Buttenhauser 离开了汉学系——他原来是助教，后来成为了外交官，当过奥地利驻伊朗、丹麦和中国的大使——所以我就得到了这个 40 小时的助教位置。我完成了我的德文系的博士论文、古典冰岛语的论文，1978 年拿到了博士学位之后，从 1979 年开始在汉学系讲课。

问：回来之后就开始当助教？

答：开始是助理（Wissenschaftliche Hilfskraft），拿了博士学位之后当助教。

问：那您拿的博士其实不是汉学的博士，而是德语系的博士。

答：对，主专业德语系，副专业汉学系。从 1979 年开始在汉学系教书，教现代汉语，再加上中国文学。90 年代，我的兴趣和我的教授资格论文（Habilitation）题目是《中国古典文学》。在研究中国文学方面，我有两个重点，我的教授资格论文是《魏晋南北朝文学理论》，除了这个之外，我对 20 世纪 80 年代的文学也很有兴趣，为什么呢，因为我认识当时大部分的诗人，如朦胧派、北岛、顾城、舒婷、杨炼，等等。或者小说家，像王蒙、张洁，等等。

问：就是说您研究的有两个重点，一个是魏晋南北朝的文学理论，这是您教授资格论文的题目，另外一个是现代文学。

答：对，现代文学，除了"五四运动"文学和鲁迅以外的 20 世纪文学，特别是80年代的文学。我和当时最重要的作家都有私人的关系，我请他们到奥地利维也纳来，给他们安排朗诵会，比如舒婷、北岛、顾城等，他们住在我家，我有时候也住在他们家里，或者我们在德国或者瑞典见面。到了1989年的时候，1989年秋天，西方的汉学界基本上是不要去中国，拒绝去中国。从我的价值观来说，我是以和平、以国际主义的精神为主，一直主张和平对话，不要回避对话。所以别人不去中国，我还是要去，因为我那时得到了一个一个月的奖学金，1989年秋天在北京社会科学院进行文学方面的研究，所以我还是去了。离开北京之后，我又得到了一个邀请函，去新西兰，这个是顾城和杨炼邀请我去的，他们两个诗人在离开中国之后长居在奥克兰，奥克兰大学有John Minford（闵福德）教授，他们三个人请我去。Minford和他的女婿David Hawkes（霍克思），他们翻译了最权威的《红楼梦》的英文版。Minford当时是在奥克兰大学当汉学家，他们请我去做一个报告，介绍对1989年9月北京的一些情况。我就讲了我的感觉。之后，我住在顾城家，他在奥克兰外面的小岛上有一幢房子。

问：他是在那儿杀了他夫人吗？

答：是，就是在我住过的这个房子里。这是四年后的事情。我是1989年去的，1993年顾城杀了他的太太，然后自杀了，这是一个悲剧，如果你在报纸上读到某个名人杀了他的太太然后自杀，这是一个另外的事情，但是他们是我的好朋友，感觉不一样。

问：您也认识他的夫人？

答：对，我们三个人关系都非常好。这些诗人基本上是经过顾城教授介绍认识的，顾城是一个非常了不起的汉学家，他把80年代的作家都请到德国去，之后，他们对奥地利维也纳也有兴趣，所以我也请他们来维也纳。他们去了欧洲很多地方，维也纳方面就是我组织的。我们与80年代作家的友好关系都是从那个时候开始的，包括王蒙也写到过我的父母，因为我都给他们介绍我的父母，他们按照中国的这个孝的概念，觉得我是一个按照中国传统有孝心的人，这个也给他们一种比较深刻的印象。所以对于80年代的文学，我不单是从文学理论方面有兴趣，而且从个人的角度和作家们有这样一种很直接的关系，不只是书本上的关系。

问：这也增加了您对80年代文学的兴趣。

答：对，而且了解了文学作品里如何描写，如何分析中国社会后，尤其是我现在已经和中国打了42年交道，再看到现在的中国时，不知不觉地也会做一个比较，中国文化上是怎样的。中国30多年来在国际上有那么多的变化，你可以说，可以写，可是因为我自己亲眼见过"文化大革命"后期的气氛，所以现在有些事情上我还是可以感受到这个氛围的存在。

问：就是说虽然现在有了这么大的变化，但是因为当时感受很深切，所以印象还是很深，记忆犹新。

答：不涉及价值评估，当时的中国是怎样的，现在的中国又是怎样的，它的发展和来源看来可能是改变了180度。我的意思是，如果你要了解现在的中国，你必须要了解它的来源，那么，我自己所看到的来源是"文化大革命"后期的中国，但是经过汉学的学习，我知道这个来源也是几百年前积累下来的。所以我的教授资格论文重点是魏晋南北朝。我对更早的文化也非常感兴趣，比如说马王堆、汉朝，这个对我来说是一种很丰富的感受，不但是兴趣，而且也是一种尊重与欣赏。

问：就是说您的兴趣有两个方面，既有对传统的、古代的，也有对现代的兴趣。

答：对，研究古典文学和现代文学对我来说不是一个矛盾，而是有延续性的。我40多年来对于哲学著作比如《道德经》《论语》都非常有兴趣，一直在看、一直在思考。人在年轻时对于宗教、哲学、国家和民族的看法，到老了之后可能会有一些改变，所以从各个角度来对这些著作进行思考，对我来说，也带来了深刻的精神层面的改变，这是一种对于兴趣的激发。另外，我七八十年代遇到了一些比较有名、有影响力的人，他们后来都去世了，所以我有一种很深的想法：我自己还有机会认识这些人，比如说冰心、俞平伯或者是 Joseph Needham（李约瑟，著有《中国科学技术史》，*Science and Civilisation in China*）——他在剑桥专门建立了一所中国科学研究所。有一次，一个剑桥英文界的教授，她告诉我说 Joseph Needham 身体很不好，如果你还想见他，就尽快坐飞机去剑桥。所以我为了认识 Joseph Needham，专门在一个周六下午坐飞机去伦敦，他接待了我，然后不久就去世了——所以我现在也鼓励我们的学生，应该多听一些报告，多接触一些有独特想法的人，否则以后人死了就没有办法了，这个也是我自己的经验，我一直在说，我从没有放弃过遇到的机会。

问： 这也就是我们这个项目的考虑之一，我们要找年纪比较大的汉学家，把他们的历史留下来。

答： 对，年轻人们都应该特别注意哪里有得到知识和经验的机会，不要拒绝，要接受。现在拿奖学金非常容易，去中国非常容易，70年代可不是这样，但我还是抓住了这个机会。有很多的因素，很多的条件，第一，你必须有兴趣，你必须明白这个机会以后可能会没有，再加上你需要一种肯定，比如说来自父母老师的鼓励，我觉得现在很多年轻人，我几乎要拜托他们去外国，去中国看看，那么多的奖学金，他们就是不要。

问： 这是已经到了80年代，您的教授资格是什么时候完成的？

答： 2002年通过了教授资格，2003年取得副教授资格。在这里我必须说一下我们汉学系 Ladstätter 教授。他的研究重点是现代汉语，文学方面则以平仄制度为研究重点，非常专业，语音学方面也有非常深的研究，我们现在看到的立体型语音模式就是他发明的。可是另一方面，他不支持我们去参加一些讨论会，他的概念是你应该在办公室里做研究，不要去外面参加讨论会，所以汉学系在八九十年代还是比较封闭的。而我从最开始就常去外面参加活动，我建立了一个中国论坛，比孔子学院早很多，安排组织了一些介绍中国文化的活动，比如说在我们的总理府下辖的一个单位，这个中国论坛如果有活动的话，我就向维也纳大学或者科学部申请钱来进行组织。所以孔子学院还不存在的时候我就在做这些中国文化的活动。

到了1997年，维也纳大学的校长Ebenbauer有一次请我来谈，表示除了汉学系的平台之外，维也纳大学自己也应该和有代表性的中国大学建立学校之间的关系，也就是建立友好学校。这个现在看来很普遍，可是90年代的时候，维也纳大学没有和任何中国大学建立过这样的关系。最后我们很快决定与北京大学建立这个关系。

问：这是他选的吗？

答：当时他请了中国大使还有我，三个人吃饭，一起来讨论这个。中国大使建议维也纳大学和北京大学建立友好学校的关系。1998年时，北京大学建校100周年，有一个非常隆重的庆典，当时维也纳大学已经和北京大学成为了友好学校，所以北大邀请维大的校长Ebenbauer和我参加100周年的校庆。Ebenbauer校长建立了一个名誉职位，任命我为大学的中国事务代表（China Beauftragter），主要的任务是帮助维大和北大发展各方面的学术活动、合作关系。虽然主要是和北大合作，可是因为当时我的兴趣很广，所以我很快也和中国其他的大学和机构发展了关系。90年代，中国人民大学的校长是纪宝成，他有一次和我讲，希望中国人民大学和北大一样，也成为维也纳大学的友好学校。维也纳大学本来有一个原则，就是在一个国家只有一个友好学校，可是我也知道以前的一个说法，关于人大和北大的差别：北京大学说他们是为了21世纪培养人才，人民大学是为了20世纪培养人才，这就是说北大注重未来科学方面的人才培养，而人大培养的则是现在需要的法官官员。所以我开始以法学院为主，推进维大和人大的关系。

问：所以您还是说服了校长，和两边都建立了友好关系？

答：对，然后经过这个法学院的关系，虽然我没有学法，但也开始和中国的司法界有来往，慢慢认识了很多法学系的教授、法官和司法界比较有影响的人。以前奥地利政府代表团去中国，基本也是请我陪同，所以我慢慢也认识了中国司法界的人，并邀请他们到奥地利来，给他们介绍我们的法律制度、监狱制度。当然我没有权利带他们去监狱，但是经过我们的高级法院或者司法部的关系，我也可以请他们参观。过了10年以后，他们在中国成为了有影响的人，也没有忘记我，所以我还是和高级法院，和司法部都保持了这样的关系。

问：这个职务保持了多少年呢，到现在还有这个职务吗？

答：这个是从 1997 年开始的，一直到现在的新校长，经历了几任校长 Ebenbauer、Greisenegger、Winckler，现在的校长 Engl，他是一个数学家，他改变了整个校长和副校长系统，从 2011 年 Engl 开始当校长后没有继续雇事务代表。原来除了中国事务代表之外，还有好几个负责不同地区的事务代表，如拉丁美洲。

问：本来有好几个，后来都取消了？

答：对，因为这也不是真正的职务，只是一个任务，只是我有这个机会，非常迅速地推进了维也纳大学和中国大学，后来也和中国司法界其他很多单位的关系。我从 90 年代到 2011 年之间在这个位置上还是很活跃的。这是一个致力于发展多方合作关系的事情，所以我也没有拒绝这个机会，我一直说有机会就该抓住。

问：所以有很多中国人应该都知道您的，您的名字对他们来说很熟悉。

答：因为这个也是我的原则。我们的生命那么短，应该发展全球性的对话，世界上有那么多的灾难，那么多的问题、仇恨、战争，虽然你不能解决所有的问题，可能任何问题都解决不了，可是只要有机会，你就应该贡献你的力量、促进交流、避免误解、创造理解的平台。

关于孔子学院，2005 年北京有一个国际讨论会，我还记得是在北京饭店，第一次听说了有孔子学院这样一个机构，我休息的时候跑到外面和魏格林（Weigelin – Schwiedrzik）教授以及校长 Winckler 通了电话，2006 年 5 月，Winckler 就去了北京。我一共陪他去了三四次中国，5 月份我们去了汉办，讨论在维大建立孔院的条件，他们很快表示可以，也想珍惜这个机会，一年后就可以实行，可是我说九月是孔子生日，我们不想再等一年，现在是春天，九月份就可以举办成立孔子学院的仪式。

问：结果当年九月份就真的办起来了？

答：对，这里也有一个另外的原因。郝平，原来是北大副校长，2006年离开了北大，当了北外的校长。因为当时维也纳大学和北大已经是友好学校了，所以他建议维大可以在孔子学院的基础上和北外建立关系。所以，虽然我们和北外不是友好学校关系，但今年也是我们和北外就孔子学院合作的第10年。郝平现在很快要离开教育部了，据说明年要去北大当党委书记。

问：他从北外去了教育部？

答：他只在北外当了一年校长，后来在胡、温时期当了教育部副部长，从2007年、2008年一直到了今天，我觉得这么长时间很不容易，两届国家领导人他都能继续连任。他同我讲明年要回北大了。我去中国的机会也比较多，原来是以维也纳大学中国事务代表的身份，而且我们的一些政府部门，总统府或者司法部、教育部，他们正式访问中国的时候，有时也请我陪同，所以我是从理论的研究和具体去中国政治代表团访问的时候才真正了解到、理论研究和实际交流不是矛盾，而是一个立体的概念。

问：所以您一年要去中国很多次？

答：最初可能是一年一次，后来一年三次，80年代差不多一年一次，90年代一年几次，现在就更多了。每次去中国都有很具体的任务，比如说讨论会，或者是当顾问、评估委委员、理事会会员，都是在非常具体的事情上需要我。

问：孔子学院从2006年开始到现在已经10年了，对孔子学院您是怎么一个看法，您觉得它的作用怎么样，今后的发展方向是什么，您在其中发挥了什么样的作用？

答：我已经说过，在有孔子学院之前，我已经安排了很多接触中国文化的活动，和孔院的内容差不多，介绍古典中国、当代中国、中国的音乐文化、办图片展览、书法展览、邀请很多的中国诗人学者来做报告，等等。

问：当时是以汉学系副教授的身份做这个事情吗？

答：不，是以中国事务代表的身份，因为 Ladstätter 不太喜欢我们做这些活动。

问：Ladstätter 是什么时候离开的呢？

答：魏格林教授来之前一直是他在这个位子上，他退休后就去世了。当时除了 Ladstätter 和我之外，还有 Pilz 副教授。其实我们汉学系的课程设置很现代，2000 年开始我们就使用了学士学位制度，我们是奥地利大学最早有学士学位的学院之一。

问：在孔院之前您已经在做相关工作了？

答：对，孔院是 2006 年开始，有了孔院之后就有了经费，也有了系统的平台。我认为孔院在国际上的 10 年也是中国的一种实验，并不是从一开始就有个很具体的计划，刚开始只是觉得，每个国家有他们的学院，像歌德学院、塞万提斯学院、但丁协会、法国文化中心、英国文化教育协会，中国也应该有自己的，所以我认为他们给孔院的定位就是教外国人学汉语。因为我对文化一直就有很大的兴趣，所以在维大孔院的平台上还是做了很多介绍中国文化的工作。当然汉语教学也不能不做，这是首要任务，不过现在汉办比较重视平衡汉语教育和文化介绍的比例，而我比他们更重视文化介绍一些。

问：那就是说对于汉办来说，文化推广最开始不是他们的目标，现在慢慢才成为了平衡的两个目标之一？

答：我认为开始他们没有考虑到文化推广这么重要，但现在汉办对这两方面都很重视。在全世界范围内，汉办从 511 所孔院里选出了 12 所作为文化重点孔院，我们也是其中之一。这 12 所是按照什么标准呢？第一必须是世界有名的文化城市，除了我们之外还有纽约、爱丁堡、伦敦、慕尼黑，这是一个条件；另外一个条件是当地的孔院必须有几年组织文化活动的经验，可能有些城市比维也纳还重要，但他们的孔院没有这个历史和经验，所以在这两个条件的基础上 511 个里选 12 个。每年 12 月初都有全世界孔院的大会，2015

年,他们第一次请我们这 12 所孔院的人,建议把我们当作试点,几个月之后做出了决定。这个想法和计划是 2015 年开始的,定下来是 2016 年。

李夏德教授 照片 4:2014 年在拉萨西藏论坛做演讲

问:现在你们这方面的内容就更多了。

答:对,有文化活动,比如春节,以及一些报告,基本上来说我们都可以自己决定要组织哪一方面的活动。除了常规活动之外,作为文化重点孔院,我们也有机会组织一些比较有特色的活动。因为维也纳是音乐之都,所以我把一个重点放在了介绍中国音乐上,我自己本来也认为中国传统的美学艺术和当代美学艺术是分不开的,都有介绍的必要,所以过去的 10 年里,我介绍了很多中国传统音乐和当代音乐。我是个音乐爱好者,非常喜欢西方古典音乐,对当代音乐比较陌生,不过我仍然很重视当代音乐的介绍,因为这是我的责任。

问:您指的是以前介绍传统中国古典音乐,现在开始介绍现代中国音乐给奥地利?

答:对,比如说把世界首演或者新的作品介绍过来。我们现在和中国当代作曲家有来往,向奥地利介绍中国最新的作曲家,上一次在奥地利广播电台就有音乐会。而且,因为我和维也纳音乐大学的教授有来往,特别是 Peter

Burwik 教授，他在 1971 年建立了一个交响乐团，叫作 20 世纪乐团（ensemble xx. jahrhundert），是专业的当代音乐演奏家，他自己也常常去中国当客座教授或指挥。

问：合作是把作曲家请过来？

答：把中国的作品介绍过来，请维也纳的乐团演奏中国最当代的作品。当然中国的乐团有时候也来。

问：这是作为试点孔院，您做的除了例行活动之外的一些活动？

答：是的，还有其他各种各样的活动，但是也不能什么都做，应该有重点。我认为一个重点是音乐，另一个重点是中国文学，我们最近也请了王小妮，还有郝景芳，她是位科幻文学作家。这是我们作为试点孔院的第一年，除了一般活动外，我希望可以在这个平台上多多介绍中国的音乐和文学。

问：您做了这么多年这方面推动的工作，有什么体会，怎样能让当地人更接受中国文化？

答：有两个原因，一个是维也纳人和西方人非常重视自己的文化。这也可以理解，我们有深厚的文化背景，传统文化包括音乐、文学、心理学、建筑学，有一个浓郁的文化背景在这里；可能很多人已经满足于听歌剧、交响乐，看话剧什么的，他们并不是拒绝中国或者国外文化，而是有深厚的当地文化背景；一部分人认为中国的味道不一样，比较陌生，大部分人会选择晚上在家里看电视、看球赛，或者出去玩。会为了某位作曲家或者作者来参加一个音乐会或者朗诵会的人，已经是非常少的一部分了，文化活动爱好者的整体比例就比较小，在这个比较小的部分里，对中国文化有兴趣的又是一个比较小的部分，所以人数不是很多。这方面需要媒体的广告或者介绍和宣传，可是我们的媒体对中国不是很友好，他们经常报道一些负面的东西，很少有报道是中国有什么进步。中国做出的成就，我们西方的媒体没什么兴趣报道，只是一味报道那些不好的东西。

问：为什么总是会这样呢？中国改革开放这么多年，交流已经非常多了，每年有这么多中国人来、这么多欧洲人去，为什么还会这样呢？

答：他们认为，我们是一个多党制的民主国家，而中国不是，所以从政治方面他们就持否定态度；另一个根本问题是，我们常说"只有坏的新闻才是好的新闻"，只有不好的消息媒体才有兴趣，比如杀人或者灾难都会引起很多的注意，好的消息可没人在意。这个是西方媒体的特点。

问：您认为欧洲媒体对自己国家的事情也是这样吗？

答：对。你也知道，我们的媒体非常喜欢批评我们的政治家和政府，都是以批评为主，而中国的媒体不是这样，中国媒体习惯称赞自己国家的政治。我参加的另一个合作项目，奥地利和中国国际广播电台的一系列视频项目，叫"双人自行车"（Tandem），现在已经是第 16 期了，这个是奥地利记者协会、中国国际广播电台德文处和维也纳孔子学院三方面的一个合作项目。除了播放网站之外，你可以在 ORF3（奥地利国家电视台 3 频道）看到，将来可能也会进入中国媒体，不一定是固定的某个平台，但是肯定能看到。

问：都是什么内容呢？

答：内容是展示某一个具体方面的专题在中国是怎样的，在奥地利又是怎样的，尤其是文化社会方面，比如说对环保或者民族风俗习惯进行比较。上一次的主题是朝代，哈布斯堡朝代和中国的朝代对比，因为这个是视觉上的展示，必须用眼睛去看，所以我们不是坐在办公室里，而是出去看。

问：要制作这个节目很复杂的，比如说朝代，您要有很多历史知识，那么谁来做这个事情呢，孔院做什么呢？

答：有专业的记者来做，我也算是编辑顾问，会提一些建议。然后每一期节目都有几分钟来介绍孔子学院最新的活动，也可以算一个宣传途径了。

问：那等于也是向社会介绍孔院？

答：对，这个系列视频是双语的——中文和德语，你可以选择需要的语言,所以也可以当教材。

问:这等于是一个电视节目,一般电视台可以收到。
答:对,一个电视节目,如果你知道什么时候播放就可以在电视台上看到。

问:那最好把节目单尽可能广泛地告诉别人,让人知道有这么回事,否则只能碰运气了。孔院可以广而告之,会有什么节目,会在哪里出现。
答:对,老实说我们活动很多,来不及做足够的宣传。

问:那现在在孔院您是主要负责文化活动吗?
答:我安排一切。

问:您是副院长?
答:我是奥方院长,我们还有一个中方院长,中方院长等于是副院长。

问:那您是孔院院长了。
答:对,所以我们举办的一方面是我自己觉得有意思的活动,或者是由文化界的人向我推荐或自荐的活动;另外一方面是汉办的一些建议。比如说有一个乐团,他们会询问各个孔院要不要接待;如果这个乐团去德国,我们会讨论奥地利是否接待,最后的决定需要经过双方院长一起讨论,如果我们都同意,那就必须做一个具体预算,在年底或者年初向汉办申请。有些活动很贵,有些不贵,有些很复杂,有些很简单。比如说一个图片展览,如果寄过来的是电子版,那我们去彩印店就能把它打印出来,在走廊做一个图片展览,这个比较简单,可是如果是一个金色大厅的音乐会,这个就很复杂,也很贵。

问:你们也做过金色大厅的音乐会吗?
答:最近也做了,不过我们不是在大厅,而是在里面的小厅办的,我们最近在金色大厅里的金属厅（Metallener Saal）举办了一个室内音乐会，中央音乐学院的一个乐团，差不多20个人，维也纳的音乐团用西方的乐器演奏当代中国的音乐，他们用传统的中国乐器演奏中国当代的音乐。

问：刚才您说的这个"双人自行车"项目是什么时候开始的？

答：不是太久，但是也有几年了，一年两三次，我们现在做的是第16次节目了。

问：这个真的是应该知道播放时间，你们宣传方面应该加强，否则别人不知道。

答：对啊，就是来不及，我们一直有活动，但是来不及做足够的宣传。

问：是人员不够吗？

答：这里有一个情况就是，那些年轻的志愿者来一年，然后就走了，这个是汉办的特点或者说问题：他们希望培训人员，但是我们这里是一个工作位置，不是一个学校。志愿者们刚刚熟悉就走了，而且年轻人第一次来国外……我们这里分志愿者和老师，老师一般是硕士毕业，志愿者一般是学士毕业，老师一般是待两年或者更长，志愿者一般是一年。当然对他们来说这是一个很好的机会，我也很支持，可是如果每年都是六月份回去一批，九月份来新的一批，那么，我们必须先给他们介绍维也纳的特色，我们孔院的特色，等等……总是在培训新人，他们也不能参与太多活动和工作。

问：就是说文化活动现在还是很多的，大概是什么样的频率，每月一次？

答：有时候是一星期两三次，规模不是很大，都是一些报告或者展览；但也不一定是每个星期都有活动，有时候一星期有好几个活动。非常大的活动可能有几个，小的可能有几十个，平均每周一次活动的话，那一年就是50场。比较大的活动，比如金色大厅的音乐会，一年可能两次；开放日，我们也叫汉语日，在市中心的瑞典广场举办，一年一次；联合国汉语日，在世界博物馆或者维也纳联合国城举办，一年一次；世界和平日，这个不是我们主办，但我们也会参加，这是一个很重要的活动，全球 500 多个孔子学院，没有一个有这样的机会和联合国合作。

问：这里是得天独厚的条件。

答：对，还有世界和平合唱团，这个我们也会参加。这个活动是每年夏天会有三四百个孩子从中国过来一星期，有好几个合唱团，和维也纳童声合唱团一起排练，然后演出。维也纳童声合唱团的主席和指挥 Herr Gerald Wirth 也是世界和平合唱团的指挥。我们孔院会参与活动，我也会发言致辞。

问：中国会来 300—400 个孩子？

答：对，合唱团里大部分是来自中国的孩子，还有其他差不多 10 个国家的孩子，再加上维也纳童声合唱团，每年都不太一样。

问：来多长时间呢？

答：一个星期。他们是一个培训班，一周内会一起排练，然后一起演出。第一个演出是在维也纳史蒂芬大教堂，第二个是在联合国，最后一个是在维也纳音乐厅，以前是在金色大厅，现在在音乐厅，因为比较便宜。因为合唱团太多了，所以会分两个音乐团，下午和晚上不一样，有好几百个孩子唱歌，每个音乐会可能在两小时左右。

问：这个是你们组织的吗？

答：这个是王健博士和维也纳童声合唱团组织，我们是协助他们。有一些活动我们自己做，有一些活动是和别的单位合作，比如其中之一是联合国，这个当然是最高级的，或者是和维也纳童声合唱团，总之是一些在接受中国文化方面比较有代表性的机构。

问：这里还有一个中国文化中心，你们也经常在那里举行活动是吗？

答：对，有时候也会有活动合作。

问：你们这里的条件是任何孔院都不具有的，独一无二的。

答：可以说我们的确有比较理想的条件。

李夏德教授 照片5：2014年联合国中文日

问：可以谈谈维也纳大学汉学系和奥地利的汉学教育的情况吗？

答：Ladstätter教授1972年建立了维也纳大学汉学系，1973年正式开始接收学生，有了教学课程。他的研究重点和教学重点是现代汉语语法和发音，除了现代汉语之外，在中国文学方面他的研究范围是平仄制度和唐诗。他的唐诗研究不是从内容入手，而是从诗歌形式、押韵平仄的角度，做了很深的研究，所以我们第一批学生都非常认真地学了中文的语法和发音。

问：你们这些第一批的学生现在都在干什么呢？除了您这样的教授之外。

答：他们有一些去国外当了教授，比如说傅熊（Bernhard Fuehrer）教授，在伦敦大学亚非学院当教授，有一些当外交官。有一点我刚才忘了说，除了在大学以外，我从80年代一直到现在也在奥地利外交学院讲课，虽然课程不是很多，但也有很多年了。

问：您都教什么方面的课呢？

答：以前是汉语，但后来外交学院学生的汉语课直接来孔院上，就教中国的传统文化到现代的概况，历史政治观点，等等，我以前的学生里也有一些大使或者外交官。那么说到汉学系，大概在2000年前后，奥地利大学组织法有一个很大的改革，和博洛尼亚进程（Bologna Process）有关系，我们是维也纳大学第一批实行学士学位的专业；再之前一些，我们把原来独立的汉学系和独立的日语系连在了一起，成立了东亚学院，这差不多也是2000年前后改革时的事。

问： 韩学系呢？

答： 韩学系本来是日语系下的一部分，但是我们也把它提升为平等的一个专业，然后加上第四个专业，就是ECOS（东亚经济与社会学），所以现在维也纳大学东亚系有中、日、韩及ECOS四个专业。从那时开始，我们的重点就是当代中国，20世纪、21世纪的中国，Ladstätter的重点本来是在现代汉语、汉语语言学，那么，现在你也知道，魏格林教授的重点是中国的政治社会，20世纪、21世纪的中国，等等。

问： 这样一个改变等于是扩大了范围，这是在魏格林教授来了之后，也就是说2002年、2003年之后，不仅有语言，还有当代政治和社会方向，那您觉得这样的方向符合现在的发展吗，符合当地社会的需求吗？

答： 中国对全世界的影响非常大，所以全世界都需要了解中国。我们也不能要求大家都变成汉学家，可还是要向大众提供了解中国的机会，也包括给媒体一个比较客观地了解中国的机会。现在和以前不同，很容易就可以去中国，而且现在的媒体可以非常容易地获得很多的信息，可是应该怎么样评估这些信息呢？从哪一个方面，哪一种价值观，哪一个政治角度来分析、接受、解释中国的现象和中国的发展？我认为汉学家和汉学界有责任为此提供知识和一些学术性的出发点。这个不表示汉学家就应该说"你们必须这么理解中国才是对的"，不是这样，这样并不科学，而是应该提供一些条件，让每个人自己思考。中国不是那么简单，也不是那么复杂，而媒体一般只是将问题简单化，而且从政治方面来看，他们也有自己主观的角度。

问：向社会来介绍中国主要通过两个方面，一个是通过教学，通过年轻人和学生，另外就是直接和媒体对话。

答：直接和媒体对话不是那么容易，因为他们总是选出能满足他们自己对中国的固有印象的新闻，做不到很客观。

问：其实汉学界和汉学家是最有发言权，也是最有责任去做这些事情的人。

答：我们可以提供客观的条件和切入点，也没有权利说你们必须如何看待中国，但我们至少应该给读者提供比较多的不同角度来了解中国。

问：维也纳大学汉学系是1972年建立的是吗？

答：对，1973年就开始接收汉学系的学生了，一直到今天都是奥地利唯一的汉学专业。其实这个名字有一点不对，以前汉学的确是一个系Institut，现在是Institut für Ostasien，正确的翻译应该是东亚系、汉学专业、韩语专业、日语专业，可是因为汉学系是一个传统的名字，大家都熟悉了，而且"专业"听上去比"系"要小，所以我们都没有改。

问：就是说以前汉学系是存在的，现在没有了。

答：对。

问：您觉得这样的教学可以满足社会对（汉语）的需求吗？

答：我们是谁来就给谁机会读博士、硕士和学士，可是谁会来呢？奥地利有20万学生，其中学汉学的只有几百个人，很少的一部分，我们也不能要求太多。我认为我们大学的汉学系应该更多地进入中学，进入初级教育，只有少数的人会进入大学，但基本上所有的孩子都会上中学。我不太清楚现在中学里关于中国的内容是不是比以前多了一些，我认为应该比以前多，但就算多了一点，很可能也不够。我记得我们上学的时候学过古代埃及、亚述文化，可是我们没有学过中国，这也应该改变，应该在中学课程里加入更多关于中国历史和现代的知识，但我必须承认我不是很清楚现在中学的课程情况

李夏德教授 照片6：2015年与鲁迅的孙子在北京鲁迅研讨会上

问：您刚才说因为进入大学的学生毕竟很少，所以应该进中学，那奥地利有多少人进入大学呢？

答：好像是20万，今年维也纳有20万大学生，但是也必须分清楚有多少大学学生，有多少毕业生。我们汉学系每年可能有150—200名学生，但是真正拿到学士学位的只有几十人，光是第一个学期的入门考试过后，基本三分之一不通过，三分之一离开了，第二个学期就剩下了三分之一。我也不是说这个考试不好，这个也有它的道理。

问：第一年之后就这样？

答：第一个学期之后就这样了，从第一到第二学期之间的入门考试之后。设置这么一个学期我认为是好的，因为可以知道谁不认真，谁不愿意学习，谁没有这个能力，我们给所有人机会，但只有一个学期。以前有10年也没有毕业的人，一辈子都可以在学，其实如果现在付学费的话，那也可以拖着，当然你也可以一边工作一边学习……有各种各样的情况，和中国不一样，中国大学生进入大学之后大部分会毕业。

问：那现在如果三分之一通不过的话，可以再考几次？

答：可以再考三次，现在机会比较多，开始的时候很严格，还是不行的话他们就会自己离开。

问：还有三分之一自己选择离开了？

答：三分之一第一次就放弃参加考试了。

问：看来汉语对他们来说还是太难了。

答：这也是维也纳大学一个平均的情况，不只是汉学系，所以都说维也纳大学有9万学生，但如果我们从第二个学期开始算，就不够9万了，可能只有6万。所以这个数字不一定代表真正的学生数。

问：那如果要是维大的平均数的话就说明不是汉学比其他的差，都是一样的。

答：差不多是这样，的确比较难。

我和中国的关系是不一样的
——殷歌丽（Ingrid Fischer–Schreiber）访谈录

采访人：Jiagu Richter
时　间：2016 年 8 月 11 日
整　理：齐菲

问：请问您是怎么开始学习中文的？

答：我高中毕业之后就打算从事笔译行业，所以去了维也纳大学的翻译系。我的计划是学法语和与日耳曼语完全无关的语言。我觉得中文还是蛮有意思的，但当时翻译系没有中文。

殷歌丽 照片 1：2010 年在北京科技馆

问：就是现在的维也纳大学翻译中心吗？

答：对，以前是在主校区（Hauptgebäude），叫笔译与口译教育学院。当时他们告诉我,现在还没有开设(中文课),我可以先选另外一个比较容易学的语言,然后再改到中文,这可能需要两年的时间。但后来一直都没有中文,所以我基本上放弃了这个计划,因为我觉得汉学系是与翻译的专业方向不同的。

问: 当时已经有汉学系了吗?

答: 汉学系是有的,但是翻译系里没有(汉语翻译的课程)。

那是 70 年代。当时我已经学了三年的法语和意大利语——我最后选了意大利语。有一天,我在朋友家认识了一个刚从中国回来的学生,才发现自己错过了很好的机会,但当时还是没有决定是否要去汉学系。后来我去大学报名的时候,在主校区偶尔看到了一个广告,宣传一个介绍汉学系情况的活动,就在当天举行,所以我决定还是去看看。随后我发现,汉学系是一个很小的系,没有翻译系那么大、那么乱,显得很可爱,还有一个刚从北京过来的老师,是当时语言学院的教授。我觉得这一切还是蛮可爱的,于是决定试一下(学习汉学),但是我一直说自己是业余学汉学的,你们不要让我考试,所以一直就比较随便。但是 pilz(汉学家,维也纳大学汉学系副教授,2010 年去世)让我一定要参加考试,因为以后会有用。我一直继续学习,学期开始的时候大概有 30 个人,第一学期结束后就只有 10 个人,第一年以后可能只剩下六七个人了。

在从翻译系毕业,拿到硕士学位后,我仍然继续学汉学,还拿到奖学金去了北京。1980—1982 年的时候,我在北京语言学院学习。

最有趣的是,在刚开始学汉语的时候,我偶然发现维也纳有一个佛教协会,于是我开始研习佛教。我发现学习汉语对于理解佛教特别有帮助,所以这两个兴趣是同时开始的。在北京的时候,有一个非常有名的教授,是民族学院的一个藏学家,1982 年他到维也纳大学藏学系当了两年的客座教授,介绍了很多关于佛教的情况。他鼓励我写一个关于佛教的博士论文,但是当时我们汉学系的主任罗致德(Dr. Otto Ladstätter,汉学家,维也纳大学汉学系教授,2005 年去世)不喜欢这样的题目。我打算写尼姑的情况,但是在中国大陆根本找不到材料,他们也不让我去比较重要的寺庙和尼姑庵。所以我从中国回来后,花了一两年时间写博士论文,最后还是放弃了,因为系主任不支持,藏学系又在忙他们自己的事,最后我觉得难度太大了,放弃了。我在汉学系其实没有毕业,因为我在北京的时候,大使馆没有告诉我们,当时已实行新学制,我们要改到新学制必须办一些手续,所以我一直是按最早的学制,没有硕士,必须写博士论文才算毕业,而写硕士论文的机会又错过了,所以我在汉学系不算毕业。

1984年从北京回来后,我开始参与第一项和中文有关的工作,参与写一个《东方智慧大辞典:佛教、印度教、道教和禅》(*Lexikon der östlichen Weisheitslehren*),有一个德国出版社的编辑(找到了我),他也学过汉语和文言文,是搞佛教方面的,在德国的一个大出版社负责东亚哲学的项目。

问:这是一本辞典吗,工具书?

答:就是一本关于东方哲学和宗教的词典。当时这是第一本给普通读者介绍哲学宗教的书,我负责写关于中国佛教、儒家、道教的这些内容。我们一共有三四个编辑,一个负责印度部分的,一个负责日本部分的,我负责中国部分的。这是一个很成功的项目,出版后被翻译成了不同语言的版本,可能有四五种语言的译版,所以这是一个在那两三年内比较大的项目。如果你现在查找我的名字,大部分的结果都和这个词典有关系。

问:这个工作是德国的什么部门主持的?

答:不,是一个德国出版社(Otto Wilhelm Barth Verlag,现属Droemer Knauer Verlag)。它现在已经不存在了,但是当时还是一个比较有名的、和东亚哲学有关的出版社。所以从当时开始,这个项目完成以后,我就开始翻译很多道家和儒家的东西,因为在美国有一个很有名的翻译家,于是找到了我,叫托马斯-克利里(Thomas Cleary,美国著名典籍翻译家,曾翻译《孙子兵法》等),他翻译了大量类似的东西,但是德国出版社想翻译他的东西的时候,他表示一定要找一个能懂中文的翻译家,所以我做了不知道多少这样的工作。

问：您是从英语翻译到德语，也都出版了吗？

答：我是英语和他用的（中文）版本同时看，然后翻译成德语。好像除了一本之外都出版了。90年代初，这些大的出版社都受到了很大的经济压力，很多这样的出版社，特别是费舍尔（Fischer Verlag），忽然就叫停了这类项目，类似的书也不继续做了，因为卖得不够快。所以从90年代初开始，这样的项目我已经拿不到了。

同时，我也做一些其他的商业性的翻译工作。因为我住在林茨，当时voestalpine（奥地利著名钢铁公司）还是和中国的来往比较频繁的，所以他们让我翻译一些东西；另外一个上澳州的公司，他们是做纺织品机器的。就是这样一些类似的工作，但是做得不多，我不是特别喜欢这类工作。

殷歌丽 照片2：2015年在Ars Electronica电子艺术中心

有好几年我和中国的联系很少，从90年代末才重新开始。因为90年代我做了一些跟中医气功相关的项目，所以常常带一些旅行团去中国，采访一些老师，帮他们做翻译。同时我在奥地利做了一些出版社的编辑工作，但是和中国、中文都没有什么关系。后来，我所在的林茨有一个机构叫Ars Electronica（奥地利Ars Electronica电子艺术中心，成立于1979年），它是世界上最早的电子艺术机构，非常有名。我非常偶然地开始和他们有一些共同的项目合作，也是翻译和编辑，但是和中文没有关系，策划了一些研讨会之类的活动，所以我对新媒体的领域开始感兴趣。大概是2002年、2003年前后的时候，北京有一个华侨，他是一个美国的教授，同时自己也是一个新媒体的艺术家，他开始把新媒体艺术介绍到中国去。有好几年我都代表 Ars Electronica 去参加他在北京策划的一些活动和展览，奥地利参展的同时，也会参加一些研讨会类似的活动，都是与清华大学及中央美院的合作项目，Ars Electronica 让我作为代表出席，所以我可以重新开始用中文，这是越来越重要的一个方向。

问：是 2002 年、2003 年的事情吗？

答：好像是 2003 年，是第一个在北京的大型展览，应该是 2003 年。

问：那您是帮他们做翻译吗？

答：我做一些翻译工作，其实也是一种介绍。我用中文介绍 Ars Electronica 这个机构的历史，起到了建立起奥地利和中国间新媒体领域的桥梁的作用。这个工作我做了好几年，一边是在林茨和他们做不同的项目，一边是在中国找一些机会，把一些中国艺术家介绍到欧洲去。

殷歌丽 照片 3：2016 年在 Ars Electronica 电子艺术中心

问：都是一些中国的现代艺术和新媒体方式吗？

答：对，这在当时是很早期的、还没有成熟的一个领域，中国基本上没有这样的艺术家。2009 年的时候，林茨成为了欧洲文化之都（Europäische Kurturhaptstadt）。我当时特别忙，工作太累了，所以这个活动结束之后我觉得应该去北京休息一下。2009 年 10 月，我和另外一个奥地利朋友一起，在北京的朋友家旁边租了一套房子。我们一起在北京待了 90 天，因为我们只有 90 天的旅游签证。

后来，我在一个新媒体艺术展览的开幕式上偶然地认识了瑞士联邦政府科技文化中心（Swissnex China）驻上海的主任。这是一个介绍瑞士情况的机构，在印度、美国、新加坡等地都有类似的办公室，负责把瑞士的大学情况等信息介绍给当地，当时大概有 10 个人在上海。为了庆祝瑞士和中国建立外交关系 65 周年，在准备大型活动。他们当时在找一个在中国的负责人来策划一个关于爱因斯坦的展览。这原本是伯尔尼历史博物馆的展览，他们计划把这个展览带到北京、广州、香港和上海四个科技馆。展览本身是瑞士使馆在负责，但是他们需要一个负责人来组织一些补充项目，比如请科学家到中国做演讲，或者和科技馆合作做科普活动，共同策划一个比较好的、一年度的项目。有一个朋友觉得我是比较理想的人选，因为我懂中文，德语是母语，英语和法语都没问题，还有我在 Ars Electronica 也策划了很多这样的研讨会，所以我就因此搬到上海去了。

我 2010—2011 年在上海给他们策划这些活动，一年半之后就结束了，因为上海的科技馆出了内容方面的问题，所以只做了三个地方的展览。我 2011 年夏天的时候回奥地利，但是我的计划是还要去中国，因为我和一些朋友打算租一个房子，三四个人一起租比较能够负担得起。但我们没有想到，武汉科技馆积极邀请这个展览去武汉，所以 2011 年秋天我又给瑞士联邦政府科技文化中心（Swissnex China）继续做武汉这个项目。同时，还有很多其他的（Ars Electronica 方面的）活动，因为我毕竟还是 Ars Electronica 官方代表，所以跟很多大学的新媒体系都在谈合作的可能，虽然后来由于不同的原因没有谈成。

后来还有一些工作。比如说在上海有一个新媒体艺术空间，他请我参与他们的一个项目，也是做一些编辑和策划工作。总之从 2010—2015 年为止，我都是在上海和很多艺术领域的机构合作。

去年因为我妈妈年纪大了，生病，所以我必须回来照顾她。但同时，一个像我这样的独立自由译者，在中国工作的手续越来越麻烦，因为长期的签证已经拿不到了。如果你背后没有公司的支持，就拿不到工作签证。当时奥地利人能拿到的最多就是半年独立入境的签证，但每次只能待30天，所以我2015年每30天就要到香港或者台北去一次，太麻烦了，太贵了，这样下去根本没法继续。

一方面因为我妈妈的情况不好，另一方面因为签证的情况越来越麻烦，所以我决定离开中国回奥地利。但是我现在已经受不了了。

问：是吗，那么喜欢在中国啊！喜欢什么呢，主要是哪个方面呢？

答：对，我喜欢，因为以前在意大利待过一段时间，我1980年到北京以后，发现北京人很像意大利人，很放松、自由的感觉。所以我一直说，我到中国后觉得比在奥地利自由多了，很多人觉得我疯了，怎么能在中国这么一个国家觉得比奥地利自由多了呢？后来我发现去过意大利的朋友都有一样的感觉。我从第一天开始就觉得在中国很随意、很自由了。

问：您没有碰到过什么问题吗？比如有的西方人会碰到问题，之后就会对中国有不好的、负面的看法。

答：当然会碰到问题，但基本的感觉还是很轻松随意的。反正我特别喜欢中国人幽默和个性的一面，我觉得中国人比我们个性化多了。昨天晚上奥地利广播电台（ORF2）的世界新闻节目（Weltjournal，奥地利广播电台定期播放的新闻节目）有一个报道，讲一些记者陪一些中国旅游团在欧洲旅游的事情。看到这个节目时我突然有种很特殊的感觉：我喜欢和中国人在一起的感觉，而这个感觉在奥地利找不到。但是，现在变化很明显。很多以前的灰色地带（Grauzone）现在越来越少，我觉得这是一个中国之所以发达的重要因素。

问：一般西方人和中国人接触都会有一些负面的印象，比如觉得中国人缺乏一些卫生、秩序等西方社会比较崇尚的观念，您有这个感觉吗？

答：有一些东西我也不是特别喜欢，但我觉得这些不是最重要的。在奥地利也有我特别讨厌的东西，令人讨厌的东西哪里都会有，所以你必须接受，但我觉得，在中国，好的东西比这些负面的东西多得多。从80年代到现在，我每年都去中国，中国的发展我看得很清楚，所以我觉得如果你接受不了这样的文化差别，那就是你自己的问题。整体来说，我觉得没有影响到我对中国的感情。

问：是不是您觉得中国人比较容易接近，比较容易敞开心扉，会让您觉得如果成为了朋友就非常信任您？

答：是的，还有整个的气氛，很难描述到底是一种什么样的感觉……不只是我中文不够好啊，德语也不够好。还有就是，我通过一个日本人认识了一个北京的朋友，然后就好像打开了一扇门，我突然认识了很多北京和上海的网络文化方面的人。通过一个朋友，认识更多的朋友，很多中国朋友对我说："你比我们中国人认识的人还要多！"所以我往往可以介绍一些中国朋友互相认识，这是一个我特别喜欢的地方。

问：但是像您这样的人还是很少的，即使是有一些做中国研究的人，未必见得对中国有这么好的感觉，这么深的感情，他们更多看到的是负面的东西。

答：其实负面的东西我也可以看到，但是影响不到我根本的感情。

问：就是说您正面的感受更强？
答：对，或者说我可以分开来看。

问：大部分西方人不太容易感受到。比如对中国游客，大部分人可能是指责的态度，没有看到好的方面，不知道什么原因。而且中国人自己互相之间也是，更多看到的是这个民族、这个文化的一些缺陷。当然这是一种自我批评的态度，但是正面的东西不像您看到的这么多。我很好奇您是怎么找到这个切入点的？如果这个切入点能够变成一种更大的东西，大家都能这样去欣赏别的文化好的一方面，这会是一件很美好的事情。

答：我也不知道为什么。可能因为我碰到的人大部分都是文化圈的人，艺术家或者记者，文化水平比较高，还有一部分和国外联系比较多的人。但这不是最重要的，最重要的还是根本的社会气氛。我2009年到北京的时候，和我一起去的朋友，他是摄影师，德语可以，但英语已经成问题了。因为他是摄影师，所以他的观察能力很强，可以一个人去道观拍摄之类的，等他晚上回来后，我们经常一起分享今天做了什么，我都会告诉他我今天去了哪里哪里，中国人真的太可爱了，这类的事情，他就很奇怪，说你怎么总在说中国人真好、真可爱，但是这的确是我最深的感觉。

问：他就没有这样的感觉？

答：他没有这么深的感觉，因为他没法和人交流。我特别喜欢到商店之类的地方去聊天，就好像我到中国之后变成了另外一个人——我真的有这样的感觉！更加开放，更加幽默，和在奥地利的时候完全不一样，就好像我需要中国的这个环境才能真正过得很高兴。昨天晚上看到ORF2的报道之后，我就觉得，哎呀，我现在知道为什么在这里过得不那么舒服了，因为中国人真的特别个性化。很多人觉得他们没什么个性，但我觉得他们比我们还个性化。真的，那种幽默感，那种调皮的感觉，我特别喜欢。

其实现在，特别是最近两三年，需要比较冷静地去看中国。有很多老外现在在中国已经找不到以前他们喜欢的气氛了，所以要看以后中国社会到底会走向什么样的方向，我怕以后也找不到我说的这个感觉了，很难说。

可能在朋友当中的变化还不是很明显，但是我发现，比如说在上海有一个满族朋友，背景非常复杂，是曾经的皇室。她的家受到了破坏，但是她还是很支持共产党，不反对政府，但就是因为这个背景，她在工作上遇到了很大的困难。她是一个剧作家，因为她遇到了很大的麻烦，所以最近两年，我发现她对中国的看法有着很明显的变化，自己变得越来越民族主义，我不懂她为什么会变成这样。

问：您说的民族主义者是什么含义？是指遇事更从中国的角度出发，比如说在对其他国家的冲突问题上？

答：对。我发现有几个朋友，特别是在大学里工作的，他们都不像以前那么客观，所以我不是特别的乐观。

问：但是这是他们自己的看法，没有人强迫他们？

答：不，没有人"强迫"他们，这好像就是他们自己的看法，所以我觉得政府的宣传工作做得特别好，特别有效。

问：那也是因为您首先判断他们现在不客观，他们是不对的，所以您才会觉得越来越向不好的方向发展。

答：六七年前认识他们的时候，我觉得他们还是很客观地去看待社会的问题。他们知道中国有什么缺点，西方有什么缺点，他们都去过西方。我有一个朋友，她的老公就是奥地利人，她也是大学教授，但是我发现最近几年她的民族主义倾向非常明显。

问：这是不是一个整个的社会现象呢？这可能和国际关系的发展也有关系，比如像南海的问题，就很容易激起民族情绪，民众的态度可能和政府刚好一致了。那现在您还继续做佛教道教之类的工作吗？

答：现在已经不做了。其实我希望以后有机会重新开始，或许是出于个人的兴趣，我想重新做这个方向，但是我没什么研究的项目。

问：那您现在主要的工作是什么？

答：除了一些和中国没什么关系的工作之外，还有一些翻译工作，参与了一些电影的项目，和上海戏剧学院有一些合作，还有和歌德学院的合作。我以前给歌德学院做了很多翻译工作，现在少了。

问：您往下自己有没有规划，还是等着看有什么项目？

答：对，因为像我这样没法规划，需要找机会。没有固定的职位是一个缺点，但也是一个优势，两个方面都有，现在我可能觉得缺点会多一些，就是越来越难找到相关的项目。必须在这边有其他工作，才能维持生活。但是和中国有关的事情还是我比较希望做的。

问：您在中国能有那么多乐趣，有没有碰到问题呢，比如卫生习惯、食品卫生方面的问题？

答：我一点儿问题都没有，我一直觉得中国人现在有个很不好的现象，就是他们有点偏执（paranoid），他们怕吃东西，怕这个怕那个，这个是很不健康的。我觉得更重要的还是心理问题。因为像我这样的人还是有的，我们哪里都吃，什么都不管，也一直没有拉肚子，没有什么健康方面的问题。其实在这里也会碰到同样的问题。我记得好几年前吃土耳其烤肉，也是病了一个星期才好，所以即使我知道中国很多东西的确有问题，但对此我从来都不在意。可能因为我们去得很早，1980年的时候北京的情况还是很差的，特别是卫生方面。当时基本上也没有什么餐厅，所以也没这个问题。

问：那您等于是20多年以来每年都去中国？您可不可以申请一种长期的签证，有这样的签证吗？

答：必须有一个单位，或者比如在上海你需要付五年的税，持续付五年，但是我没有，因为我是独立的，我在这儿有自己的公司。

问：钱都汇过来在这边缴税了？

答：对，在swissnex工作的时候我是两边在交。但是因为我在这儿有自己的公司，所以情况也不一样，我也一直没有去想，我觉得应该有办法在中国多待一下，但是其实很难。我以前其实买过两次的签证，通过一些公司，你可以申请委托他们办签证，你交钱，不便宜。但是现在已经没有了。

问：就是您说的灰色区域不存在了。

答：对。

问：但是从另外一个角度来说，这是不是一个更加制度化的管理呢？

答：当然，这是一个不可避免的方向。但是我觉得曾经有一段时间，如果中国没有这些灰色区域的话，发展不会这么快，因为制度化的管理不够灵活。

问：但这难道不是西方这么多年成功的原因吗？
答：不，在西方我们……可能在维也纳我们还有这样的灰色地带。

问：维也纳还有，德国没有？
答：德国可能没有……我觉得维也纳的文化和中国有很多非常相似的地方。

问：所以其实是您一直在做宗教和文化有关的事，但并没有做对中国的研究？
答：对，我没有做对中国学术的研究，所以我不算一个汉学家。

问：我觉得您的这个经历最有启发性的就是，您怎么能从学汉语最后到对中国有这样深的感情。这不仅是对中国有意义，这对跨文化的交流也特别有意义，另外一个文化基础的人，怎么能对不同的文化产生这样的感情，这个很重要，很有意义。因为如果不同文化之间能多一些这样的人，就能更多一些理解，少一些冲突，对不对？
答：我觉得这样的人还是有的。

问：您的童年跟别人有什么不一样吗？是因为您和别人不一样才有这样的感觉，还是因为您更深入了这个文化，才会有这样的感情？
答：可能因为当时对中国哲学特别感兴趣，这是一个很大的原因。我发现有很多人，他们对哲学一点基础理解都没有，包括中国人，有很多年轻人，或者也不算特别年轻的，他们也不懂。所以，我觉得对中国哲学的兴趣也是一个很大的好处。

问：其实中国说是没有信仰，但佛、道、儒这三种东西加在一起就是中国文化的精髓。很多中国人血液里都有这个东西，什么事能做，什么事不能做，似乎不是宗教所要求的，但是深入中国人血液。这个如果您理解它，您就会很欣赏，但这个一般对西方人来说不容易做到。

答：对，可能是这样。所以我觉得真的很奇怪，我1977年10月份开始在这里上大学，几乎是同一天，我发现在维也纳三区，我住的地方附近，有一个小小的书店。我不知道自己路过这里多少次，但一直都没有注意过，但当我开始学习汉学之后，突然就注意到了这个地方，发现了这个奥地利佛教协会的书店。所以，我是同时开始对这两个领域感兴趣的，发展是同步的。我还记得我从中国回来以后，还在奥地利佛教中心看慧能的一本书，叫《坛经》，是禅宗的一本很重要的书，是双语版本。我看过很多英语、法语、德语的翻译后，第一次看到中文的原文，突然才明白了很多东西。就是因为语言的不同，引发了对佛教不同的理解，通过汉字本身就会有另外一个理解，所以我觉得，因为这两个兴趣是同步发生的，所以我对中国的感情和理解就跟别人不一样。可能是这个原因。

问：但是中国现代社会，您的所见所得大多和佛教并没有什么直接的联系。

答：没有，但是刚才你说了，中国人有一定的内在的东西，和环境还是有关系的，可能没有那么直接，但还是……这很难表达。

问：真是很难得，这是我第一次碰到对中国这么有感情的西方人，感觉在那很舒服，很高兴，长时间不去就很想念。我觉得很多西方人对中国感兴趣，做研究，更多的是提出批判，但很少有这样一种很感性的东西。

答：对，现在我批判的就是政府，就是有一些政策我觉得没法接受，但是跟人不一定有直接的关系。

问：但是您说的人文这方面的东西，是改变不了的，不管什么人在任上都一样。老百姓的性格啊，幽默感啊，个性化的东西啊，都还会有的，他们从来都是上有政策下有对策。

答：是的，没错。

问：但是另外一方面我觉得您说的这个灰色地带的问题，这可能是一种社会发展的必然。不管谁上任，社会肯定会越来越走向正规化，越来越正规化就越来越法制管理，最后必然会变成像奥地利或者像德国这样的，这个可能会让人感到不舒服，但也没法避免，因为这不是一种落后，而是一种前进当中的必然。

答：对，在这个过程当中会丢掉很多宝贵的东西，但可能会找到另外更宝贵的东西，谁知道呢。我在上海住的地方在市中心，就是华山路武康路，有两座高楼，它们是1992年建造的，好像是上海最早的公寓楼。当时住在这里的都是受教育程度特别高的一些人，现在都在80岁以上了。在坐电梯的时候，他们问我们是哪里来的，我说我是1980年第一次到中国，然后有一个老人，他说你和安福路那边的老外不一样，因为你不是为了钱到中国。你对中国感兴趣，你喜欢中国的文化，但是你不是为了钱来的，因为1980年没有钱。从他这样说的时候我才意识到，我这个年龄的人和现在的人完全不一样，我们和中国的关系不是一样的。

从道教研究到汉学教学
——常志静教授访谈录

(常志静 Florian Reiter,柏林洪堡大学汉学教授)

访谈人:Jiagu Richter
时　间:2016 年 11 月 23 日
地　点:柏林洪堡大学
整　理:齐菲
核　改:Jiagu Richter

常志静教授 照片 1

问:我们的采访谈这么几个问题。第一,您是怎么开始学习汉学的,怎么会选择了这个专业?第二,您的学术发展;第三,您所研究的中国道教的情况,道教在目前中国社会的作用和发展;第四,德国汉学研究的发展,您怎么看？先谈第一个问题。

答：我的父亲在柏林大学学建筑学的时候，旁听过一门课，叫中国古代建筑史，从这时候开始他就收藏了一些照片和平面图。我父亲对建筑非常有兴趣，他很佩服中国建筑的布局和设计。我从小就经常看这些图片，觉得很有趣。我在柏林的亲戚也收集中国古董，因此我常常看到一些佛像和瓷器，等等，所以很早开始就对中国产生了兴趣和好感，有机会想要去认识这个地方。

中学毕业后，我进入慕尼黑大学，那时候我家在慕尼黑。慕尼黑大学汉学系有两位老师，一位教授中国思想史和哲学，一位教授中国古代历史。我的中学比较传统，要学习拉丁语和古希腊语，现代语言只有英语和意大利语。结果到了大学之后老师们只研究文言文和古代的材料，所以我不太满意。两个学期后，我去台湾留学一年。新竹的辅仁大学那时候开了一个语言学习班，我在那里上课，学生大多是神父、修女，像我这样的普通人比较少。一年以后我回国，继续在慕尼黑大学的汉学系学习，还读了硕士。那时候读硕士是自愿的，没有规定，你可以直接攻读博士，这是以前的制度。

问：可以没有学士学位，直接读硕士，对不对？

答：没有学士学位，但是中间有考试，硕士也可以不读，直接读博士，这是那时候的制度。但是你可以自愿读硕士，我觉得我很多同学他们年龄很大，学了10年还没有毕业，就有些不安心，就自己读了硕士，写了硕士论文。硕士论文写好了后，我又跑到台湾去待了两年，准备我的博士论文。

问：您在台湾学什么呢？

答：在台北东吴大学德文系，还有淡江大学文理学院。因为那个时候我不想依靠父母，必须自己赚钱回来养活自己，所以我在那些学校当了德文讲师。这是一个很好的机会，我必须用中文解释德文的语法，这个很难，但也非常有趣。两年以后，我回到慕尼黑，读了博士，之后进入了一个国际研究项目，他们研究正统道藏历史，我参与了七年。在此之后，因为要获得教授的授课资格，之后我写教授资格论文，这个是在维尔茨堡大学。我的硕士和博士是在慕尼黑读的,博士后是在维尔茨堡大学,因为全部在一个地方看上去不太好。我的论文在慕尼黑出版,但是考教授资格还是在维尔茨堡。

问:您博士论文的题目是什么呢?

答:是这样的,在我还在读硕士的时候,有一次和我的老师 Professor Dr. Herbert Franke 讨论了元代佛教和道教的冲突。那时,老师让我研究之后给学生介绍一下全真派,这样我就开始研究全真派,于是想以此为博士论文题目。这起初是一个教学题目,老师上课的时候介绍全真派和相关材料,等等。那个时候我们要得到学分就必须把原文,也就是文言文的材料翻译成德语,加上注解,等等,做成一个真正的文学的资料。实际上是考证学,这是我们关于汉学的看法。

问:这个当时是一门课?

答:原本课程是要讲历史,学期结束后,那个老师允许我深入题目,继续研究,继续翻译。考硕士的时候,我自己向老师提出我想做的题目,他同意了。

问:那您的题目是什么呢?

答:《全真派祖师王重阳的基本情况》。但是我的老师并不注重宗教研究,他是历史学家,他上课的时候会提到一些中国古代的目录学和地理历史的知识,范围比较宽,不只是宗教。那么,考了硕士以后,我说,老师拜托你,我要读博士,要写一个和全真派有关系的题目,老师表示这不是他的专业,他是历史学家,我如果要写这个题目,就得换一个老师。他建议我写另一个题目——宋代的山志,这是一种记载地理历史内容的材料,可以算一方面是地理历史,一方面是宗教史,我也就写了相关的博士论文。我在台湾的时候,利用当地图书馆的方便,回来之后就考了博士。所以我的兴趣一方面是宗教史,一方面是地理历史、中国的史学,一方面是目录学。我的著作都是宗教史方面和地理历史方面的,出版了很多。目录学我讲课的时候会用到。

问：您博士后是研究什么的？

答：一个国际研究项目专门研究道藏，我也就深入研究道教。

问：所以博士后是关于道教的研究？

答：对，这个研究项目是由德国基金会（DFG）出钱。我没有继续全真派的研究，因为我认为这个范围太小。在研究正统道藏的时候，我认识了唐代和元代的道教，了解了很多不同的研究对向，最后对法术产生了兴趣，研究正一派天师道。

问：正一派天师道流传比较广，不只是宋代的，是吗？

答：不能这样说，宋代有很多新的发展，比如说古代的法术居然被理论化了，那些宋代的道士和文人学者用内丹的理论，即内修的方法，来解释法术，特别是雷法、五雷法。它的传统很丰富，没有人研究过，中国大部分人都说这是迷信、是巫术，没有价值。他们根本不懂。这是我现在的研究范围。我2013年秋天退休，在德国退休代表着你没有责任了，但是还是教授，还可以讲课，但没有时间限制，没有老板，也没有人说你怎么不来讲课。

问：那您上课都是免费的，都是为了研究和兴趣？

答：对，而且我发现有的学生有兴趣，想来上课，那我就提供这个机会；另一方面是我自己的乐趣，觉得这个知识还有用。而且这些材料和我平常研究到的材料不一样，我不应该面儿太窄，要继续这些地理历史的研究，而不是只研究道教。

问：您这个研究需要很多资料，这些文字资料不是很容易得到的吧？

答：在图书馆都可以找到，是中国传统的资料。

问：中国道教也有那么多文字的东西吗？

答：有。我最近也在拓展另一个方法：我活在这个时代，所以我要了解现在的道士到底懂多少关于古代的传统。换句话说，我会把材料复印出来，带到台湾，找道士，就是我师父白德明，一起讨论这个材料。他们都是受过教育的人，所以我想看看他们的意识和古代的意识是怎么连在一起的。

问：有变化和发展吗？

答：有，而且中国的宗教是一个地域文化。比如同样是道教，台湾北部、中部和南部，道士的职业、他们对自己职业的了解不一样；同样的，在大陆，山东省或者江西省的道士也不一样。大陆的情况比较复杂，但是台湾很容易，不一定必须通过人介绍也可以，你可以慢慢认识人，看谁能培养你，哪一个家庭会接受你。家族传承的东西是不会随便给外人看的。

问：道教是在家庭里的，不是在道观里的？

答：在台湾，道士是一个家传职业，不像是在大陆，有大庙，一个庙里全是全真派的；在台湾，道士不出家，并不重视饮食，而是要修人，他要打坐，像全真派一样。

问：就是说道士是个家传职业，父亲传给儿子？

答：对，就是从上一代传下来的。

问：台湾都是这样，但大陆不是这样？

答：原来也是，但都被破坏了，在"文化大革命"的时候，把道家的东西灭掉，原来都是一样的。你不要误会，我并不是想谈这个问题，就是想说清楚，这个传统曾经都是一样的，属于中国文化。当然，中国文化和地域文化是共存发展的，但是基本上道士是家传的职业，你看古代的情况，大陆也是一样的，中国人就是这样的。

问：您对道教的研究主要立足于台湾，对大陆只是研究历史，没有做近60年的研究是吗？

答：大陆有些学者，他们好像什么都不管，一心只做他们的道教研究。怎么说，我是个老外，我去大陆偏僻的乡下，那里就算有道士，他也未必会向我说什么话,也不让我不知不觉地乱讲,因为这样会给自己惹麻烦。考虑到他的生活情况,别人把那些都当成迷信和没有价值的东西。因为有这个经历,所以我很清楚,如果我想和认识的道士进行有趣的谈话,那必须要具备一个条件,就是没有第三人在场。这种情况台湾没有。在大陆,想要研究现在的道教对我们外国人来说比较困难。你看我刚才讲的家传职业,像火居道士,或者叫散居道士,都是这样的,他们活在民间。

问:大陆这样的比较多,还是以这个为主?

答:这个很难讲,他不能供职,但是这些人还是在,如果不是做研究工作的话,你不太容易找到他们。

问:您刚才说的是火居道士和散居道士,在台湾比较多?

答:在台湾很常见,很普遍。台湾没有那些全真派的大庙。在大陆,很多庙宇可以说是旅游景点,必须有人在里面表演道士,他们是上班道士,早上穿着衣服表演、扫地、念经,晚上就下班回家,其实和道教没有什么直接的关系,大陆很多人都是这样的,这是实情。这里我要再说明,我不是在批评什么,只是说明事实,你也知道洪堡大学和北大是姐妹学校,所以我以前常常有机会去北京,每年都去。我会去内地,北京虽然很有趣,但是对我来说更有趣的是内地,我专门去过四川,先坐飞机到北京,再坐火车去成都,软卧、硬卧都坐过,但不坐飞机。一路上你能看到风景,而且可以和火车上的老百姓、普通人坐在一起聊天,非常有趣,当然这个不是科学研究,而是一个经历。

问:您对这60多年里,1949年以后大陆的道教没有怎么研究?

答:我研究的是古代的传统,古代的传统无论中国大陆、中国台湾、中国香港还是新加坡,都有一定了解。但是关于现代的道教,我在大陆比较难接触到,可以这样说,不是说我轻视全真派,这个对中国人来说还是很重要的。老百姓还是去那里拜神,你能看到老百姓宗教方面的习惯。虽然这个不算科学研究,但是天师道的传统仪式非常难,不容易举办,台湾那些道人从五六岁开始学习后台工作和打鼓音乐,大规模的仪式需要有道士团合作,必须有很多修养相同的人才能完成。这样的道士只有通过家里多年培养才行，一个成年人忽然想要去当道士是不可能的，你要学道教的音乐，背道教的仪式、经文，而且道教文化一部分是口传的，根本没有写在经文上。比如说念经的时候，同时还有手诀，某些存想，但这些东西经文上不会写，必须要口传，如果你不知道，那念经和念报纸也没什么区别，是没有宗教价值的，所以这些东西都要学。很多年以前，我在北京的白云观，那是全真派的，我有机会认识了一个年轻的道士，我问他今年有多少新来的道士？他说来了50个人。那么，几个人能入仪式班呢？只有三个。

问：所以做一个仪式很不容易的，需要多少人？

答：得看是哪种仪式。一些小法事只需要一个人，比如说你做了噩梦，找了道士去家里，设了道堂，用八字说明你的问题，然后他会在神堂那里提到，再给你做小法事，解开你的困难，这个只需要一个人。但如果你在外面的大庙或者其他场所开道场，那就最少要三个道士合作，还有一个乐队，音乐队的宗教素养必须很高，你唱什么，他就知道怎么配，也知道什么时候开始打鼓、开始吹唢呐。

问：音乐队有多少人呢？
答：平常是四五个人。

问：您说到宗教实际上是一个地域文化，那么，道教在不同地域之间差别很大吗？
答：还是比较接近的。

问：那既然都是口传的，没有一定的规则？
答：某一部分是口传的，口传的东西在公开的书本上看不到，但是家里会有一些小本子，很小，完全保密，只能家传。这些传统不能乱来，都有固定的责任，他认为仪式做得不好的话，会给自己带来坏处，所以要很认真地做。不要认为他们是在演戏，做法事是很认真的事情。但这些与汉学没有关系。

问：这些资料从哪里找呢？

答：在道藏里都有相关的文字记载。这里有一个问题，这方面的研究不是一个热门课题。中国的道藏，唐代开始就有，但是道教的材料基本上是在国家的引导下编的，就是国家出钱，请学者和道士聚在皇宫里面编写道藏。既然这样，道教当然要满足国家和文人的规矩，换句话说，很多内容不会被写进去。很多政府不赞成的活动被说成巫术，但道教和巫术没有直接的关系，不能把道教的法术说成是巫术，这个对道士来说是一种侮辱。文人不了解这一点，看到他们作法就认为是巫术，非常排斥，所以道士必须靠国家支持，但实际上，真正家传的实用内容不会写在道藏里面。直到明代懂法术的道士重编正统道藏的时候，才开始把一些法术材料放进去，但是比较少。我们必须承认，宋代和元代的道藏也不存在了，换句话说，宋代和元代道藏的内容对我们来说不完全清楚，我们都不知道里面有什么，也不知道其中有没有关于法术的内容，但是从明代开始就有了。

元代时，佛教和道教的冲突非常有趣，很早在道教方面曾经有一个传说：太上老君，也就是老子在函谷关写了《道德经》之后，去了印度，在印度变身成为释迦牟尼，建立了佛教。这等于说，老子给了胡人一个适合他们的宗教，让他们信佛教，这样中国人有道教，可以长生不老，胡人信佛教，则会出家，没有后代，不是很好吗？这个故事一代代传下来，在各种庙里的墙壁上都有不同的图片，描写太上老君出现，然后在印度当菩萨，进入佛教的故事。元代的时候，成吉思汗请全真派的丘长春去行宫，向他请教长生不老之术，丘长春去了之后说，我没有长生不老术，你如果想维护你的生活，就要做一个好皇帝，你是被贬下凡间的天人，只有当好皇帝你才能获准再次回到天上去。成吉思汗觉得丘长春说得非常好，非常佩服他，所以给了他管理所有出家人的权力，这就等于丘长春可以管理所有的和尚和道士。结果，道士们利用这个机会，夺走佛庙，赶走和尚。同时，他们把描写太上老君去印度变佛的《化胡经》这个故事写成了一本书，配了81张图画，然后把这本书送给皇帝和高官，让他们意识到道教非常重要，而佛教只是其次。为此，佛教徒也有知识分子，他们非常不甘心，上书朝廷，指责这种行为，最后的结果是道士失败，皇帝也决定灭掉道藏，这是那个时代的冲突。我是从研究这个冲突开始，产生了对道教的兴趣。

问：这是元代时候的冲突？

答：是的，非常有趣，有一本叫《老君八十一画图说》的书，1935年在大陆又出版了。

问：这是在元朝的时候，那到了比如说明、清、民国的时候，佛道是否还一直有冲突呢？

答：这个要看地方，现在有人在福建广东做田野考察，他们发现，如果有需要，很多和尚会以道士的身份作法，没需要的时候就继续当和尚。所以你不能轻易说佛教是怎样，道教又是怎样，而是要看地方的习惯。在大陆的话，如果你在南部，那儿环境可能会宽松一点，中国很大，很难讲，我去过四川省最偏僻的地方，发现那里的普通人也有宗教生活，在北京则不太明显。这些事情对我来说，是新的人生的经历，看了会有心得。我也看过不少家传的经文，但我不会把它写出来，不会出版，也不会复印给别人，他们给我看这些私人的东西，是因为他们信任我，我不能欺骗他们。

问：对德国的汉学研究，您有什么看法？

答：德国汉学现在就有一个很大的问题，学生们的注意力都在现代中国上，也只学习现代汉学。如果讲现代社会和政治，我认为要先上社会学、政治学，同时学习国语、普通话，然后你才有理论和研究方法。但这都不算汉学，汉学是中国本来的古典汉学，现在很多学生从开始就学不到正体字（繁体字），只学简体字，这样不好：第一，简体字不好看；第二，对阅读古文材料造成障碍。如果先学习的是正体字，那之后根本不需要学简体字，因为你一看就知道；但是如果不学正体字，就会对深入中国古代文化造成障碍。我的看法是，你只有在学习传统的汉学、了解古代历史、文化历史之后，才能学习现代的情况，不应该反过来；如果只研究现代，没有背景。如果在大陆旅行的时候看到一个碑文，我的学生们站在石碑前面，说正体字我看不懂，只学了简体字，那不是笑话吗？我说这样的话你不能说你学过汉学。

问：但是如果大家都去学习繁体字，那需要一辈子的时间，就不会有精力再去研究现代了。

答：不是啊，这个很简单，如果你告诉我，一两年以后我需要讲什么现代中国的课，那我可以用半年来准备材料，这有什么难的呢？我还记得很多年以前，在四川偏僻的乡下，人们把祭拜祖先的话记在本子上，如果上面的字写得很漂亮，都是文言文，像诗一样，人们很尊敬；但是另一个人用白话文，写得非常口语，别人就说很没水平。那时候中国人就已经注意到，用繁体字的是受过良好教育的人，用白话文的什么都不懂。如果我的学生要做研究，就要先学传统汉学、中国古代历史，懂了古代之后就会比较容易接受现代的发展情况；如果只研究现代的发展，会有很多问题无法解释，因为你没有足够的知识背景。

问：我注意到，洪堡大学是比较关注古代方面的东西，不是吗？

答：我们的大学现在完全在走迷路。我被聘来做教授，古代中国文化史是我的授课重点，我讲课的时候不只是讲道教，也讲很多别的东西。可是现在汉学系、日文系和印度学系都被放弃了，被一个规模更大的系，亚非学系取而代之。换句话说，你要报名的话，只能报亚非学，虽然可以选中国为重点，学习国语和文言文，但同时，你必须要上其他课，比如说非洲系或者印度学系，因为你需要学分。在我们大学只有学士，因为人手不够，还没有硕士课程。我认为，学生为了得到学分，一方面要学习文言文，另一方面要学习非洲系的课，那请问，他们怎么能深入学习中国的东西？我很怀疑。以前我来洪堡大学的时候，还是老学制，但是现在改成了新制度。现在我在电梯里碰到学生，问他们学什么语言，他们说越南语，我说这很棒，你们上课的时候能不能用到？没有，根本不会用。这样就完蛋了，无论什么语言都一样，只是在语言课上学，其他课上根本不用，这是没有前途的。我不能屈服于这个压力，还是按照老样子讲课。我希望我的学生可以从开始到最后都看文言文资料，没有翻译本，只有无限多的材料。如果为了让学生得到学分，你要把还没有翻译本的材料翻译出来，进行解释；如果要读硕士或者博士的话，还需要研究材料是什么版本。这些都要做，这是传统的东西。他们都是理论专家，但是理论所涉及的对象，他们半数都不了解。

问：学士只有三年，为了学分还要去听其他的课，这个课时对中文来说肯定是不够的。

答：有一个老师接了我的位置，他怎么讲课我不需要知道也不关我什么事，但我发现，学生来上我的课的时候非常高兴，在我这里可以看到全部的论文、文言文的原文，不是课本上已经准备好、翻译好的，而是真正的原文，需要你来查字典、来研究的。对我们来说理所当然的学习方法，现在却变成了特殊的东西。接我位置的那个老师，他从外面来，就必须适应接受这个制度；我没有接受那个新的体制，我上课讲课都是用文言文的材料，只要你有兴趣，想了解更多，没学中文也可以来，我不管。不过这样得不到学分，如果你需要学分，可以找别的老师。

问：但是很多学生是从零开始学的，三年怎么可能掌握文言文呢？

答：如果从第一个学期就开始上文言文课，那么一年到一年半之后就可以了，如果同时学习国语，那文言文也不是那么难，就是要肯花时间。你要查字典，要了解上下文，要反复阅读，理解作者意图。学生们对我说没有时间背课文，我会说，没关系，那我们一起读也可以，我不会单独读，让他们闭着嘴巴，我们可以一起试试看。

问：根据我在维也纳大学的教学经验，我觉得三年时间即使学现代汉语也不够，一定要到中国语言环境里才可以。学文言文就更不够了。

答：对，所以我说三年的学制就是一个骗局，反正必须去外国一年，也就是四年，四年后就要写学士论文了，但你真的学到了什么？所以，我说这个发展完全不合理，完全不适合汉学、日本学、古代印度学这些比较有深度、有历史背景的科目。

问：是的，有些人汉学毕业了也什么中文都不会说。

答：以前我的老师们，他们懂文言文，但都不会说中文。像研究古希腊语的人也不会说希腊语,他们只是研究、能分析文法、分析词汇、能完全了解文章的意思,对文言文来说也一样。

问:您用文言文说话人家可能听不懂。

答:这也并不是学习文言文的目的。我那时候就不满意,当时,我讲课的资料都是文言文的材料,但同时也要找到一些非常棒的台湾学者一起看材料,听听他们的意见,这个情况下不说中文不行,他们不会英语。

问:搞学术交流必须会那个国家的语言,古代语言是书面语,不是口头语。

答:对,那不是文言文的目标。我觉得,我们的汉学教育有一个很大的缺点,我自己也有这个缺点,就是没有学到所谓的方言。中国对方言定义不太准确,所谓方言其实是一种语言,像广东话、闽南语、客家话,这都是语言,方言这个说法不是很准确。我们德国的方言基本上是普通的德语加上一些地方的口音和说法,但是在中国,这些方言代表的是地域文化,很多可能和地方的生活发展、经济发展有关系,用他们的方言才能表达出来。但我们根本没有机会学到,在那里只要讲国语那你就是外来人。

问:但是如果学方言的话,那太多了,比如福建那边的方言,镇子和镇子之间的方言都不同。

答:台湾也一样,比如台湾北部,那里的闽南语和客家话也是不一样的。我记得在台湾的时候,和中学生住在一栋房子里,什么闽南话、客家话、国语,他们都会。

问:您在台湾待了几年?
答:先是一年,然后两年。

问:这么短时间中文说得这么好。
答:我每年都去。

问：每年去台湾，也每年去大陆吗？

答：去不去大陆要看有没有机会，比如说这两年有北京论坛，他们请我参加会议，我去过；以前，因为洪堡大学和北大是姐妹学校，退休前我每年都过去。后来停止了，因为北京有很多限制，太困难了，我和北京一些教授都是朋友，他们可以说是很辛苦。四川的学者我也认识，我也去过山西五台山，五台山是佛教的，我去开一个会，在山上住了一个礼拜，很有趣。有一天我们爬山，和海德堡大学一个教授，还有另外一个原来的干部。我们跑到山上，看到很多地方的庙宇都被拆了，他告诉我哪里曾经有过什么庙宇。

问：在德国像您这样研究道教的很少吧？

答：很少，他们不太了解我研究的趋势和内容。坦白说，中国传统汉学家也不会像我这样。他们说我研究一个很通俗的、没有价值的东西，这个我也了解。现在所存在的道藏、道经正是以这个态度编写出来的，这个我完全清楚。但是我不管。我认为，在中国人的生活里，法术非常重要，中国人很踏实、很现实，他们希望什么就会做到什么。不要讲什么理论、什么哲学，你要看他们在做什么。结果，我了解到研究法术很有价值，就按照自己的了解研究。我不管别人怎么说。

问：那您觉得它的价值在什么地方呢？

答：它是一个生活的现实，一个宗教的现实，某一方面来说也是历史上的现实，一个真实有的东西。而且我发现，台湾的普通民众会经常来请道士做一些小法事帮助他们解决问题。

问：能解决吗？

答：好像能，否则他们不会来。我只是发现他们一直来，请道士解释一些个人的问题。有些人认为拜神、请道人作法，情况就会变好，那么，如果总是有客人再来，你就有了名声，做任何事都有帮助。我不敢说他们讲的那些神是否存在，这个问题你不知道，我不知道，而是取决于这个人有没有信仰。

问：这其实和基督教一样，你相信就去祈祷、去忏悔。

答：中国也有。我是在天主教背景下长大的，我发现天主教的仪式很多方面和道教的仪式非常接近，态度和思想方面也很接近。你不知道吧，天主教也有驱赶魔鬼的仪式，我本来也不知道，但有一次，一个神父送给我一本书，这本书是他们教会提供给神父的，用来说明一些基本方法，也有一部分讲法术。所以，人都是一样的，但表现不一样，做法不一样，来源和传统不一样。你知道吗？外国人在中国传教的时候，很久之前，有一个派别曾表示，基督教的《圣经》在中国也有，就是《六艺》，就是六经的意思，这个就是天主给中国人的《圣经》。天主在中国用中国人的方法和文化传教。当然这个说法我觉得不能同意，但是，宗教方面有很多共同的基础，就是人类的共同点。

问：那您现在教什么课呢？

答：这个学期是中国的宫廷图书馆历史，中国的宫廷从汉代开始就有图书馆，一直到清代，里面有正史，正史里有艺文志，这个学期我们研究其中的子部，上个学期我们研究了史部，下个学期不知道会不会继续讲集部，或者彻底换个题目。

问：所以其实就是拿文言文的文章来和大家一起读，一起理解，是吗？

答：对，我给他们写了固定的材料，都是从正史里拿出来的，在《四库全书总目》里都有记录。比如说，子部三百一十，汉书又说是七略，它解释七略的意义是什么，还有哪些相关材料、相关解释，这样子进行一个比较。在不同派别眼中，中国人自己是如何描写他们这些哲学家的地位和价值的，为什么要记录这些书本，为什么要收藏这些材料？我们要了解中国人是如何解释自己文化的，不能等外国人来讲中国的文化，我们要了解他们自己的认识，自己的看法。

问：您这个课一般有多少学生呢？

答：以前我还是正教授的时候有6—10个学生，现在退休了，少一点，学生有时候来有时候不来，他们发现太难的时候，可能不想付出努力，就可能不来，所以一直换来换去的，都不一定。

问：即使教现代汉学的时候也会这样吗？

答：我以前当学生的时候，我和老师一共是两三个人，因为真正的汉学要花费苦功，你要花很多时间，会走很多弯路，这个不容易，但是没关系，你有意志力你就会做到的。

问：学生感兴趣的越来越少，而且想往深学的越来越少。在维也纳会出现这样的情况：设了研究生的课，但是学生不够，学生少于三个这个课就要取消了，有这种情况，你们这里不是这样？

答：就算只有一个学生我也会带的，老师不可能说只有一个人那就不来了，不可能。

问：我们就是一开始如果少于三个人，课就取消了。

答：我告诉你，以前大学的规矩，哪怕只有三个人，一个教授两个学生，也必须开课；如果只有一个学生，那教授可以自己决定他要不要开课。以前老师来开课的时候不太一样，因为你不能要求每个人对你选的课本有兴趣。另一方面我觉得我必须代表要教授的内容，所以不管有几个学生我都会开课；我也有过这个经验，某一个课好像根本没人来，但我还是会到那个教室去，坐在那里，总是会有人来谈论他读什么论文之类的问题。

问：我们大学不是老师自己决定的，是校方规定的，没有三个人不能开课。

答：在德国，那些教授没有老板规定你开课还是不开课。我之所以当教授，一个原因就是不想有老板，如果成为正教授的话就没有老板了，连教育部部长都不能要求你必须讲什么课、有几个学生才能开课，不可能。

通过中国古代哲学认识中国

——陶德文(Rolf Trauzettel)教授访谈录[①]

访谈人: 石之瑜、林凯蒂
时　间: 2011 年 7 月 14 日
地　点: Monumenta Serica、圣奥古斯丁
誊　校: 林凯蒂、Marius Gottschlich
翻　译: 陈少甫
核　改: Jiagu Richter

陶德文教授 照片 1:2016 年在 Sankt Augustin

问: 您学术研究的重点在哪个方面?
答: 我专注在文言文、历史,尤其是中国哲学的历史上。

[①] 标题为收入本书时所加,收入时访谈录有所缩略,全文请见 http://politics.ntu.edu.tw/RAEC/。

问：您什么时候开始学文言文呢？

答：二战后，我成长于德意志民主共和国。当时德国分裂成四块。但你知道西方的三个盟国，英国、美国和法国占领的地区，它们集成一块集成的区域，另一边是苏联于1949年占领的区域。这对民主德国是一个改变，但当时其实就是一种独裁。我就是在这样的背景下长大的。我在完成中学学业后，必须经历一次考试才能参加大学联考，这是1949年的事。一年半以前，我父亲过世了，家里共有四个孩子。年长的两个儿子，我哥哥和我，六年后我有了个妹妹，又过了一年半，有了最小的弟弟。在德国旧的社会系统中，妻子通常没有学过任何专业，我母亲必须在家做家务。因而，我们家庭在1949年刚开始的时候，日子过得非常艰难。因此，当我完成了学校教育，通过大学入学考试后，我无法将心思放在读书上，也因此，我后来成了一名小学教师。

问：您是在哪里教书，那是什么时候的事呢，您那时候多大？

答：在莱比锡。那是1949年。我出生于1930年，现在我81岁了。

问：但您还是在开车！所以在1949年，您成了……

答：在1949年，我成了一名小学老师。你很难想象，没有任何专业教育的我却可以教书，在暑期三个礼拜内的训练后，我就开始教书了。这要感谢当时的政治体制，他们将数百名教师赶离工作岗位，因为那些教师都是国家社会党的成员，即便他们仅是名义上的成员，而且也没做过任何坏事。于是便出现了很大的教师缺额。他们便开始找些年轻人，而我需要赚钱来协助我的母亲，因为我的两个弟弟妹妹当时也都在上学。再后来，我妹妹读完小学后就不再继续念书。她开始接受专业的设计训练，而我的小弟仍继续上学。母亲当时则在一处很不错的复合建筑局处当清洁女工，所以生活条件开始变得好了一些，我又可以将心思放在念书上了。然而当我尝试脱离我的教职时，并不是没有发生问题的，因为莱比锡的教育专员告诉我，教职员的缺额非常严重，而假若我能通过老师的考试，我便可以尝试加入大学里的远程学习，我可以学习，同时工作。这个远程大学在哈根，大约离这里有80公里吧，是一间具有特殊性的大学。他说，我或许之后也有机会在初中教书，但是这个

(教书的机会）我并不想要，所以我仍想找个办法突破。和我其中一个朋友（他在我念书时一直是我志同道合的伙伴，等考完德国大学联考后，他便开始攻读印度哲学）讨论过后他说："为什么你不试着在东方的语言或东方的文化中找一个作为自己的兴趣呢？"于是我得到了启发，也就是至少在一个面向上是对的：我必须专研一个领域，而这领域是你教书的学校不需要教的。我开始大致浏览东方文化，阿拉伯、印度、东亚，我得到一个结论那便是中华文化最能引起我的兴趣。第二步便是前往莱比锡大学的东亚研究机构，而与机构里的教授们变得较为熟悉。也因为对中国的历史和文化感兴趣，我打听着是否有可能从那里借出一些书来看。和莱比锡大学东亚研究机构保持联系了一段时间后，我去找 Erkes 教授并告诉他关于我现在的情况以及希望脱离教职所遭遇的问题，并希望我可以开始学习汉学。当时他们并没有很多学生。他说："我会替你写一份推荐信。"而他真的写了，所以我成功了。他稍微撒了一点谎，他向教育专员说我非常适合攻读汉学，而他表示自己认得我，教授替我保证我会继续履行我的义务，诸如此类的。我又再一次地写信给市政府主管学校事务的专员，而当他读到 Erkes 教授的信时，他说："如果是这样的话，我就给你自由，但你必须得到萨克森省教育部同意核准。"于是我前往德累斯顿去找那里的教育部官员。那位官员只是很快速地看几眼 Erkes 教授写的信，就对我说"可以"，然后签了名。于是我便开始在莱比锡大学攻读汉学。

当时是旧式的大学体系：你必须有一门主修的专业，加上两门辅修的科目。后来，当我自己成为教授，可以给学生们建议时，我都说千万别学我这么做。因为当时我也选修了梵语和日语三种（含中文）东方语言。这是很困难的事。总之，我就开始我的学习了，这在当时是一种非常有意思的情形，没有适当的解释你没法理解。当时的德意志民主共和国政府开始留意在柏林的大学中几项特定的专业。政府于是计划并一步步废除印度研究或阿拉伯（研究），诸如此类的。在当时这只是一个开始，但这对还没有进入这个研究领域的学生产生影响，比如我们三年的课程总共只有三个人，也就是德国老师、我自己，还有另一位同学。这一位同学在我们（莱比锡）大学是专研数学的。

问：只有你们两个学生吗？

答：是的，两个学生，另一个人是数学系的教授。但这在后来一段时间有着强大的影响，因为我从来不曾靠向当时官方的意识形态或诸如此类的事。有许多次我说话过于自由随意，所以在其中一个学期，我因为这一类的问题几乎被逐出大学。在当时，我自己思考着要去西方，但那时候我弟弟仍然在上学。我哥哥则是另一个特殊的例子，他想要成为一名画家、一名艺术家。他也是一名很棒的歌者，他曾经拜访了所谓的汤玛斯学校，它们有着最出名的教堂合唱团。但哥哥从来不曾过大学，他当时去了西方，去 Karlsruhe 艺术学院念书。当时，这对他而言非常难，但并不是个问题。所以我那时认为如果离开我的母亲、弟弟、妹妹并不好，而我的同学，那位数学教授，在莱比锡表现得非常杰出。我不知道他怎么做到的，但也正是他救了我（的读书机会）。

问：他跟官员的关系很紧密吗？

答：对，在那时他是一个有名的教授，我想他现在也许还活着。幸运的是，当时他在救了我之后才去了西柏林。

问：您记得当时必须学什么才能毕业吗？

答：任何专业的学生们，都必须学习马克思主义和劳工运动的历史。如果你没有先入为主的想法，你大概不会在每一个情境中警觉你所使用的语言，但在当时，他们，也就是共产党，都会送一群共产党学生去学习中文。和他们在一起则会有很多问题。他们之后都被送去中国接受当代中国语文教育的训练，但我则不被允许去中国。于是我参加了一个考试，这你可以将之和我们至少五年的硕士学程对比。但那时候还有其他情况。教授，也就是那位使我得以正式学习中文的人，对我提了个建议。你知道所谓东方式的系统就是一个计划式的系统，你是不能自由选择的，当时斯大林还活着。你不能根据自己的倾向或你自己的期待等去自由选择这个或那个。这位教授说："这人（也就是我）得去大学图书馆。"当时，并没有一个人领导东亚和南亚的文化系所，因此我成了一名图书馆员。我必须再攻读至少一年，而我是在柏林的德意志民主共和国国立图书馆，也就是所谓的苏联国家图书馆，这个图书馆现在还存在。在那儿我必须学习文献目录的编目研究，以及行政。等这完成，我又回到莱比锡大学图书馆做事，直到1961年底。那时候家里的处境已经变得好多了，所以我想我应该尝试我最想做的，也就是加入中国研究。但若如此，我必须去西方，可是在准备出发之前的半年左右，也就是预计出发的几个月前，柏林墙建起来了。

问：所以您不能去了？

答：我必须尝试离开德意志民主共和国，尝试任何可能离开的方法。我没法解释我是如何做到的，那时非常困难而且也遇到非常多幸运的机会、得到很好的建议，我找到了一艘驶离德意志民主共和国开往摩洛哥的船。

问：这是一个绕路的办法。

答：我无法向你解释当时船上的情况是如何，我记得不是很清楚。那时候我已经31岁了，而这场冒险发生在1962年1月初。我在卡萨布兰卡登陆，然后去了当地的西德大使馆。当时船上还有八名乘员也都去了西德使馆，我们组成一个小团体。在我们取得德意志联邦共和国护照的当天，在那个晚上，我们搭飞机前往巴黎，又从巴黎到法兰克福。

问：那是什么时候，当时是由您付钱还是他们付钱？

答：当时是1962年。那是由西德政府付钱的，我没有钱。他们核对了我的背景，确认我当时告诉他们关于我过去的事是否真实。我必须决定下一步怎么办。我可以去吉森，那里有一个研究亚洲的中心。最后，我决定前往慕尼黑，因为慕尼黑在二战后教出了德国最知名、最杰出的汉学家如福赫伯。福赫伯在三个礼拜前刚去世，享年96岁。

问：您知道金德曼教授吗？

答：知道，非常熟。他是政治学的讲座教授，专精于国际法、孙中山和国际关系（新慕尼黑现实主义学派），他对中国特别地感兴趣。你知道他是一个奥地利人，不是德国人。

他是最优秀的学者之一。我的教授当时和他有很好的联系，所以很自然地我也认识了他。当时我必须重新开始，我必须念一个博士，我是以我在莱比锡时同样的主辅修组合攻读博士。汉学家福赫伯，专攻印度研究的德国人 Helmut Hoffmann，以及专攻日本的德国人 Horst Hamitsch。这并不是那么容易，因为我只做过几年的行政工作。在我们课程开始前，他说："你必须使你自己从学生习惯性犯的错误中解放出来。一个图书馆员和他所喜爱的书本内容完全无关，他只需要专精在使这本书未来可以被购买的技巧，使书籍可以被编目、可以被摆置在书架上。这是你的工作，没有其他。"而现在情况已经在很大程度上改变了。你从一个专业科学编辑那儿取得书、有着为编辑所准备好的索引卡片，里面有着图书馆员需要的全部细节，而按照规定，所有图书馆都采用。否则，图书馆目录数字化会有更大的问题。

问：回到慕尼黑，您怎么支付您的学费呢？

答：当我还在莱比锡大学的图书馆工作时，我有一个同事是阿拉伯的东方专家，我们曾经联系过"德国东方社"。在当时，或 1950 年代晚期的一开始，他们开始为图书馆编目付出非常多的努力。德国东方社知道在很多图书馆有着和东方有关的手稿而尚未编目，他们询问所有专业的图书馆员去找这些手稿并给予基本的资讯。所以这就是我们在图书馆做的，东方学的朋友和我，我们帮助东方社做这项工作。

我在慕尼黑时，这个社团的秘书努力为我取得了一个奖学金。当时我知道这是我一生难得的机会，所以我全心全意专注在我的研究上，并在很早的时候，在 Franke 教授的指导下找到了我的论文主题。Franke 教授是一位中国史学家，有着对中国历史各个层面的丰富知识。他对元朝和蒙古帝国特别有兴趣，而我想他过去是、现在也是这一个断代史中最杰出的。他也是研究蒙古语的专家，还学了日语。但你知道，他像我自己一样，我们都特别训练自己来加入使用日本语来阅读二手文献的这一类机构。但他看出了作为一名蒙古历史的专家需要来自阿拉伯的文献，所以他也学习阿拉伯文。曾有一个学期我也研究蒙古，但是非常浅。我当时有一个感觉，如果我也对蒙古熟悉的话，我的老师会喜欢我。

在这位老师的引导下我进入了中国的历史研究。所以我写了一篇关于蔡京的论文,也就是那位在11世纪末宋徽宗的宰相。他是一个非常有问题的人物,蔡京由于他的坏行为或坏的朝廷治理而受到批评。我后来便将自己的研究投入宋朝,我觉得这是对于传统中国智识史的一种尊重。这是最有趣的朝代之一,中国知识分子开始去看那些不同于自身强大传统的事物。在那个朝代中国知识分子必须去辨别关于他们称之为帝国以及附属国之间的巨大差异。因为如你所知,在宋代刚开始,中国北方仍有部分由外族统治,也就是11世纪存在的辽国、契丹国,而宋朝始终没办法成功将这些势力赶走。在11世纪初,(澶渊之盟)对中国而言是个重大的挫败。在那之后,中国朝廷许多年里都必须向他们(契丹)缴纳贡品。我们来想想这些知识分子,他们仍必须学习和认知现实,在天下和中国的附属国之间存在差异。天下存在,但天下不是纯属于汉人,而这对他们而言是个问题,因而,他们也必须思考一种新形态的内部行政的组织方式。他们从很多层面看都是失败的。在那时,知识分子们相信他们可以从唐朝的陨落中学到东西,你知道,唐朝的失败是因为军事问题,亦即国界上的军区。但为什么他们变成充满问题的呢?这是一件事,如我所想的,回到中国古代处理军事领域,这种混乱,尤其是汉朝时代的混乱,已经不再过度强调军事因素。在欧洲,举例而言,贵族的成员们,那些大家族,贵族间存在一种"铁腕"统治,一种很强大的管理,至少会有一个儿子必须从军而变成一名军官,但这不存在于中国。当时中国人全部都尝试变成官僚、官员、学者但就不是军人。这带来什么样的后遗症呢?越来越多的军官是由外族人招募而来,特别是当(领土)一部分是由外族人统治的时候,想一下从3世纪到6世纪的阶段,还有在拓跋魏朝、匈奴,还有一些其他更小的外族部落曾在(中国)统治,而当它们被隋和唐驱逐出去,还有很多这些外族人留了下来并定居在中国,这对中国人而言并不是个问题,因为这些外族人接纳了中国文化、中国行为、中国权利,等等,在这层面上都没有问题,中国人在每一个阶段都是非常包容的。所以从这些外族,中国人招募了他们的士兵和军官。而如果你看看唐朝的殒落,你很快会发现这些散布在国界线上军事区域的军事指挥官从中亚到近东人种都有。你知道,在当时中国人和波斯有很好的联系,波斯有着所谓的萨珊帝国,而它们和拓跋魏王朝有联系。那时候中国人学到了红酒,他们发现有一种农业作物的产品——红酒,或(直接称为)酒,源于西方的酒和中国书写的"葡萄"二字则是一个波斯字,并不是中国文字。从近东、从中亚来到中国的波斯人,变成了中国军队的军官,同时也是军需的主要行政官员。所以他们可以处理税金收益和任何他们希望的事情。所以当这些人开始造反时,取得必要的经济上的支持,对他们而言,完全不是问题。

到了宋朝,宋朝人认为唐朝最主要的军事行政缺陷,是在于这些军事指挥官们能以一种自给自足的方式团结在一起。因而宋朝在经济行政和军事行政上做出了非常强的分隔。到了11世纪他们建立起一支非常强大的军队,而其中仍有相当数量的军官并非汉人,而这是一个非常厉害的军队。你知道这是非常辛酸的方式,他们有着非常辛酸的道路必须走,那就是在11世纪终,或到12世纪初,当时出现了一支新的外族"金人",而宋朝想出了一个胆大的主意去和金人联盟一起攻击辽,而辽就被击败了。但主要的功业并非由中国军队完成的,而是金人完成的,而金人马上完全仿照如大辽般与宋之间的对抗。

在1227年,宋朝迎来了第二次的失败,而这次比所有先前的失败损失都来得更加惨重。金帝国势力扩展到了淮河,然后又接近长江,这些区域都落入金人的手里,远比大辽掌握的领土还大得多。如今贯穿11—12世纪,是一段在哲学、历史研究、文学都非常丰富多产的高峰时期。当我研究到这一段,我感觉我对文学、哲学有着比纯粹历史研究更多的兴趣。但我非常感谢我的老师Franke,当他向我提议共同写一本中国历史的书,我答应而且我们做到了。在当时,法兰克福的Fischer出版社有个非常好的提议,把书分开写而不是结集成一本,分开成不同的书册,不同于世界的民族国家的发展,一项世界史学者的策划,最后写成了36本小册子。这主要的想法是,自从德国在第三帝国后遭孤立,也在多数西方研究的学术领域上遭孤立,尤其是在1940及50年代,法国的史学非常进步,他们当时在巴黎有一个非常有名的被称为"分析者们"的中央的历史机构。Fischer的编辑有了将法国历史学家和英国历史学家,连同德国历史学家合并在一起的想法。也因此,有很多西欧历史学家们的新观点可以被介绍到法国来,而更强化了这些领域的联系。当时有一个非常著名的法国汉学家,他是匈牙利裔,但他到了法国并拥有法国护照。他本该写关于中国历史的书的分册,但他只有列出一个计划、一个概念,他在完成内容大纲时便过世了。我想,当时他只有 60 几岁。所以 "Fischer Weltgeschichte" 想编的世界史少了中国这一块,他们请 Herbert Franke 来接下这个工作,他觉得自己一个人做太过繁重,因此他需要一名共同作者合作,那便是我了。我们写这部中国史花了约 2—3 年,从中国史的起始一直写到 1912 年。所以是写中华帝国,一直写到了清朝的灭亡。我成为了一名历史学者,那本书大约印了 10 册。

问:当时您的书使用原始史料吗?

答:是的,有一部分使用,如果要执行这样一种计划,那么,你只需要运用原始史料的部分内容,但最主要的部分你需要以由中国历史学家或德国特别是美国的历史学家所书写的二手的科学文献。

问:在三年内?

答:是的,在三年内我们做到了。但在那时我心无旁骛只做这件事,那时我已经是汉学的研究助理。那时我并不需要德国研究议会(如今的德国研究基金会)的支持,作为一名研究助理我有薪水。这是另一个令人开心的事情,因为在德国我们称之为东方学研讨会,有时称为机构或其他在慕尼黑的研讨会。这些都只有非常少的预算和员工,一个教授,一个讲座,正常情况就一名助理和一名讲师。你知道,讲师那时必须来自中国。

问:教中文?

答:但他们也是接受三年一次的训练,因此每三年就会有一次职员的轮替。可是当我来到慕尼黑时,很自然地成为一名研究助理。在那时,也就是 1960 年代初,从经济层面看,德国许多事都发展得非常好,无论经济上或政治上都是。这对于增设大学和其他研究机构,等等,就产生了很正面的影响。而在当时仍存在着东方的苏联和德意志民主共和国之间的一种对抗,当时有一名部长,我记不清名字了,他有一个非常聪明的点子:当一个德意志民主共和国里的大学年轻人逃到西欧来寻找新事业,而且如果一名教授能被这个年轻人说服他很适合成为一名学术研究者,那么,他就能够申请到一个额外的助理职位。其他人并没有这个机会,只有这个人。

问:有多少类似您这样的人取得这样的助理职位呢?
答:我不知道。在我的领域我是唯一一个,就是指东方和东亚研究这一领域。

问:也许还有自然科学领域。
答:是的。

问:您花了多少年您才开始感觉自己可以掌握文言文?
答:我不记得了。在完成博士论文后,论文倒是有很高的评价……我必须有一个新目标:第二博士学位。你知道这是什么吗?这是一种德国的东西,典型的德国玩意儿。意思是你在取得博士学位之后必须等上一段时间,当你取得一个职位得以展开进一步的研究,你开始必须在期刊、科学期刊之类的上面发表文章。而当你写完这些文章后,必须得到其他科学家们的认可,然后你必须选一个更大的题目来做研究:这就是取得"特许教授资格"。这种特许教授资格不是只被你这个领域中的教授们认可,还必须被学院里的一个委员会认可。以我们这种例子,如人文学院,Kinderman 就属于其中的一员。而当被接受后,你必须就三个主题提供三堂课,你必须在一场学术会议上做一场讲演。就是要讲一堂课,以一份特别的主题所写成的科学文章来讲课,而这是进入新方向的一小步,这必须是某种新的题目。你必须读半小时,然后接受平均约两小时的测验答辩,你会被所有学院的成员轮流质问,你知道有这么个委员会,八、九或十个教授,但每一个学院的成员都有权利加入并且对你提出质疑。而这时,假如你在检验中都很成功,你可以给予一个讲演、一个持续 45 分钟的学术课程。但这也只是作为一个给你学院同事的证明,证明你可以自由地在其他学者前说话。比如你可以俯瞰一些问题,会有很多的学生作为听众,就像通常一个教授上课一般。但这个你只应该证明你的修辞技巧，然后你会得到证明代表你有能力成为一名大学教授。在德国，不经历特许教授资格的检验无法取得教授职位。

问：是啊。您当时说了些什么呢？

答：那时我有些自己思考的问题提出，起头我有一个想法，是在我参与第一次会议时涌现的灵感并写在一张小纸上。我的想法是：中国皇帝地位的合法化问题。我是第一个发现这个有趣的问题的，我们读了一些我发现的中国历史学家的论文。当时没人对这有兴趣，所以我有一篇特别的文章专门讨论欧阳修在他那个时代也在思考的，就是中国统治的合法性问题，尤其是它的前提条件，皇帝也必须符合这个前提条件。我提出了一篇一位汉学家在意大利杜林研讨会上写的文章，我获得很正面的回馈。

接着，事情继续，我必须做我的助理工作，我必须教文言文，我必须写文章，和我的教授一起写中国的历史。但这个主题仍在我心上，我希望以这个题目来写我的教授资格论文。但我的老师拒绝了，他担忧我不能成功。我想，必须诚实地说，我从来不曾真正放开这件事，因为中国统治权合法化的主题后来在国际汉学研究群体里变得非常受欢迎，尤其是美国和中国学术圈的汉学研究。他们出专著和一些更多这一类的出版物，如你所知，中国学者总是比欧洲学者拥有更多资源，这毋庸置疑。我很早学会了使用中国历史学家和中国学者们写的东西，或许这是旧传统和并未使用我们标准的视角。找出大量从中国原始史料里挖掘出来的文献，他们是专家。还有这，我不知道来自哪里，香港吗？他们出版了很棒的满是中文传统学者写的关于合法性问题的专著。但当时我想的是，我是第一个想到的，但现在我被排除在外了。现在，他建议我写，而我也这么做了，关于……的出行期间，这讲的是一位中国使节在蒙古。

问：张骞？

答：是的，到今天存在两种报告，我必须翻译并找出当初他们穿越中亚的真正的路线。最后的目标是俄罗斯，俄罗斯在17世纪是大量又活跃的。现在我做了这个，我想我没有做得很好，我的指挥教授总之还是答应我了，但我从来没有出版过论文。在通过了教授资格后，我拥有条件可以进一步地申请，于是我向图宾根大学申请，大学要建立一个委员会而且拥有一份清单，正常来讲会有三个候选人。第一个，也就是第一个是他们最想要的，然后第二位、第三位这样选择，我取得了第二位的资格。有时候第一位候选人没现身，你在那样的情况就有很好的机会了。

问：两位候选人去了……

答：是的。所以在1972年我接到了哥廷根来的电话，我在哥廷根大学取得了教授职位。这是一个非常小的学院而且没有什么伟大传统，只有20年左右的历史。在1950年代初他们设立了学院，但我想他们并没有投资足够的钱在上面。虽然它们在那儿也有伊斯兰研究、旧东方Arkadic"楔形文字手稿"，石碑文化，还有土耳其和印度研究。但并没有东亚文化，应该说，他们尝试建立但当时在中国科研领域上发展得非常不顺利，政客们认为这没有"教育学"，一个教育科学的问题。我们把这教育学视为一种自主研究的领域，而不是教德语、教育方法论、教育自然科学、教育人文学，只有涉及教学方法。在我来看，这从来就不是一个科学的东西，这只是技术性的。是啊，就没其他的了。然后有些人他们的能力不足以处理复杂的领域，而这些人在很大程度上和政治领域很接近。当我来到图宾根，大学校长和我之间的讨论是以这样的句子展开的："你知道我们大学必须投资在教育领域上，因此我没什么可以为你的课做的，你必须满意你已有的这些，是的，你在那边会发现这样的问题。"否则那边学院里有着非常好的同事、非常好的气氛。从这角度看情况很好，但你就是无法取得足够的钱来买你需要的书，而大学图书馆，一个非常好的大学图书馆，并没有属于东亚研究的区域，也从来没有收集东亚相关的资料。所以我为课程找到的一点资料就必须成为我们的基础，你知道，就是为了教学用，这是足够而正常的，但却仍不够做研究。但在当时我开始对一些今天仍认为非常重要，而且西方汉学家在相当程度上依旧忽略的事物感兴趣。那便是中国语言学家的成果，比如高明凯、杨树达、王力、吕叔湘，所有这些语言学的专家们。还有一些中文的经典文法尚未赋予翻译研究价值，对一些汉学家而言根本完全不知道这些人。我开始研究一些这样的例子，我将其中一些用在教授文言文上。在那时候应该算是一种新途径。

问：这是很棒的途径，这些语言学者们是近代的吗？

答：不，他们都活在 20 世纪前半世纪。是的，到了 20 世纪中，他们成为领导的一群人。周法高在香港是一个领袖的人物，在 20 世纪七八十年代依旧如此。我想另一个在这个领域具有特别的领导角色的是香港中文大学，是一个非常好的大学，有着非常好的汉学家。对，他们非常棒，我现在仍是这么想。

问：您在哥廷根待了多少年？

答：三年。我向波恩的大学申请教授职位，那是在 1975 年。接着我取得教授职位并在波恩留了下来。你不能将波恩与慕尼黑做比较，但我们有一间非常好的研究用图书馆。大学图书馆当时并不那么好，因为波恩的研究所课程仍是非常年轻的，但我们有非常棒的东方学机构以及是由一名阿拉伯和波斯的专家主导的。但他只在乎在东亚相似的领域四年开一堂课程。在 1950 年代初，波恩在东亚科系设立了一名中国问题教授，过了些年再设立另一个教授职位给日本，事情就这么进展下去。这部分是依靠了波恩在共和国扮演着首都的角色。我们善用了这样的背景而取得很大的效果，我是这么觉得。

因为我当时是一个接受过训练的图书馆员，而我接到德国研究机构 Deutsche Forschungs – Gemeinschaft 的通知，你听过这个名字吗？是一个非常大的组织，它们有很多办公室和机构，但主要的工作是支援，你必须去申请类似的一个研究计划的支持，在波恩有这种非常棒的组织，他们有数百名官员。他们为了图书馆问题设立了研议会，他们同时也决定给予经济支持，将之提供给特殊研究领域和扩大科学成果。所以，一个主要的委员会在特定的领域中设有专业的委员。以我们的情况为例，我们会有一定的金额向中国大陆和台湾购买资料，也就是中国的文献。他们也决定我们将会是一个主要的图书馆，可以买书也有编目的工作，去建立一个目录，所有联邦共和国的汉学机构才能使用它们。我成为了委员会的一名成员，而主要取得钱的图书馆是位于柏林的国家图书馆。这个系统运作得非常好，由他们去订书都没有遇到问题，所以，我们因此在波恩的学院拥有了非常棒的丛书收藏，特别是在现代专题著书、由中国学者撰写的期刊都能由柏林购买，他们拥有委员会所提供的所需资金。这运作起来非常有效率。

问：这个国家的所有人都能使用它们，但期刊如何呢？人们要如何使用期刊？

答：是的，这是一个问题。如今，都是使用复印，你可以在你电脑上取得数位的版本。这新的发展让事情变得更加便利。

问：您何时决定要借由柏林作为主要的图书馆呢？
答：这决定同时也是由研究议会决定的。我想这是在1970年代。

问：在1970年代，政府决定支持汉学研究吗？
答：是的，但你也可以……每个教授都可以为年轻的学者申请费用的补助，现在，我们是怎么称呼这个字的？

问：奖学金？
答：对，奖学金，由这个机构补助。正常来说你会得到三年的补助，但若以那种方式，你所得到的薪水比较起来就是一个助理般。

问：当时会补助是因为"文化大革命"吗？当时因为中国发生"文化大革命"所以研究上有更多的必须性，所以对汉学上的研究经费赞助就增加了？奖学金这件事和中国发生了"文化大革命"这件事有没有关系呢？

答：是的，在1965年秋，这段痛苦的阶段正开始，然后1966年开始持续了将近10年，但头三年情况最严重。

问：所以当时在德国，也有"左"派学生运动作为一种对毛泽东主义呼应的方式。

答：是的，那就是出名的1968年"学生革命"。

· 265 ·

问：您那时候在哪里呢？

答：我很高兴当时从东德脱离出来，所以当我看到在我们西德年轻的学生是如何追随这些人我很震惊。这是一个悲剧，我觉得。但这悲剧的另一面你也决不能忘记：反抗当时是多么微弱。我想这和当时社会民主党内的一些特定团体有关联，他们希望做一番事。但当时为什么社会主义者能忽然冒出这么多，而且可以获得这么多社会的反馈，这是很难解释和理解的。

问：但我想这种对于汉学研究的支持或许相当程度链接到这一种的……

答：不，我不这么认为。只有极少数人是在领导的位置，他们领导了这场运动。

问：喔，我的意思是，他们尝试去回应，所以他们理解了在中国事务上有持续增加的利益，所以他们了解到汉学研究是一个重要的研究领域。我们继续吧。从您在波恩的工作开始，您的研究是如何从那时开始发展的？

答：就哲学而言，我是从历史哲学开始的。还有，我遇到了中国哲学很根本的问题，也就是缺乏作为一种自主的主题"逻辑"。我认为，中国人并不承认逻辑本身是知识分子生命中的一个特殊的世界整体现象。你知道，墨子的成就或思想只有留下少数的作品，也就是所谓的经典。但这些也很零碎，从逻辑上从来就没有一个完整的成果，在历史上始终是很支离破碎的，从来就没有一个完整的东西。"逻辑"在中国哲学中始终是发展不完全的。然后对于墨子，讨论消失了。你知道有些作品在庄子最后面，但没有人在这部分做研究。然后，这就有一个非常显著的现象，也就是佛学。佛教逻辑来到了中国，但只有非常非常小的一部分佛教知识分子投入这些事上并获取知识。中国的哲学家完全忽视这件事，或多或少总令人感到震惊。如果你阅读宋代哲学家的传记，比如张载或是"二程"，你会看到在他们年少的时候，他们全部经历了佛学的教育。但是，他们越过佛学而变成坚定的儒学家，但有一个例外，那就是他们有一个形而上学的位阶，这是他们本来没有的，而这是佛学所造成的。他们将佛学融入自己的儒家知识和哲学中，然后尝试融合。但除此之外，他们也完全忽视了逻辑上的研究。非常晚，我觉得在19世纪末，有些哲学家开始针对这个领域展开中国哲学上的争论。这是个非常复杂的现象。其他的你可以说中国哲学的讨论都是由社会关系和道德主导的，因为他们从来不想失去与社会实践上的链接。在我看来，这让我们理解为什么中国人忽视逻辑。

问：这只是您的观点，还是您许多同事们共同的观点呢？

答：从毛泽东主义观点而来的，他们尝试从中国哲学与希腊哲学做比较。特别有个同事叫罗哲海，你曾经听过他的名字吗？这到现在都很有意思，因为马克思主义者自己并不是好的逻辑哲学家。还有一个问题突出了这一个疑问，那就是从20世纪初开始，当更多中国知识分子从西方的发展学到知识，特别是在哲学上从希腊哲学出发，他们宣称"我们的"中国文化是和欧洲一样从起源就在同一个水平上，没有任何差异。你知道，在社会学的领域，有一个很有名的理论称之为所谓的"东方社会"，而德国汉学家Wittfogel将这个理论作为他毕生研究的方向，而最后发现有一个很根本的差异，一个在西方与东方之间的鸿沟。而他指出差异的根本也就是中国和欧洲社会发展的构成是出在中国人的灌溉技术上。

问：水坝计划？

答：是的，所以你可以将水引导到农田，这是一个很特别的德国术语：Bewässerung，意思指的是水的分配。

问：是灌溉吗？

答：在德语中，我们称之为Bewässerung，而他的意思是，有这样的需求需要由中央引导这样的事情。这就是Wittfogel的理论。但是还有另一个更优秀的汉学家Wolfram Eberhard，他认为这是不正确的，所有这些事务并非由中央政府指导，正常情况下，是由省里的地方文官指导。所以这对于东方社会这样的论点并不是正确的。

问：您所提到的这位教授，他是在海德堡？

答：不，他是20世纪初的人。我不知道，或许在柏林。我认为他去了柏林，他多少受到了共产主义者的影响，或这么说吧，他是个"左"派。当纳粹在1933年开始统治德国，他去了美国，然后他写了一本很有名的关于东方专制主义的书。这是一本非常有争议的书。但这本书也受到相当大的批评，我想部分批评是正确的，但部分批评则不对。现在，问题是：多数中国学者，或者说最主要批评他的一群人，攻击了Wittfogel的理论。他们说，我们不想要有一个区隔的发展，间接地，他们的争论变成我们的形式。早期的中国"左"派知识分子并不接受在阶段性发展中存在的差异，特别是从根据社会生活的架构所决定。这就是说，从共产主义开始，然后到了一个奴隶的阶段，然后封建阶段，然后资产阶级，而Wittfogel的理论是一个"单一类型社会"，从最一开始一直到Neuzeit，直到当代。特别是所有在中国的共产主义哲学认为这样的发展方式便是当代马克思主义历史发展的标准。现在我认为，这并不是很好的，这种讨论已经结束了。人们不应该继续在这议题上，我们应该尝试去发现每个社会的特殊特性，然后忽视这种旧的论争，因为这只是意识形态上的。现在，有另一种哲学上的基本问题，那就是中国的世界观是一元论的。但我们在世界里存在一些二元论的现象，你有一个世界在那儿，然后也还有另一个世界。而这另一个世界也许被视为是上天的。这是一个根本的不同，人们只能在一个程度上变成对自身存在有自觉。你知道基督徒的宗教信仰属于这一块，而在哲学里，这是形而上学的领域。在中国，全部是封闭的而被归类为单一物质。

问：是指道或气或者是？

答：是的，是气，也就是最基本的概念。而你知道如果我有这种意见，那么，有很多重要的想法，都是围绕在这个争论中，你得到相当多另一种在身躯和精神层面两者关系间的理解，诸如此类。这是中国的原则，对于生活以及世界的想法，在很大程度上和当代自然科学是一致的。而这个问题，我认为，反映中国哲学自从宋朝直到现在。另一个问题是关于语言的哲学。

问：您也有写关于语言的哲学？

答：是的，这在中国古典语文里是个大问题，因为古典语文更多是视觉上的现象远胜于一种口语。我们不知道任何其他1800年的文化在口说的语言和书写的语言上有如此巨大的鸿沟。你必须想象，让我们这么说吧，在1050年，有个宋朝的中国皇帝给他的文官下了一道命令，然后这文件你说不出来（你并不能大声读出这道指令，因为书写和口说语文上的不一致，你不能聚集起你的官员，然后说"我来念给你听，皇帝说了什么"。不，他必须将之翻译成实际说出来的语言）。但更重要的是，他必须拷贝它，然后每一个学者和官员都必须阅读原始的版本，这是很独特的。当中国语言的子音在北方地区消失后，这又变成一个没人能理解的问题。你知道你在音节的结尾并没有K，没有P，没有T。

问：是的。

答：你们没有一开始的子音群，你没有KL，也没有KR，为什么，在哪里？要怎么解释这失去了性质的语言，而如你所知，这……（思考）你必须相互对谈。所以从单音节的语言，中国语文改变为多音节词的语言。而这发生在那年……在2—3世纪初。这改变才开始。

问：我不能理解但这看起来是个很好的主题。

答：是的，令人震惊的是在一些南方方言中保留了一些子音，和一部分的clusters。但你不能解释，或许根本就没有解释。现在，为了解释，你必须经历一种非常困难的语音学的训练，而这是我所不具备的。我只对这种讨论有一些观察。当我在教书时，我总是介绍了这些问题并给那些可能会专精在目录学方向的学生提出这些问题。但主要的兴趣之一还是在中国个体社会中的相互关系，这是我认为要了解中国社会很根本的问题。要了解这个现象有两个方法，一个是研究社会史，而我认为研究中国的亲属制度也是非常重要的，它在历史中造成了特定的歧义和变化；另一个是问题是如何由知识分子的精神上投射。你一定不能看直接的话语而是要看中国文本里难以捉摸的部分。你知道古老的中国人是幻象艺术的专家，是大师。现在德国正在讨论剽窃。如果我写一篇评论，然后我记起有名的评论家，或说是有名的哲学家或有名的诗人，曾写过很棒的句子。然后当我以我们欧洲的习惯，你会看到句子。然后我必须加上引号，必须举出原始作者。然后最好是在书本交付印刷前或在书页上指出来源，但中国人并不需要这个，他们可以不用引号就写出句子，完全不标记。这在德文中被称为"剽窃"（Plagiat）。在中国，这是很不同的，你展示出你记得这样的好句子，表示对你能使用这种引语的敬意和价值。这是你们有一种你们精神世界里非常根本的传统，而你们的精神传统代表你学习和知道如何使用这些句子。问题在于，你认为所有会读到这些句子的人都受过一样基本的教育。这就是，这么说吧，有着基本的准则。这是一个问题，如果你想提出一个非常新的点子，那么，你必须离开传统的模式。

问：您怎么看如今越来越多的近代中国研究，这里指的是社会科学而不是哲学或史学，运用社会科学尝试去了解我们所看到的？社会科学家依赖模型、系统、相关性而不是哲学解释。您怎么看如今更多当代观察中国的方法？

答：我必须在一定程度上承认，我放弃这类当代问题，因为我认为我不想要陷入意识形态的争执中。对于中华人民共和国，我觉得，我不能察觉到一种新的、根本的想法或其他复杂的想法可以更易于建立在这一个特殊的系统上。还有其他的切入点也能描绘我们真实的西方世界，比如经济思考就主宰了所有的问题。你认为呢？

问：是的，在一定程度上发生于1949年之前的，足够让我们去了解发生于1949年之后的，但对于社会科学家，不，一发生于1949年之后的反而是一种方法让社会科学家们去理解发生于1949年之前的。他们用当代去理解过去。但从一种人文的、历史的或哲学的观点，是用过去来了解当代。

答：所以我认为这就是差异。所以我们依赖我们自己在欧洲国家的经验，然后和发生在中国的事情相比较，作为我们了解中国的方式。所以我们从自己的观点来理解中国，然后尝试用这样的理解以我们的视角再诠释中国，然后再用这样的理解再诠释过去历史中发生了什么。如果我们从中国的过去理解中国，那么，我们看待当代中国，就是和以欧洲或美国的观点来看中国非常不一样。这在我看来，在德国有更多近来的奖助就用在中国的社会科学研究上而不是中国的人文研究。我认为西方世界越来越中国化了。

问：哦，真的吗，为什么如此？

答：首先是因为现实所造成，然后就有了支持现实的工具。在西方，那些所有可以展现出来的和所有会存在的，那些虚浮的东西，所有这些大量的现象，特别是年轻人都只是热衷那些不好的音乐，在我看来，这是人们在文化上的堕落。我们迷失了，在宗教中我们失去了最基本的沟通，违反了最纯粹的经济生活。换个方式说，在西方，我们已经失去了我们基本的价值。

问：中国不也是一样失去了他们自己的过去和自己的精神吗？

答：但中国人很习惯如此。抱歉，这个问题是在我们西方并不能真正珍惜中国历史中普通人的生活。在中国历史里社会精英和大众存在着一条鸿沟，这是完全未被理解到的。在看得到的精神境界的范围和生活，大多数的人们并不出现在文学和语言中，别忘了著名的经典都是精英的产物，是写给精英自己的。在欧洲，我们在宗教的层面有这样来自底层阶级的急迫性，但在中国并没有，所有都真的是写给这些学者的，是写给上层阶级的。所以我们能想象在中国人民大众中存在怎样的潜力。

问：为什么您说这个世界是中国化了？

答：精英阶级、中产阶级和底层阶级还没有形成完全共同的认识。

问：喔，是这样。在西方。

答：是的，在西方。还有我们"左"派的政党还有我们的选举制度喜欢更基础的意识形态。

问：这正是共产主义本来代表的意义，但实际上并非如此。所以您并不真的认为中国影响西方，而是西方自己堕落了，那是一个区分为精英阶级和大众阶级的社会。

答：是的，正确。

问：我明白您说的了，非常有趣。好吧，回到您的事业。您如何看待今日在德国蓬勃发展的中国研究？

答：对这个现象有个简单的解释，那就是他们希望，就是那些在中国研究的发展上努力的人，他们希望透过这样的情况可以得到专精于商业、外交关系、新闻记者和诸如此类的研究资讯。所以，中国专家应该先在当代语境中、和在当代的文稿中，得到很好地训练，所以他们可以很流畅，这么说吧，很好地阅读报纸。无论我们是否需要很多人展开这些工作，我不知道，我无法想象现在到底是什么情况。但如果我俯瞰德国人文领域的情况，那我会说，没有其他的学科如汉学一般，政治是如此大范围程度地影响了该领域的发展。

问：在德国，政治是如何影响了中国研究？

答：透过在机关内职位的安排，而后来他们是由一个学院来决定他们研究领域的教授资格。然后现在是来自教育部，我们这么说，在这个邦的教育部下指导应该完成什么。特别是这些学者们自己失去了他们建构这个学科的位置。如今，我们成立了所谓的大学里的会议，他们是主导性的委员会并且具备着规范性的权力，可以决定什么？这个或那个应该完成。这个我们过去并不曾有过。在旧时代里，我们德国在东方研究的机构中仅有非常少的学生，但是大学自身，学院有这样的想法认为这个学问和研究领域应该是很重要的，而且最终是必须的。就像我过去的经验，在莱比锡的印度研究只有三个学生。

问：是的，但试着这样想。如果不是因为政治，他们不会为了像您这样来自东德的学者们设立职位，而变成一个增额的助理。这是您说的政治吗？就是说他们不会真的指挥您去研究什么，他们创造出职位，或撤销这些职位，你说的政治是指这个吗？我还是不明白政治是如何很明确地影响了您的研究。他们能够去说您应该研究什么吗？

答：不，但是你事先会知道决定会在哪做成，我告诉过你关于名单的事，申请者们对当代研究的主题都非常集中，而他们完全忽略了中国的丰富文化传统。那么，对你的效果就是，你不需要指挥应该去做什么，靠着选出这个人，你会得到你想要的。这是东方式的模式。而像一种苏联模式是，有人告诉你什么要去做而什么不要去做。而我们现在的系统是一个包含所谓计划的大范围，而这些计划是由政府机关支付费用的，问题也就出现了。

问：这些计划现在怎么样了呢，他们想要什么样的计划？什么样的计划是他们喜欢看到的呢，经济学吗？

答：是的，特别是现在他们专注在媒体上，像是电视、广播、新闻输入和输出，以及这些你所需要的技术设备。以这样的方式，事情会以这样所理解的进步。我们有，就是说在我们社会，我们在特定的社会圈子里有你特别的兴趣，这就是所谓的异国风情。在宗教的领域，你知道，冥想的团体喜欢由印度宗师写下的文字，也喜欢道家的文字。中国人不提供这类实践，不会，但印度的机构会提供这类的实践。在德国，有着信念和迷信之间的差异，宗教信仰是更高的存在，混合了一种仪式实践和诸如此类的，使用护身符，等等，就是一些方式。我们称之为没有建立在事实上的信仰，这是一种原始的方法，或者是脱离了宗教脉络而抽出的元素，又经过误解和改变以及疏离。这些方法散布得比你想的广，这也发生在我们的社会里。他们通常结合了体育、跆拳道或其他不同类型的武术。这不管怎么说，都不是智识上的需求，但传布得非常广泛，我觉得。然后如果你去一家书店，你会发现全部的书架上充斥这类的文学。

问：但他们不是由学者撰写的。
答：不，不，不，是由一种不同类型的作家们。

问：所以在大学，人们还是尝试成为学者，对吗？
答：是的，就我的理解，有一块空白，那就是明朝。

问：但是您喜欢您的研究主题吗？我的意思是，您感觉您研究的中国哲学是一种值得保存的哲学？我指的是，当您说西方腐败变得更像中国，这听起来像中国社会里的哲学……在一开始当您说……我感觉您喜欢去保存这类的哲学。

答：但换个方式说，这种哲学似乎支撑着一个社会，它区分了精英和人民。所以似乎在中国哲学上存在着某些类型的矛盾心理。对吗？我的意思是，一方面，这应该被保存因为这是经典，非常深奥，而且背后还有很多历史典故；另一方面，它支持着一个从人民大众分离出来的精英阶级。我不晓得我们今天应该怎么看经典、中国哲学、中国语言。这是某种我们应该喜欢或者某种我们应该远离的东西吗？现在去链接这种介于上层阶级和下层阶级之间的鸿沟，是国家提倡的中国的哲学。去尝试将之集成也是一种理解一个国家、哲学的理论。而在传统上，在严格的孔子思想中的传统里，存在很大的努力是要避免那样的鸿沟。

而你知道现在他们使用老方法讲和谐。和谐并不是平等，和谐的秘密是将自身的差异结合在一起，而和其他也不同，但却很适合用于合作，作为一种在一种特定方式里的团结和变得包容。就我的观点而言，这是一个很认真的努力。所疏漏的是一个基本的概念，那就是在一定程度的，嗯，停留在肤浅的表面。但用意是良善的，这不是一个简单的策略，你一定不能说它是。我想在领导的团队中，在领导的政治团体里，也存在很认真的人，想想过去的周恩来……或邓小平。我认为他们是优秀的人，这强化了他们自身，并希望这可以成为一种脱离混乱问题的方式，特别是在智识领域。所以他们回到传统和寻找传统的可以被重复使用的元素。然后，你一定不能忘记传统并没有真正的死亡，真的还存在，只是落在很低的层次上，也不是全然地意识到。但在这个时刻，我们可以得到一个结论，那就是一个只会反对的世界并不是有建设性的，也不是丰富的。

问：也许这也是……所有这些都是靠记录，因为都是写的，就只有精英才能理解。所以精英写下来他们良善的目标，然后他们认为他们达成了，因为这所有一切都是他们读到的，但人民大众从来不曾阅读到这些。所以在实践上人民被忘记了，但在概念上他们是被包含在其中的。所以您所发现的关于存在于书写语言和口说语言间不一致的分析，可能可以解释发生了什么。

答：是的，你知道在传统中国的书写文字有一个很大的优势，就是它去除掉了方言的鸿沟。它使人们得以从无法相互理解的困境中脱离。百闻不如一见。在西方也有些人非常地，这么说吧，赞同中国人。在这个谚语中，这在高知识标准上是很好的现象,实际是很简单。这是说,你来自不同的地域,比如上海话,那么,我们可能不懂,但实际不是如此的……

问:透过书写。

答:所以这谚语教了我们在中国书写的文字可以去除来自两种不同方言地区的人之间的鸿沟。这是目前比如上层阶级的人们有自己的领域,然后他们可以随意地彼此沟通交流,我认为这是唯一真正的成就,正面的影响,而在政治上,有的是初级学校的系统遍及所有的土地,村落孩子们必须去学习北京话,学习北方的中国语言。这是真正的进步,我认为是唯一的。但这是真实的,我每次到中国无论什么地方,我确实发现的就是一般的阶级都能彼此理解、对话。你知道,在我们德国,我们这个问题存在数世纪了。然后到了近代,政府和学校有更多的需要,行政机关等等去关心这件事。一个野蛮的男孩当他六岁进入学校,他必须去学标准语——通用德语。而这是提供给所有人的,这点一定不能忘记,这些都是非常非常重要的。我认为,还有毛泽东的贡献,这是一种进步。我想这是唯一的进步,在其他层面我并没有发现。

问:但我记得决定北京方言作为国语的是蒋介石的时候。

答:是的,是的,我知道。但我说的是,这是毛泽东来实践的,而且强行推广到中国每一个角落,这是我的意思。是的,这想法并不是新的。

问:因为建立了一个统一的多民族国家,他们必须去学习一种国语作为公共语言工具。

答:是的,这是同一个意思。你是对的,你是对的。

问:您怎么看在德国汉学的特殊差异性的特征,也就是将之对比于美国的汉学和法国的汉学?

答:我们有一个我们自己主要的、长久的结构问题,然后还有一个新的引导的委员会之类的,而他们在一样的事情上照样在做同样的工作分工。所以我们有这样一个不好的情况,在建构汉学研究的领域上有很大的松散。

问：那些是什么呢？

答：中国的，早期的中国历史。

问：没有很多那些早期的中国历史。

答：不，不。早期的意思我指的是从汉朝开始，而我认为特别是从汉朝就有一个很大的（研究）中心，而这非常重要。

问：法国有这个吗？

答：是的，这样你就会有经济上的支持，这只取决于国家在这问题上有重视，所以当你眺望过去，我们有很多优秀的个人，但他们都不是一个团队。他们不会来自同一个中心，因此没办法和巴黎或英国的更大的中心合作，尤其特别是和美国合作。在美国，你也知道，特别是有名的大学，比如所谓的常春藤联盟也并不是非常中央指导取向的。

问：对的。

答：但是他们有非常强力的赞助者，所以他们可以自己组成研究团队。我有印象这些学者都受过非常好的训练，有更好的能力去看看相关的其他人做了什么，所以你便会希望尝试去给出一个替代的或进一步的评论，而并不是每一个人都做一样的事。美国绝对是最多产的，他们有着可以提供给汉学研究最丰富多产的中心。我认为，他们领导着西方世界。美国人在每一个东方学和东亚研究的领域，从他们开始领导并没有很久……相反地，如果你将他们的努力和欧洲人相比较，在二战前不是这样。然后他们研究近东，他们是偶然发展出来的，然后从德国的移民开始，特别是德国来的犹太人，这些人都去了美国。然后美国才开始一些研究，是在30年代、40年代初。这是他们研究上的一个不利。

然后建立起一些这些卓越的机构，中国研究。我认为在美国，是受到蒋介石行动的启发……，这也是一个很大的进展。我认为在这层面上他们有着非常好的成果。但这也包含了传统的中国研究，考古学上的。你知道，当时美国汉学的考古学家是唯一获得许可在中国工作的。德国人、法国人或英国人都不行，只有美国人。我觉得既有的学者和年轻的学者，他们承认这世界还有这规则是美国人的标准，所以他们可以通力协作，或者说他们想和美国人合作。

问：在北京奥运，那边有很多的建筑物是由欧洲人所设计的，我想。比方鸟巢，它是由一位法国人设计的。我想这些会变化得很快。您自己认识很多中国学者吗？

答：是的。

问：您是什么时候开始和中国学者交朋友的，很久以前吗？

答：在70年代初。

问：您是何时第一次到中国？

答：在1965年。

问：哦，你是如何去的呢？

答：搭飞机。（我希望这不是CIA派去的）不，不是的。

问：1965年时，所有的联系都非常困难。您是去中国学习语言，还是有其他目的去中国的呢？

答：为了去看看特定的事情，只有在学术领域，跟近代研究无关。

问：在那之后您是如何和中国学者保持联系的呢？

答：通过参加学术研讨会保持联系。你知道有一段时期只有中国人民大学的教授可以被允许到美国，而北大不行，他们可以去美国但不能来德国。然后这些又改变了，同人们在学术研究会上可以来德国，这是一个最重要的标志性场所。

问：他们都是历史学家和哲学家。

答：是的。

孙文主义研究是我中国研究的起点
——金德曼（Gottfried – Karl Kindermann）教授访谈录①

访谈人：黄靖容
时　间：2010年5月
地　点：德国慕尼黑、五次访谈均在金德曼教授家中
校　对：许惠贞、罗子欢
翻　译：邓可然、丁麟野
核　改：Jiagu Richter

金德曼教授 照片1：1995年7月与柬埔寨王子

问：金德曼教授，您对中国的研究与其他德国学者的确有所不同。

---

① 访谈录原文篇幅较长，为与本书其他部分协调，收入时做了删节和缩略，全文请见http://politics.ntu.edu.tw/RAEC/。标题为收入本书时所加。

答：这与我早年的经历有关。12岁时，父母赠予我一部林语堂先生名著——《吾国与吾民》。要知道，这本全球知名的畅销著作被译成了60国语言。我读过此书，对中国深深着迷。在稚嫩的12岁，我就决意娶一名中国妻子。但自我对历史情根深种后，幼时的想法仍从未改变。于是，我开始学习中国历史。在维也纳大学里，有一位执教中文和中国史的老绅士。那时，我虽仅是个年少的高中生，却有幸获准在此念书。这在当时是十分特殊、罕见的。他在中国待了40年，义和团运动时就已在此，还曾是孙中山观音山住所的座上宾。因段祺瑞政府对德国宣战时，他恐被逮捕扣留，故远走南下。他同我讲述了许多三民主义的相关内容。在孙中山观音山住所的一次茶会上，他还遇见了时任黄埔军校主任的蒋介石。也正因如此，我对中国的共和历史亦颇有兴趣。通过这位曾待在中国并与孙中山并肩作战的绅士，父母知晓了我兴趣所在，赠予我饱含"孙中山思想传统"之书。

问：至此，您开始了自己的研究？

答：是的。我得到的第二本书同样是林语堂的，写蒋介石，1939年出版。那时，我已年满13岁。在之后的战争中，我遇到了大批中国和日本学生。距维也纳两个钟头路程外，可见一处风景秀丽的避暑山庄，山庄里有着夏季学会。此处聚集着中、日学生，每次去拜访，我都会说自己对远东发生的一切很有兴趣。我请他们推荐一本讲述中日间战争和冲突的书籍。巧的是，日本和中国学生推荐了同一本书：莉莉·阿贝格所著的《中国的统一与创新》(*Chinas Erneurung*)，意为"中国的重生"。她是一位心理学家，师出瑞士知名教授荣格。荣格教授仅次于当时世界闻名的西格蒙德·弗洛依德，能说中文和日语。战争中，他从日本来到中国，多次往返来回。那真是本好书。他们让我了解到很多，我亦与学生们结下友谊。当时有位叫孟浩林的中国医生。他给了我一些书册，是国民党驻德分部出版的德语画报：《新中国》(*Das Neue China*)。战争中，1940年5月，孟浩林医生完成了一本教育方面的著作。我饶有兴趣地读完，书中有一篇蒋介石的演说，也提到了时任财政部长孔祥熙。还有其他，我想有一篇文章是出自蒋介石夫人。

我虽生在奥地利，但那时德国也侵占了我的祖国。因不愿参与残酷的陆地战争，战争末期，我进入了海军部队，成为了一名海军炮兵。战争结束后，英国人说："你们都是战俘。"我想我怎么是战俘呢？所以我逃走了，来到英国驻德总部——库克斯港，对一位工作人员说："我想获释。"我说，其一，我是奥地利人，奥地利与这场战争无关。他们（指德国）并非为我们的利益开战，是为他们自己的利益而打仗。其二，我的父母十分慈爱却并不实际，1945年我生日时，他们寄来一套莎士比亚剧作。我不能将其带到军营，因此存放在一户陌生的德国家庭。它们对我而言尤其珍贵，我要拿回来。他看着我，神情迷惑不解，之后从口袋里拿出身份证，他名叫哈姆雷特！我们都放声大笑，在与一位奥地利朋友历经一场冒险之旅后，我被释放。后来，我回到祖国并于1946年开始学习。当然，我也听了维也纳东方研究所的不少课题讲座。

但父亲却希望我学习法律，其实我想研究政治学。那时，奥地利政府不允许开设政治学。只因国家曾被四种不同政权统治十年：苏联、美国、英国及法国。而维也纳也处于四国占领状态。但国土却并未分裂，我们能在维也纳自由出入，还有一个统辖全国的奥地利联邦政府。四国联盟都拥有否决权，奥地利政府以四国意志为纲。同时，在此极端境况下仍有激烈竞争。那时，在奥地利能感受各国风采。

由于没有政治学课程，我思索着未来的出路。学生时代，我是奥地利联合国协会成员，我被选为该协会外事部主任。我觉得我们应充分利用四国在维也纳的部署，因此，办了一个政治外交研讨组，希望进行外事服务、参与政治的学生们能够出席。为此，我奔赴四国联盟，首先去到最难应付的苏联。我问道："你们能给我们开一个俄国政治的讲座吗？""不，我们不愿意。"我接着说："好吧，你们是我第一个询问的，我只是想表达对你们的尊重，既然你们拒绝了，我会去找其他人，到时你就会明白。现在我要去找美国人。""你想去找美国人？我想我们能参与。"之后我又前往美国总部，他们说："这主意太棒了！小伙子，你打算付我们多少钱？""在战火肆虐的奥地利，我们学生没有钱"，我答道，"先生，很抱歉，我事先并未料到，因为苏联人没有谈钱，是我考虑不周"。"噢，别当真，开玩笑呢！我们肯定参与！"之后，再造访英国、法国及奥地利团就容易多了。你信吗？冷战期间，全世界只有这一个地方，英、美、苏、法四国都同时在这儿教授政治学。后来，我读报时发现，斯坦福大学向奥地利提供了一项奖学金。尽管不抱希望，我还是提交了申请，并最终成功获得。之后我才得知，获得奖学金是因美国人对我开设政治外交讨论组之举印象颇深。

1949年，我去到美国斯坦福大学，得知中国内战，我十分激动。10月，毛泽东派掌政。国民政府逃至台湾。我参与过不少中国研讨会，美国有一座行业圣堂——胡佛战争、革命与和平研究所，这里涉及众多关于中、俄及其他革命的材料。从晨昏到日暮，我都沉迷其中。当一年终于结束，我踏上归途。

回国前，我去纽约，还拜见了奥地利驻纽约的总领事，他对我说，联合国为我们提供了一次毕业生实习机会。没有任何报酬，但你说自己学习政治学，也许会有兴趣。我当然很感兴趣。我根据他的建议去拜见联合国副秘书长。作为联合国副秘书长，他当然知道奥地利联合国协会（United Nations Association of Austria）。我们还发现彼此有许多共同的朋友、熟人。他说："好吧，今天开始你就在这工作，以后的事我们再看。"那是1950年6月23日。两天后，朝鲜发起进攻，朝鲜战争打响了。26日，副秘书长召见了我，他说，情况十分紧急，将我调至安理会新闻部，让我多看多听。因此，自6月27日安理会决意对朝鲜开战，四个月，我每天守在那儿，亲眼见到高层领导人、外交官们据理力争，辩论不休。令我记忆犹新的是，27日，当他们需要针对朝鲜问题做出决定时，与会所有人站定面对大门，等待苏联代表团是否行使否决权。但苏方代表未到场。因斯大林早已告知金日成，我支持你，但不想参与战争。故苏方大使不曾出席，如若他到场，所有人会十分惊讶，因为他们正对联合国进行抵制。因为他们反对中华民国仍代表全中国在联合国占有一席。若此时苏联代表前来投出否决一票，人们会说："啊哈，是他们在背后策划的。"因此，联合国安理会顺利通过决议，呼吁世界各国和成员国共同助力南韩，抗击北韩入侵。不久后，北大西洋公约组织在欧洲成立，那里我又有事做了。

问：参与所有这些会议时只有您没有其他实习学生吗？
答：没有没有，包括所有成员国，只有我一个学生。伦敦皇家国际事务研究所曾印刷过一种小册子,标题是《欧洲统一:功能性或者联邦式道路》(United Europe: a Functional or a Federal Approach)。因此,英国、斯堪的纳维亚和南斯拉夫学生全赞成欧洲联盟,而法国、奥地利、荷兰和意大利学生则支持欧洲联邦。那时,一个真正的欧洲联盟是我们热切的梦想。我们这一代学生,渴望取消边境。康登霍韦·卡拉吉的一本著作对我们影响深远。1926年,卡拉吉在维也纳建立泛欧洲联盟。这是欧洲一体化运动的开始,他为此完成了重要著作。1926年,他已在维也纳成功主持召开过一次大型会议。

那时,如康拉德·阿登纳、法国的爱德华·赫里奥特等人已投入运动之中,丘吉尔对此亦大加赞赏。同时,我不时邀请一些前来维也纳访问游历的知名人士到我们的研讨组做演说。某日,我从报纸上读到:国际政治现实主义学派创始人汉斯·约阿希姆·摩根索将前来维也纳。我向他发出了邀请。虽然他能说德语,但那是战后不久,作为犹太人,他不愿意讲德文。于是,我得将他生硬的英语译成德语。我们的会场富丽宏大。维也纳拥有许多宫殿,我们会场就用了一个宫殿。我还常邀请维也纳大学音乐系学生在会前、会后演奏几曲室内音乐。伴着烛光,讨论激烈,氛围庄严肃穆。如此,摩根索被深深打动。其实,他在美国并不顺遂。他是绝对的欧洲人,内心难以融入美国社会,这是他首次回归。之后,他与我谈起自己的兴趣及开设学生研讨组的经历,他赠我一本自己的著作。

几星期后,我收到他的来信,问我是否愿意前往芝加哥大学成为他的助理。我便又回到美国。作为助理,我在芝加哥大学学习,并见证了现实主义与理想主义的大辩论的开始和一场又一场的辩论。现场不仅有知名的现实主义者,还有理想主义者,学生也可参与到热切的辩论之中。太精彩了!我的论文便是在此完成,题目为《孙中山的中—俄协约政策》。

问:太棒了!我相信,那对你是一个极好的机会。

答:是啊!我曾是奥地利华人友好协会(Austrian-Chinese Friendship Association)最年轻的成员,他们邀请我在维也纳的壮丽宫殿帕利维尼奇发表演说,这是我人生中第一次演说。这座巴洛克风格建筑至今仍在。演说主题是孙中山。其实我对他知道的并不多,但我的老师本人认识孙中山,故我从他那儿也得到许多直接的信息。我多次研读有关他的记录。我得说，1948年，在关于孙中山的首次公开演讲上，我有胆如此，是因为其他人对孙知道得更少。当然，我对当时的台湾贸易情况亦充满兴趣，并与驻华盛顿和纽约的许多中国外交官联系，参与辩论。那时，埃德加·斯诺写了一本《西行漫记》，献给毛泽东，这在美国影响巨大。

结束学业后，我正考虑将何去何从，此时，芝加哥政治学部的院长希望我能留下，研究政治，诸如此类。但一位德国知名学者告诉我说："当然，进入美国高校对你而言并非难事，未来生活亦一帆风顺。而在德国，我们会以新的方式重建政治学。收入更低，难题更多，但你将成为行业先驱。"于是，我决定前往德国。当时，总部位于法兰克福。新生的德国首任总理康拉德·阿登纳要求建立德国外交协会。法国有、英国有，故德国也应该有。我担任远东地区专家，兼管美国事务。很有意思的是，机构与一本名为《欧洲档案》的杂志相关联，后者由德国外交部联合出资，是当时德国首屈一指的外交事务刊物。之后某天，新德国政治学创立人之一的博格思雅（Bergsträsser）对我说："你应该带着探寻事实的任务，去到远东地区，看看（他们的）政府机构和政治观点，特别是东亚。"因而，1959—1960年间，我带着首个德国政治事实探寻使命被派往东亚。

问： 去了哪个国家呢？

答： 第一站是中国香港。因为包括共产党人、国民党人、中立人士等社会各界都在此聚集。还有许多知名的避难者，如周鲸文，他是与共产党合作的中国民主同盟领导人之一。

因此，共产党执政后，他们依然活跃，尤其周鲸文，能参加一切公众集会。通过他，我了解到有许多针对地主的模拟审判。农民被告知：我们要分田地，你们可以分到土地，但并非无偿。我们从地主处夺来土地，却不能无缘无故拿走。现在你们好好想想，他是否有罪，我们将在人民法庭公开审理，讨论他的作为，并对其宣判。如若有罪，你们将享有他的土地，如果没罪你们就不能得到土地。所以，这些可怜的地主被带至法庭，身边包围着一群渴望田地且充满怒气的农民，旁边还有共产党干部。周鲸文告诉我，地主们脖颈上缠绕着电线，他们极力想要辩解，但再也发不出声音。通常，他们如果罪恶大会被判处死刑。

金德曼教授 照片2：1997年与中国外交部副部长李肇星在慕尼黑阿红领事馆开馆仪式上

我还遇见了著名的将军——张发奎。二战后，同盟国要求中华民国政府占领越南北部地区。越南北部由中国占领，南部由英国占领。目的是不让法国再回到印度支那。当时有两位将军，即卢汉、张发奎，统率着中国在北越的军队。而这时，共产党人夺取政权，胡志明领导越盟，发起国内共产主义运动。他精明敏锐，吩咐一名爱国者去收集黄金，并将其中一些带给两位将军，说道："很高兴见到你们，愿你们一切安好，你们虽到越南，但我明白，你们并不了解越南的情况。是我，胡志明，将三民主义从中文译为越南语。现在，我们正举行国会选举。选举总有风险，你无从知晓自己将收获多少选票。"越南有个党派也叫国民党，是越南的国民党。所以你收获了多少选票呢？100，200，还是其他？他们让两位将军十分高兴，故并未干预。不久，中国爆发内战。蒋介石需要自己的军队，因此撤军并与法国签署协议，法军重回越南北部。

英国人认为，如果法军重回越北，我们还待在南部做什么？于是英方从南部撤军。不久，法国对越发起长达八年的殖民战争，之后在奠边府被越军打败，被迫撤离。我在香港遇见的就是这样一群有意思的人，还目睹了夺旗战。10月1日，很多共产党人挂起中华人民共和国国旗。但到了10月10日，多处都挂起了青天白日旗，因香港许多避难者仍旧支持"中华民国"。

我还遇见一位年长的绅士,他是香港联合国协会主席,发起了一项运动,力争让香港像新加坡一样,成为独立的城邦国家。但他的主张并未收获广泛响应。不久,英国控制了香港。共产党在此却无正式代表,只经《文汇报》编辑发声。如同日军控制中国东北,东德亦被苏联控制。之后,有一天,我乘坐飞机到达台北,希望拿到去中国大陆的签证,但他们没给我。我被带到"自由中国之友俱乐部"(Friends of Free China Club, FFCC)的房间,它在"总统府"对面,是接纳外国宾客的酒店。"政府"新闻局主席是一名大使——陈仁义,对人十分随和。我告诉他,想见蒋介石等人。因蒋介石曾著书一部,名为《苏俄在中国》,一家德国出版商正寻找了解中国近代史及蒋介石在其中作用的人。他们找我为该书写序。书中蒋介石谈及许多人和事,当然,没有学过中国历史的人不知道是怎么回事,所以我得为该书写一个介绍。而采访蒋介石会对此非常有帮助。

访谈前,蒋介石"国策"顾问詹姆斯(沈剑虹,即末任中国华国驻华盛顿大使)问我想问些什么,我说时政和历史性问题,等等。他说:"你觉得这位老人还记得吗? 时间已过去太久太久。"我回答:"先生,我学过一点儿中国历史,记得那是他最辉煌的一段历史。"他说:"你可以问那方面的问题,若他回答,就请继续;若他沉默,就换话题。"台北故宫博物院最后一位总干事秦孝仪当时兼任蒋介石的史学顾问。作为历史事务部部长,他也参加了会面。我问了一些关于当前局势的问题,蒋介石都表示"好好好"。于是我问:"关于上海1927年,为何上海于你那么重要?"他立马站起身,说道:"我必须不再依赖俄国人的资金援助,我必须继续北伐。北京政府、俄国人背叛了我,我必须让其离开。我需要资金,而上海各大公司可为我提供帮助。"我看着沈先生,他点点头,于是采访继续。那次访谈非常有趣。我还见了孙中山之子孙科,及一些反政府人士。听说过雷震吗? 他是位知名记者,因反对蒋介石被判十年监禁。还有台湾老领导人吴三连、李万居、高玉树等。不仅如此,最有意思的莫过于与胡适约谈。他在中国哲学界和文坛都是响当当的人物。胡适时任"中央"研究院院长,他慷慨地应允我翻译其叙述儒家思想的一部著作。那也是我第一本在德出版的书籍。我问胡适:"你认为蒋先生会参加第三次总统选举吗?"这在当时是件大事。他的声音充满讽刺:"啊,我们的总统先生是民主人士,他怎会有此想法?"其实他百分之百确定,但故意这么说。几天后,我与"总理"陈诚见面访谈,他对我说:"《论语》有云,言君如风,民如草。草上加风,则草必卧,东西随风,如民从君也。"

所以,我确信蒋介石仍旧希望当选。时任立法院主席张道藩曾发表一席有趣的言论,他说:"为求制度民主,我们将效仿土耳其之举。土国总统把执政党一分为二,一派组成政府,一派为忠实反对者,他们严苛但忠诚。国民党内,我们亦奉行该政策。"我对蒋介石提到此说,他答:"是啊,可这有一个弊端,我该如何做?如我加入议会的一派,另一派觉得我背叛了他们;反之亦然。因此这一想法不可行。"典型的蒋介石做派。他像戴高乐,自认是自由中国的化身。如戴高乐或温斯顿·丘吉尔或康拉德·阿登纳之人,勇于为国付出,他们执掌国家,甚至将自己与国融为一体。在台湾,我度过了一段非常有趣的时光,后来又去到高雄。

问:是的,我曾联系过您台湾的学生。我已访问过您的学生叶阳明教授。

答:我曾要求他完成一篇主题不太为人所知的论文,名为《孙中山广州政权》,他做得十分出色。离台后我去了日本。很幸运,我的一位远亲叔叔是奥地利驻日大使,因此,我不久便得以采访许多高层人士,如日本首相岸信介。他向我提及日本对东南亚的经济外交。因东南亚很多国家都要求日本大笔赔偿,岸信介不得不多国奔波。他得对他们说:"战后的日本贫穷不堪,我们无法提供资金。但若你们有其他要求,如日本资本产品、日本零件、日本燃料或日本工程师,我们绝不推辞。"发现得不到日本资金赔偿后,大多数国家选择接受(以上建议)。正是如此,日本经济体实现进入东南亚市场的重大逆转。之后,我又拜见了首相大平正芳。1952年,日本与中国台湾"中华民国政府"签订了一项和平协定。但在1971年,由于"尼克松冲击"(指尼克松访华),日台双方取消了所有与国际法相悖的和平协定。于是我问大平正芳:"依照国际法,能对你方取消和平协定做出解释吗?"他回答:"金德曼先生,以国际法为准我无话可说。但是,看看地图,这是日本,这是中国与俄国,两个我们最大的邻邦。与之建立外交关系对日本而言至关重要,因此我们必须这样做。"

之后，我又采访了几位日本外交官，他们得将这个消息带给蒋介石：为了北京政权，日本将正式切断与台湾的"外交"联系。马康卫博士——时任美国驻"中华民国"大使也是我的采访对象。还有安克志大使，他曾在凌晨两点接到命令，叫醒蒋经国，并告知六小时后，卡特总统会在电视上宣布，美国将切断与台湾的"外交"联系。美方不仅放弃了国防条约，还撤回了驻台军队。当时，卡特只害怕中国，然而中国游说已经开始，所有参议员听证会都达成一致，《与台湾关系法》（Taiwan Relations Act）至此产生。国会有许多精英律师，他们说："现在，与台湾的双边协定虽无可能，但通过单方面法律确定美国对台行为是可以的，包括售卖武器，以防暴力冲突，等等。"那便是《与台湾关系法》之由来。卡特持反对意见，但参众两院多数党比例甚大，他无可奈何。

结束远东事实探寻使命后，我又重回香港，尝试通过周恩来的一位日本朋友得到入境护照，但他们根本不愿为我签发。我于是去到当时颇具影响力的澳门，结识了一位知名人士——德林·赫尔曼。他是《纽约时报》驻华记者，谈吐幽默有趣。港澳避难者让我对中国拥有更深入的了解，因那时正值人民公社运动，他们告诉我，"那会儿，我们每一口粮食都由干部负责分配，他们若不高兴，我们可能一顿或十顿都没饭吃。真很可怜，还必须得在食堂吃。那里有人大声鼓吹宣传，人们吃饭也不得清静。"这是人类史上规模最大的平均主义试验。所有人身穿蓝色工服，带着红宝书东奔西跑。

1963年，我出版了自己首部著作，名为《儒家思想，民主主义及中国共产主义》（Confucianism, Sunyatsenism and Chinese Communism）。在引言中便能大致了解我当时的想法，听过托洛茨基最有名的格言吗？——"马克思主义还是孙文主义？"我常常对台湾教授孙文主义的方式十分生气。如此充满趣味、富有智慧且寓意深远的理论，却被迫如《圣经》般对待，当然不受人们喜爱。

问：确实，在台湾我们高中学习孙文主义，只是因为我们必须记住之中的规章条例。只需记得就行，考试时需写出一切规章条例，全部正确便能收获满分。他们从不解释内涵，我们亦不曾了解。我想一些学生希望理解孙文先生的意义,及这些思想如何对别人形成影响。我不明白台湾对此的奇怪做法。

答:是的。1963年,我作为联合国教科文组织的一员,为研究传统与现代在亚洲精英政治思想中的作用,去到印度尼西亚,并有幸采访了时任总统苏加诺。我们谈及民族认同的问题,他说:"将荷兰入侵者驱逐出境后,我们必须建立起千岛之国新政权,岛上方言众多,各地域情况也不尽相同。"我思索应如何管理时,读到不少关于列宁、马克思及美国开国元勋的经历,但唯一有帮助的,则是孙中山的故事。当时,我很高兴能在接下来的展示中引用所读。当然,我常往返台湾,参与国际会议,还出席过一两次在中国大陆召开的中美会谈。这在20世纪70年代十分重要。不知你是否听说?每年,来自美台两地各大学的学者们都会讨论详述大陆和台湾发生的事件。之后,我会提议台湾"政府"与国际关系学会在木栅开展"中"—欧系列会议。当时有一小组人员在场,包括杭立武和宋楚瑜。那时宋楚瑜是"行政院"新闻局局长。我们讨论了这一问题,我提出自己的观点,很高兴他们并不反对。自此,台湾每年都会召开"中"—欧,现称台—欧系列会议。

问:对,在政治大学。

答:1975年前后,还是在木栅研究所。是啊,不管怎样在何种场合,我都告诉他们这种解读孙中山的方式完全错误,但却无力改变他们的教育体系。蒋介石是始作俑者,当然有失偏颇。

问:来台者必先参加大学入学考试,三民主义也曾是考题之一,不过现今已取消。

答:那也许又太过了。你们应学习中国政治哲学,缘由之一当然是因台湾"宪法",乃基于孙中山五大权力观。而在台湾,孙中山思想仍处处可见,例如"土地改革"。关于此说,我可提供些自己讨论台湾和中国大陆土地改革的著作。你听过吗?我对土地改革也十分关心,由于共产党做法不当,他们又收回土地,将其分给农民,所有权仍由自己保留,这一直持续至1958年人民公社运动。当时还出现一股可笑的风潮,使用高炉熔炼钢铁,造成煤炭和钢铁资源的巨大浪费。我仅用德语写过一段历史，名为《远东国际政治史：从鸦片战争至千禧年》（*A History of Far Eastern International Politics from the Opium War to the year 2000*）。在书中，我详细谈到了台湾危机、陈水扁"政府"对台湾的改变及李登辉时代，等等。因为这不仅属于民族国际主义，更是一种启示。

问：您能谈谈自己的家庭背景吗？

答：我的祖父是奥匈部队的陆军元帅。一战中，祖父也加入对抗俄军的斗争中。他打胜了仗，他很幸运，因为当时年轻的奥地利君主查尔斯（卡尔）亦身在军中，亲眼见证到那场胜利。查尔斯封他为男爵，这是贵族头衔，还赐予他臂章。

我父母在柏林相遇时，都是在柏林学习的奥地利学生，学日耳曼语言文学。我的父亲是奥地利教育部官员，主管大众教育，如同奥地利现在的人民大学。之后，父亲在但泽工学院担任教授。那时，《凡尔赛合约》的一个奇怪的结果就是，但泽从德国分离，成为一座拥有自己国旗、货币和边界的独立城邦国家。但泽也如汉堡、不莱梅一样，是传统的汉萨城市，我人生的前十年都是在此度过。我们居住在但泽城郊，我的姐姐亦在此出生，她年长我四岁。姐姐现居住在萨尔茨堡，是个牙医，后与梅兰伯爵成婚。之后，因父亲在德国的明斯特大学得到一间公寓，我们便举家搬迁。他当时开始对戏剧史研究兴趣浓厚，作为维也纳人，他在此人脉很广，是现今非常有名的维也纳戏剧学院的创始人。那里培养了许多有名的演员和舞台监督。父亲曾写过一部十卷的欧洲戏剧史，对在那儿读书的大学生十分有用。他也对远东剧院兴趣浓厚，并与建筑如同一座漂亮的剧场一样的日本大学合作，在维也纳建起一个日本剧院博物馆。能剧、歌舞伎是日本剧院的两种代表性表演形式，非常受欢迎。

不久，战争爆发，我应征加入海军炮兵团，隶属防空部队，守卫易北河口。我属轻炮团，必须手持小火枪站在毫无遮掩的易北河大坝上。危险不仅来自从天射击的战机，当重炮爆炸时，飞出的弹片也是隐患。虽并未处于枪林弹雨中，但不时落下的巨大弹片随时有撕裂手臂的可能。我记忆犹新，正想着自己会因此送命，也准备赴死，却听到广播里说希特勒已死。之后，部队司令官来告诉我："很好，我们完成了，不会再有任务了。"于是我们等待英军到来，我已谈到过他们是如何让我获释。

很奇怪，我的人生充满各种巧合。我们总是乘火车旅行，因为父亲的一位朋友与我同行，他是奥地利铁路系统的负责人。我们没钱支付两个座位，故火车司机允许我们坐在车头。我从汉堡与父亲这位友人一同去到法兰克福和慕尼黑。那时座座城市都被战争摧毁。破坏程度之大，你难以想象。13岁时，我经历了1939年的多次轰炸空袭，我们必须躲进地下室，那时我两个弟弟刚出生。我得抱起他们，跑进防空洞，之后，爆炸声不绝于耳。有天我去上学，发现学校被夷为平地，各类残骸堆成三米多高，守门人一家因此丧生。万幸的是，后来父亲在维也纳找到一份工作，获任为戏剧学院教授，也是学院创始主任。

问：战争期间，令尊令堂仍在德国还是已回到维也纳？
答：他们重返故土，回到了维也纳。

金德曼教授 照片3：1997年在慕尼黑阿红领事馆开馆仪式上

问：您是家中长子吗，有几位兄弟姐妹呢？
答：我有一个姐姐和两个弟弟。我们一家都回到维也纳，很幸运，离开明斯特后，我们在当地的房屋便被炸弹摧毁。维也纳也遭到轰炸，令人备感诧异。因为我们坚信奥托·冯·哈布斯堡家族末代君主之子与罗斯福私交甚好，能说服他放弃对奥空袭。至少在战争初期，维也纳曾幸免于难。我们家十分幸运，在维也纳时没被破坏，只被俄国人洗劫一空。俄军进城后，奸杀掳掠，无恶不作。

母亲、姐姐和两个弟弟在多瑙河乘船去了萨尔茨堡，那里已变成美国占领区。他们逃离了俄国人魔爪。但重回故乡之际，我变得一无所有，俄国人抢走了我的裤子、鞋子，一切一切。头两年冬天，你只能得到一汤匙满是油脂的汤和一两片黑面包，及满满一汤匙白糖和一点豌豆汤。食不果腹，我们常饿着肚子，幸运时还能在黑市买些吃食，但价格十分高昂。因此，我们不得不变卖了家中好些贵重物什，保证能在黑市购买必需品。冬日天寒地冻，窗户破败，我们糊上纸，但也被损坏，我的双手总是冰凉，血压极低。可喜的是，我的大学生涯开始了。

20世纪40年代初，1946年1月，我开始学习罗马法。它是所有欧洲法系的基础，英国和斯堪的纳维亚半岛国家除外，从而为欧洲精神文化的统一奠定了重要基石。这与中国法律有很大不同。后来，克雷默教授对我说："告诉你，奥地利已恢复教学自由。"

我流泪了。独裁统治后，奥地利得以复国。而德国，仅把奥地利视为被占省，甚至省都不算，就是一个区。总督也是德国来的。再往后，便再没有叫作奥地利的国家了。故收回国土十分令人动容。我认为罗马法充满趣味，但却远远不够。之前提过，我创立了一些政治和外交研讨组，所以那时非常忙碌。我想所有学生都高兴万分，因为他们能自由地学习交流。感觉我们回到了完全不同的世界，我们常去知名的、给学生开的咖啡馆，讨论很严肃，但是学生能够参与的事。我也学习修辞说法，例如，为研究当时是敌人的共产党人的行为举止，我们曾参与过共产党会议。奥地利有一些共产党领导人是优秀的演说家，当时国内分为黑、红两派。黑派是基督教民主党人；红派一开始则是马克思社会主义者，所有的工作也照此分为红或黑派。他们希望在各处维持此种平衡，每个机构也必须拥有一处黑或红部门。这令人大失所望。这并不是所谓的两党民主联合，算是积累经验吧。

问：您的两个弟弟也都是学者，还是从事其他职业？

答：一个弟弟是名记者，供职于奥地利实力顶尖且最有影响力的报社。能想象吗？全国拥有 800 万人口，他们报社能卖出 100 万份报纸。尽管新闻报道并非最佳，但报社实力确实超群，我弟弟工作也十分认真。另一个弟弟则自学成才，有独立的思想，后成为一名剧场导演，导演过歌剧。现在，他已退休，偶尔去这儿那儿指导排练歌剧。他曾在特里尔工作过一段时间，是个非常可爱的德国城市，看起来像一座古老的罗马城邦。马克思便是在此出生。那里风景优美，历史悠久，随处可见罗马时期的文物遗迹，有一座宏伟的城门和一间古老的剧院。

问：能谈谈您的妻与子吗？

答：我 1970 年与她相遇。那时，我正在一个"三地"（美国、中国台湾和大陆）项目工作。而在台湾的研究人手不够，因此我在《联合报》上发布了一则声明，一个欧洲教授招收助手，当时有 15 人志愿报名，我的妻子亦在其中。她成为我的助手，与我一起工作，某天，我说："天哪，这怎么可能？"我走过街角，发现一家店铺售卖茶水与火腿，在我们眼中，这个组合十分奇特，但却是台湾风俗。每日清晨蔡小姐出现时我都无比兴奋，之后，我发现自己爱上了她。但工作结束后我必须离开，于是我们两人开始了来来往往的书信交流。次年四月，我前往香港，故邀请她与我一同前去，她答应了。这期间，我们二人在香港、澳门共同度过了一段愉快的日子，那时两地的浪漫气氛比现在更为浓郁。我对香港十分熟悉，带着她四处游玩，我想那便是我们的蜜月时光。之后，我前往加拿大参会，她的姐姐亦在此居住。

从加国归来后，她与我同去日本做些工作，主要是在位于有乐町大楼的外国记者俱乐部（Foreign Correspondents' Club）供职，采访日本政客。不久，她又同我回到台湾，并邀我搬去她家，这令我大吃一惊。我说："如你严肃对待，我没意见。"她回答，"是的，非常认真。"她的母亲对我十分热情，但父亲却气得从家中搬走。为让他重新回家，我们搬了出去。突然，一位欧洲人与自己女儿一道出现，他当然深以为异，但我决定做得比中国人还中国人。我一言一行都如长子般懂事得体，这招非常奏效，我成为他最喜爱的女婿，但颇费了些时日。我邀请岳父岳母来欧洲、奥地利和意大利看看。最初，我与妻子一道前往慕尼黑，并经由此地到达奥地利因斯布鲁克。这座城市引人入胜、风景秀美、山川环绕、历史悠久。之后，我们又行至威尼斯、罗马。我决定带妻子去那不勒斯，那里有我最爱的庞贝古城与埃尔科拉诺。旅行结束后，妻子便返回台湾。后来，她回到慕尼黑，我们在此结为夫妻，不久便有了女儿。奥地利政府十分慷慨，立即给予她公民身份。因为我的缘故，她一直深受奥地利外交官庇护。偶尔，前往香港旅行时也会受阻，此时，奥地利驻东京大使会给该国驻香港总领事去信，请求放行让她入境。

问：能讲讲令郎吗？

答：好的，他是我与发妻所生。那时，我的第一个妻子主管奥地利英国人团体（Austria - British Society），我负责奥地利外交学会（Austrian Foreign Affairs Society），于是我们两人便相识相爱。之后，我帮她拿到了芝加哥奖学金，我在芝加哥，我们结为夫妻。长子是在返回欧洲途中出生。后来，我离开法兰克福来到弗莱堡大学，在此担任副教授，发表了第一本著作，且以中国内战的国际形势为主题，得到教授资格，并动用人脉收获许多写作素材。1966年，我收到邀约，成为美因茨大学法学正教授。其实我本应在那所大学担任教授，但我私下拒绝了。因为这时慕尼黑大学找到我："若拒绝美因茨大学，我们将聘请你为全职教授，并主管一间研究所。"于我而言，那无疑是冒险之举，毫无保障，因为慕尼黑大学也没给我有法律意义的保障，压力可想而知。我在两所学校间徘徊不定，进退两难，便索性销声匿迹躲到英国。我住在奥地利文化研究所（Austrian Culture Institute）。当我重回德国之时，事情已得到解决，我可以和文化部讨价还价。因为那时，全职教授可以就聘用条件与巴伐利亚文化部商量决定。

儿子是在我从远东回国的几天前出生。那时，我正踏上归途。之后，我便一直待在弗莱堡担任副教授。我先前提过的博格思雅教授正是该校现代德国政治学奠基人。他是我生命中遇见最具吸引力的人之一。他创立了德国外交关系委员会（German Council of Foreign Relations）、德国前政府主力智囊团——政治科学中心（后迁至柏林）以及教授德国民主的民主教育学会（Association for Democratic Education），等等。只是他实在太过忙碌，在法兰克福时我欲与之交谈，但有上百人想要和他交流。他会说："来吧，同我一道，我乘出租车去往火车站，我们有五分钟时间，已经足够。"这样的生活方式使他受累，他年纪轻轻便因心力衰竭过世。博格思雅教授还是德国联合国教科文组织主席。1963 年，他曾派遣我带领三位同事一同前往东亚地区，研究精英人士对自身文化传统与现代性的态度。

我们分别以佛教国家泰国、伊斯兰国家印度尼西亚及儒教地区中国台湾为例。这正是我 1963 年待在台湾的原因，我亦因此与印度尼西亚总统苏加诺有所接触。那是印度尼西亚内战的前两年，他是位优秀的演说家，之后"左"翼势力发动内战，他们认为自己的主要敌人是军方，于是杀害了一大批军人，并将他们弃至雅加达附近一个叫鳄鱼沼的泥潭，还将其生殖器割下放进尸体口中。之前，我采访到该部队指挥官，这是个精英师团。他说："你知道是谁缔造了这个国家吗？军队！你知道谁是最早的现代组织吗？军队！是谁会效忠苏加诺直至最后一刻？军队！当形势有变，又是谁不会擅离职守呢？军队！"他率领部队迁入雅加达，并开始杀戮共产党和中国人。对中国人的仇恨无比巨大。完成在印度尼西亚的任务后，我想表达对科学院（Academy of Science）领导的谢意，便邀请他们共进晚餐。我在雅加达的唐人街格洛杜克找到一家最地道的中国餐厅。到达目的地时，他们走出车门却止步不前。我于是说："我想请你们在此用餐，我吃过的，这家餐厅的中国菜非常不错。"但得到的回应却是："不，我们不去。"我天真地问："你们与老板有过节吗？"他们答说："没有，但他是中国人。"那时，我十分尴尬，不知所措。还好我记得有家印度菜馆，我们只好去那里进餐。后来我来到万隆，某天夜里朦胧看见火光四溅，嘈杂喧天，但实在太困，故并未起身。翌日，我问印度尼西亚助手昨晚发生什么事？他说："当地学生攻击中国学生，拿走他们的摩托车，把他们捆绑着，还泼汽油点燃。""我不知道他们为何这样做。不知为什么，在这里能运转的都是中国人经办的，他们十分勤勉，而印尼人则懒散拖拉。但是我在巴厘岛时，看到许多中国商铺的招牌上都印着中国共产党旗帜，以为这样便可保护自己。但实际上恰恰相反，正是这个招致这里有人被杀。"我曾问过一位华裔学者是否是印度尼西亚公民，他答说："是的，我虽拥有护照，但并无作用，因为我是中国面孔。"

那时，我的儿子也许只有五岁。他从幼年便开始下棋，十岁时就已十分成熟。后来，他成为国际象棋特级大师，并在慕尼黑建起一所知名的棋艺学院。

问：那您母亲呢？

答：她始终是虔诚的教徒，母亲最初是名新教徒，后皈依天主教。她热切地爱着自己的祖国，一生祈愿奥地利重回哈布斯堡君主王朝。当然，这不会实现。我与母亲十分亲近，她是年少时对我影响最大的人。我的父亲是工作狂，我鲜少同他交谈，甚至很难与他见面，像是会诊一样。他似乎只在产生严重问题时出现，并不在乎我的学习生活。

问：但他给予你生命中最重要的书籍？

答：是啊，是啊！父亲了解心理健康与特殊兴趣对小男孩的重要性，故适时推我一把。

自上文法学校起，我的兴趣便是历史，且比老师了解更多，他们因此有些怕我，而非我怕他们。

问：那么，是父母亲之中的某一人还是他们两人都对您影响巨大呢？

答：是我母亲。父亲不常与我交谈。

问：当您决定学习中国历史时，母亲赞同吗？

答：她支持我的决定。当时，我在考虑是进入外交领域，还是做律师或教授，或者研究政治和历史。我的一位叔叔曾担任八年奥地利驻日本大使，也是战后第一名奥国使臣。

这之后，他是驻纽约的总领事，之后又相继担任驻加拿大、澳大利亚大使。我看到叔叔的生活，十分忙碌，没有一个晚上留给自己。可怜的婶婶须得下厨，关照客人。孩子们亦鲜少见到父亲。作为驻日大使，叔叔写过许多外交分析。他曾拿给我看，分析详尽真实，学术气息浓厚，有很强的预见性。但发出去的报告始终没能收到外交部回复，他又去信至外交部长，问："你觉得我的报告内容如何？我应如何改进？"答复是，"写短点"。

我是说，这个工作看起来很不错，大使们可以在招待会上举杯畅谈，但四年后你必须得换个地方，政府会将你派遣至你毫无兴趣甚至貌不喜欢的国家。你不能说，我对远东很感兴趣就能待在那里。在美国可以，但在德国、在奥地利不行。70年代开始，我便与外交部保持联系，我在外交部教授远东历史和政治课程。我一直与他们保持联系。

在亚洲时，我以前的许多学生都会来探望我。我告诉学生，成为一名外交官之前，你必须考虑到，一个国家对外只能发出一种声音，不能畅所欲言。即使你对某个政策不满，你也得全力支持。若政府决策失败，你不满意也不能言你所思。当然，部门内部的等级也十分严苛，你须得与多名上司打交道，还有其他种种。我年少时的一些朋友后来成为了大使，但我不想。再谈谈律师职业。这份工作确实充满趣味，但为成功你得学会说谎，必须为辩护的罪犯开脱。哪怕你知道他们在撒谎，你还是要如此去做。你得帮助他人洗净脏污。因此最后，我决意在高校里成就事业，亦从不后悔。对我而言，这是最好的结果，我的执教生涯非常有意思。

问：教授，您还记得幼儿园时期的故事吗？

答：我从未上过幼儿园，父母不愿我去。但我念过文法学校，那是但泽的一所私立学校。

以前，母亲会为我们阅读童话故事，也阅读历史书籍。后来，我开始在但泽的一所中学上课。我就读的中学很有名气，但之后我必须去明斯特，我一点也不喜欢那里。与但泽相比，明斯特工业气息浓厚，但不够包容。明斯特是海港城市，一座商业城市。我却又能做什么呢？也是在此，我第一次经历战争。那是1939年，先前讲过，我去上学但学校被夷为平地。战后，父亲在维也纳工作，我于是也来此继续念书。1962年，我在德国大使馆工作，并且开始了对中国的研究。

问：您去了维也纳大学吗？

答：是的，维也纳大学法学院。在此，我进行了第一次法律州考。不久，我又被芝加哥大学录取，并获得硕士学位。

1963 年，我作为联合国教科文组织工作人员前往三个地区（印度尼西亚、泰国及中国台湾）。当然，在几星期内就要接触政府高层是不容易的事。因你只是一名外国人，所以我需要大使馆的支持，但德国使馆帮不上什么忙，倒是奥地利使馆帮忙不少。这也是巨大差异所在。我们的研究小组主要依靠奥地利使馆的帮助。在台湾时，他们又得依靠我了，因为那时，我在台湾有不少朋友。比如 1963 年，我有幸采访了时任泰国外交部长塔纳特·科曼，他还是东盟之父，曾提出建立东南亚国家联盟——这一区域内重要国际组织的构想。当然，曼谷是座非常美丽的城市，拥有众多特色建筑、充满激情、令人着迷。你不仅能在博物馆了解泰国文化，还可以走出去感受到当地风情。泰国的夜生活丰富多彩，令年轻人着迷。雅加达则完全不同，在那里你会感觉到对外国人的敌意。尽管如此，我们仍成功见到许多重要人物，如印度尼西亚共产党领导人，其组织甚至超过苏共，人数仅次于中国共产党。该党领袖名叫蒂帕·努沙登加·拉艾地，中文名叫艾地，当时总部在南苏门答腊，我觉得他看起来很像中国人。我问他是不是中国人，他朝我尴尬地笑笑，回答："我的祖母来自中国。"他是全球唯一被毛泽东夸赞为"极具创造性地将马克思主义发展壮大"的共产党领袖。那时，印度尼西亚共产党及苏加诺尝试建立另一个联合国组织，一个仅为前殖民地和亚非国家服务的联合国。它叫作新兴之声（Newly Emerging Voice）。苏加诺保持中立，绝非激进派。

问：所以 1963 年起，您开始代表大使馆出访各国吗？

答：不是的。70 年代，我才开始在外交部执教，那之前我只偶尔去拜访，因为我在德国外交学会负责远东事务。我常常为了解他们对一些事务的看法去到外交部，我也拜访各国大使馆，但并不是以外交部名义。

问：您提到自己曾研究过中国台湾的儒学，泰国的佛教以及印度尼西亚的伊斯兰教，但为何不选择中国大陆做儒学研究呢？

答：因为那时，儒学在中国大陆被视为敌人。连这两个字都受到诅咒。在这本书的序言部分我讲到他们的所作所为，可以给你看看。我希望研究中国大陆发生的一切。但在台湾，你们对待儒学态度十分包容，在"文化大革命"期间，大陆人们什么也不敢说，阅读这本书是被禁止的。我问过一位大陆学生，能否在书店购买《论语》一类的书籍。他说，我们可以去图书馆借阅四书五经。但他们会记下名字，我们觉得很可疑，所以最好不要借书。后来，大多数人都不再开口，尤其是对外国人。

问：能说说您研究生培养期间的课程、师资、机构和指导教授吗？

答：好的，我当时在芝加哥大学社会科学系学习，那里有很多知名教师。昆西·赖特（Quincy Wright）就是一位，他教授国际法课程。还有一些来自德国，如里奥·斯特劳斯（Leo Strauss）、摩根索（Morgenthau），等等。我在芝大深感荣幸，非常满足。与欧洲相比，这里的教授们对学生更为亲切友善。在欧洲，教授一向很严厉，学生们不敢与之交谈，但在美国，教授却说："我们的收入来自学生。没有学费，大学难以为继。"故欧美教授对待学生的态度不大相同，我十分欣赏美国的方式。有一位研究远东的唐纳德·拉克教授，完成了有关远东国际史的巨作。还有一位克莱瑟（Klesser）教授，还有一位不记得名字的教授，他勇敢无畏，是日裔美国人。战时，这类人因含有日本血统，其美国公民身份不被认同，而美国人惧怕他们，还将其从西部地区驱逐出去。所以整个学院充满有趣的能人。还有一位汉学院的教授，名叫科瑞尔（Herrlee Glessner Creel），他写过一本美国最著名的《儒学在美国》。政治学方面，有些无所不谈，却知之甚少的人。但尽管如此，我亦从中收获不少。

问：您在芝加哥大学的时候，上过任何只跟汉学有关的课程或者实习科目吗？

答：没有，（这些课程）总是跟历史和政治话题联系在一起。我对于成为一个汉学家没有兴趣，因为汉学家总是在诸如丝绸、诗歌、古诗词这些非常美好的事物上花费很多时间，但我不会让这些占据我全部的生活。

问：但是现在"汉学"的定义改变了很多，它们有非常多的分支。

答：当然，现在它们也对社会生活有了更多兴趣。但是尽管如此，有一次一个非常有名的德国公司——像是西门子那样的大公司想让我推荐一位既是汉学家又是经济专家的人给他们,我却无法在慕尼黑大学找到这样的人。

你有没有听过一种新型国际理论——新现实主义,慕尼黑新现实主义国际法学说（the Munich School of Neo-Realist International Law）,他们给摩根索的理论提供了很多思想,但是他们在很多重要点上有自己的方法。摩根索把国内政治排除在外交政策的决定因素之外。但是在我看来,国内政治对于外交政策来说异常重要。因为国内政治决定了谁可以制定方针、哪个党派拥有哪种观点、哪种利益在制定政策以及哪些人员,等等。所以外交政策始于国内。那么,决策者就会看国内政策,看我的外交政策会怎么影响我被选举的机会、我的影响力、对我的支持和反对,然后你就能制定出外交政策。另一方面,如果你看到外面,看到其他国家塑造国家的利益,那么,你就会不断地得到两面的观点。基本来说,用哪种方式开始取决于国内行政基础、国家的行政基础。例如,在摩根索的理论中,最具有决定性的类别是权力。实际上只有两种类别——权力和利益。对于我来说,最有决定性的因素是政治,我将政治定义为决策导向性思维、行为导向性的决策制定。你总是要做出决策,每一天世界都在改变,你必须调整你的国家政策以应对那些改变。这就意味着外交政策或者政治根本上就是决策制定。这个党派想要这个,那个党派想要那个,你不断面对着社会上的压力,你必须做出决定,就公共事务做出决策。摩根索说他不想把政治描述成它真正的样子,但是如果你想在政治上取得成功就得知道政治本来的样子。首先,你必须学习政治真正的样子,即使这扰乱了你在观点和政策上的理性,你不能简单地说:"这是我的想法,我的计划,我要把它落实,每个人都必须去做。"如果你是个独裁者,你最多能做到这样。但这不是普遍情况。即使是在独裁体制下,一些独裁者也没有那么有强权,所以他们必须依靠其他组织或者别的什么。所以我的理论有些不同,我在建立我的理论。但是摩根索对我非常大度,他通常对跟他持有不同意见的人很不友好,不过他认识到那是对于他学说的一种延伸,他的学说有了一个新名字——慕尼黑新现实主义国际关系学说（the Munich School of Neo-Realism in International Affairs）。

举个例子,叶阳明（Yeh Yang-ming 音译）也可以应用这一点,研究孙中山在广州的政策。很多我的学生也是这样做的，见到后来前往驻外事务处的学生很有趣，他们都记得群集分析（constellation analysis），我说过这是学习政治时最重要的一方面。你必须问大量诊断性的问题，就像一个医生问病人那样，为了找出他到底哪里不对。你必须问，你这里怎么样，那里怎么样？从这些问话中你得到了大量信息，这些信息的组合告诉他什么是什么。如果你区分出了症状，就做出诊断。这些从1970年代就开始了，确切地说，大约是1976年。这就是我在这里（慕尼黑）教的。我幸运地被任命为政治科学学科——国际政治的第一任主任。

你看这里孔子说的，这是我在《论语》中最喜欢的一句："君子不器"——一个高贵的人不会成为别人的工具，这是一个学者的立场。但是作为一个像他一样睿智的官员，必须遵守部门的纪律，也必须遵守作为学者的准则。所以我恐怕得说，我的职业生涯是非典型的，尤其是我对于中国的关切。我本可以研究别的东西。根据我的背景，我可能会成为一个美国外交政策方面的专家，这当然对于那里的人们更加重要，更加有趣，但是我对于中国有这种迷恋。我12岁的时候读了林语堂。同时，我开始看中国的图片还有建筑，我被它们深深地迷住了。我发现它们美得如此不寻常，与欧洲在美的方面是如此不同，我就像是爱上了某样东西。我也看了很多中国女孩的照片，可能这让我有了同中国人结婚的想法。

问：但是一定有一个巨大的力量促使您投身这类研究吧？

答：我找不到这样的力量。这是一种兴趣。佛教徒可能会给出答案，就是你前世是个中国人，就那么简单。我只能解释说，中国的很多方面都对我有吸引力，不仅是中国的，还有远东地区的。你看，莉莉·阿贝格（Lili Abegg）写了一本关于日本的很棒的书。日本精神，这让我印象深刻。后来我跟韩国也有了接触，由于朝鲜战争的经历，我在联合国安理会上跟韩国有接触，我在那里也跟蒋廷黻先生有了直接的联系，我跟他探讨了台湾的事务。因为中国当然直接派了一些人去抗议第七舰队进入台湾海峡。然后在斯坦福，每个人都非常吃惊，上帝啊，中国发生了什么？美国的朋友，中国过去被当作友邦，怎么一夜之间就变成了可恨的敌人？然后朝鲜战争爆发了。我们所有人都开始学习政治和国际政治，后来我就对中国非常感兴趣。

问：有件事我非常感兴趣，那就是您为什么不学汉语？

答：我学了汉语的。这意味着在战争后，战后我在维也纳学习法律的同时也开始学汉语。但是后来唯一可以教汉语的人，葛瑞瑟（Greiser）先生去世了，没有人取代他。我在其他地方没法学习。在那之后，我在芝加哥大学做助理，那让我都没有多少时间学习政治科学，在那里的人们都是非常优秀的学者，并且要求很高。所以在我博士预考之后，在那样的压力下我得了肾结石，医生说那是因为紧张。回来之后我有两份工作。你看，如果你没有完整地学完中文是无济于事的，你不能百分之百看懂文献、外交文件或者别的什么。然后，生活当然又宠坏了我。我娶了一个中国语言学家，她那时正在学英语。她是一个非常非常好的口译者，假使我需要一个翻译的话。我有这样独特的地位，研究外交政策也不需要经常在街上跟人讲话，你会跟决策领域的高层人物交流，但他们大多数英语说得很好。

问：您在学校期间，我指的是大学和研究生期间，只有一个教授在跟中国有关的事上影响到您了吗？

答：他甚至不是一个教授，他只是一名讲师。我们有一个非常有名的人，那时他已经太老了，他是最后一任奥匈帝国驻华大使。一个伟大的汉学家，同时也是一个伟大的社会学家，但是当我能学习的时候他已经太老没法再教学了。我在奥地利—中国友好协会（Austria – Chinese Friendship Association）上遇到过他，但他那时已经不在大学里了。

问：就是说只有两位老师，一位讲师和一位教授真的给您上过中国方面的课？

答：呃，不要忘了我从15岁起就跟中国学生和日本学生建立了友谊，并且我读了当时在德国能找到的中国最好的翻译文学作品，所以从这种意义上来说我是自学的。但是不是以语言的形式，这很遗憾，但……

问：那么，您是从不同的书上学到了很多中国的事情？

答：从不同的书上，从不同的环境中。我拜访了艺术博物馆，里面有中国的艺术之类的。我去过传教士博物馆。我跟很多去过中国的人交流过，因为他们都在我们的协会里。

问：那您有没有到中国大陆待过很长一段时间，为了教学或者其他的一些理由？

答：没有。在中国处于那种地位并不好。你到中国总是应该只待一小段时间，跟重要人物接触，而且当然也有跟我学习的中国学生。如果我在中国，他们对我说话都用很诚实的方式，跟其他人很不一样。

问：在台湾情况也一样吗？

答：在台湾当然待得时间长一些，几个月吧。但是没有超过一年，因为我不想放下我在这里的工作。我不能那样。

问：您在慕尼黑大学给学生上哪种课程呢，这些课程跟中国有关吗？

答：在慕尼黑大学，每次我准备了涉及中国或者远东问题的演讲或者研讨会时，我就会教跟中国有关的课。但是我们没有常规的中国课程或者是远东课程。我们曾经有三位研究远东问题的教授，现在一个都没有了。确实是政治科学的没落。这跟教学事务之类的有关，跟科学本身没有任何关系。但是我认为每个学期我都可能至少开一个跟中国有关的课或者研讨会。除了这个我也在教一门我认为最重要的课，那就是基础入门课程，因为只有在这门课上你才能接触到国际事务的所有关键点。这才是学生们必须了解的。后面的研讨会或者讲座总是专注于这个话题或者那个话题之类的。但是在基础课上，我试着给他们一张世界的图片，上面有明显的标注，包括中国台湾、包括日本、包括中国大陆。我告诉他们世界政治中有三个重要的大陆，分别是欧洲、北美和东亚，未来可能还有西亚，这取决于印度人。但是以前他们都是纯粹以欧洲为中心。

问：那么，您没有为您的学生讲过关于孙文主义（Sunyatsenism）的课吗？

答：没有，没有专门上过。但要是说的话，我上过跟20年代中国有关的课，或者说是跟中国内战史或是中华民国的开始有关。你知道我办过一个展览，展览的内容包括1911年的中国革命、民国的建立、从民国第一年直到孙中山的去世。这个展览不只向学生开放，还向普通大众开放。第一次是在这里，在慕尼黑，然后是波恩，以前的首都，再往后是在美因河畔法兰克福，最后在萨尔茨堡还办过一个小型的。现在我可以给你一张我的英文书的内容表，这本书是关于在萨尔茨堡的孙中山会议的。

问：有人为那本书写了一篇书评，他提到金德曼教授是第一个提出孙文主义的，您能解释一下您为什么用这个词来描述孙中山的想法吗？

答：当然可以，因为三民主义听起来很不错，也非常好记，中国人有这些神秘的数字，数字7或者数字3之类的。但是我问自己，孙中山真正的影响是什么？首先是他的民族主义，但是民族主义同时又是民主的，因为它说的是人民而不是皇帝，人民才是国家的主宰者。你自己就是主宰者，你必须要理解它，你必须相应地行事，所以这是一种民主的民族主义。第二点，这是孙中山式的，我甚至不会说民主，而是民主化。共和国成立的前两年民主失败之后，为了从乡级到省级再到国家级建立民主，实现共和，这是非常新颖的想法，后来又在宪法中加入西方思想和东方思想的综合体——五权宪法（Five Power Constitution）。然后是经济上，推行社会法，在工业化开始之前的工人保护法。因为工业化一旦开始，施行法律就变得很困难，人们会变得十分贪婪，渴望得到越来越多产出。所以工业化应该成长为既定的社会网络中的一张网，在社会保障网络中的一张网。他对于一战后的产能过剩做出了极其正确的预测。我们必须杜绝经济古典主义，因为在战争期间，很多东西的生产一直滞后，然后对于重新获得那些东西产生巨大的渴望，但是当人们满足之后，他们又开始讨厌那些东西，随之而来的是需求下降，这是最简单的事情，因为这种现象很普遍。他的计划是建造港口，修筑铁路等一系列举措。真正的港口，你也看到了共产主义者建了很多那样的港。我不赞赏他们，但是他们确实做到了。

然后当然是文化历史，他对孔子很尊重，但是就像胡适说的，儒家文化需要经过检验以找出哪些元素在过去是受时代约束的，没法克隆，没法延续，哪些又是永远正确的，因为它们与人性有关，人性从孔子时代、从苏格拉底时代甚至从古埃及时代都没有改变过。如果你今天去读一则埃及的爱情诗，你会感动，因为元素都是一样的，都是一种浪漫的形式。发生改变的是外部世界，比如科技啊之类的，而不是我们的内心。人性是跨时代的，人性穿越了历史的各个时期，人性，也是政治科学的价值所在。政治科学的基础是人类学，它始于对人的研究，始于政治环境下的人性。我相信在政治科学中有我所说的人类学的元素，我在跟中国有关的问题上做了很多，但是这些从来不是预先安排好的。每个学生按规定都必须上跟中国有关的课，但是只要我和其他教授在那里，就会从很多方面讲授跟远东有关的课程。所以在这种意义上我们有特权。我成立了这个东亚与东南亚历史和政治跨学科委员会。然后，我劝说每一个冬季学期的同事开设关于远东话题的免费讲座，他们在过去14年中都是这么做的。讲座结束的时候参加的学生不会得到任何学分，但是会从我这得到一份他们参加这门关于东亚的讲座课的文件，如果他们想的话，可以用它申请他们感兴趣的课，所以讲座很受欢迎。

问：我刚说到教授提出了"孙文主义"这个词，我觉得这真是一个很关键的提法，甚至连中国人都没有这样想过。

答：如果你读我这本书里的文章，就是关于萨尔茨堡国际会议的那本，你会发现很多在台湾普通学校中都不会教的东西。

问：但是在中国大陆，即使没有孙文主义他们发展得也很好。

答：是的。但往西部走，你才能看到真实的中国。在清帝国中，沿海省份也是第一批发展起来的，我想最主要的是广东和南方。

问：中国大陆变得更加现代，现在台湾和大陆有很多交流，孙中山的思想也一定程度上重新焕发出它的价值。

答：首先，孙中山说过："我们不能把自己同过去的光荣和文化分割开来。"清帝国被推翻后，社会潮流是全盘西化，陈独秀、李大钊在"五四运动"中喊出了口号："只要你不西化、不现代，你就是腐朽落后的，没有折中的情况。"胡适是少数几个有不同想法的人之一。但是孙中山还说过："是的，我们需要注重实际，我们必须检验儒家传统中哪些部分有价值，哪些部分已经不可接受。"例如缠足，就不符合儒家思想。设想一下，在千百年间，中国的妇女们在六岁开始就要忍受把脚缠住让脚趾长到脚底去的痛苦，这是多么可怕的一件事。然后，妇女们就不能正常走动，所以她们会变胖。但是几百年间所有上流社会都在这样做。我认为在这方面需要做更多的研究，我们现在掌握得还不够。

金德曼教授 照片4：2009年在韩国总统金大中家中

问：那么，您认为孙文主义不会真正在中国大陆传播？

答：举个例子，如果他们在孙中山的书《中国的工业发展》中找到了实用的想法，精英阶层会去模仿，但是不会说是从孙中山的书里看来的。这将会是一个有趣的论题：现代中国的发展在多大程度上跟孙文主义有关，或者为孙中山的工业化蓝图所影响了多少？毫无疑问，应该由一个经济学家来对其进行研究。

我曾经尝试算过，毛泽东提到孙中山名字的次数比列宁或者斯大林要多，这很有趣。还有件有趣的事，就是毛泽东在哪方面引用孙中山呢？这是一个非常有意思的话题。

问：所以中国大陆没有机会好好了解孙文主义了，对吗？

答：他们有机会。举个例了，他们会在2011年10月，辛亥革命100周年的时候重新庆祝，将孙文作为中国大陆和台湾团结的象征。我跟你打个赌，他们会那样做。很可能有一个盛大的开幕。所以我们应该拭目以待。我也试着在这里庆贺，但是我不知道我有没有这个机会。

问：教授，您讲到过你没有在大学中修过有关中国的课程，对吗？

答：除了最开始在维也纳大学东方学院学过一些。那是很久以前了，课程的主要内容是从旧中国到新中国的转变。我也从一位中国博士，孟博士（音译）那里学过一些私人的课程，他会用中文给我上课。这就是全部了，没有特别正式的学过。

问：作为一个外国人，我认为想得到关于中国的其他材料、书籍、影像或者照片会很困难……

答：不，没有那么困难。芝加哥大学很了不起，在慕尼黑也有国家图书馆，他们有一个让人印象非常深刻的读者区域。然后就是中国研究学院，汉学院……

问：那么，您是从芝加哥大学毕业以后就开始研究孙文主义了，对吗？

答：不，我还是高中生的时候就开始了。我给你展示过那些书了。在二战以后我开始了深入研究，那时我成为了奥地利—中国学会的成员，我给自己布置了一个任务——准备一个关于孙中山的演讲，我在那一刻才开始认真研究孙文主义，我得到了关于孙中山的基础文献，还有我的老师，我之前给你说过的，我每天跟他一起待一个小时，他很喜欢聊天，他告诉我他所看到的中国，他从义和团（Boxer）运动开始之前就到那里了，一直生活到临近二战。那是很长一段时间，48年。遗憾的是我刚开始研究没多久他便去世了，再没有人……

问：我相信他是那个在关于中国的问题上真正给了您很多影响的人。

答：没错。中国对于我来说不仅仅是一个研究对象。中国有一种我至今都没法解释的吸引力。有两样是中国特有的——中国的文化和儒家思想。

问：您能告诉我那位在中国生活了48年的老师的名字，并描述一下他对中国的印象吗？

答：他叫 Benno Greiser，是维也纳大学教中文的讲师。他对中国非常有热情，有时候甚至热情过了头。如果他对某件事情不满意，他就总会说在中国这件事要好很多。有一次我妈妈在药店无意中听到他讲话，他当时正在因为某些事冲药剂师发火，他说了"在中国这些事会办得好得多"等一些类似的话。然后药剂师生气了，他对老师说："那你怎么不快到中国去？"所以我妈妈一直记着那句"那你怎么不快到中国去？"但是他描述了中国的风景，描述了人们的心态，中国人的平和，他特别强调中国人起了冲突不会上法庭打官司，而是会找一个中人私底下和平解决。他渴求中国人的精神，在今天这种精神依然让人印象深刻。他给我讲的就是这类事。他也分析了冷战并认为苏联会赢得冷战，我说我认为美国会赢。我的很多预测都是正确的。举个例子，希特勒进攻苏联的时候我16岁，我的老师带我去看一个闸门，船只进入闸门，然后水位升高，它们便从另一边出去。在去的路上老师问我："你对苏德之间的战争有什么看法？"我回答他："现在战争输掉了。"他说："你怎么敢这么说？他们会杀掉你全家的，闭上嘴，什么也别说，但是在你闭嘴之前告诉我你为什么会这么说呢？"然后我对他说："连拿破仑这种军事天才都没有办法同时击败最强大的陆权国家俄国和最强大的海权国家英国。希特勒根本不是什么天才，他现在对俄国和英国发动战争，他赢不了。要想取胜必须要控制海洋，但是德国海军太弱了，根本做不到。"那时我才16岁，但是我可以告诉你，历史是我最喜欢的科目，我读了很多很多关于历史的书，远远超过老师的要求。

问：那么，在您同老师讨论关于中国的议题时有没有什么让您非常感兴趣或者说非常吸引您的呢？

答：有，我向他请教有关孙中山的事。他说："关于孙中山有一件事是不论他说什么，总有办法让自己的话有说服力，你离开的时候就会确信他说的话肯定正确。他在与人打交道方面有特别之处。"

问：是领袖魅力（charisma）？
答：对，就是马克斯·韦伯（Max Weber）定义的领袖魅力。

问：您首先描述了什么是领袖魅力，然后您讲了孙文主义在哪方面可以体现领袖魅力。我还对您讲到的一个部分很感兴趣，就是孙中山是一个非常有领导力的人，他能吸引别人去相信他，我相信你我都没有机会变成孙中山那样的人，但是就您是会认为他是那样有领导力。

答：是的，我最佩服的是他遭受过很多失败和挫折，但是他从来没有气馁。他总是因为信仰的力量重新站起来，去为中国完成使命。在奥地利也有一个这样的人，他相信自己对国家有这样的使命，他有能力把自己的使命感传达给人民，让人民相信他的领导能力。……他对很多事情都有先见之明。例如他在日本的最后一次演讲，也是他人生中的最后一次公共演讲，他说他设想了一个中日联盟，以解放被压迫的国家。例如所有的东南亚国家，都为种族主义殖民政权所统治，他希望中国强大起来以后能解放那些国家。他也把德国囊括在被压迫的国家之内。他对德国有种特殊的喜爱，他引用俾斯麦（Bismarck）的次数远比其他伟人多，因为俾斯麦有能力把分裂成很多不同国家的德国统一，也因为俾斯麦推行的社会立法。共产党声称社会传统必然会变得越来越坏，但是孙中山说，不，社会传统一直在变化。他对德国社会自由经济体系了解之后他会说什么呢，他说："对！这符合我的设想！"他在日本的这个阶段说，日本有两条路，要么跟中国合作，要么跟中国开战，但是开战的话日本无法取胜，只会毁掉自己。后来中国就成了太平洋战争的关键。在美国和日本之间的最后一轮谈判中，美国要求日本无条件撤出中国，日本人那时已经在中国成功进行了三年半的战争。当然大家都知道日本不会接受这个条件，以后也不会接受，罗斯福的部长们也清楚日本不会接受。但是孙中山是正确的，日本无法打败中国，尽管日本认为自己可以。日本有能力取得很多场战役的胜利，却没法赢得战争，而这是一场决定性的战争。我最感兴趣的还有中国内战，这是共产党和国民党之间的对抗，也包括列宁不切实际的想法，你知道列宁总是说世界革命，当世界革命爆发的时候所有人都会自由，但是它没有爆发。列宁对德国的期望很高，他是德国的钦佩者，但是什么也没发生，没有多少共产党在全世界崛起，这就是事实。在法国和英国、北美、日本，都没有崛起。所以他的共产党同伴就问他："列宁同志，你的世界革命怎么了？"但是他给出了一个绝妙的答案，他说："我可以这样跟你解释，那些工业资本主义国家有很多殖民地，通过剥削殖民地它们获得了巨大的利益，从而可以收买自己的劳动力。它们失去殖民地的时候，它们就没有办法收买自己的劳动力了，无产阶级会变得异常贫穷，然后世界革命就会发生，那意味着，通往巴黎的道路需要经过巴尔格达。这就是说，无产阶级革命只有得到亚非反殖民运动的支持才能取得成功。"然后他找到了亚洲最大的国家——中国，找到了孙中山。这就是共产党接触国民党的方式，在莫斯科的命令之下。他们并不开心。陈独秀和李大钊对莫斯科的命令感到不开心。你们必须支持国民党，你们的领袖甚至要加入国民党。周恩来加入了国民党，毛泽东也加入了，还有很多其他人。但是他们也得到了莫斯科的秘密命令，就是你们必须考虑到你们现在的盟友国民党会变成明天的敌人，所以用与他们合作的方式，尝试分裂他们，尝试让他们的人脱离国民党接近你们，让他们看到你们正在夺得中国革命的领导权。蒋介石是极少数看清这一切的人之一，他看得非常清楚，所以合作分裂反共了。顺便提一下，既然你对历史非常感兴趣，不久前有本我们等待了很久的书终于出版了，等了得有几十年，那就是第一本蒋介石的科学传记。作者是个叫杰伊·泰勒（Jay Tylor）的人，作者得到了斯坦福的许可，似乎使用了蒋介石的秘密日记，书名是《委员长》（*The Generalissimo*）。

问：我读过您写的期刊，书名叫《孙中山与德国》。您提到一点，就是孙中山的个性非常有意思。我想，我读到过孙中山和一个美国将军的谈话，孙中山说了中国必须参战的原因。他还写了一本关于一战中的中国的书，在书中这个论题也被拓展了。

答：是的，有时候我会发现，我跟中国的历史学家探讨这些的时候，我了解得比他们还多。我也不知道原因。例如 Yang Xuekun（音译），他曾是外交学院的院长，他把学者派到非洲。有一次不知道怎么地，我们讨论起中华民国军队占领北越的事情，他说他从来没听说过这件事。这很尴尬。有一个了解很多历史的人叫 Zhou Shoukan（音译），他被美国人折磨了很久，他是梵蒂冈的大使，在那儿他被长时间持续的宗教仪式折腾得够呛。他不是天主教徒，也不信基督教，所以应付梵蒂冈的宗教仪式确实需要一些耐心。

问：另一个问题，我不理解为什么中国大陆接受了共产主义而不是孙文主义？

答：当然你必须看到这是一步步发展来的。战争结束以后中国的情况非常糟糕。日本人毁掉了国民党时期的很多成就。在一个贫穷的国家创造更大的苦难。苦难就是革命的土壤。所以中国在战争结束以后情况很坏。然后国民党犯了严重的错误。在经济上，货币改革变成了一场灾难，这是一个战略性错误。还有一件事就是他们在确保进入"满洲"（Manchuria）的通道安全之前就接收了"满洲"，所以共产党把他们的联系切断了，摧毁了他们，然后得到"满洲"并且向南进攻。美国人就这件事警告过蒋介石，但是蒋介石坚持要向"满洲"派兵，他说"满洲"是我最爱的地方，我们曾经让日本人夺走了它，又让俄国人占领了它，现在我们不想让共产党统治它，因此我们必须拿下"满洲"。

问：您在《德国与孙中山》这本书中说过这些，可能在第 8 页或者第 7 页。

答：你还记得，很让我吃惊。在俄国和法国的革命中，民众起义没能发生，因为其中一支军队比另一支扩张得多得多，另一支军队因为输掉太多战役而分崩离析了。主义什么也做不了，你不能使用主义对抗坦克。主义是可以鼓励你去做那些能做到的事，但是对于不能做到的事，你只能以英雄之名死去。另外，就像我们所说的那样，对于愚蠢的人来说这些是真实的。

问：我只是很好奇人们为什么接受了共产主义，他们不会想起并且争取另一种意识形态？

答：事实上，共产主义，至少是过去的共产主义有宏大的观点。卡尔·马克思（Karl Marx）说过："好吧，人类社会的结构就像一座金字塔。无产者在金字塔的最底层，如果无产者登上金字塔的顶端，那么每个人就都平等了。如果人人平等，那么他们就是自由的，他们就会产生兄弟之情，这种情况只有通过阶级斗争才能实现。"因此，共产国际的赞歌中唱道："这是最后的斗争！共产主义要解放全人类。"这意思是人类的巨变即将来临，你只需要支持共产主义运动。马克思主义者是理解历史的人。马克思主义者是那些说他们可以凭借自己的意志创造历史的人，所以他们正在思考主义的重要性。我们知道将要到来的是无产阶级，因为这是注定的。结束历史的不是资产阶级，而是无产阶级，因此拯救人类的会是无产阶级。但是无产阶级有敌人，敌人必须被消灭，因此我们必须为光荣事业牺牲自己。然后各国将不再敌对。在共产主义宣言中，民族主义会消亡，为什么消亡呢，新的合作形式是什么？新的合作形式将是阶级合作。一个国家的无产阶级和资产阶级会相互合作。这是废话，在今天依然如此。欧盟就是为民族主义所阻止。……

问：所以根据您的观点，在您熟悉中国后中国改变了很多。

答：当然，中国改变了很多。从帝国到共和国。

问：那么您认为中国在以更好的方式改变或者……？

答：70年代之后共产党变得足够通情达理，可以理解经济法则。他们开始看到，马克思是正确的，但是那时在100多年以前，现在过去了100多年。事情在改变，所以我们必须改变，邓小平还说了如果一些人先富起来也不要紧。这是在打开改革开放的大门。……

问：我相信教授认为中国自己的文化才是中国文化中最美的部分吧？

答：当然，剩下的都是在模仿西方。高水平的模仿，日本已经改进了一些机械，是的，日本造出了很多不错的汽车，有些比欧洲的还要好，也许中国人也可以做到这一点，但是他们被西方压倒了。

问：也许中国人会觉得西方的一些东西会让我们变得更强大。

答：是的，非常对。最初的想法是为什么那些该死的西方人那么厉害？答案是：他们船坚炮利，我们必须学习怎么建造那样的军舰和火炮。而孙中山在三民主义中写道，"中国会迅速发展，因为中国不用经历发明和进步的漫长过程，只需要接收最新锐的，所以他们省掉了西方人发展工业所需的漫长历程。"这是种有趣的思想。……

问：这对于国家机构来说反腐是一种好办法吗？

答：反腐非常困难，共产党领导人发现腐败总是很严重，他们需要反腐。说是一回事，做又是一回事。例如总统和高官的孩子总是凑在一起，因为他们习惯于去银行然后说"我需要多少贷款"，"你知道我父亲是谁"之类的话。一位韩国总统卢武铉（Roh Moo-hyun）因为这个从窗户里跳了出去（实际上他是跳崖），因为他的家人贪污。还有尽管金大中（Kim Dae-jung）是诺贝尔和平奖获得者，他的家人还是腐败了。还有陈水扁……我不知道是为什么，他们是因为他们的年龄感到害怕吗？实际上他们的薪水非常高，我想或许他们应该也有很多退休金，那么，为什么他们想要更多钱而去贪污呢？通常这种贪污是通过家族渠道。远东的贪污大案大部分是家族案件。

问：台湾和大陆在这点上太相似了。

答：很不幸，是这样的。

问：我相信这对于台湾和大陆来说这是个严重的问题。

答：是的，但是至少贪污都是秘密进行的。我的一位伊朗朋友告诉我在他的国家进行贪污的方式，如果你是一个市民而你想从政府那得到些什么，假设你需要开店经营的执照，你就去相关部门或者办公室，那里会有一个官员，他坐在一张大桌子后面。他坐在另一边，你坐在这里，桌子下面有一个抽屉，可以往这个方向和那个方向推。那个官员会问你想要什么，你就回答他，同时他会把抽屉往你的方向推，你把一些钱放进去，他把抽屉拉回去，看看抽屉里的钱然后说："好的，我们已经同意了一半。"所以例如，有一次在德黑兰警察想逮捕他的父亲，他爸爸对警察说："你疯了吗？你想逮捕我这样一个虔诚的教徒？你不知道先知穆罕默德说过什么吗？你应该向穷人捐献。你忘了我向穷人捐献了多少吗？啊！你不相信我或者不认识我？来，拿着这钱，把他捐给穷人，以安拉的名义！"有很多种贪污的办法。但是我认为这种办法有些可爱。

我的中国研究及中国学知识社群的比较
——郎密榭（Michael Lackner）教授访谈录①

访谈人：黄琼萩

时　间：2011 年 12 月 15 日

整　理：Lena Maria Kuhn

翻　译：曾倚萃、许惠贞

核　改：Jiagu Richter

郎密榭教授 照片 1

---

① 标题为收入此书时所加。收入时访谈录有所缩略。全文请见 http://politics.ntu.edu.tw/RAEC/。

问：身为中国学家，您怎么理解"关系"，并向西方世界解释这个观念？

答：这个问题很有趣。人们从根本上不信任某部分的社会制度。试想，所谓的中国政治哲学里，总是充满关于统治者的德行的讨论，对不对？总是谈论"道德""德"，而极少谈论制度；掌控制度的仍然被认为是某种系于道德规范的事物。当孟子劝说"国君行止以德"，这是温情的一面；制度则是冷静的另一面。20世纪以前，西方意义上的制度没有在中国出现过，虽然有朝廷各部和政令，但都迭有更替，所以它们的"制度性"非常弱，一般老百姓无法信任它们。"官"这个字往往关联到负面意涵，像是官司这类的事。在这个意义上，"关系"是取代这种孱弱制度的工具。这不是说西方社会是个没有"关系"的系统——不论是金融或政治的世界，整个人类世界都是建立在关系（relationship）上的——但是在西方社会，拥有美德、教导德行生活的统治者并不是必要的，因为我们有社会制度而人们行为可以遵从制度的规范，例如西方最古老的事物之一的选举或议会制度，这类制度性社会管制的雏形早在古罗马广场、古希腊广场的集会里便出现了，"关系"在中国社会里如此重要的原因，或许就是制度相对不完善的后果。

问：您在中国的经验是否影响您对关系（relationship）的看法，您如何评估中文里的"关系"和西方概念里的"relation"？

答：如果你想要，比如说，学术或学者之间合作好了，那么关系很重要。人总是想要亲厚的而非冷淡的关系，但我并不是说制度性的信任可以取代人际关系的因素，制度无疑是重要的。比如说，政策制定不能脱离制度性的合作，于是制度本身甚至比制度内的人来得更重要。即使我自己以前没有意识到这件事，但我的汉学研究确实影响了这个主题，让我确认中国政治哲学就是"德行"之论，但我同时也认为，21世纪是个以制度为基础的时代，依赖"关系"是无法帮助中国在这个新时代立足的。当然，中国已经在改变了，也已经有些学术研究在探索其改变，30年前徐中约的《中国加入国际社会》就是一部非常好的著作，他描述了一个新的国际体系，在它之下中国的朝贡体系不再受到重视。中国以往习惯用双边关系的方式与不同国家互动，但欧盟是个多国家、多政府组成的集合复合体，形成对中国（在当今世界里必须改变）的挑战之一。中国必须改变，即便当今的世界治理中德行因素依然重要，制度也非常重要。这已经不是一个单纯用冷静或者温情的方法就可以进行治理的世界。

问：让我们回到您思想研究的早期，当您刚开始研究中国时，一定有许多主题是西方学术界更感兴趣的，但您选择了"解梦"这个冷僻的主题，为什么？

答：是的，这确实是个非常好的问题。我所有的研究主题——从最初的解梦、后来的宋代"理学"知识体制（organization of knowledge）、晚清中西交流史以及再回到知识体制——都指向我作为一个"人"本身，我想要发现一些制度（制度当然很重要）以外的东西，这和我的个人历史有关。我对心理分析、西方学术里对梦的诠释，还有广义的占卜都感兴趣，这些是基础；接下来我的研究走向这些东西的源头，也就是预言、预测的研究问题。我认为，在预知和判读未来这件事上，确实有文化差异存在。这个主题虽冷僻，但它让人更能进一步了解，传统中国想法怎么看待未来、命运和在二者之间人的心灵状态（虽然我当时并没想到这点）；在当时这个问题当然是相当冷门，但几年后，甚至中国大陆的学者也开始研究它了，当然这与我无关了，他们当时也并不知道我和我的工作。

问：您为何开始研究"梦"？在当时有其他关于"梦"的研究吗？

答：有，但与中国的研究绝对没有任何关联。在西方，从弗洛伊德和他的追随者以来，西方社会就是一个深层的、心理分析式的社会，大家习以为常地、大量地使用"情结"（complex）、"抑郁"（depression）这类词语，但在中国，这些词更接近专有名词，人们不会在日常生活里使用它们。中国以前不是这种西式的心理分析社会，但现在有各种（西方知识的）翻译、有心理学的市场，慢慢地也就越来越往这方向靠近。这么说也许有点荒诞，但我想，我的论旨是发现一个不同的、探索中国人内心的角度，以更接近中国人的心理、甚至灵魂——我知道这听起来有些荒诞，但你懂我的意思。

问：我注意到您写教授资格论文时换了另一个主题，这是什么原因呢？

答：我与现代中华文化的第一次接触是在台湾，接着在大陆。我在思考那次相遇的个人经验和我其他的经验。接着我试图寻找一个早期可能形塑了中国—西方相遇状态的先例，必须找出自己先入为主的成见，我也许，不，是绝对地早就被灌输了关于中华文化的某些评断，这些评断深深植入在我的想法里，但我并不自知。我曾经读过黑格尔和海德格尔，还有法国文献等关于所谓中式理性、中国政府、中国海关等的评价。发现自己的成见是做研究的关键，于是研究那段（耶稣会）历史对我而言是极为重要的基石，那个过程帮助我掌握那些与自己个人经验紧紧联系的个人评断和成见；中国研究（Chinese Studies）是我内在自我的一部分，我并非认同中华文化，但我认同对中华文化的研究。直到今天，耶稣会对塑造西方对中国的印象都有深刻影响，它也塑造了启蒙时代关于中国的论述，没有耶稣会和他们的线人，伏尔泰的中国印象不会出现。从启蒙时代到19世纪、20世纪，我与每个主题的相遇，都是一次次更深地、对形成自己评断与成见的种种因素所进行的追寻。

问：您的训练不是一个宗教学者，但您自己的工作采用不同教士的进路，对此您有什么看法？

答：我不是传教士，我指的是我不会试图让任何人顺服某个宗教或教义规定的行为，我的目的更多地是去理解，而非改造。1995年，当我第一次造访中国大陆时，我试着找几位中国的历史学家和我一起研究晚清时期知识体制的改造，我清楚地记得，这是1995年，他们关注的是"国耻"，他们甚至有一部《国耻字典》——中国大陆还没有准备好讨论清末知识体制的问题；相较于现在，你们有讲座、有研究中心，当然这不是我的功劳，但我也算有些贡献，某种意义上我也无意地做了传教士的工作。

问：您说到，当时与中国学者就讨论过"国耻"这个现在很热门的主题？

答：是的，我那时邀请他们到德国来，但不是在埃朗根而是哥廷根，从那时我开始做一个关于词汇的研究计划，现在已经有了127000个新语的释义放在网络上，也写了两本书。这个题目在当时是非常少见的，我在中国的时候，并不容易找到真正愿意和我合作的人。这题目现在是很热门，但那时候真的不是。

问：您能不能谈谈更多您研究生涯里的这个部分？

答：我想追溯中国—西方在近代初次相遇的历史，19世纪基本上是科学、民主和基督新教；传教士试图将中国转变成基督教式理性的主体——顺带一提，这非常荒谬，毕竟基督教本身便不理性，别误会我，我是基督徒，但我深信相信荒谬性（absurdity）本身就是信仰的前提，这是我的个人立场。总之，东西方相遇现在确实是个热门研究主题，新学科领域诞生，知识体制在晚清时期都改变了，譬如同文馆，再后来更多新学科被引介入中国，而像是经学之类的旧知识被淘汰了，不复存在……你了解我的意思吧。

问：旧领域被边缘化了。

答：是的，非常边缘化。其实这是从新学科的眼光或视角来看的，例如，你说孔子是个"哲学家"，这意味着你必须先有一些关于"哲学"——往往指西方哲学——的概念，你才能讨论作为哲学家的孔子。于是孔子的意义，若不是中式教育里的某种工具，就是一个西方思想下的类属；孔子是一位"圣人"，这个概念对经学是很有用的，经学也做了一些好事情。让我再说一次，我就是考察这种种的中西邂逅。

问：看了您的学术履历后，我注意到您去过许多地方做研究或任职，如巴黎、日内瓦，这些旅居经验如何影响您的思考或研究方向？

答：我先去了法国，接着去同是法语区的日内瓦，有趣的是，在整个欧洲，法国或法语地区可能是唯一拥有系统性中国知识的地方。如果你到任何说法语为主的城市，逛逛书店，你会发现书店里有大量的与中国相关的书籍，如翻译小说、翻译的所谓中国哲学著作、中国政治，等等，都是法文版。如果你去德国或荷兰，造访类似规模的书店，你不会看到一样的景象。（而且，那些法语作者们）持续用法文写中国。他们有读者，且是对这主题有兴趣的大众读者，法语圈的学术社群能一直写作不辍，因为他们有足够的读者。我可以给你一个例子，一个很有分量的出版社，出版了双语版的王充《论衡》，有非常好的导读、翻译和注解。这是一整个系列。我觉得，这种状况在任何一个西方国家几乎是不可能，也许除了美国或英语系国家以外吧，至少德国不可能。

问：您是说您认为，法语社群的中国研究开始得非常早，是吗？
答：他们的自我意识比较高。他们在远东地区有殖民地，所以说法语的一般读者也好奇中国人在做什么；我不认为一般德国人会有一样程度的兴趣。盎格鲁－撒克逊语系的世界不一样，那里有市场，也自然有大的研究者——读者社群。

问：这是说，欧洲的学术发展和殖民主义历史有关，是吗？
答：我不认为如此。

问：这很有意思。德国事实上是欧洲较晚参与殖民主义扩张的强权之一。
答：德国是后进国家。

问：这个事实也影响了德国学者对中国的兴趣吗？
答：我觉得是的，但我不确定影响的程度有多大。在中国的德籍传教士，例如卫礼贤，在德国的中国认识里扮演了绝对重要的角色。他们更多的是哲学家，有一个世界观，对他们而言，中国更像是个遥远的、神祕的理想国。法国人不太一样，我在法语殖民者社群的经验告诉我，法国人研究中国，采用的途径更有自觉、更具道德强制性。

问：身为一个德国学者，您对中国研究的看法必然与法国人不同，那些不同之处如何帮助您与法语学者沟通，特别是您又格外关注学术研究的背景脉络？
答：一般而言，相对于法国学者，德国学者更擅长意识形态批判的历史，例如政治科学家 Eric Voegelin 就属于这类，而相对于盎格鲁—撒克逊传统尤其美国学界，则更是如此。所以，例如在探索中国意识形态的问题上，德语文化出身的人也许更能洞察共产主义取代民族主义的根本原因。

问：可以谈谈当年在法语世界时，对您产生知识上影响的法国学者吗？

答：有很多人影响我，我曾随谢和耐（Jacques Gernet）学习一年，他当时是欧洲汉学界"教皇"般的人物。他仍住在巴黎，刚刚过完90岁生日。他所著的《中国文明的历史》被翻译成英文，影响极广。我在巴黎跟他做博士后研究，他是一位好老师、好学者，谢和耐对我很重要，还有其他重要的学者，那时法国人对中国的科学史很感兴趣，我也就从历史学那里得到许多灵感，到现在我仍与他们其中一些人有联络。

问：当时的德国还不存在这种研究气氛吗？

答：嗯，还得再过一些时间。那时在法国，他们觉得我有才能，便把我推荐回去给德国的大学——有意思的是，我必须出国，才能够回家。如果没有法国的这些经历，我不会知道自己的使命与命运，这非常重要。

问：巴黎和日内瓦一定有些差别，对吧？

答：是的，巴黎就是巴黎，它是法语世界的中心，而日内瓦就相对边陲，但它仍有其重要性。瑞士是没有中心主义的，法国则相反；瑞士这个国家小而自主，非常有趣，我很喜欢。

问：您能谈谈您在柏林的经验吗？

答：好的。柏林拥有一部分全欧洲最重要的中文文献资料，普鲁士国立图书馆（注：今柏林国立图书馆）也在柏林，还有众多民族志、艺术、音乐、博物馆等的资源。然而，我在柏林最活跃的时间其实是在柏林高等研究院的时候，那里简直是天堂，类似我曾经执教过的普林斯顿高等研究院；教学经历是必要的，所以我在自由大学也教过书。不过我生涯的最高点必定是在柏林高等研究院的时候，我与许许多多有趣的各种领域的人来往，东方史学啦、希腊哲学、古希腊哲学，等等，不限于中国研究，那是非常愉快充满灵感的一段时光。

问：关于古希腊哲学和传统中国哲学之间的差异比较，在学术界有一些辩论，您的看法如何？

答：它们必然有不同的途径，不过还是要看被比较的具体主题是什么；若只是用一种鸟瞰式的方式来做比较研究，一定会出现很多问题，但如果有明确的主题，就可以试试看作比较。举个例子，你可能会问，制度在希腊思想和在中国政治哲学里扮演什么角色？接下来你必然产生困惑，但这些疑惑是有限的。我一向绝对避免的是去说"中国"有某个固定的样貌、属于某种固定的模式，这么做只会让人沦入囚困于自身文化的境地，如同黑格尔是他自己文化的囚徒；但人不是这样的，并且人可以超越本身文化的禁锢。没错，我们都是自身文化的产品，每个人都有他原生的语言文化背景，但我相信人的那种突破既有心智限制，乃至改造自我的自由。中国自我改造了很多次，拿破仑战争后的德国也一样。文化是持续变迁的有机体，在其中的人也自然不会是它的囚徒。

问：根据您的履历，您曾经到过复旦大学是吗？

答：在2005年，我以访问教授的身份去了三个多月。

问：那回应该不是您完成博士论文后的第二次中国行吧？

答：当然不是。那次旅行差不多是我博士毕业20年后了。因为开会、私人或学术访问等原因，我去过复旦很多次，但2005年那次是复旦第一次以访问教授的名义邀请我，他们是第一批对我的研究有兴趣的人。上海是西方科学与中国传统知识相遇碰撞的第一线战场，而不是北京；那群对我研究有兴趣的人里，包括现在的上海社科院副院长熊月之也说，西方是上海历史里不可或缺的一部分；甚至现代性也在此发生，鲁迅就住在法租界里，《申报》在这里发行，西方影响了上海身份的定义。不是说我特别喜欢上海，但上海成为我的东道主理所当然。

问：但您生平第一次中国行仍是去的北京吧？

答：我第一次去中国当然是去北京，我不知道原因……我甚至去过云南和其他地方。很难说，没有太多刻意安排吧，但你也可以说北京的人胆子大很多。

问：除了那些先前访谈里提到的人，有其他中国学者协助您的学术工作、甚至扮演关键角色或给您的研究带来冲击吗？

答：倒不是冲击，而是"心灵相遇"吧，熊月之是对我比较重要的一位，另外还有一位……

问：熊月之是比较近期的中国学者。

答：啊！你要问的是较资深的人，也有比他年轻的。初次见面后，我就发现他们有许多限制，比如上次我告诉你的贺麟、宗白华这些较年长的，还有张岱年。我感觉他们都受共产主义思想限制，或许他们以前也曾有过较为自由的思想，但老实说……这是我个人意见，我没发觉太多新意，一些年长的学者倾向变成他们自身意识形态，或被迫成为某些意识形态的受害者。

问：我想这样的世代差异是因为世代之间由不同的历史条件造成的。

答：我非常同情以前那些年代的中国学者。在民主国家中长大的人，觉得拥有自由是理所当然的。另一位年纪和我差不多的教授，可能比我小一点，章青，复旦历史系现任系主任，心胸非常开阔的一个人，他还曾邀请后现代历史学者海登·怀特（Hayden White）到复旦去。

问：您何时和如何认识他的？

答：我在1995年去中国，为了我这些新概念、新领域的研究向中国学者争取支持。我头一次带着我的研究计划来到中国；一些人接受另一些人不接受我的想法。我找上海的辞书出版社，他们有个非常简陋的图书馆……事实上，我去那里不是为了找出版社，而是为了辞书出版社的那个图书馆，那里有我最感兴趣的一些研究资料，但那个图书馆没有建档的书目索引，馆内则处处是废弃、火烧的痕迹——显然当时根本没有人对这些资料感兴趣。在台湾还是有些人的,但他们太老了,像是王尔敏,他是非常好的学者,但当时已经年纪太大,要谈合作有点困难。他有许多卓见,至今我仍非常钦佩。接下来我就去了复旦大学,而且在那里我遇到了一群非常有好奇心,也很谨慎的人,仿佛我的研究主题在那时是个有问题的新领域,他们总是在测试这题目可以走多远,这种心态让实际工作变得相当困难。

问:章青对您工作的重要性是什么?

答:他是位历史学家,他研究过晚清的学术史。我在赴复旦大学之前并不认识他,但我有机会获得学者的资讯,像是审查招聘案时,虽然审查很花时间,但你可以借此发现哪些人的工作可能与你有兴趣的领域相关,进而认识他们。

问:我有个问题,熊月之与章青都是在中国成长的学者吗?

答:他是,熊月之以前是个工农兵,来自非常贫穷的家庭。我不清楚章青的成长背景。熊月之曾写过一本关于西学东渐史的著作,那本书激起我的兴趣,让我觉得这是个我可以尝试合作的对象,而且事实上我们也确实合作了,刚开始的时候我们在哥廷根,后来在埃朗根这里,我们邀请20位中国学者来,包括熊月之、章青,甚至也有硕士生,大家也就逐渐熟悉所有的研究主题;这个让不同可能性酝酿的过程总是需要时间。你或许说得对,中国人自己会问不同的问题,例如关于现代化的问题,但这是个虽然很重要,我却没那么有兴趣的议题。我感兴趣的是……

问:您感兴趣的是高雅文化,您说过。

答:是的,但其实现代化和高雅文化也有关联性。我感兴趣的是西方知识在中国被消化的方式,现代化确实代表了一种对未来的乐观态度、对于进步的想法。这思潮萌发的时间稍早于严复,而且依然旺盛,相比于西方的怀疑论,中国人不太怀疑"进步"这个概念;西方人怀疑技术进步,法兰克福学派就是一例,还有其他很多政治思想学派也是。中国有许多的政治理论,西方和中国的政治理论有很多相异的地方。中国社会是个人们深信直线式进步的社会，即便直线式进步观是一个完全错误的想法；人们明知"文化大革命""大跃进""大饥荒"发生，但就是相信有进步存在。"信仰"这个语词是一个从日语里借来的新词，基本上指的是宗教意义上的信仰，仍是一个西式的概念，中国传统里是没有的。当胡适等人第一次宣扬对科学的信仰时，科学也仿佛变成了一种宗教；马克思列宁主义也变成一种信仰。我觉得这很有趣，中国学者和我的看法也不一样。

问：与中国本土培养的学者交流时，您曾遇到过什么困难吗？

答：还好吧。确实，假如你想办研讨会，党委书记一定会介入；有些话题仍然不能说，但如果你已经知道哪些事情不能公开说，你就能找到可行的说话方式。大部分是看情况。

问：您让我想起我今年在北京见到的一位学者，他叫赵汀阳。关于建立新型世界秩序，他的想法很有趣，我认为他是能提供学术界新想法的其中一位。

答：是的，我知道他。因为他谈了很多有关理性和自由，像是思想自由、完全的个体自由、社会内的个体自由，等等。他是中国学者当中，少数针对社会来思考的；大部分人认为，社会是国家做的改善行为，这想法很荒谬，但用共产主义却可以说得通，例如那些因应"社会要求"或"国家的要求"而实行不同方式的专制的说法。目前还在世的学者里，那些老学者在某个时期是受害者……那些抵抗者对我而言更加重要，例如牟宗三，虽然我不太欣赏他的主张，但他是个充满影响力的伟大学者。

问：抵抗的意思是？

答：他们离开大陆，流亡去了香港，即便台湾都不是他们的归宿。他们很大程度地塑造了当代的中国。台湾或许已经忘了他们，不过对他们而言或许也不要紧，但当下这个正在试图恢复儒家的大陆正需要他们。有系统的思想家们，包括如唐君毅在内的学者，努力于重省中国的过去和全貌。当然他们也会犯错,其中一个是忽略了宗教,例如儒家思想里的实用宗教面向。他们这种抵抗对我而言,是使我更渴望进一步讨论这些话题的鼓舞,而不是某种我会去拥抱的信仰之类的……

问:您见过许多流亡的中国学者吗?

答:在台湾见得比较多,我第二次去中国时,见了在台湾的大陆离散学者。他们唯一的念头就是活下去。徐复观是其中一位,也是最后一位。

问:您方才也提过,您不很赞同这些离散学者的意见,是吗?

答:是的。我认为,他们的学问需要略过中国历史里的很多东西,举个例子:因为儒家不被认为是一种宗教势力了,他就必须将儒家思想里宗教行为的日常意义忽略不论。还有其他人如熊十力,他们都需要创造许多新词汇,重新发明儒家,让儒家进入道德哲学的范畴,它有宗教性却不是宗教。我不觉得这是个正确的取径,但它确实对重新发明中国做了很大的贡献。

问:个体的经验塑造他的视角,我认为这是一种自我治疗。

答:是的,对中国来说,这种治疗是为了克服由于西方、由于西方产物的共产主义所带来的耻辱。但我不怎么欣赏这些学者,他们可以教授知识,但还是有做不到的地方。

问:是人文精神的不足?

答:一点没错。

问:下一个问题可能更加私人。我们知道,您与一位中国女士结婚,能不能请您谈谈婚姻和学术研究之间的关联?在您的婚姻生活里,文化差异有没有造成什么冲突?

答:有,也没有。首先,没有的部分——人不是文化的囚徒。我太太住在德国20年,当然影响了她的一些想法;她喜欢德国,在这里她可以投票,但在中国她不行……你了解我的意思,这是那个"没有"的部分。至于

"有"的部分，当然了，我有岳父岳母，他们住在中国杭州，很不错的地方，有时我们回去，有时他们过来。我太太的父亲是一位退休的大学教授，是北京的历史学家，研究 Songyi Wang；他不大熟悉西方式的生活，所以有时会有冲突，特别是在小孩教育上……确实有文化差异的问题。中国有源远流长的科举制度，这样的文明使得教师严格要求学子们针对事实、细节和特定的学习这些事物的方法。我们想采用不一样的学习方式，例如学习自由，这是科举教育里不会有的。虽然有差异存在，但好处是这些差异让你必须在不同途径之间沟通、议价，找出处理问题的方式，这个过程会使你更认识你自己和自己既有的预设立场，所以是有益的。我自己离这种西方主流的反权威式教育已经很远了。当有沟通议价的时候，就会有妥协。至于卫生什么的就别提了，我很喜欢中国食物，但我没办法每天吃米饭。

问：我觉得中国的教育方式，与西方国家特别是美国相比，不甚鼓励学童创造力的发展。

答：在来自西方的压力下，中国当然还是鼓励创造力的，学校老师鼓励各种创意作品。你们很有创造性，别过于谦虚，你们并不是中式教育的牺牲者。当然，中式教育里有些学习知识的方式，像是反复记诵，长期来说或许会阻碍中国在世界上创新发展的地位。可是，这么说也未必有根据，我有许多在台湾"中央"研究院的朋友，他们非常地有创造性，全不受文化困囿。当然他们其中有一些受的是西方训练，但有些人并不是，他们拥有的创造力和努力，是一种集体精神。

问：下一个问题是有关您现在进行中的研究。您一直邀请不同研究领域的人合作，我觉得这并不常见，毕竟学术界似乎更常与相近领域的合作。您这么做的主要原因是什么？

答：你说得对。基本的原因是我目前这个研究计划很大，一个人的力量不够。如果你想处理大问题、大想法，它一定要大到需要一个多人协同的研究架构，由多个研究者、多个子计划构成。我试着鼓励许多研究子计划，柏克莱的 Takashima、哈佛的 Puett、UCLA 的 Falkenhausen 都有参与，这个研究的成果后来由台湾的"中研院"出版了（Studies of Fascicle Three of Inscriptions from the Yin Ruins Volume Ⅰ & Ⅱ, Taipei 2010），这次的经验太好了，但我可能没办法再做一次。这本书是甲骨文研究，去年在台北出版的。除了这个以外，我们还有另一个计划研究"历书"。

问：什么时候开始筹备这个计划？

答：当我在普林斯顿大学进阶研究班那一年，那又是个乐园。我有时间去思考可能的进展，我自己将来的发展。我曾是这里研究所的所长，这是一个非常后现代的研究所。我探索所有的法国哲学，德希达、布鲁迪厄、福柯，最后我感到厌倦了，我想回到曾经是或应该是与我兴趣相关的领域。基本上，到目前为止，所有受邀参与的人在某种程度上都是有贡献的人。这计划对一个人来说太大了，但对一个纯粹民族史学者来说却又太小。举例来说，邀请别人加入这个计划意味着他们必须对我们这本知识书有所贡献。我的其中一个目标是，差不多是在明年我要写一本给一般读者的有关占卜及算命的技巧方面的书，（探讨）传统中国及现代中国处理未来的方式。这些人可能在不知情的情况下，多少促成了它，但我当然是知道的。你懂我的意思吗？其中有一章是有关甲骨文，但这并不是我自己的研究，只是我会写一个概论。我认为别人是无法像我一样写出我想写的这样一本书。

问：我见了祝平一和Marta。我感到好奇，他们怎么会和您的计划相关，他们研究的主题很明显与您不同。

答：Marta做的是手相，那不会是其中的一章，但会占书中好几页。当然祝平一研究遭逢，探讨一些观念是否真是牵涉所谓中国的迷信。另外一个，我的目标是探讨中国世界中的信仰及迷信的观念。所以这些人都很有帮助。为了要掌握一些概念，我们不会剽窃，我们会从他们的文章和书当中去引用，不会剽窃。当中很多人都专精于某一领域，那很好啊。我自己的专业是探讨像是信仰、科学这些概念在中国现代史上的意义，不过这是我自己的东西，可以写成一本书或是好几篇文章。如果能写成一本通俗的书，是很有帮助的，但目前还没有。

问：是的。这也关联到我要问的下一个问题。您如何定位自己在德国汉学中的地位？您的角色如何，有何贡献？

答：我做了很多的事，我觉得有责任将知识传递给普罗大众。我为政治教育办公室编过两册《中国报告》，这些书被一两万人读过，也被学校采用过。这不是我的研究兴趣，但我有一种责任感，是强过我的同事们。

问：将知识传递给普罗大众，为什么您觉得这是重要的？

答：我认为这很重要。首先，因为将来一定要在某些方面应对中国的。人们对它越认识，将越能……不是容忍，而是理解。像我们认识自己的历史，1870 年德国成为一个国家，列强们都不是十分高兴，他们很难去应对，因为德国皇帝爱自夸，等等，最终是以二次大战作结。

问：事实上，德国就像是 19 世纪末 20 世纪初的中国，是一个新兴的力量。

答：正确。就是这样走错了。我认为在西方仍然有一部分中国研究者仍然感受到这样的责任感，我就是有这样责任感的人。

问：您认为您的话对于政策决定上有影响力吗？

答：刚开始当然没有，但从长远来看，是有的。中学生及德国军中的军官阅读我的这些书，从长期来看，当然会有些影响。但我关注这些，我做这些，是因为我想做。第二，我想说我的角色在这个国家中的作用。我或许还有一些新的想法。在学术生涯中，如果你有一两个想法，你就足以自豪。我们还没有谈到其他的想法。其中一个想法是西方的知识如何影响到中国学科的诞生，基本上之前并没有人做，这是（我的）一个想法。第二个想法是去探索中国传统中的未来、过去及现在。第三个想法是怎样将中国漫长历史中的古典警句视觉化地、图像化地再现。我的很多文章是在处理这个问题，这是我第三个想法。如果你能将这三个想法组合起来，远离一般的中国研究的途径，就是一种贡献。

问：我完全同意。您如何评估目前德国的汉学发展？

答：首先，你如果看数字，那些从事中国研究的教授人数，就仍然很可笑。我给你一个数字去比较。在这个国家，有350席是研究历史的，德国史或欧洲史，不是指教授（如果指的是教授，应该是两倍）。大概有30—35席中国研究，相对来说是非常少的。我们和美国好的大学比还差非常多，他们一方面有欧洲史，另一方面有亚洲史，是非常平衡的。这里是不平衡的，即使在学院里，我们也非常边缘，我们必须在学院里试着更有分量，即使我们无法肩负起为新的方向做出全面的努力。但是有一些领域是德国向来十分有兴趣的，也有一些人才。一个是史学思想，这是确定在中国持续进化的，正因为它是意识形态批判的遗产，这是我认为在德国比在法国或美国发展得好。

问：是的，您说得对，视传统学术而定。

答：是一种察觉……那是德国学术的可能性。当然我们有好的哲学。汉堡大学开启手抄本的研究领域，这是好的努力（方向），我说它是结合手抄本上的知识，（探讨）不同文化在不同时期的文明，是很好的事。法国有"fathom of manuscripts"，但它是更大的领域。有些必须要做的，但需要多一些人去做，可以完成更多。很多时候，我们必须去捍卫我们的堡垒，"我们在这里，中国是重要的"。

问：我到这所大学的政治系去，很惊讶并没有找到中国专家。他们有一些教授研究亚洲，但并不是针对中国的角色及影响。

答：这是在大部分德国大学中的现象。所谓的亚洲学家、欧洲学家，基本上他们是欧洲学家。当然可能有一两个对某些像是日本政治思想感兴趣的，但并不多。这很丢脸，我也无从解释，这也没什么好推托的，就是丢脸，这耗尽我的精力，只是在学院里搞游说。

问：就是看谁拿到资源。

答：是的。我拿到拉丁学院有史以来最大的资源，但这需要努力，而且有人忌妒。

问：为何这里这么缺乏研究中国的兴趣？

答：首先，就像我们刚刚说的，没有殖民的历史，那是真的。大概这 10 年来我们才了解到这点。这是不同脉络的。不，这是可以评估的，我也同意。你必须知道这耗费我们大部分人很多力气。你可以说我不在意这些事，我就是研究汉代手抄本什么的，我不在乎我的研究领域在院里、大学里的、国家里的处境，这不是我做事的方式。我尝试建立起一些比较重要以及可以延续较长时间的事。这一些都来自我的创造力及疯狂。

问：现在有比较多的学生对汉学有兴趣？

答：现在是需过于供。所以中国人很聪明，设立孔子学院来满足这样的需求，很聪明。很不幸，台湾人拖延了好长一段时间。大概从 1999 年起，中国开始热衷于外语教学，为外语人士提供汉语教学。之前，台湾做得很好，他们错过了机会。（如果）说是因为它太偏向，这很可笑，但他们的确必须和自己的认同角力。我知道，我看到这个问题，我当然看到了，但真的可惜，不管怎样，在欧洲普遍来说是有很大的需求，几乎在所有的国家。像是在罗马有超过 2000 个学生。德国比较封建，比较去中心化。但它需要对学院重新思考，学院像是宴会，像是丧礼一样的宴会。当然，譬如下一个在政治学的位子应该给予了解中国或日本的人，但并没有。

问：我认为更多人在做的是欧洲研究。

答：而且会这样持续下去。我们必须要改变他们，去影响舆论。

问：我对这里汉学系的第一个印象……它好像什么都做。这让我很惊讶。

答：还做艺术史。别忘了艺术史。在牛津大学，它们有一个伟大的 Craig Clunas 做艺术史。不，我同意。在西方这是相当重要的。这对这个国家来说真是丢脸的事。但这和欧洲中心思想的古老结构是紧密相连，为了要巩固自己的堡垒。政治学上应该要有好的人才，在历史上应该要有好的人才，在艺术史上应该有好的人才，依此类推。那么，我们必须要一个堡垒、一个中心，可以说是一个学院的手工艺中心，学院的手工艺科系。那在这里是不可能的，在这国家其他方面也不可能。我们必须要去捍卫我们的专业。这很有趣，但很丢脸。

问：在过了这么多年，当您反省自己过去的研究和学术，您怎么评价？

答：除了这些想法，有一些也许是有价值的，即使不是有意的，即使是那些在中国有影响的发展。那些对于学科历史的研究，甚至成了一个研究的领域。这是一种评价。另一方面，建立起这些中心，基本上是成功的，一开始在哥廷根大学，然后这里，这对我来说是非常重要的。

问：这也是非常重要的贡献。

答：这是贡献，但它是"左"翼学者的贡献。如果是政治上的，这贡献会更大。但我深深地感觉到……但我觉得丢脸，这是令人感到丢脸的情况。而且我希望鼓励更多同僚去从事游说。事实上，这不只是为他们自己游说，也是为他们研究的对象游说，但这得花很长的时间，我不知道该怎么做。好吧，我尽力而为，我不断在试，但还有很长的一段路要走，对我来说也是如此。但大部分这些工作已经用英文做了。这是自我边缘化的结果，不是自我边缘化，是在这领域的边缘性，假如你用德文写，谁也不会去注意它。

问：英文仍然是唯一的世界语言？

答：但在80年前不是这样的，对韦伯来说是无法想象的，不管是在宗教研究上，还是在中国研究上。最好的例子是卫礼贤（Richard Wilhem）的《易经》翻译，后来被翻译成英文，但卫礼贤的翻译在盎格鲁—撒克逊的世界里还是最有影响力的。曾经它是一个重要的领域，但没有维持太久。然后是世界大战的灾难，重新陷入欧洲中心主义，到现在还是如此。这种情况在中欧也许比在西欧严重，像是在德国、奥地利。意大利是一个好例子。你看威尼斯，威尼斯大学就好得多，它几乎跟美国很像。一方面你有亚洲主义，有欧洲主义，但它是个罕例。再看看波兰、捷克、斯洛伐克，它们甚至更边缘，这也许要对中欧做一些事，德国应该更活跃一些。这所大学是德国第十大的大学，有33000个学生，有许多老师和教授。但你看看这里对非西方的研究模式，是很可笑的。首先当我试着找出他们研究兴趣所在，并且和他们一起做，由我主导的研究所，做了许多其他的事。作为亚洲学家，你就是在边缘，你永远是被拿来做比较的事物。我们身处中心，我们问，我们有反例，等等。这个计划是这个国家中第一个从中国研究角度出发的。而其他的人被邀请去提供答案，或做一些比较，这是从我们开始的。所以这也是一种贡献，但人们不总是适当地回应。

问：您觉得在汉学领域，德国学生所受的教育如何？

答：在几年前，他们引进新的学程，学士的学程，但运作得不是很好，因为他们采用很多，其中的一个模式是美国大学的，但是他们并不了解这些大学的运作模式，有很多机构的缺点和问题，但学生们变得很像，像是他们变得被剥夺比较多的时间。修课上变得比以前严格，这也剥夺了他们一些学术自由。但即使是最糟的学程也不至于扼杀精英，这是不可能的，有百分之十的好学生，他们永远在那里，即使是最糟的课程，即使是新的学程，被设想在一个较短的时间内学习较多的内容。问题是学生如何消化这些知识，他们怎么处理这些知识。时间变短了，时间更紧凑，课程更严格。它不仅是缺点，也是有些"左"派的创造，是一种"亚洲化"，你看我们正在"亚洲化"，因为什么都是为了考试，考试变得更形式化，比以前更多背诵的知识。以前是批判的，可以去思考问题，我们试着从那样、或其他的角度来看。现在是比较多正面的知识。这真是汉化了。事实上，你永远可以找到非常非常聪明的人，问题是怎么激励他们，现在搞得有点难以去鼓励人，怎么样去强化他们的需求，这是问题所在。事实上，以前几乎所有的学生，至少超过百分之八十的学生都会到中国台湾或去中国大陆，至少去一年。但在新制度底下，它仍然可行，但大家比较不愿意去，因为他们幼稚，这是个问题。这制度让他们变得幼稚。

问：您的意思是说学生想要尽快地毕业？

答：那是不可能的。他们得什么都学，一长串的课程，那是个问题，我不知道最后留下来的人，谁是有天分的、谁是有兴趣的、谁是想学的，我想比例上应该和以前一样。我很乐观，我们需要更多人对东亚感兴趣，至少对非西方的文化感兴趣。

问：您怎么看中国的崛起？

答：有些财团研究计划在做预测，但这是不可预测的事。在过去30年，华人和中国学者在中国研究的各个领域有许多的贡献。30年前对于他们写的东西，超过百分之九十可以置之不理，没什么用。他们不是思考中国的未来，就是只是有些小小的贡献。但现在是认真的，在古代中国的研究上，有些重要的学者是不能忽略的，这是好事。你可以说中国学术提出的问题和我们不一样，但没关系，有些研究我们必须认真看待，我们不能没有他们，这是件好事。

问：我要问今天最后一个问题。您怎么评价现阶段自己的著作及学术研究？

答：对我来说，人文学科是用来评估及反省人类现阶段的状态，是一种自我的反省。我们身在何处，我们的位置在哪里，世界的位置在哪里。然后外国的文化、有距离的，对我们自我的了解十分有帮助。这是一个概括的评论。我做到的是，借由研究非西方、非欧洲去了解自己，虽然我深深立足于西方文化。我知道那是在希腊，这是一件。我认为在我自己的取向上有不同的进展方式、不同的取径、不同的发展。另一个是，一个计划、一个想法或一个取向生产出第二个，是第一个计划、想法、取向的逻辑的结果。有时候会有突变，就像自然界中的一样，像跳跃一样。我的意思是，像是西方知识在中华帝国晚期和宋代哲学并没有很大的关系。这是一种跳跃，达尔文学说中的突变。我所能够做的是找出这种觉悟的方法、启蒙的方法。有时候需耐心地找寻与人的相遇，必须说人永远是重要的，当然书也是。然后去运作或发现某种深藏在你内在的直觉。那是唯一的方式。去做当下你必须去做的。你有某一些想法，他们可能是中期的、短期的，但我从未有长期的想法。

我仍然看不到我所爱的中国研究和跨文化研究的尽头

——瓦格纳（Rudolf G. Wagner）教授访谈录①

访谈人：Marina Rudyak
时　间：2014年7月7日、8月25日、12月15日
翻　译：杜卫华
核　改：Jiagu Richter

瓦格纳教授 照片1：2007年在龙应台基金会演讲会上

问：我们来谈谈家庭背景吧，请您讲讲您的早年生活和学业经历。

答：我1941年3月出生在威斯巴登，一个离法兰克福很近的城市，黑森州的首府。我父亲1945年从战场回来，他不像我的一些叔叔和亲戚，并没有

---

① 访谈录原文篇幅很长，收入时做了较大删节和缩略，现篇幅仍为其他大部分访谈的儿倍，全文请见 http://politics.ntu.edu.tw/RAEC/。标题为收入本书时所加。

参加纳粹党,没有被送去矿场。他接管了两个工厂一段时间,工厂的那些前任领导人那时正在接受"净化"活动。后来父亲被诊断患了结肠癌,1948年去世了。

我有三个姐姐,我在这个有四个年长女人的家里完全是少数派。她们每一个都至少有一个要好的女性朋友——这就八个女人了——要想在饭桌上插嘴说句话,你必须语速非常快,这就是为什么我一开始口吃,而后来讲话语速极快。我的父亲曾经是一个化学家,也曾致力于物理研究。他曾经在德皇威廉研究所工作,这个系统现在属于马普所系统。1929年或1930年,他和我妈妈一起去了密歇根。在那里一位叫史密斯的先生成立了一个巨大的课题组来研究煤的液化。接着银行业危机袭来,课题组被削减。他们1934年返回德国。离开之前他们环美旅行,我大姐在那里出生。我的整个家庭都和美国有着绵长的联系。很大程度上是因为我大姨和一个叫格罗皮乌斯①的建筑师结婚了,他是包豪斯的创始人。他们在20世纪30年代就离开了德国,因为包豪斯被认为是"左"派和现代派的艺术,纳粹关闭了学校。他们首先来到伦敦,接着格罗皮乌斯去哈佛做了教授。

我在威斯巴登长大,战后这里一直是美国在管辖。二战后,德国被分成四部分,苏联管辖区后来成为了东德;还有英国、法国、美国管辖区。我的妈妈独自抚养我们四个,她没有什么复杂高深的教育哲学,但是她认为,孩子可以做所有能做和想做的事。我上了文理中学,学习拉丁文和希腊语,并且选修了法语,因为以后英语肯定是要学的,还学了几年的希伯来语。运动方面我学习了曲棍球和网球。我接受了中产阶级式的教育。我们住在一个租来的小别墅里,我还定期去舞蹈学校,跟一个年轻男人学习做这些滑稽的动作。我周围一个读书爱好者或者学者都没有,但是我非常喜欢阅读。在那时我的基本读物是一套叫作《罗沃尔特的德语百科》的书籍,这是一整套完善的百科全书。是由各个领域的顶尖学者撰写,在书中他们对各个领域的知识都给予了详细的介绍。之后,我废寝忘食地读了起来。在我的朋友眼中,我就是一个很喜欢读书的人,总是想着向所有人介绍都读了些什么——这使我在那

---

① 瓦尔特·格罗皮乌斯(Walter Gropius),是德国现代建筑师和建筑教育家,现代主义建筑学派的倡导人和奠基人之一,公立包豪斯(BAUHAUS)学校的创办人。——译者注

些女孩中确实不受欢迎。

原本为我设定好的人生轨迹是，接手母亲家族的一个中型工厂。这个工厂生产炉子、铧头，此外还有一个铸造厂。那时，工厂的领导当然必须是男性。但不可思议的是，我伟大的妈妈竟然成为了这个大工厂的领导者。父亲去世后，她掌管并且扩大了工厂的规模。因为我被认为是比较不那么令人失望的一个，也一直被视为是一个潜力股。这样，我好几个暑假都在迪伦堡的工厂里学习一些工厂的基本情况和企业的管理方法，这些东西都在我今后的岁月里帮助了我很多。我不害怕数字，也有能处理好钱财的自信心。

大家觉得我会成为重要人物，我很早之前就不喜欢这种评价，并做出了一些叛逆行为。十五六岁的时候，我决定拯救德国电影，我认为德国电影工业已经陷入危机，而唯一能将它带出危机的人就是我。我写了一些肥皂剧剧本，接着开始考虑投资、需要的员工和导演。我朋友的哥哥有一台16毫米的摄像机①，这就解决了摄影师的问题。我想了一个办法来解决电影的资金问题，我给不下于50家公司写了小的广告剪辑计划。几乎所有都有回信，有些大品牌甚至说："我们有专门的广告公司为我们做广告，但是我们会给你200马克的支票来支持你的项目。"同时我还收到了5个小公司的订单。不过我的要价确实是很便宜，因为我不知道大的代理机构都是要50000德国马克甚至更多，而我的广告剪辑只要500马克。我妈妈在早些时候帮助过卫劳赫②（Hubertus von Weyrauch），后来嫁给了他。他那时正在爱克集团工作，这是德国电影主要原材料的生产商。也许是为了讨好他未来的继子，他说服老板免费给了我两千米的生胶片。当时，一部正常的电影需要1200米，所以2000米实在是太多了。我们整个早晨都要上课，除了家庭作业，下午都是空闲的。我让一个朋友做导演，接着我们外出到威斯巴登的女子学校前面去寻找适合我们的角色的女孩子。后来我妈妈再婚，我们搬到了科隆。之后我的电影项目就终止了。但是在组织、沟通方面，这确实是一次很好的历练。

搬去科隆之后我患了肝炎，住了六个星期的医院。科隆的学校说我不能继续读下一年级，因为他们从来没见过我上课。在我对学校让我留级的决定

---

① 指拍摄电影用的胶片的宽度为16mm——译者注。
② 德国知名演员——译者注。

感到愤怒的时候，我更加专注于我个人飞速增长的学术兴趣，而不是学校的任务。我的第一个兴趣是希腊悲剧。用希腊语我深深地理解了索福克勒斯（Sophokle）的整部悲剧《安提戈涅》。看起来我似乎正在成为一个学者。学校里有一个特别棒的老师和我们一起仔细阅读希腊作品。有一次他和我们一起讨论老子的一篇文章，其内涵很让人迷惑不解，他在黑板上用中文写——道生一，一生二，二生三，三生万物。那时，我们住的地方距离大学骑自行车只要五分钟，我想既然这么近，这还有这么多专家，我为什么不来旁听一些课呢？

问：您那时多大？

答：我17岁。我旁听了一些人类学、希腊语、拉丁语研究的课程。我认为拉丁语文学太无聊，我想，为什么不再听一些欧盟相关的呢？卡斯滕斯（Castens）先生曾经在阿登纳①手下做过高级官员，那时《罗马条约》的签订奠定了早期欧盟的基础，事实上他起草了其中很多内容。后来他成为了联邦德国的总统②，卡斯滕斯那时刚刚完成了教职资格论文，正在这里任职讲课。我想这就是我要的那个人！同我这辈大多数人一样，我支持欧洲的联合，我也读了很多欧洲的法律书籍，所以我非常熟悉这个话题。我去拜访他，告诉他我还在读中学但是想要旁听他的课。他有一点吃惊，但是在确认了之后，他说欢迎我来。这个不太被法律系学生喜欢的研讨班除了我只有四个学生！这就是那时欧洲法律在法学系学生心中的地位。

我在这门课的课堂讨论中非常积极，因为我觉得我比另外四个人知道得更多，最后我写了一篇长长的论文。这真的很有趣并且我学到了很多东西！但是这些法学系的人看起来都心胸狭窄，又进步很慢。我是不能看着我自己与他们为伍，所以我不打算继续深入进行下去。到1959—1960年，我差不多要毕业了。听起来选择接管家族的工厂好像是理所应当的，这也就意味着学习商业行政或者工程。我心想，如果确实有这种必要，我会英勇挑起重担。但是我又偷偷地希望我那些可爱的姐姐们有人能够嫁给工程师。这后来真的

---

① 前联邦德国总理——译者注。
② 卡尔·卡斯滕斯（Karl Carstens, 1914—1992年），德国政治家，联邦德国前总统——译者注。

发生了——她们中间两个都嫁给了工程师。但是这两个工程师迅速把厂子搞垮了,所以这个厂子最后竟然破产。可能我也没法做些什么更好的事情,因为这是一个传统制造业里的中型工厂,很快就被一些大公司吞并了。

在战后繁荣的那些年,大家都有一个共同的感受,西方知识分子的异化。像其他人那样,我读过一些存在主义哲学,去看一些我能找到的贝克特①的戏剧,喜欢贾科梅蒂②的雕塑,还看了一些威尔得③的抽象绘画,此外还有禅宗佛教。禅宗谚语的翻译有一些出版作品,比如像贡德特④对于禅宗"公案"的翻译,也就是《碧岩录》⑤,杜慕林⑥对于《无门关》的翻译,铃木大拙⑦关于禅宗佛教的论文让我了解了很多禅宗的历史背景,另外还有一些信仰禅宗的人的回忆录,如赫瑞格尔⑧出版的《箭艺禅宗》,也有一些美国人去日本的禅宗修道院静修,以至于瓦特斯(Altan Watts)编写了一本入驻日本修道院指南。在我的记忆里这些真的都非常好,很快这就成为了我的知识范围。

问:您是如何接触这些书的,是散落在家里还是您的老师谈论过这些书?

答:我记不清这些书是在家里还是在图书馆看的了。文理中学毕业之后我思考我该做些什么。尽管经典的希腊文学和哲学是极好的,但是文本太少了,大量接触它的学者已经用几个世纪从各个角度研究过了。在这个领域,通往没有人涉足的领域的路太难了,我见过的大多数学生计划做中学老师而

---

① 塞缪尔·贝克特(Samuel Beckett,1906—1989 年),活跃于 20 世纪法国的爱尔兰作家,创作的领域包括戏剧、小说和诗歌,尤以戏剧成就最高。他是荒诞派戏剧的重要代表人物——译者注。

② 贾科梅蒂(Alberto Giacometti,1901—1966 年),瑞士超现实以及存在主义雕塑大师,画家——译者注。

③ 布列·凡·威尔得(Bram van Velde,原名 Abraham van Velde,1895—1981 年),活跃在巴黎的荷兰野兽派、抽象派画家——译者注。

④ 威廉·贡德特(Wilhelm Gundert,1880—1971 年),他既是德国传教士、语言学家,还是中国、日本佛教专家、翻译家——译者注。

⑤《碧岩录》全称《佛果圆悟禅师碧岩录》,为佛教禅宗语录集,共十卷,南宋时期圆悟克勤禅师编辑而成,书中收集了禅宗百则公案——译者注。

⑥ 海因李西·杜慕林(Heinrich Dumoulin,1905—1995 年),德国神学家,研究重点为禅宗佛教——译者注。

⑦ 铃木大拙(Suzuki Daisetsu Teitaro,原名 Suzuki Daisetsu Teitarō,1870—1966 年),日本著名佛学家——译者注。

⑧ 赫瑞格尔(Eugen Victor Herrigel,1884—1955 年),德国哲学家,曾于 20 世纪 20 年代任教于日本,后成为日本箭艺爱好者和禅宗传播者——译者注。

不是学者。莎士比亚戏剧研究跟希腊文研究一样，有太多优秀的学者，而太少的作品。几乎没有人像约翰·福特①一样通过电影来研究现当代文学，但是并不能拿他来做比较。学习英国文学的大多数学生目标也是成为中学老师，这当然也不是我想要的。那时候我已经很清楚地知道了最适合我的道路，我要成为大学教授。唯一的问题就是，我要去学机械工程？梵文？还是……我不知道。

问：您高中没有毕业吗？

答：没有。我要成为教授不仅仅是我自己清楚，我周围每一个人都了解。人们认为我极度热爱读书，可能将在书堆里终结一生。事实上，在我成长的过程中，我从来没有遇到过一个学者。我的父亲有学术背景，但是我很少见到他。

在现实生活中我第一次见到的学者还在我高中的后面几年，那时我正在旁听大学课程。我见过的第一个严肃的学者是科隆的一位希腊语和拉丁语老师，他兴趣广泛，致力于对事物进行精确分析。在这段时间的最后，我曾经读过的关于佛教的翻译文字忽然出现了，它们的哲学性和这种隐晦的交流方式，都极大地吸引了我挑战的雄心。我想从它们的起源读起。在那些日子里，某种程度上说，我被佛教强烈地吸引了。我甚至计划毕业之后去日本的禅宗修道院住一两年然后再读大学。但是我妈妈坚决反对，这是她唯一的一次反对。她担心的不是我的想法而是我的健康，后来我很后悔，当时没有做出反抗。无论如何，这个事情渐渐搁置了，我开始学习我想学的专业，这就是佛教研究。这里不存在特定的准则，只有不同领域的学者用不同的语言来定义。大多数佛教文本不是用梵文和巴利语保存的，而是用中文和藏语保存的。我根本不了解藏传佛教，所以不能对其进行评价。日本佛教研究用的是中国文本，所以学会古汉语是最好的。

也许我需要增添一些对于我这一代人精神的描述，我们在西德成长起来的年轻人有着独特的精神世界。在美国管辖区，其中一个主要教育目标就是

---

① 约翰·福特（John Ford，1894—1973 年），美国最伟大的电影导演之一，1928—1966 年间共拍摄 140 多部影片——译者注。

防止民族主义思想的复苏。在50年代的西德，学校课本里没有第三帝国的内容，德国历史终结在1933年。尽管我们从来没有听说过与第三帝国有关的东西，但我们普遍都对欧洲的联合有极大的热情。为了培养这种联合的信念，法国总统戴高乐和联邦德国总理阿登纳成立了一个德法青年协会来帮助减少德国法国青年人交流中的困难，让孩子们可以碰面并且彼此成为朋友。欧洲联合观点成为我们这一代的主要特征，在今天我的身份是欧洲人而不是德国人。

在我毕业之前，关于纳粹的话题登场了。我们的父母平时从来不谈论纳粹时期，1945年之后这一辈人都决定"向前看"。对于我们来说，这段时间像一个没被标名字的坟墓，有些东西在里面，但是我们不知道是什么。在我高中的最后一年，学校的领导在上午忽然通过对讲机叫所有人都到礼堂去。我们都去了，下到10岁的孩子，上到18岁左右快毕业的学生。我们坐下来，灯光亮起来，放映了一部电影。也没有预先介绍。这是我一生中看过的最不负责任的事情。这个电影是雷奈（Alan Resnai）的《夜与雾》，是一个关于奥斯维辛集中营的纪录片。电影中有一个很长的镜头，用浓重的工业风格展示了纳粹希特勒对于那些被毒死的人的尸体的清理。现场中的孩子开始尖叫，有些人直接跑了出去，我们这些大一点的学生都仿佛石化了一般坐在那里。这是第三帝国第一次暴露在我们眼前，我猜测这是政府下达的命令来播放这部电影。那些经历过这段时间的年长的教师，没有一个人知道来如何介绍，所以他们没有任何评论就直接播放了电影。

我想差不多一年之后，美国作家威廉·夏伊勒（William L. Shirer）的书《第三帝国的兴亡》被翻译成德语并出版了，这里面的许多段落我都听一些德国学者说过，但是第一次系统地对于这段时期进行分析的是一本美国人写的书。在我们所居住的德国土地上发生的恐怖事件以及对事件的反思导致了战后一代发出的呼声：再也不要重来！许多年轻人的政治义务是防止类似的事情卷土重来，许多人甚至为了这个超级目标选择去做教师。他们的出发点是激起孩子们的愧疚感，对于他们的父母可能做或者可能没做的事情，他们也有共有的罪恶感，但是许多孩子反抗这种教育。我认为学校的学生的确应该学习这段历史，但是我觉得共同负罪感是没有用的。

问：好的，现在我们开始关于您的汉学研究。您可以简短形容一下您所处的学术环境，您的指导教师和研究课题选择。

答：汉学研究中，我们都上了许多有关孔子的课，上了一些基础历史课，来自许多专家比如波鸿的林懋①。他专门研究明代教育。我想把哲学和比较宗教作为我的辅修科目。在那时，比较宗教只有波恩大学和哥廷根大学开设，因为只有波恩提供中国研究课程，我就去了波恩。这真的是一个相当失望的经历。神学家孟欣（Gustav Mensching）的比较宗教课程太过于概括，只具备导论课的特征，所以并不怎么令人感兴趣，他看起来似乎没有经过对资源材料细致研究就做出了一些归纳判断。中国研究也没好到哪里去：那时的教授是奥尔布里希特（Peter Olbricht），他曾经写过一本书来讲述蒙古的邮政系统。但是在那时，我需要的是基础古汉语。我发现他已经听不清别人的话了，于是我决定靠我自己。

后来我通读了 *Haenisch*，我认为我了解古汉语了。为了检验自己，我去了图书馆并且随手抓了一大堆巨厚的书，书脊处有着漂亮的汉字。书里说："如是我闻。一时佛在舍卫国，祇树给孤独园。"第一个短语很简单，"因此我听说"。我知道它一定是与佛教相关的文章，后面三个字是佛教相关的意思，但是这超出了我了解的范围。在我用了几个星期时间翻遍了字典，尝试去找出答案之后，我去找了奥尔布里希特教授。他看了一眼说，这是一个佛教的文章，我在尝试去用梵语名字来音译本身无意义的汉字。这种情况还没有出现过在我的教科书中，我快速地看了我从来没看过的孔子的书。我用了我曾经在古希腊语入门阶段用过的策略——对比阅读。我不再去上课而是阅读了王充的《论衡》，这是一本论述后汉的书，而且有德语译文。我阅读中文的句子，尝试去搞清楚它是什么意思，语法是怎样的，接着再看佛尔克（Alfred Forke）的翻译。刚开始时通常结果是：又错了！于是我再根据翻译重新考虑如何将中文翻译回去。大概这样做了 800 多页吧，每天 14 个小时，真的有很好的效果，因为我忽然能够根据上下文推测词义，以及这些词的语法功能，比如名词、动词，等等，这些都是固定的。并且我学习了许多文言词和古代用法。那是我的第三学期。此外我还学习了两学期日语，因为我需要有能力

---

① 林懋（Tilemann Grimm，1922—2002 年），德国汉学家——译者注。

阅读日本学者对于佛教的研究。

接着我读了刚刚出版的伽达默尔①的《真理与方法》，这本书被视为阐释学的起源。这本书给我指明了一条新的道路。下一个学期，我为了伽达默尔去了海德堡大学。这里刚刚成立了汉学系，聘请了许多非常年轻的人比如鲍吾刚②等教授。他的著作那时还在计划中，我对这里的汉学研究很满意，尽管我知道我必须靠我自己来研究中国佛教。

我没想到我能在海德堡见到哲学家海德格尔，他的《存在与时间》我读过好几次。伽达默尔曾经是海德格尔的学生，但是海德格尔在战后被禁止进入大学教书。因为1933年他作为弗莱堡大学的校长，曾公开发表一些演说支持纳粹的示威行动。他在黑森林的一个小村子里继续工作和写作。伽达默尔邀请他每几个月到自己海德堡附近的家来。每次邀请20个学生，博士生、博士后还有一些讲师，每次都有一个或者两个人写好论文或者章节给海德格尔，海德格尔和这些文章的作者、其他听众一起探讨。我只是伽达默尔初级研讨班的一个学生，但是课后有一天伽达默尔居然邀请我参加这些会议。在那时，我已经开始找到一群有着浓烈学术兴趣的朋友，布本纳③也在他们其中，他是伽达默尔的助手，后来他在法兰克福接替了阿多诺（Theodor Adorno）的教职。

在那时，海德堡是一个非常有意思的地方，那里有伽达默尔的哲学、孔策（Conze）的历史学、斯杰夫斯基（Cizevskij）的俄语文学、霍尔舍（Uvo Hoelscher）的古典文献学。他们吸引了许多有学术兴趣的年轻人，有一些后来成为海德堡的教授，比如阿斯曼（Jan Assmann）研究埃及学、托诺·霍尔舍（Tonio Hölscher）研究古人类学，雷德侯④研究东亚艺术史、布本纳研究哲学，还有我自己。我们汉学研究大概12个学生，大家研究兴趣非常强烈——我想其中四个都成为教授了。海德堡大学汉学系位于内卡河对面的一

---

① 伽达默尔（Hans-Georg Gadamer, 1900—2002年），台湾译为：高达美，德国哲学家——译者注。
② 鲍吾刚（Wolfgang Bauer, 1930—1997年），德国著名汉学家——译者注。
③ 布本纳（Rüdiger Bubner, 1941—2007年），德国哲学家，2008年德国科研最高奖——莱布尼茨奖获得者——译者注。
④ 雷德侯（Lothar Ledderose, 1942— ），德国海德堡大学东亚艺术史系教授。

个公寓里，那里有厨房、浴室、一个小图书馆。我们早晨11点见面，吃完早餐后一直工作到晚上。鲍吾刚从慕尼黑到海德堡，他经常会去慕尼黑，因为巴伐利亚州立图书馆和慕尼黑大学藏书都比海德堡好很多。三年之后慕尼黑邀请他回去。胡博（Horst Huber）是一个比较年长的教授助手，他正在做有关宋代忠臣文天祥的博士研究。

问：你们这群人现在谁在海德堡？

答：我和许多其他领域的年轻学者讨论过，海德堡是德国极少能够学习到东亚艺术史的地方（谢凯是艺术史教授①），因此社会学教授和东亚艺术历史学家都在同一组中。艺术史学家雷德侯，他是谢凯的接班人，还有布林克（Helmut Brinker），他去苏黎世做了教授。马汉茂（Helmut Martin）后来在波鸿做了汉学教授，他的民间故事调查源于他同斯拉夫语言和文学的关联。我们每个人都发展了不同的研究领域。

我继续专注于古汉语学习，也有一节现代汉语的课程，但是我觉得那就是浪费时间。当时不管是大陆还是台湾对于德国学者来说都是特别刺激的地方，一个封闭着，一个在高度戒严法管理之下。我们想办法去读一些现代汉语，但是我们在图书馆几乎看不到中华人民共和国的出版物。结果我不会用中文说"你好"，那时我也不怎么在乎。因为我研究汉语就像研究古希腊的学者那样。对于那时的中国研究来说，基本上就是古典研究。不仅仅要学习目前使用的语言，同时要了解已经不再使用的书面语言。这对我们的研究很重要，毕竟现代中文口语的音调是在公元后4—5世纪时才定型的。在那之前，中文单词有很多复杂的前缀和后缀。所以单词都是很多种多样的。随着时间推移这些前缀后缀逐渐消失了，唯一存留下来的是，那些成千上万汉字中非常小的一组单音节词的音调。我们读了很多早期的文章，并且能够处理汉字和它们的意思；我们对于音调没有太多感觉，把所有的词都发成一声，这确实让偶尔的来自中国的参观者感到震惊。因此，后来当我学习汉语口语的时候，我必须从头开始。

---

① 谢凯（Dietrich Seckel，1910—2007年），德国海德堡大学东亚艺术史教授。

问：我们现在来谈谈1960年吧。

答：1963年，鲍吾刚很诚恳地建议我去申请德国人民奖学金。他们资助到外国大学读一学期或者一年，我决定去巴黎。1966年去巴黎可能听起来像是去参加革命，但是我去的是另一个不同的巴黎。因为法国国家图书馆有从敦煌来的关于佛教卷轴的收藏。在那时我决定读佛教研究的博士学位。那时德国没有硕士或者学士学位，而是直接去读博士学位。鲍吾刚接受了我的课题——当时在德国没有一个人是研究中国佛教的。但是因为这个课题不在他的兴趣和科研领域，他说他会选择一个在莱顿的叫作楚歇（Eric Zuercher）的人做外审专家。我在我的研究领域非常孤独，但是我知道如果你想做一些新的东西，你必须面对这个挑战。

还有就是因为巴黎有著名学者戴密微①，他在那时已经退休了，他是一个知识丰富的学者，并且掌握了整个东亚区域的语言，这种多语言能力在现在是很难的。我请求他引导我阅读佛教文本。在接下来的几个月中，他每次用2—3个小时辅导我研究我带来的文本，因为我懂法语，进展很快。国家图书馆中敦煌的底稿是无标点的文本，这有点超出我的能力范围。但是我仍然每天去图书馆，读现代版本的书，尝试去扩展我的知识。通读了一些期刊，比如《通报》《哈佛亚洲研究》，还有《亚细亚学报》，我发现我的记忆力很好，在我阅读之后我还能记得很多东西，这让我很开心。

鲍吾刚教授接受了慕尼黑大学的聘请，所以在巴黎之后我去了慕尼黑，并且开始攻读博士学位。我那时在研究的课题是关于5世纪早期两个佛教和尚的信件：来自中亚的鸠摩罗什②，他住在北方的长安，南方佛教的重要人物释慧远住在庐山。鸠摩罗什已经翻译了一本《大智度论》，这是大乘佛教的书，一共几百页，是一本关于救世波罗蜜（到彼岸救赎）的论著。这是一本影响巨大的书，由鸠摩罗什从各种梵文可能还有一些中亚的资源中翻译过来，因为这部作品没有梵文对照版本。慧远读完之后给鸠摩罗什写了一封信问一些问题，慧远的提问和鸠摩罗什的回答后来合为《大乘大义章》。

---

① 戴密微（Paul Demiéville，1894—1979年），法国汉学家，敦煌学著名学者。
② 鸠摩罗什（梵文：Kumārajīva，334—413年，一说350—409年），东晋十六国时期西域龟兹人，佛教比丘，是汉传佛教的著名译师。

这些信中有些东西很奇怪，因为慧远的第二封信看起来好像没有理解鸠摩罗什第一封信的回答，鸠摩罗什看起来似乎没有收到正确的问题。总结来说整体看起来都像是瞎子和聋子对话，驴唇不对马嘴。解开这个谜的作品是日本学者的《慧远研究》(*Eon kenkyū*)，专门研究慧远的。这部作品备受尊敬，是由一组高水准的大学学者写出来的，这是一个由木村英一（Eiichi Kimura）牵头的京都大学人文研究所的研究团队完成的。他们发现了问题所在，认为导致两位大师没能有效交流的原因是中国和中亚的文化分歧。我认为，这完全是文化本质主义，是完全不可信的。我尝试去用其他方式弄清楚并解开这个谜底，因为确实存在一些沟通失败的问题。我提出假设来引导信件阅读，17封按顺序交换的信件。也许其中有些错误。这些信是如何从南方的庐山跨越扬子江到达靠近黄河的北方的长安，途经1200公里到达鸠摩罗什那里的？偶然我们知道了运输这些信的是一个70岁的和尚。鸠摩罗什住在后秦，慧远住在东晋，两个政治体有着连续不断的战争，边界只开放六个月。

在我们现有的研究文本中，这17封信分别来自这两个城市。现在，如果有人告诉我这个70岁的和尚走了1200公里，在公元5世纪往返两个城市17次，那您觉得可能吗！后来，我从方法论上找到了非常好的办法。我们如何来核实信件的数量？鸠摩罗什的每一封发给慧远的信，必须参阅之前的慧远的信。每一封慧远寄给鸠摩罗什的信，这封信必须比他自己的早。我仔细回看这些信，如果不是17封信，我们所拿到的双方信件到底是多少封？3封信。历史上出于佛教教学的目的，有人对这3封信根据主题进行了划分，编辑出来了17段。这17封信并不是连续的，它们都是围绕着本来的这三封信进行的。原来两位大师在严肃地讨论一些他们知道的东西！非常好，那里有许多日本佛教研究的大家，木村英一和他的来自京都人文研究所的团队，他们没有发现这一点。在德国这个领域只有一个来自慕尼黑的小研究员就是我。是我设法找到了一个方法来解决让他们纠结不解的问题！我仍然记得，当我提出了这个论点，通过阅读重建主要的内容，然后发现了这些东西是如何结合在一起的时候，我在房间里高兴得跳了起来，这些对于学者来说就是破解秘密的快乐！

我们那时在慕尼黑，这个大学太大也太古老，这里有更多的书，有两位汉学教授，傅海波①，一个严厉又广泛学习的历史学家，战后他在重建德国汉学方面有重要贡献，还有另外一位就是鲍吾刚。此外，这里巴伐利亚州立图书馆有很好的中文书籍，所以，对于古汉语的研究来说是很好的。

1968年，一个周五的晚上，我们听说联邦政府正在计划修改宪法以制定紧急法律，它能够推翻所有基本权利。我们决定罢课。我们印制了第一号传单（Nomber.1）。因为我们来自汉语系，我们的标题叫作"你喜欢毛泽东吗？这真的不重要，但是紧急法就要来临"——只有一页，也不是很专业。我那时差不多26岁了，属于中国研究组中岁数比较大的，我比他们更加积极。后来，我们写出了一个4页的宣传册，宣传册读起来像是没有脚注的学术论文。这里面包含了基本的法律知识、政府尝试制订法律的计划和我们对于这个目的绝妙的分析。没有什么其他更多的分析了。这个资料页成为主要的信息基础。而且没有一家大的报纸能接近我们的分析水平，比如《南德意志报》，他们也只能进行粗浅的公共报道。这个宣传册使更多人参与了进来。我们15个学生还有一些校外人员暂时成立了一个小公司。我们必须打印差不多120000份4页的宣传册。

不久，汉学研究所里的每个人都成为了公开演说家。我们开始动员其他学校、其他学院。后来我们自己组织了学生委员会，我当了会长。人类学、医学、法学以及其他学院都很快追随我们的模式。这些学生团队组成了大学生会（ASTA）的联合会，并且我们统一了讨论策略和动员的结构。我们倡议开展对抗紧急法的大罢课，两个月之内所有巴伐利亚的大学生都罢课了，许多来自慕尼黑汉语研究所的年轻学生到处讲演也促进了这一进程。在全德国各地多次示威游行之后，在波恩的游行达到顶峰。《紧急法》以三分之二大多数被通过，但是，什么也没有改变，没有一个州发布紧急条例。我们没有对我们的主张进行深刻的反思，可能我们当时相信政府不会太过分也不会把我的主张太当真。我们仍然反对宪法改革，但是对于法律的阅读和冷静评估，我们还有很长的路要走。

1968年，还有其他的矛盾和冲突，反对越南战争的运动刚刚开始在德国展开。很多人计划摧毁大学的统治。更让人震惊的是1968年8月苏联入侵捷

---

① 傅海波（Herbert Franke，1914—2011年），德国汉学家。

克,用坦克碾压了"布拉格之春"。我从来不是东德、苏联或者他们西方的政治支持者的朋友,但是对于苏联入侵邻国我并没有什么想法。尽管我听到了一些谣言,声称布拉格得到了来自北约的支持。这次苏联的入侵确实非常令人震惊。我们想要参加反战运动,但是也反对盲目的反共。我们很难找到一个方法来解释这次入侵。但是我们最终设计了一个标语,许多示威游行的人想了好几个星期才明白我们标语的意思。我们的标语是:"杜布切克是一个共产主义者"(Dubcěek íst Kommunist)①,这很押韵。我们尝试去解释"布拉格之春"不是反共的,而是努力培育人道的社会主义的。我们谴责苏联的入侵,并且赞扬杜布切克,我们说他是一个共产主义者,所以这个标语重点应该是放在帝国主义者对于苏联的态度,而不是反共。我仍然记得人们困惑地看着我,尝试去弄清楚这到底是什么意思。我长时间思考东德和苏联是官僚主义,应该对大企业没有多少吸引力。但是布拉格入侵之后,我对苏维埃帝国主义野心有很强烈的批判。

当时我们讨论谁能够领导新的学生会(ASTA),关键标准不是谁有最丰富的政治经验,或者谁是最出色的演讲家,而是谁是最早进入博士课程的。结果这个人就是我。可能另外一个考虑是整个运动主要是发生在中文系,忽然间,我成为德国最大的大学(当时有4000人)的学生会组织主席,而且当时下面的两个重要指标我一个都不占,没有在学生团体中工作多年,也没有强烈的意识形态兴趣。

问:那您接任学生会的领导了吗?
答:是的,毕竟我个人也同意做选举候选人。一个来自德文系的学生,他演讲很棒,和我得到了最多的选票,可能是因为我们都很出名。我不得不尽快适应政治领导这个新角色。我开始在人山人海的大礼堂做演讲,第一次对着这么多的观众演讲。我都不记得我说了什么。第二天,我走进了办公大楼接替了这个职位,这是我完全没有料到的一个好处:学生会(ASTA)每年有大概30万德国马克的预算,另外开办了一个旅游公司雇用了一个经理和六

---

① 亚历山大·杜布切克(Alexander Dubcěk,1921—1992年),捷克的政治家,"布拉格之春"的领导人。捷克斯洛伐克共产党中央委员会第一书记(1968—1969年)。

个职员。简单来说,学生会是一个大企业!我做的第一件事是打开账本,使自己熟悉当前的经济状况,好像我被任命为我们家企业的厂长一样。在两天之内我知道了过去几年以学生会(ASTA)名义举办的狂欢节的丰厚利润全都进了经理的个人账户。我叫他进来并且提了两点意见:还钱,然后什么也别说滚蛋,或者我解雇他然后送他去法院。他看了看我桌子上的文件然后决定辞职走人。另外还有旅行社的问题,但是这次之后很多事情都迎刃而解了。渐渐地员工开始接受我做领导并与我合作。

但是正像中国古代诗书里说的那样"树欲静而风不止",反对《紧急法》的大罢课渐渐走入尾声,州教育部门开始重新编写大学的法律教材并且加强教育部门在大学的决策权。全国范围内都这样做。大学更独立了,并且防止了州对大学过分的干预,但是其中一个大问题就是大学的(有一定团体自治权的)学院,这些学院很难自行改革。

从20世纪60年代早期,学生人数激增,慕尼黑大学那时候有8000人,后来增至40000人,却很少增加新的系所。这种对比根本就是不同重量级的,因此需要更加强烈的新措施来改变旧的大学,例如设立新的大学。在对抗《紧急法》的斗争中,学生和教授之间冲突很小,但是这次新的大学法实行后,两方有了斗争。教育部说,学生们在闹事,大学却不管,教育部门必须加入进来,推动法律实行。在有限的活动空间里,罢课成为最自然的结果,所以我当领导的这一年,基本上是在罢课。在别人的启发下,我们提出了新的罢课模式:"调查式罢课"或者"积极的罢课"。顾名思义:我们占用学院办公室并在那里做研究,这一点在中文系历史上有着浓厚的一笔,当然是惹麻烦的历史。

我缺乏政治经验,这使我在应对这样一个漫长的罢课的时候准备的并不好。我想办法维持两份日报的正常出版,一份是慕尼黑大学的,一份巴伐利亚州其他大学的,但是频繁的集会让我们感觉很无助。在那时,我们已经开始形成无政府主义团队,经常通过集会来使事情变得棘手。我很确定我不是他们这边的。我努力去阻止那些我感觉已经伤害到学生的事情,因为它常常把我放到一个极其复杂的状况中。

我记得一个经典的事:施特劳斯(Franz-Josef Strauss)当时是巴伐利亚

的州长，学生对他非常不满，因为他冷酷的使用权力并且有隐形的腐败行为。在慕尼黑会议大厅的五月节上，这个大厅靠近一个大广场，他在他的党代会①上要做一个演讲。我们计划在那里抗议游行，演讲的前一天我去看了看会场，这个会议大厅外面有非常大的玻璃窗户，广场外面是成堆成堆地从房子上拆下来的砖头。我很害怕，决定通知警方的心理专家，告诉他我不想扔石头引起战争。他应该能够保证警察会将这些砖堆搬走。所以，你虽然是一个学生领导，你却只能秘密地告诉警方的心理学家。最后你发现你自己虽然站在抗议队伍中间，面对许多激动的人却不得不大喊"不要用石头！"，对于其他游行的人来讲当然这并不是革命的行为。我有"资产阶级"的背景，并且和这种激烈的行为从来就没什么关系（我可能是这些集会中唯一一个总是打着领带的人），但是我对于当时的情况真的很矛盾，我真的不是一个很好的革命者。管理学生会（ASTA）那年真的是很难、很难的一年。

1969年的时候我们还在搞政治，但是我还没有读完博士学位。整个白天和大部分晚上在办公室，得去协调团队，不断地有人进入，到逐渐成为一个大团队；要罢课、要开会，每两个星期都需要编辑报纸，并且最终只能自己写，因为其他人写得不好或者很晚才能交。尽管24小时都充满压力，我必须完成博士学位。大部分的分析类资料我都完成了，但是论文却只写了很少。有一阵子每次走出办公室都很绝望。

我想我从周五早晨一直坐到下周二早晨，写了180页完全没有中断。在论文搞定后，博士答辩就是下一个挑战。政治科学是我的辅修专业，我的考官是慕尼黑大学的校长，在罢课那年我曾经和他有过交锋。他看到我有点惊讶，但实际上，只是简单地对我的题目进行了讨论。当我批评黑格尔的《法哲学》时，他直接表示同意。考试中他真的非常公正，尽最大努力不让政治上的分歧延伸到考试的学术讨论当中。我的汉学考官是我的老师鲍吾刚和傅海波（Herbert Franke）。傅海波很反感学生在罢课中的政治露面，但是他支持我们的小出版物；也遵循相同的原则，将政治分歧与考试分开。鲍吾刚确实将我的博士论文寄到了莱顿的许理和（Erik Zuercher）教授那里，许理和给了我"极优"（Magna Cum Laude）的成绩，这是荷兰大学系统中的最高分。鲍

---

① 基督教社会联盟。

吾刚给了"非常优秀"的分数，但不是"极优"。

一天我接到了一名叫约翰逊（Johnston）先生的电话，他操着美国口音，说："瓦格纳先生，我是从伦敦打来的，周五能否和你在洲际咖啡厅喝杯咖啡？"居然有人要在豪华的慕尼黑酒店和我喝咖啡？！我想，如果对方不是美国中央情报局，那就去吧！我和两个保安一样的同学一起去的，因为我想在一旦处于不妙的政治环境，我可以无声无息悄悄溜走。约翰逊先生是个很瘦的美国人，非常友好，他问我正在做什么。我和他说了学生会（ASTA）的工作以及我的博士考试。第二天，他电话告诉我，哈克尼斯基金会（Harkness Foundation）非常大方地决定提供我奖学金，两年时间去任意一所美国大学研究我想研究的课题。

这真是太震惊了。我不知道谁提名了我，我猜可能是鲍吾刚，但是他从来没有告诉我，我也没有问过他。哈克尼斯提供给我的奖学金是参考罗德奖学金的模式。原是给美国人机会离开美国，去牛津或者剑桥学习。后来超越了传统的项目，允许英国人在非常棒的美国大学学习一段时间。再后来被扩展到欧盟的候选人。一年只发放10个奖学金。

我的兴趣点在于调研和学术，而不是激进政治本身。只有过了很多年之后，我才了解了关于《紧急法》的事情。其实非常简单。美国告诉德国政府——截止到那时候德国主权仍然是被限制的——如果德国想要完整的主权，德国应该确保他们能够处理这些紧急的情况，比如东德或者俄罗斯的入侵可能是由东德某支暴乱部队支持。而军队出兵内战被旧宪法明确禁止。然而，通过《紧急法》是美国恢复德国主权的前提条件。那时没有人听说这个事情，这完全是不公开的。所以，引起骚乱的原因就只是政府没有通知公众，我们只能用自己的简单解释来填补未知的空缺。教授和我们学生都不知道新法律实际实施情况，州教育部只是说没必要向公众解释。我们只能自行解释，这些法律唯一的目的就是压制。许多教授希望这些法律能修复秩序，我们认为他们想要保护旧的阶级秩序。

我卷入的政治冲突中的这两个大错误，这让我从中明白了一个事情：我不是一个合格的政治家。我也许知道很多关于政治的事情，但是你需要嗅到隐藏在政治逻辑背后的事情，即使这一逻辑很难被发现，而我并不具有这种敏感性。我有我自己的政见，我决定坚持它，但是我不想去做任何政治领导。带着这个决心，1969年夏天我去了美国。

问：许多罗德奖学金获得者都成了政治家。您得到的这个奖学金也一样。那些和您一起去的人怎么样了？

答：其中一个同伴是学英国文学的，另外一个是物理。当我在纽约的哈克尼斯办公室时——那儿的人都特别好并且非常友善——我在桌子上看见了一张纸。上面说他们正在寻找："未来的领导人。"某种程度上，他们并没有选错我，因为在某些角度上来说，我就是会成为这样的人。通过一些文章我大概了解了我的同伴们：他们中有些是教授，有些在基金会中，有些在从政。他们在世界各地，但是他们几乎都是各自领域的"领导"角色。在美国，我先去了哈佛，在第一年我仍然记得有时躺在沙发上，像牛在草地上反刍一样，消化前几年的人生。有太多高压的时刻，你需要做决定，虽然你都不知道哪些是正确的哪些是错误的。但是你的决定会影响其他人的生活。回忆重温那些年真是太令人沮丧，甚至让人筋疲力尽。在那之后的很长一段时间我回归正常并且集中注意力于其他的事情上。

在之前的那些年，我在反越南战争中很活跃。随着我对东亚的研究，我开始挖掘，想找到一些东西来证明德国，尤其是德国的大学也支持美国。

哈克尼斯奖学金有一个单独的规定：你必须环美旅行三个月（对课程进行的特殊延长）。我们这么做了，这个旅行实在是太棒了，但是如果你看了我们的之字形路线，你会发现我们到过那些激进的地方，那里的学生都曾冲进州长办公室，扫荡他们的桌子，五角大楼和CIA的关于越战的合同就被放在那里。在我们去哈佛的前一天，哈佛校长蒲赛（Pusey）的办公室被"扫荡"了。当我们到的那一天，你可以和各种不同哈佛院系的同学一起买一份街边的CIA和五角大楼材料的复印件，用来研究调查越战。这似乎证实了我的直觉，我把这些材料应用于更广泛的活动。我买了一沓文件。事实上，我的假设是非常夸张的，因为领头的大学大多数保持很低的参与度，但在那时我该怎么看待它？所以除了参观一些地方诸如格兰峡谷，我们甚至还去了墨西哥城。我们去了学生们常去的地方，设法弄到文件并且复印出来。我从全美收集来的都是社会科学学界参与越战的材料，尤其是从事亚洲研究的学者们。在这时，我没有写任何关于它的内容，但是在我返回德国之后我开始更加积极参与探索这个课题。

在美国，我的重点又放在了学术上。在哈佛有一个日本佛教的学者，永富（Nagatomi）教授，他看了我的博士学位论文后表示，我应该用英语提交第一章节内容到《哈佛亚洲研究学报》。第一章是通过我早期的阅读来说明信件的结构。他感觉这是一个非常棒的办法，解决了这个争论多年的问题。《哈佛亚洲研究学报》是一本优秀的出版物，我很高兴我的论文能够被刊登。我在波士顿的剑桥很好地利用了时间去听了各种各样的优秀的课程和研讨班，开拓了我的眼界。

我发现我论文中研究的这些信件有一个重要的观点，可以通过思维模式来表达。这看起来好像某种程度上和《庄子》以及《老子》相连通。为了进一步探索下去，我开始看三四世纪对这些的评论。问题是在那时几乎没有和玄学有关的成书的文本。经常用"关于这个的学术研究是模糊的"这句话来翻译"形而上"（metaphysics）这个术语。我看了一个汤用彤写的有关玄学的重要文本，他从40年代就开始写，但是很长时间之后才发表在穷乡僻壤，所以几乎没有人用过它。我感觉，如果我真的想了解玄学对于早期中国佛教概念语言的影响，我必须重回佛教研究的课题。考虑谁是玄学基础的奠基人的时候，这个答案很简单，王弼（226—249年）。

问：您花了几年完成了这项工作？

答：1969年，我开始研究王弼对老子的点评，目前研究了三卷。刚开始的时候我非常孤单。在哈佛还有后来在伯克利，似乎都没有人了解玄学。尽管人们表示宽容，也很友好，但是我认为没人真的感兴趣。

当我开始这些研究，我在理解王弼的评论和老子本身的观点上遇到了巨大的困难。在这时没有方法论来解决中文评注的问题。《圣经》批注在欧洲自文艺复兴以来就一直被禁止，因为二次学术行为对于理解原文并没有什么帮助。甚至按照解释学的规矩，过去研究哲学的人应该读其他哲学家的文本并根据此写作，在欧洲传统的"经典文本"很少有学术评论。事实上，对于中文评论的批判和不屑是在模仿新教徒批判天主教批注《圣经》的行为，这种非常德国或者说非常欧洲的行为在中文研究领域是无稽之谈。所以我认为，我应该摆脱阅读那些假设作者和现代学者都在同一个水平线上的作品，因为这个假设是违背历史的。

现代的学者在打开书之前，读了或者听了许多翻译。这些翻译本身已经使用不同的评论家的观点，反过来又和早期的评论家论战。这些评论通常有大量的背景知识，评论家通过提供比其他人更具有说服力的材料备受赞誉。我认为，如果你想要用中国人的传统方式来阅读中国古典文本，你不能只读一家。我主张通过批注来读一些历史性的专业文章。我打算根据王弼对于《老子》的批注来研读《老子》。王弼不是对《老子》进行翻译，他的文章暗含对于段落、语法、词义、文章划分的理解。通读了批注之后，能够随着王弼对于《老子》的架构来重新理解。事实上，将文本和历史学读物以及评论三者联系起来之后，现代翻译中含混不清的情况就大大消失了。

研究王弼的批注最大的问题是重点也是边缘的问题。如果你去抓《老子》的重点——就是"道"和"德"这些大的定义，忽然面前就有180多个翻译本，几千篇文章都是一样的模糊。他们中的一些可能是正确的可能是错误的，但是都没法去证明。其中一个主要的问题是：总是无法清晰地将王弼的评论和老子的原文对应起来。我注意到王弼写作《老子》批注的一个主要特点：排比。《老子》中有大量的类似的排比句，往往跟在一些非排比的读起来像是总结概括的句子后面。根据翻译本对于这类排比句的标准现代理解是：同一件事用不同的词说两遍。

《老子》和王弼的批注的个人化风格我今天称作边缘（margin），因为很少有关于它的研究，也很少去解决王弼如何理解这些排比句的问题。大多数对于《老子》的研究都没搞明白如何处理这些排比段，他们倾向于在没有排比的地方构建他们的结论。这也不是完全地错，因为这些段落确实经常是一般化的表述。所以我决定解决排比的难题。《老子》中很少有清楚明确给出排比结构的例子，就是说 A-B-A-B 结构互相穿插着，第一句和第三句属于一对，第二句和第四句属于一对。证据就是通过属于他们互相涉及对方的关键内容。但是《老子》中没有明确的参考，并且在早期的文本中明确的"开放式"排比也有 A－B－B－A 的格式,所以没有套用格式的文本有可能是含糊不清的"封闭性"排比。这看起来像是一条可行的并且可证伪的道路,而不是像解决主干问题那样"哲学化"且不可证伪。《老子》中"封闭性"的情况下,这些排比论述更加难以揣测,王弼通过简单地引用这一节的第一行作为他批注的第三行,同时第二行则作为第四行,也就是说他阅读的是A－B－A－B结构的句子。检阅标明,《老子》中这一章有60%是排比化的,我提出一个假设,王弼认为"连续排比结构"是《老子》写作的基本模式,并且在他自己的写作中也模仿了这种风格。这个假设的美妙之处在于如果无法被支撑,五分钟之后就会变成一团废纸。因为如果在阅读《老子》过程中,这些东西没逐渐消化理解,那这个假设就是错误的。

但是,一旦你开始读并且用这种方式来抓其中的联系,就会逐渐理解内容,而且批注中的论点就会很清晰了,这是证明这个假设的一种方式。为了证明这个假设,我用了几个月的时间绕过标准的研究《老子》的路径,花了更长的时间通读细节。令我开心的是,我的假设越来越有力,因为我发现不仅仅是王弼,事实上,老子的写作手法在战国时期已经被广泛地使用并且推广了,尽管老子可能是最系统地使用了它。王弼的解读有深远的学术贡献。这个假设一旦它被证实,我就不用去读那180本翻译了!

如果你在主干问题上有一个小问题,你需要想出一个方法来克服它,那你就会非常关注脚注。从那时起,我又一次到了一个相似的境地中,就如同我写博士论文时一样:有一点孤独,长时间地阅读经典来解释《老子》,用固定的方法来解决主干问题。这仅仅是第一步,因为现在的问题是,这些排比总是瞄准反义词,而且这种问题形式和非排比的一般论述本身,是否为模糊的哲学争论提供了一个平台?如果是这样,那么争论点是什么?最大的好处是我能够很好地理解这些细节并且——我希望是——能精确掌握王弼是如何阅读《老子》的,这为我分析王弼的学术打了一个很好的基础。我通过批注本探索历史原文的过程中,伽达默尔帮了我很大忙。一年之后我们一起去了伯克利,我感觉研究王弼的项目进入了状态。

问：您在哈佛之后又去了伯克利？

答：是的，在哈佛九个月又去旅行了一段时间之后，1970年我们一起去了伯克利。哈佛有很强的汉语研究系和图书馆，城镇里的环境也和波士顿的剑桥有很大不同，许多开心的事情、不同的文化、街边的开放式大草坪。有一天我读了何晏的一句话，他是王弼那个时代位高权重的大臣，也是一个令人钦佩的少年天才，不到20岁他就以卓绝的评论出名。这个句子是："如果你吃了寒石散（寒性的矿物粉），非惟治病，亦觉神明天朗。"这文章继续提到，在何晏所处的时代，服用寒石散是个性、美好、力量和智慧的象征，在他之后，每个人都服用这个粉末。

那时在伯克利，你读到这样一句话之后，如果没有人给你帮助，你什么有用的材料也得不到。伯克利的人跟你谈论，他们讲得云山雾罩，让你仿佛产生了似曾相识之感。我迫不及待想去做王弼的研究，开始探索药品和3世纪早期的知识分子的生活方式。我发现这个药品在接下来的900年被广泛应用，一直到宋代。这真的非常有趣。因为我发现了一个很好的证据：在10世纪，一个中国医生去了日本，并成为天皇的医生。他写过一个中国医学的总结《医心方》，文中用一整个章节来谈论这种药品。他不仅列出了药方，给出了服用说明，还建议家庭成员也服用这种药粉。你想想，如果一个人已经喝醉了，他的下巴已经合不上了，让他继续喝酒会怎样？这个药品有难以置信的副作用！显然，大部分的中国精英都持续不断地服用它，如果谁的状态很糟，这只能说明他不够高雅，而没有人把状态糟归因于危险的药粉。

我研究的成果就是一篇论文《中世纪早期中国的生活方式和药品》，发表在一个重要的欧洲期刊《通报》中。我用德语而不是英语来写这篇文章，用德语写作也是为了抨击美国出兵越南的行为。事后我觉得真是太蠢了，五个人都翻译过部分章节。毕竟德语已经不是研究汉学的重要语言了。据我所知，这些翻译都没有出版，但是大多数研究（宋代）那个时期的学者都欣赏它，这是一个非常出名的文章。这就是我在伯克利那年的主要出版物。我也开始阅读当代政治，但是基础还是做王弼的研究。

问： 当哈克尼斯奖学金项目结束之后，您回了德国？

答： 我在1971年晚些时候回到了德国，开始我先定居在西柏林，我的妈妈和继父住在那里。在那时我得到了一份教职的工作，是来自德意志研究协会（DFG）的。尽管我知道傅海波（Herbert Franke）对于我在学生会（ASTA）的工作是非常不看好的，但他是汉学系的权威，我当然会先去找他，要一份推荐信，他出于专业道德，会尽可能公正地写。正如他推荐我去奖学金项目一样。我也意识到在慕尼黑的这些年对我的教授职位肯定会有所帮助。当我们返回德国之后，我却感觉有些东西改变了。我拿到了第三份奖学金，但是我结婚了，我们的第一个女儿出生了，我感觉我必须做一些现实的事情，所以没有再拿着奖学金四处奔跑。那时我错误地认为教授论文（habilitation）是过时的东西，因此我不认为还有必要继续完成我的王弼研究。

柏林自由大学的汉学系有过长期的"革命"斗争历史。那里的学生曾经"推翻权威"，并经常和大学的领导辩论。直到现在，他们也特别关注中华人民共和国的情况。柏林这儿有两个事情，一是这个大学里已经有一个苏尔研究院（Otto-Suhr-Institut），于尔根·多梅斯教授（Jürgen Domes）在这里进行现代中国政治科学的研究，他有一个小型的现代中国图书馆；第二，德国的汉学教育集中于传统的汉学，以至于现代研究没有可用的人才。自由大学的学生们认为多梅斯教授和台湾联系太多，太反共产主义以至于不能公正研究，而且当时大学的现代中国研究也只研究19世纪末的中国。让学生们很开心的是，多梅斯教授信守诺言，加强了对现代中国的研究。

带着对于新中国的关注，这个系敞开大门寻找助理教授。我申请并得到了这个职位。但我几乎对于现代中国一窍不通，我也没有假装懂，但是我读过许多关于中国的学术著作，尤其是共和国时期的。至于新中国，我很艰难地来熟悉这些陌生的现代术语，我感觉《人民日报》实在是太啰唆了，无穷无尽地重复。但是，因为我的兴趣在社会科学和政治学的交叉，所以我开始看中国社会学的历史，所以我至少知道些东西。我为一本大的指南写了40个中国社会学家的条目。我后来才知道，其他的申请者，都是德语版的《北京周报》（Beijing Review）的狂热读者，他们是"左"派的政治科学家，但是并不懂中文。智慧高深的选拔委员会决定选择我，主要是因为我是唯一一个有着明确汉学研究目标的人。我如饥似渴地读同教学相关的新中国的内容。我在阅读方面有着优势,在口头表达上仍不好,我开始教授中国社会科学发展史的课程和新中国健康医疗发展的课程。

自从我去了柏林,我开始找人来分享我对于美国出战越南的想法。我和一些"反帝同盟"(League against Imperialism)的学生有所接触,他们组织了非常多的反对越南战争的抗议行动。这看来是一个"庞大的组织",是由毛泽东主义政党中的一个人组建起来的。我只想在不当领袖的情况下保留我的政治看法,并且坚定地认为我做学术研究就是我的贡献。遵从这些组织的一些建议,我和其他志同道合的人创办了一个学术期刊。这是一份从学术角度支持越南自由和解放战争的杂志,名字当然是《解放》(Befreiung)①,并且打上浮夸的副标题"支持印度支那斗争的群众学术"(Wissenschaft im Dienst der kämpfenden Völker Indochinas),这个"支持"我所指的是支持战争中的越南。现在海德堡汉学系有一套完整的期刊,因为我想让对我早期研究感兴趣的人能够亲自去看看这些材料。这个杂志认为越南人会给我们一些研究的样本,比如被破坏的种子或者油或者被美国军队使用橘剂污染过的地方的森林落叶。我们的人尝试用科学的方式来弄清这个问题,并且尝试获得资助去解决这些问题。这个期刊发表一些学术文章,通常是会给出更多的背景内容——但是从根源上说是实践导向的,但是这个目的从来没有实现。我们一开始认为南部越共(Vietcong)单独负责南面的战争,但是事实上,南部的越南民族解放阵线(FNL)的外交关系和他们的策略是由北方的共产主义政党所领导的。

越南1978年入侵柬埔寨让我们对于支持越南共产党和越南民族解放阵线产生了强大的动摇,在战争中他们为了独立反抗美国,现在他们却不容忍身边的邻居国家独立。因为苏联海军对于岘港的港口感兴趣,当然这个港口一开始是美国人建造的。我们可以看到,苏联的扩张主义战略由入侵布拉格开始,现在又在联合越南等盟国抵制中国与(柬埔寨)波尔布特的政府在这个地区增加影响力的努力。

尽管我提到过我从来不是毛泽东的信徒,但是有几个关于超越了越南抗美战争背后的国际政治观点我是同意的,这主要是苏联外交政策中的扩张和

---

① 英文翻译为《自由》(Liberation)。

侵略。在1974年邓小平在联合国的演讲中总结的"三个世界"理论，我认为这是对世界矛盾的很好的分析，在中欧发生的事件正在飞快地证明着这个基本假设。

当勃列日涅夫（Brezhnev）1978年访问联邦德国，在施密特总理（Schmidt）的家乡汉堡发表演说的时候，我们的编辑部决定加入抗议苏联政治游行中。汉堡警察最终同意在公园给我们一个大帐篷来表达抗议。我们必须在一天内找到一家公司把它建起来！我主持了抗议，有四五千人参加。

1977年或者1978年，我的工作要结束了。在那时候联邦德国还没有美国式教授终身制（Tenure track）的制度，我只能去其他地方寻找一个教授工作或者离开大学。我还没有写完在伯克利关于王弼的研究，在我脑海中有很多教授资格论文的论点，但是却很少落在纸面上。当我注意到教授资格论文是成为教授的必要条件后，我重返王弼的研究，发表了对于连续排比风格研究的分析文章。一年后我提交了这个论文。这真是太累的一年。那时候我有两个女儿，我的妻子正在接受教师训练。

有一天，我骑着自行车去自由柏林广播电台，在那里有个熟人，他是一个从我们日本研究系毕业的人。我希望能成为他们一个关注大学生活的节目的自由撰稿人，我带来了我的初稿。我仍然记得他坐在那里看，忽然笑得眼泪都流下了。他开始大声读给其他人听，大家也都是笑的控制不住。这对于我求职的美好预期真是一次清醒地打击。但是他很好心地邀请我加入学习班中，在那里他教我如何去组织文章。很快广播电台愿意交给我45分钟的广播时间。尽管调查和写作花了很长时间，我依然感觉很好，因为我可以兼顾我的各种兴趣。开始时由其他专业人士来帮我做广播，后来他们就让我自己来广播，很高兴我的收入还不错，我的许多广播都在德国和奥地利重播了。

这时候我仍然在编辑期刊，写我的教授资格论文，照顾两个女儿，教书，现在又必须做复杂的调查和一个月写两到三次广播稿。这个工作太沉重了，我学着去适应这种节奏，工作时间完全是不完整的，一句话写到中间就被打断，两个小时后回来继续写。为了完成我的教授资格论文（大约800页），我两个暑假都没能和家人在一起。

布兰特（Willy Brandt）的儿子是个历史学家，和我是很好的朋友。老布兰特领导下的社民党政府出台了一项法律，禁止任何与共产主义组织有往来的人进入国家公务员序列，无论是花匠还是教授，尝试阻止学生革命者进行"校园长征"式的革命。签署呼吁书成为抗议这个法律的一种方式，当然那时这个禁令对我们这些公务员序列的人就是紧箍咒了。文教部部长要求柏林自由大学的校长莱默特（Eberhard Lämmert）教授辞退我。我写信给同我相熟的汉学家，解释了背景并且请求他们给部长写信支持我。巴黎的戴密微、莱顿的许理和、哈佛的费正清（John K. Fairbank）和许多其他国际学者都写信抗议这种政治规则。我真的非常感谢他们，难过的是，没有一个德国学者这样做。我怀疑他们是不是支持汉学家多梅斯（Jürgen Domes）领导的"保卫学术自由联盟"（Association for the Defense of Freedom of Scholarship），这个组织一直提醒政府不要录用和"左"派团体有联系的人从事学术工作。因为我的合同只有三个多月，大学没有解雇我，只是让合同自动到期没有续聘。

在1978年一开始，我注意到伤痕文学（Literature of Scars），以及在《中国青年报》上的关于"人生的意义"的讨论，许多年轻人来信说共和国之后的剧烈的变化。我读这些信很不痛快，因为他们用的词我都没见过。这些词语都在我狭窄的学术语言之外，而且都是些政治术语。因此，我给自己买了一个随身听，从哈佛买了些自学汉语口语的带子，从那以后只要有空，比如坐地铁，我就学习这些语调，重复句型，学习现代词汇基础。我开始做现代汉语文学的工作，学院聘请了顾彬（Wolfgang Kubin）。我们相处得非常融洽，我们很快决定召开会议，研究1949年之后的文学，围绕这个主题之前只举办过一次会议，那就是1962年《中国季刊》组织的会议。在这方面我有些积累，为一个手册的现代中国文学部分撰写了关于1949年之后中华人民共和国小说（比如丁玲、曹明、周立波和柳青）。德国研究基金会（German Research Foundation）通过了我们的申请，我们于1978年9月召开会议，来自欧洲、北美、新西兰和日本等不同地区的学者参会。没有来自大陆或中国台湾的学者，因为没有奖学金。我们联合出版了大部分会议论文，也包括我对于"认知和侦查"方式的研究，这是50年代的共和国文学功能的基本模型。

偶然的是，一个参会者，来自巴黎的鲁尔曼（Robert Ruhlmann）邀请我参加一个巴黎的会议，探讨延安时期的文学。这是我第一次碰到来自中国的学者（事实上他们大多是文化官员），他们没有给我留下很深的印象。我了解，他们说的都是事先给好的题目，我出席了一个探讨萧军《八月的乡村》和法捷耶夫（Fadeev）《毁灭》（英文名字为 *The Nineteen*，一部苏联革命小说）的联系的讨论。我沉浸在共和国文学中，更加清楚的是"国家文学"的方法没能刻画出复杂的跨文化纠缠。并且其中一个关键因素应该是，中国的作品不是和西方交互，而是和苏联文学交互的。这两次会议使我相信，跨文化研究是文学研究中正确的模式。这种研究方法在那时无足轻重，后来才大行其道。在共和国文学方面，30 年之后，中国翻译出版了这次会议的论文集。

参加巴黎会议的人中有一个康奈尔大学的助理教授，他就是耿德华（Edward M. Gunn），那时，他关于二战时期上海和北京的中国文学研究的作品①刚刚出版。他肯定帮我说话了，因为在 1979 年的圣诞节，有人打电话给我，这就是康奈尔大学的亚当斯（M. H. Adams），他是一个很棒的英国文学学者，他特别好心地提供给我来康奈尔一年的访学机会，做人文学院的研究员。这真的很棒，因为当时我没有工作。那时，我已经提交了我的教授资格论文，外审结论都很好，当时关于大学的法律并不会影响到我的学术考试，所以系里通过了我的教授论文。应该说，我有资格能够在德国成为教授了，但是在那时没有合适的岗位，我是一个有"问题"的教授候选人。所以我带着孩子去了康奈尔。

在 1979 年末，我第一次作为游客和一大群朋友去了中国。在上海我想买关于新文学的书，我找到了一家新华书店。我没有注意到书店的名字"技术书店"。走进去却发现来到一个意想不到的新世界。我和各种手册指南待在一起——你应该如何把车轴做成拖拉机，你该如何筑墙，每本大概 5 分或 1 毛钱，太神奇了！以前我曾经读过一些中国的沼气的文章，我决定去找一个关于它的手册。我买了几沓关于沼气以及相关技术的小手册，换算到今天差不多一欧元。它们都是来自各个省份，用各种科技手法来克服人们的各种怀疑和担忧，在农村介绍沼气的使用方法。

我回来后给我们的杂志写了一篇小文章。在柏林的研讨会上，我尝试和

---

① [美] 耿德华：《被冷落的缪斯：中国沦陷区文学史（1937—1945）》，张泉译，新星出版社 2006 年版。

来自德国技术合作署（GTZ）的人讲了我的沼气之旅。那时他们有一个叫发展中国家技术合作的项目，德国技术合作署作为中间商促进发展中国家的技术发展。援助时，他们首先通过研究对发展中国家的潜力进行评判，然后出具用当地语言书写的技术说明书。他直接问我能不能给我买的这些说明书写一个总结报告，我当然很开心，因为他同意给我5000马克（差不多2500欧元）。这还不算完，因为德国技术合作署认为这就是他们想找的项目。他们组建了印度—中国—德国的三方调查组来调查中国农村沼气使用的政治、科技、经济和社会指标。在这个小组中，只有我是汉学家，其他人都是土壤学家、工程师和生物学家。当时我对中国的城市有一定的了解，但是对农村知之甚少。

我在中国农村旅行了好几个星期，从四川到浙江到吉林，我们小组有16人，同时旅行的还有来自中国农业部沼气办的官员！这是一次田野调查，我从来没有做过，调查时我和讲当地口音的人聊天、采访，而那时我关于中文方言的积累实在是很有限。为此我想出了一个策略——这对于所有第一次在中国做田野调查的人都是一个好策略。我做了一本字典，取材于我购买的那些说明书，这里面包含有400多个和沼气有关的关键术语，然后我用心地去学习这些词语。这些术语大部分由多个汉字组成，只要掌握上下文，音调和口音并不重要。

我的方法非常简单：如果我的访谈人说得很流利，那我什么也理解不了。因此我更多的问一些陈述性的问题，只能回答是或者否，或者是一个数字。这段时间，我可以去编辑当地沼气池数字、类型、功能性和可持续性的这些指标，这对于整个技术评估至关重要。便利的是，我带来了一台小打印机。当地的技术员是很能干的，但是他们只有他们当地的沼气的说明书，不知道其他省份的情况。所以我请他们到我的房间，来看看我的沼气说明书的收藏。他们非常感兴趣，我印了一些他们感兴趣的设计和科技信息。我从来没要过回报，但是合作是共赢的。他们给我当地的资料，当然第二天早晨必须还回去。所以渐渐地，我清楚了解到了沼气的分布和传播，以及政治背景。

对于南方长江的湿润地区农业来说，沼气池是非常理想的。因为它不仅仅节约炉子消耗的能源，厌氧池也提供了更加清洁的湿化肥。但是这对于北方的干旱地区农业沼气就不太适合了,因为人们不知道如何将淤泥搬到农田里。北方农夫的肩膀上老茧也不够多,不像南部农夫那样勤劳。但是普及沼气的决定是由(北京的)中央政治局(!)做出来的。沼气制造有两个选择:小沼气池是"文化大革命"期间当时的四川省委书记在四川提出的,是以个人家庭为单位的,比较经济。北方的大寨人民公社的堆肥堆是大型的,把落叶密封起来在里面发酵。北方没有大规模推广沼气,因为干肥料很适合北方的干燥农业。一般说来,沼气池有利于个体化生活,堆肥堆有利于集体化。"文化大革命"中,大寨的农民领导[①]还在政治局,但是"文化大革命"之后,邓小平回归后,集体农业的光环就褪去了。因此,中央政治局决定全部输出沼气池模式,后果是北方不得不进行推广沼气池模式,结果却失败了。

另一件不得不做的事是与中国方面的沟通。我们在浙江农业大学调查时,有人提到,在重庆有一个农业技术的研究中心,叫中国农业技术中心。我从来没有听说过,因此我和沼气管理部门的人说我想第二天过去,因为一些相关信息可以为我们的项目提供帮助,请他帮我订票。他告诉我理论上可以,接着把整个沟通过程向我做了描述:整个过程将花费四周半,但那时,我们已经离开中国了。听了他的描述之后,我表示理解,我从这个不太重要的请求中得到了全新的认识,在中国,平级交流是禁止的,而上下级交流是通畅的。我相信,在1980年几乎没有一个研究中国的学者知道这一点。

我的判断,跨文化的相互作用非常重要,在这里的边远地区也被证实了。我发现,沼气第一次在中国出现是在1957年。当时安徽省在东德学习的研究人员看到东德农场已经使用1500立方米半潜式的沼气池了。东德人有个单一的开关,控制着一个泵,切碎的草会被放到里面。这些大沼气池被连接到柴油发动机上,也同整个养殖场相关联。他回国之后,在他的人民公社中申请应用沼气池。他们向安徽省科学委员会申请,后者给他2.5平方米的土地做尝试,用两个月的时间。比照东德1500立方米,他建了一个半立方米的沼气池,填充它、密封它,几天后产生了甲烷气体。恰好这是"大跃进"的时代。省级领导把它作为一个草根创造性使用能源的例子,他们做成一个小规模的模型,送到武汉的大跃进成果展去展览,在那里毛泽东看到了。他当时说:

[①] 陈永贵。

"普及！" 20 或 30 个 300 立方米的沼气池建立起来，里面充满了农业废弃物和排泄物。一开始沼气能运行柴油发动机。柴油机发动，跑了几分钟，然后就停了，因为他们不知道，这仍然需要少量柴油。这次尝试就这样结束了。因为他们没有泵，没有办法把废物提出。后来我看到了其中的一个沼气池废墟，20 年来无人问津。

我非常尊重这些乡村的技术人员，他们很乐意把自己的工作向 20 来个外国人展示，这里面有后来的印度沼气之父。我们也看出个人领导力在村庄中的重要性。在这里，每一个房子有一个沼气发酵池，它们在发挥作用。最终我们提出的处理办法是北部/南部划分，按照评估结果在北方沼气池作用低，在南部是可以接受的，中国农业部的部长很高兴地证实了这一点，他甚至提到，半年前他们已经做了调查，结论类似。但是没有人曾经向我们提到过这件事。我最终写了一篇文章，投给了《热带农业》（*Tropen landwirt*）。估计这是唯一一次有汉学家在那里发表文章。可悲的是，我没有时间来整理出版我为德国技术合作署（GTZ）撰写的报告。

后来，我去康奈尔大学计划写一本关于 1978 年后中国文学的书。东亚图书馆华生（Charles W. Wason）的中国收藏非常棒；但他们没有订阅最新的文学期刊，虽然这些期刊已经开始在中国流行。因此我不得不停止原来的计划。后来，我同意写一个关于太平天国（Taiping Heavenly Kingdom）的手册。华生先生不懂中文，但他收集每一份 19 世纪中国的西方文字印刷品，后来康奈尔大学东亚图书馆以他的名字命名。我发现华生的收集大约有 150 卷，加上后来图书馆买的中国语言的资源，我知道我的工作条件真是无与伦比。跟对老子的研究一样，太平天国史学有着巨大的研究积累。中国大陆已经出版了统一的以"革命"叙事为主的出版物，这给西方的学者留下了深刻的印象。太平天国运动被理解为对抗地主和帝国主义的农民起义、对抗清朝统治的斗争。事实上，他们的确反抗清朝统治，但没有什么记录表明，他们对抗地主，他们也被外国人作为（基督教）"海外兄弟"。有些论断是不对的，把这些废话总结成文章会浪费我的很多时间。

我尝试从太平天国自己本身寻找他们怎么看待自己所做的事。他们的中心人物是洪秀全，他的思想就是关键点。大部分人认为，洪秀全是一个肆虐的疯子或伪装的革命者，所作所为仅仅是为了获得追随者。对于这个领导人物的否定好像是学术界的共识，而我却认为从另一个小视角的理解恰好就是核心的理解，想到这里，我在半夜无法入睡，激动得跳了起来。

我读到一个当时（清朝）政府的报告，是关于这位太平天国领袖的绘图，这些绘图描绘了洪秀全从反叛者到成立政权时期的脸谱。这些绘图，本来是用于帮助政府部队确定反叛领袖的。看到这图后我觉得，它完全符合对于一个老男人的描述，大肚子，长长金色的胡子，带着头饰。这难道就是洪秀全从他的幻想中描述出来的那位上帝？太平天国的人是否把这些特征和行动在地球上实施？一旦这一假设成立，就会发现大量证据支持它，这就是为什么我会在凌晨四点在办公室跳舞的原因，因为这就是人文学科合理论证的过程。

我就宗教在太平天国运动中的作用问题写了一本书，整整花了4个月！之前，我从没有写关于太平天国的文章，在这个领域我是一个白丁，现在我挑战学界的论断，并提出了一个对太平天国战争的全新解读。会不会有一些我并没有接触过的资料会不支持我的观点，我不太确定。所以我把手稿寄到伯克利大学的魏斐德（Frederic Wakeman，1937—2006）那里。我也把手稿给了哈佛的柯文（Paul Cohen）。他们没有忽视我的观点，都给予了很高的评价。没过两周，我收到了魏斐德教授的一封长信，信以对手稿的好评开始，其次是许多页的详细评论和一些需要修正的地方，并且欢迎我在伯克利大学出版社出版手稿。同时，我被柯文邀请到哈佛去他的办公室谈话，他认为论证有说服力。后来这本书在伯克利大学出版了；查阅它现在可以公开浏览http：//www.leibniz-publik.de/en/fs1/object/display/bsb00054805_00001.html。

康奈尔大学给的津贴足以支持一位单身的博士后，但我有妻子和两个孩子，所以需要一些补充收入。在我中国的沼气之旅期间，我还买了一些关于中国有害生物综合治理手册之类的材料，害虫防治领域已经获得了国际广泛关注，德国技术合作署（GTZ）也表示愿意资助我写一个汇总报告。我的问题是，那些材料里提到的大多数害虫都是用英语名字表示，而不是它们的拉丁名，我也只有一本英汉昆虫词典再无其他。我就跑去昆虫馆，去向和善的馆长寻求帮助，先描述我不了解的昆虫、这个昆虫的生命周期、它们赖以为生的植物、用于控制害虫的化学药品，然后她会给我一两个拉丁文名字作为候选。我会检查我是否知道它的中文名字。

我不知道在康奈尔一年以后我会做什么，但一次的会议又给我提供了一个偶然的帮助。来自美国纽约圣若望大学（St. John）的金介甫（Jeff Kinkley）曾邀请我参加一个中国现代文学会议。我做了一项关于百花齐放时期和流亡时期刘宾雁写的不同小说的报告。梅谷（Merle Goldman）也参加了会议，她曾写过中国知识分子和党的关系的书，她编辑了一本"五四"时期的文学书籍。当1969—1970年我在哈佛时，我们不曾相遇，因为我在哈佛燕京图书馆研究，并且对20世纪的研究不感兴趣。但她一定很喜欢我的作品，因为我回到德国后不久，哈佛邀请我回来做研究助理。哈佛给我基本的财政支持，不用教学，没有行政事务，条件太好以至于我感觉不太真实，后来我回哈佛去，协助关于当代中国散文研究的《进入服务角色》（*Inside a Service Trade*）一书的编辑工作，这是一本关于百花齐放和"文化大革命"后的文学的书籍，最终由哈佛出版。后来我与我所研究的两位作家保持着密切的联系，王蒙和刘宾雁。

我和王蒙曾反复地讨论我对他的故事《悠悠寸草心》的理解。起初他坚持认为我的解释是毫无根据的。这是一个在省政府办公室工作的理发师讲的故事。讲述了周恩来逝世后1976年4月份（北京）示威的政治背景。我曾认为"理发师"是一种隐喻，我认为自20世纪50年代以来，这是经常被中国漫画所使用的。理发师通常美化他的客户（通常是男性的）并且剪掉头上的多余的头发。我认为，这基本上是中国文学所具有的批评功能，一边粉饰领导的外表，一边做一些温和的批评。我的书《进入服务角色》（*Inside a Service Trade*）这个标题就是指这个故事，因为自身没有任何权力的理发师，只能服务那些有权力的男性。许多年以后，当王蒙在哈佛发表演讲时，我再次见到了他。他那时不再是部长了，而自称为老共产党员。后来在吃饭时，他突然说，我对这个理发师比喻的分析研究得很好。顺便说一句，我对这些作品的兴趣不取决于对他们的文学品质的欣赏，而是关注它们在中国的影响。

当我在哈佛的时候，有一天我接到来自伯克利的电话，邀请我去三个星期，他们允许我做我想做的任何事。在我出发的五天前，他们写信给我说，那里将有亚洲研究协会举办的区域会议，魏斐德将做一个报告，是关于毛泽东纪念堂的。他们问我想不想做评论员？我不了解，但我在德国听过雷德侯（Lothar Ledderose）关于这个纪念堂的一个报告，我还模糊地记得，在康奈尔大学时，曾经读过（中国的）《建筑学报》上一篇详细的描写建筑象征意义的文章。魏斐德教授的论文很好地给出了论证，主要是基于中国媒体的大量报道，但它有一个缺陷——对于人们进入建筑时的政治象征意义并没有太多的强调。哈佛没有这本杂志，所以我租了一辆车，开车去康奈尔，复印了那篇文章，在飞往旧金山的飞机上阅读了它。当时我们是两个评论员一起，每个人有15分钟的时间，我补充讲解了建筑的象征意义。我见到了魏斐德，毕竟他在那个时期已经是最顶尖的现代历史学家之一，因此我越来越明显地感到不安。更糟糕的是，第二个评论员站起来说他会放弃他的时间。所以我在原作者面前，说了半个小时这篇论文的缺陷，而原作者恰好就是要帮我修改并出版太平天国书籍的著名学者，同时他的同事和学生也都在场！最重要的（也最难受的）是，在评论后，我给了他从《建筑杂志》上复印的那篇文章。事实上，我根本没打算要挑衅，我发现对一个建筑象征的解码是一件很迷人的活动，但是如果较上了劲，也会隐含着巨大的不经意的人力成本——这对于我个人的职业来讲亦是如此。当我回到哈佛才知道，伯克利想给我发个邀请，他们在中国中心留了"语言研究员"的位置给我，这是另一个特别好的位置，在这里你做你的研究，有时可以进行讨论，但不需要教课，不需要行政工作，可以获得不错的报酬。但是没有魏斐德的同意，他们就不会给我这个机会。在评定奖学金的时候，我给他们留下了忽视个人感情的印象，结果可想而知。许多年后的一天晚上，当我推着魏斐德的轮椅穿过圣地亚哥酒店的庭院，我们谈到了我作评论人时的言论，他记得非常清楚。魏斐德边笑边说："你应该（事先）警告我的"，然后我们便去酒吧喝酒了。

经历了一系列的危机之后，我的婚姻也破裂了。我想念我的女儿们，但由于她们的母亲希望孩子都跟她在一起，而我留在美国，只能偶尔探望她们。汉堡的教授职位也成为泡影，所以在1984年，我作为一个语言研究学家去了伯克利。这里有极好的图书馆和创新的学术环境。在德国的年轻学者没有这么好的图书馆资源。我在那里度过快乐的时光还有另一个原因。在我的婚姻破裂后，我在剑桥遇到了一位很好的年轻女士叶凯蒂（Cathy Yeh），后来她成了我的妻子。她在哈佛写关于中国文学的哲学博士论文——很高兴我没有在那里教书，所以她从来没有上过我的课，要不然师生关系是任何浪漫的终结。在伯克利，我完成了《进入服务角色》（*Inside a Service Trade*）这本书，并且开始研究50年代后期60年代初期的"新历史剧"，这本书最终有了一个令人乏味的标题《中国当代历史剧》，我选择这个标题是因为我觉得就内容本身已经足够有趣。

我还花了很多时间准备研究王弼的书的英文版本。这不是简单的翻译。我注意到，《王弼》一书文本中的《老子》并不是王弼所使用的文本，他评论中的早期引语也与他使用的版本有所不同。因此，我开始从翻译的评论版本到全方位的覆盖分析，这其实是我年轻时的一个梦想。1984年，当我的太平天国的书出版时，我在苏黎世的汉学教授职位排名上名列第一，但后来再也没有收到他们的来信。我问委员会的主席发生了什么事的时候，他告诉我，有人在瑞士的主要报纸《新苏黎世报》上发表了一篇文章，批评大学雇用"德国毛主义者"为全职教授的惊人计划。瑞士当局得到了提示，并选择了这个名单上的第三个人。后来我了解到，瑞士的这位中国学者警告报纸，注意（聘用我可能就是）即将发生的灾难，也许这听起来有些奇怪，我非常生气。但是如果我去了苏黎世，我就不会遇见我可爱的妻子！因此，万事祸福相依。后来我和这位学者进行了很友好的交流，我们彼此没有提到过这件事。事实上，人们能够理解苏黎世的选择。

在1957年底，苏联发射人造卫星，在美国和其他地方掀起了不小的恐慌，铁幕（美国）这边对苏联的强大一无所知。因此突然的，像蘑菇一样，关于中国研究和苏联研究的机构在美国大学和智库遍地开花，当然在德国、英国或是澳大利亚也是如此。大量的科学和工程项目最终使美国人（第一个）登月。大约在1986年，当时做出很多贡献的人面临退休。然而，与此同时，大学以前的经费削减使得学术生涯变得缺乏吸引力。因此，在世界范围内，高级职位的人非常短缺。在1986年，我在几周内得到了澳大利亚国立大学、悉尼大学、海德堡大学教授职位，以及芝加哥大学的副教授职位。当我四处旅行谈判时，我做出了自己的决定。我的女儿们在哪里，我就去哪里，我应该回到德国去，我太太更是如此，她连跟我一起去澳大利亚看一看都不想。

在海德堡，我直接和校长卡夫特（Kraft）先生说，我一定会来，问题是大学想做什么事情。我花了三天时间来检查那个小小的研究所里的每一个角落，然后向他提了一个问题。他们一种选择是继续保持这么一个不出名的汉学机构，就跟一个默默无闻的香肠小店一样；这样的话，我会在研究学期期间飞回美国准备教材，我可以接受。或者想要一个专业的（大型的）中国研究所。校长说话并不是很快，但他是个有策略有思想的人。"那是什么意思？"他一字一句道。因此，我必须要花一到两个小时来说明必要的步骤，不时地用数字来列举。虽然我有其他的机会，但是在德国的机会，对我来说是第一个。德国的雇用福利是相当好的，所以他们应该会给一个安全的又舒服的待遇。我想我可能会得到8万马克，这是我听过的人文学科领域工作所拿到的最高的报酬了。当我在讲话时，卡夫特校长做了详细的记录，他已经同意设置另一个全职教授以及其他的职位。最后他说，如果他能正确地理解我的话，我应该需要大约45万马克。我很快表示同意。

这所大学有意愿加大对中国研究的投入，他们相信我能够管理好它。这本不是一个非常简单的结论。因为我过去的政治参与，对我的任职邀请这件事在学院里已经引起了很大的争议。看来，遴选委员会的成员们读了我的太平天国的书，同意支持我的任命。许多抗议信，实名的连同匿名的，都被发给巴登符腾堡州（巴符州）的教育部，当时巴符州是基督教民主联盟执政，任职邀请也是由教育部做出的。教育部负责接待我和我谈判的那个官员1969年时是慕尼黑大学法律系的学生。他进来时，带着一份厚文件夹，说这些是他们收到的反对我任命的抗议信。然后，他说了一句话打动了我，因为在我的政治观念里，我没有想到在如此保守的部门里，会有人说这样的话，他说，"巴符州是自由的，我们对这一类的材料不感兴趣。"接下来，海德堡大学批准了非常可观的经费。1987年，我来到海德堡，开始改进课程，以加强古典和现代领域的教学，成立了一个专业的中国研究的图书馆，跟我在美国使用的图书馆类似。

当1989年冷战结束时，我突然想到，或许听起来很古怪，我们享受了冷战带来的好处。看着我父亲一代，战争、通货膨胀、经济危机、法西斯主义、癌症、死亡，而我成长在一个和平环境，尽管可能是对峙的和平，但也是因为有这样的一个对峙,能让我的兴趣最大化,这种对峙包含两股势力的努力,因为他们都想以胜利结束这场对峙,最终的胜利却压垮了我的世界。

在1991年,我做了一件事,到现在我仍然不知道对不对。我们学院的两位同事曾获得德国最高学术荣誉奖——莱布尼茨奖。他们两个人的领域都是大学科,许多学者都在这一领域工作。与他们相比,从事中国研究的人是极少的,我仍然是海德堡唯一的汉学教授。我们学院没有一个人足够了解我的工作和研究领域,也没人能向我提出建议,但中国研究所需要大量的资金投入。我去找院长解释这件事,告诉他我应该被推荐去竞争这个奖项。他很吃惊,从来没有一个人主动这么说要求自己被推荐,但最后,在我不知情的情况下,学院推荐了我。后来魏斐德和哈佛的马若德(Rod MacFarquhar)告诉我说,他们受德国的全国选拔委员会委托来遴选获奖人,他们两人都强烈地表示支持我。几个汉学同行告诉我,柏林自由大学的前校长莱默特(Eberhard Laemmert)也在这个选拔委员会,他给这些汉学同行打电话,了解德国汉学家对我工作的看法。莱默特也肯定支持我,虽然我曾几次在电台采访中向他挑战有争议的问题。总而言之,无论这些学者们对我有什么不满,他们都把它放在一边,从学术价值方面做出公正的判断。一年后,那个时候我在柏林,一家报纸打电话告诉我,我已经获得了莱布尼茨奖。

这个奖项有150万马克奖金,本意是让获奖者能在未来五年中专注于自己的研究,雇用一些人接替获奖者教学和管理方面的工作。但我认为,德国所需要的是一所能够支持中国研究的高级研究机构。那就意味着奖金要投入到机构里,而我确实是那么做的,每一分钱都不浪费。但与哈佛或普林斯顿的持续高预算和专业馆员竞争时,我们必须更加聪明一些。他们在中国购买书籍按照出口价格、空运,并有很高的编目费用。我每年自己去中国选书(不用聘请专门的图书馆馆员),以中国内地的价格购买,用集装箱运书,并用绿色笔点在哈佛出版的印刷目录上标记。前三个步骤是成功的,这些花费了不到哈佛的百分之十的费用。我们很快就开发出了第一个有中文字符的在线目录,也能够下载用于其他地方,因为我们当时使用了杜威图书分类系统(Dewey Decimal System)。第二个提高研究所知名度的方法是开发特殊收藏,于是研究所很快成为众所周知的地方,这里有最丰富的缩微胶片,复印的中文报刊，这里还有中国独特的电影和音乐收藏。第三个因素是数字化，这在当时才刚刚开始，特别是对中国的材料。

大学没有预料到这方面的发展，但当中文图书馆突然出现，我们需要雇用新的工作人员时，这就进入了危机模式。我们采取大胆的行动，购买半条街道的房子，我们搬到那里。然后不幸的是莱布尼茨奖的资助很快就花光了。我和当时的女校长哈根（Countess Hagen）有一次偶然相遇。当时，巴符州教育部大幅削减预算。当我问她能否资助中国研究图书馆的进一步快速发展，她态度非常坚决，不同意资助更多。她说学校已经花费1500万马克买了半个街道四幢楼，又花15万马克购买了家具和书架，因此，现在他们不得不每年削减他们的预算五至十五个百分点。她什么也做不了。我想我们不能就此打住，所以决定寻找外部资金。这时我想起我听说拜茨（Beitz）先生，他原先是克虏伯集团的经理，现在在克虏伯基金会（Alfried Krupp von Bohlen und Halbach–Foundation）做领导，而克虏伯已经为德国工业开辟了中国市场并且获得了巨大收益。所以我写信给他说，我需要150万马克来开发一个适合中国研究的数字化的设备，这不是随便一个基金会就可以资助的研究项目，这些新东西不仅仅可以用于海德堡。六个星期后，我得到了一个肯定的答复，我很开心。

可以说，让这个研究所成长的，是我们拥有一个大的目标并且不断去努力。当我刚就职时，那里有大约15000本书，一位教授，两名助理和两位语言教师。现在我们有大约20万本书籍，加上大量的数字资源，5位教授，1位青年教授，4位助理教授，2位图书馆员，2名IT专家和几十名研究员，以及一个庞大的计算机实验室。相当大的发展！所有这一切都与南亚研究所一起，成为一个全新的亚洲和跨文化研究中心。这当然不仅仅是我的功劳，但这证明了，中国研究得到了更多的关注。

所有这一切也有一个代价。我在20个世纪90年代花了很多时间扩展这所学院，1990—2000年之间我没有出版书，只有22篇文章。此外，我们的发展也引起了德国其他机构一些不友好的评论。能获得的资助，我们基本上拿到了；我对其他汉学机构仅仅是"香肠小摊"的评论并没有改变太多，除非人们真的付出了自己的努力。如果你看这个研究所的资源，很明显，我们并不关注特定研究兴趣,而是试图找出未来研究领域的热点,为他们的研究准备资源。令人高兴的是,所有研究人员一起帮助丰富了图书馆的特别收藏,梅嘉乐(Barbara Mittler)教授建立了这个音乐库;顾德琳(Mueller-Saini)教授带来了大量的中国教科书。所以,我们有几个别人没有的珍藏。建立这个图书馆的本意就是为人们来研究提供一个资源和环境。人们确实来了,但是,美洲来的人的确不太方便。对于许多资源我们有网络入口,如中国研究的数字档案(Digital Archive of Chinese Studies)、中国学术术语数据库(Chinese Scholarly Terminology Database)或中国新知识百科全书(Chinese Encyclopaedias of New Global Knowledge);我们非常积极地支持在柏林国家图书馆开发 Cross Asia 亚洲研究数据库。在 20 世纪 80 年代初,对欧洲汉学研究机构进行的一项调查中,海德堡大学的中国研究所甚至都没有被提到。而现在我们是欧洲一个主要的研究中心,具有良好的国际知名度,在不同领域有着大量研究成果。

问:您和中国的学者们有什么联系?

答:在我的生命的大多数时间中,我都在研究古代汉语,只有在"文化大革命"之后我才开始研究现代中国。在早期的时候,我和中国学者的交往一直受制于我不会说中文。今天,许多中国研究古代文学的学者,尤其是在共和国时代成长的,他们几乎不能说和阅读外语。在台湾地区,也没什么大区别。在 80 年代之前,我在这个领域几乎和中国大陆没有联系。

在我开始学习一些中文的日常表达之后,我和中国学者的交流就多了起来,但是不管是古代汉语还是现代中国研究,学术交流中语言的障碍依旧存在,而且非常缺乏国际间学术交流。中国学者只了解一些翻译成中文的作品,这些作品一般影响巨大。在中国,权威的书籍如果不是复制大师的叙事,就是翻译日语、英语的文本。中国的学者在细节问题上很棒,但是他们一般忠于主流观点,将他们的知识植入大师的框架之中。甚至要获得许多领域的中文资源,最方便的是在外国,而不是中国。你在海德堡学习"文化大革命"要比在中国好得多,因为这些资源都被保存下来可以取用;然而,在北京,你是看不到这些的。换句话说,许多中国学者都很努力研究,广泛阅读,也很聪明,但是在这种条件下,他们只能对先有的普遍叙述做一些细节研究,创新和令人叹服的观点性成果就很少。

这就导致了和他们交往有很大的挑战，我们可以就（王弼的）信件的日期等细节做一些交流，但是一旦你去分析世界各地不同语言的学术观点，这时你觉得不是在交流，而是一种发展援助式的帮助，也就是说，在某个特定的主题上，你得给中国学者介绍50年以来海外在研究什么。这样，没有人感兴趣去介绍这些背景，因为我们不靠这个吃饭。

你知道，你如果看过他们的出版物，很多中国的学者在一些问题上有很好的见解。但是当时在中国仍然看不到鼓励开放地学术讨论的一种文化。举个例子，现代汉语的很多概念词汇是基于日本人做的对于西方术语的翻译，但是因为这就说明了中国人的创造性和权威性是让人生疑的，所以我也听说有同事在中国谈这个话题时受到了批评。在已经有大师作品的领域，随意删减和复写外国的学术翻译被认为是可以接受的。

问：您认为您对中国和汉学研究最大的理论贡献是什么？

答：我或许有些贡献，对于如何精读、破译哲学性的古典文本，如何在编码交流的情况下开展现代写作。我主要研究哲学史、太平天国，也有一些报纸研究、文学研究、戏剧研究和政治文献研究。这些事情的困难也显而易见，人们经常说，你自己做的研究非常好，但是你怎么去教给别人做研究的，你怎么让它变成别人可以自己去研究的东西？我的一个方法就是，提供给学生大量的相关材料，发掘潜在的与背景和上下文的联系，但是发现这些联系对于大多数学生和学者来讲都是不容易的，因为这种练习非常耗费时间，也并不总是能得到好的结果。

主要技巧就是，在你开始这种练习之前，你首先要通过阅读去识别出文章中的缺陷，然后一步一步忘记它原有的框架。最早的例子就是我们谈过的关于太平天国的那本书。我切入这个题目，主要是参与了撰写大学教材的任务，我认为我应该更多了解太平军。无论我拿到了什么材料，我都去读，但是很快我就明白了：对于太平军来说，被忽视的洪秀全的才略就是关键。所以我开始关注上下文中国南方对于洪秀全理念的理解，着眼于他们对《圣经》中梦的运用，着眼于当地寺庙中神的形象，着眼于领导起义的神学体系，着眼于那时中国流传的关于基督教的书，等等。我并不知道我到底跨越了多少个不同的学科，我使用一切看起来有用的资源和办法。尽管这些材料是非常专业化、集中化的，但每次读的感受都不一样，去系统地把它教给别人也是非常难的。我记得费正清在表扬了我的太平天国的书之后，说他也在担心着，因为其他人更多的是走一条容易的路径，而不是尝试这个方法。也许有关于我的贡献这个问题本身就是错误的，人们应该被鼓励去创造自己的方法，通过批判别人找到自己的方法，我的学生们就是这样做的。

瓦格纳教授 照片2：在博世基金会演讲

此外，许多我一直推动着的事情最终成为了学术的主流。没有必要去说这是我学生的还是我的功劳。当我们开始研究早期《申报》的时候，这个报纸在中国权威叙事中只是文化霸权主义元叙述的一部分，这个理论有相当的国际市场。在90年代的一次亚洲研究协会（Association of Asian Studies）的会议中，我提到过，《申报》的经理美查（Ernest Major）现实中也是一个编辑，他在中国同国际公共文化交流中也扮演了关键的角色。那时一些人声称，没有外国人有足够好的汉语来胜任这个工作，在那时《申报》只是一个帝国主义用来剥削中国的傀儡。后来中国共产党又给了一个新的定义，他们要邀请外国人去经济特区投资，就把历史上开放的口岸如上海，解读为中国走向现代化的发动机，而不再把外国人视为帝国主义剥削者，因为按照过去那样这么形容外国人不是一个很好的策略。很快基于新阐释的权威书籍就出版了，而当时西方学界还是用中国原有的帝国主义侵略的论调。就这样,其实在上海和海德堡都没有发生什么事情,美查(Ernest Major)就从侵略帮凶转为上海现代化的推动者,同时人们也不再提及以前的论调。我甚至被上海社会科学院聘为教授,查找美查的墓地。这次经历就让我心存疑虑,我始终小心翼翼和汉学学者保持距离,因为他们总是过度依赖于中国的政策和一些他们本国的议题,比如反对美国的越南战争。

除了阐释学方法以外,我第二个关注点就是跨文化交流既是中国文化也是其他文化的生命线。多年以来,这种说法看上去有点为帝国主义行为做出致歉的意味,但同时也产生了出人意料的爆炸性效果。当然,自古以来中国都是向全世界开放的,在中国政府忽然宣布要积极加入WTO的时候就是如此。结果就是,中国学者现在可以明确写:中国文化有几个来源,是得益于西方的不断的巨大创新,从青铜器制造到漆器,丝绸也曾经在西方流行过。中国的这些权威的叙事对于现实的调查研究有很大的影响,因为中国通过大量筛选的文档支撑来证明这些。

问:让我们谈一个最后的问题:您关于中国的未来的预测。

答:我曾经粗笨地做过一次关于中国未来的预测,预测得很不扎实,现在你又来问我一次!我不知道中国的未来会怎样,但是我有一些想法。首先,如果不提高可持续创新的能力,中国的产业链很难从低端向高端转变。现在有另一种观点,许多人认为可以从其他地方来购买创造力——许多大公司现在就是这么做的。苹果、巴斯夫并不总是去研发,而是从小的创业公司那里购买,非常便宜。因此,我不确定中国是否需要提高内部创新潜力来升级产业链。如果政府能够保持权威的官僚系统,而且内部能有革新的潜力,或者只在几个有限的领域能够创新,这也是非常好的,因为现在从外部购买创新也是可行的。中国政府似乎很明白压制教育系统所产生的坏作用,这就是为什么他们每年都向海外输送大量学生的原因,当然包括很多元老后代的小孩。只有三分之一出国留学的人回去了,那些学自然科学和技术的比较愿意回去,因为在国外没有太多发展空间。在国家金融管理方面,中国做得非常好,能够推动很高的增长率,通过灵活收放来很好地应对地区和国际的金融危机。他们毫不犹豫地利用起社会主义政体完美地终结了货币主义者的自由扩张，中国的政府高效快速，没有民主政府的限制，没有议会投票，也没有工会的抗争。

到海外的三分之二的学生，大多数是从事商科、医药和IT行业，他们很少去海外学艺术史这类学科。尽管他们可能在海外工作，他们仍然是非常爱国的，至少现在这一代是这样的。也许到下一代还是这样，他们可能也会为中国做事。中国的低端产业渐渐消失，转向越南、菲律宾、印度尼西亚。一般的看法是，中国必须实现产业转移，能够自己生产高端产品。但是这些高端发明需要创新性人才和好的科技环境。前者需要漫长的过程来形成，后者现在还没有出现，除了上海。国外的高科技公司不可能把研发部门放到中国去。

我们可以看到中国在科研方面进行了巨大的投资，现在科研机构的支出集中于新设备方面，我认为这是一种浪费，因为中国缺乏对于人力创新潜能方面的培养。德国自然科学的教授从中国回来之后，对于中国的新设备充满羡慕之情。有一个传闻，看起来是被学术界公认的，中国仍然离独立研发还很远，而日本学者在很多领域已经是世界的领头羊了。我很肯定，在中国现有的教育系统下，在学术研究方面，中国的创新机制还有待加强。对于知识渠道的严厉控制可能使这个情况变得更糟。花数十亿购买的新设备需要有创造力和创新能力的人来使用它。你看中国人在全球最好的科研出版物上的通讯人地址，你就会发现，很多留有中国地址的学者都有美国或其他地方的职位，并且有自己国外的资金来源渠道，但是这些学者再接受一个（中国的）委任，来履行爱国的义务。基于创新能力的问题，这个国家想再保持它的高增长率的话可能将会碰壁。但是另一个比较好的假设是，他们可能能够持续不断地引进创新技术来保持快速的增长，这些技术的研发者都在海外——他们中的许多人可能之前都是中国的学生，但是一直在海外工作，尽管他们不想在中国居住仍然有爱国之心。

简单地说，我认为，对于中国能否持续增长的问题是没法解答的。经济学学者认为中国的混合经济是很畸形的，但是对于中国经济崩溃的预测是年复一年地在崩溃。

政治方面，我个人的感觉是中国处在一个被批评的境况中，如果共产党内部分裂了或者衰落了，这个国家都没有经验丰富的精英来推动组建一个负责的政府。梁启超说得非常好:"中国人很容易统治的,他们都是很易驯服的。"一个国家应当有一个负责任的政府。即使明天有民主投票了,而现在没有反对党,共产党仍然能拿到99.9%—100%的票。你当然应该满腹抱怨,人们发布各种愤世嫉俗的言论,但是这不意味着人们不会加入共产党,或者会遵守一切他们自己说的原则。而且我认为中国人做的选择,只是让他们自己可以获得更多的实惠。

这显然是中国人能够接受的政府,它提供了稳定性,并强制确保了政权安全。我不知道它还能运转多久,但是目前其他的方案都是不成熟的。1987年,这个党通过自身改革重新定义了当下和长期的方针,借此推动了中国的发展。党代会阐述了当前中国不是在社会主义高级阶段,只是处在向社会主义过渡的初级阶段。这样中国就像重新设定闹钟一样,政策恢复到了1952年的(新民主主义革命时期的)情况,那时恢复个人拥有土地,允许外国投资,对本国企业采取合法保护。这个党回到了新民主主义时期的政策,当时也允许大量的"资产阶级"背景的人加入;经济上也恢复到这样的制度:在保证依法运营的国企占国家主导地位的前提下,在经济系统中为非公有经济增长提供机会。同时党代会阐明了中国将会持续在社会主义初级阶段发展100年,这就给每个人都降了温。这是一个新马克思列宁主义权威叙事的很好的例子,在保证共产党合法地位的同时,也证明了当前制度的合理性。

我的观点是,在中国进行学术交流将会是无聊的,但是把中国,包括现代中国作为研究的对象,它太有意思了。整个亚洲是21世纪的一个实验室。各种独特的选择都出现了。在威权国家,共产党利用国有基金用于国际投资;而民主国家看起来也很像它们的对手。但是我只是从学术上对于这个进程感兴趣,除了我们都是人类之外,我对此没什么个人感情。我不喜欢我们共同的世界环境垮掉,而中国给这些发展带来了驱动。但是在发展的道路上,我认为很可能中国有方法有能力对环境产生更大的影响,从而转到可持续发展的轨道上来。中国的风能和太阳能产业、绿色能源产业,已经是世界最强的了。

这就是我想和这个世界说的话,我知道有些话不太好听。我的话可能冒犯了学术界的同人,可能会影响到别人对我的评价,但是我非常开心的是,我仍然看不到我所爱的中国研究和跨文化研究的尽头。

为中奥电影交流搭桥铺路
——伊莎贝拉·沃尔特（Isabella Wolte）访谈录

访谈人：Jiagu Richter
时　间：2017年6月1日
地　点：维也纳大学汉学系
整　理：齐菲
核　改：Jiagu Richter

Wolte 照片1

问：您怎么开始学习汉学的，您为什么会对这个感兴趣？

答：我父亲是外交官，1980年他被派到中国去当奥地利驻华大使，从1980—1986年，我父母在中国一共待了六年半。我是1966年出生的，当时正好14岁。因为我爸爸是外交官，我在瑞典出生，在德国、美国都待过，去中国之前，我们在奥地利待了五年，当时学校安排我和我两个姐姐跟着父母在北京待一年，然后再回奥地利继续上学。因为当时没有适合我们年龄的国际学校，连北京都没有，只有一所德国小学，但是我们的年龄已经超过了，所以只有法语学校 Lycée Français，但是如果你不是他们这个系统里的，那也没办法。因为天天在家待着也不行，最后我们还是去了这所法语学校，但是也没有考试或者什么的。我趁这个机会学习了法语，因为奥地利的中学要求学习多门外语，我可以选择法语或者古希腊语，我选了法语。

虽然80年代我没有学中文，没有机会也没有时间，但是我们全家对中国的兴趣和热爱就这样开始了。因为那时候是最好的时候，我父亲很乐意去帮助所有奥地利企业和政治家，姐姐们和我一年后回奥地利，我的母亲和爸爸一直待在北京。1981年8月份，我们回奥地利的时候，坐了跨西伯利亚的火车，先到莫斯科，然后再继续走，全家一起坐火车很开心。

Wollte 照片2：2008年拍摄纪录片《汤若望》

问：所以您的兴趣是和家里有关系的，潜移默化，然后十几岁的时候去中国？

答：主要是我们全家对中国的第一印象非常好。当时你可以感觉到，因为我们每年夏天放假的时候都会在北京待一两个月，所以我看到了80年代的变化。从一开始大家都穿同样的衣服，到每一次再去的时候都更富有、更漂亮、更有活力，这个发展我们都看到了。还有，我妈妈因为一直在家里照顾我们，帮助我爸爸，当我们都回到奥地利的时候，她就有比较多的空闲时间，所以，她就非常努力地去学习中文，参观北京的各种地方。工作方面她确实也帮了我爸爸很多，因为她一直以来对电影很感兴趣。当时中影公司，现在的中影集团在到处找可以引进的影片，她就推荐了好几部奥地利影片，在使馆举行了电影放映，放了德语版本的影片，当时也没有英文字幕，但还是请了很多官员和学生过来一起看。后来中影公司就引进了包括《茜茜公主》在内的一些电影，现在在中国还到处都可以买到这部影片。

问：就是说您妈妈向中国介绍了很多电影？
答：对。对于奥地利电影进入中国来说，当时是最宽容的时期，后来就没有什么奥地利电影了。我妈妈后来越来越了解中国的文化，他们离开北京的时候是 1986 年，我爸爸被派到布鲁塞尔去当奥地利驻欧盟的大使，当时奥地利还没有加入欧盟。我妈妈在比利时觉得没有什么意思，天气也不好，就在那边继续研究中国文化，继续看电影。那边也有一个中国比利时友好协会，收藏了很多影片，我妈妈和他们成了朋友，就看了很多老的、现代的中国电影，也每年去参加中国主要的电影节，比如金鸡电影节、百花电影节，等等。1991 年，她在奥地利维也纳电影节上举行了到目前为止最大的中国电影回顾展，有 40 部真正地反映中国电影史的影片参展。

Wolte 照片 3：2014 年与母亲 Ursula Wolte、著名电影艺术家于蓝

问：这个需要翻译吗？

答：当时都有字幕的，有学生帮忙。这个展览在当时非常成功，直到现在都可以在图书馆找到相关的几篇关于中国电影的文章。当时我也在帮助我妈妈，因为那个时候我已经上大学了。

问：您还没有说到您从中国回来以后怎么学习中文的，就是每年夏天去中国两个月是吗？

答：对，我继续上学，毕业了以后就上大学，先上了维也纳科技大学，后来又去维也纳大学。因为我的兴趣很多，也不知道到底要学什么，所以一开始学了数学，也学了拉丁语，反正同时开始了很多，可以说是浪费了三年。因为我的兴趣太多了，对自己的要求也太高，所以什么都没有做下去。后来我觉得这样不行，就去了爱丁堡大学，在那边读完了计算机和人工智能，这是我的本科，之后仍然在爱丁堡读硕士，硕士是古希腊哲学，两个专业差别很大，非常有意思。

1991年我毕业了，回来之后就帮助我妈妈做影展，帮助她修改语言什么的，她编辑了文章集，请了中国和欧洲专家写文章。现在回忆起来，我们年轻时候看的第一部中国电影是1982年在北京看的《少林寺》，给我印象特别深，然后我也记得《盗马贼》1985年或者1986年在维也纳沃蒂夫影院演过，是一部关于西藏的片子。

问：这是您在奥地利看的第一部中国电影吗？

答：好像是，因为我也没看懂，对此我印象也特别深。

问：但是《少林寺》看懂了，是吗？

答：看懂了，我也特别喜欢少林功夫。

问：所以您毕业回来之后就在帮妈妈做这方面的工作了。后来您又读了博士是吗？

答：对，但是这是后来的事。我回来的时候，开始在科学研究部上班，主要负责国际或者说欧盟方面的工作，因为 1995 年奥地利加入了欧盟。我 1991 年 11 月硕士毕业，1993 年初开始上班，中间大概有一年，我在一个环保组织帮他们组织国际性的会议，临时在那边工作了几个月，写了一些东西。

问：同时帮您妈妈做影展？

答：对，然后 1993 年开始上班，在那边一直做国际联络方面的事情。从 1997—2001 年，我在美国华盛顿，奥地利驻美国使馆当科技专员。其实我当时跟中国联系比较少，因为自从 1986 年父母离开中国之后，我也没再回去过，只有我妈妈每年都去参加电影节，比如 1991 年正式举办的上海国际电影节，她从那时候起就每次都去了，起初也给主办方提供一些意见，比如怎么举办一个国际电影节，等等。当时那是中国第一个国际性的电影节。

至于为什么我以后会选择做这一行，是因为我妈妈。我妈妈从 90 年代起就开始希望参加或者策划中国和奥地利的合拍项目。当时她选的题目也很合适，是格特鲁德·瓦格纳（Getrude Wagner）的故事。格特鲁德·瓦格纳是一个真人，她 1935 年去了上海，因为她之前在奥地利认识了一个中国学生杜承荣，爱上了他，他们订了婚，所以等 18 岁生日一过，她马上就去上海和这个中国学生结婚。她的丈夫是一个国民党员，一个警察学校的老师，所以他们有几年很好的生活，然后就是抗日战争，内战。1949 年之后，他们一起回了丈夫的家乡，中国大陆的一个小农村，生了五个孩子，在那边待了一辈子。我妈妈也见过这个人，一个很好的老太太。她从 1935 年起生活在中国，回过奥地利两次，2003 年在中国去世了。这个故事很多中国人都会说，她真可怜，为什么要离开奥地利，在中国太辛苦了，可她自己说，我所能控制的东西，我的家，我的家庭生活，我的婚姻，都非常好，所有的不幸都是我所无法控制的，所以我很幸福，因为重要的东西都非常好，我丈夫对我好，我的孩子们都长大了。

这个合拍计划 2001 年终于成功了，我们在奥地利和中国分别找了制片公司，合拍了这部影片，中文名字叫《芬妮的微笑》，德文名字叫 Am anderen Ende der Bruecke。当时他们在中国拍摄的时候，我妈妈一直在，帮他们翻译，帮他们解决很多问题，因为其实两个剧组合作时的问题很多。后来他们到了奥地利，在这里拍了三个星期，我也去了现场，就认识了这些电影人，我觉得非常好，正好我自己也想改行了，所以2002年，我陪我妈妈一起去了上海电影节，2003年决定正式去中国学习中文。

我先去了上海，在上海找了一位私人老师上汉语课。非常巧的是，这位老师是一位已经退休的高中教师，她也不会外语，因为我想尽快学习中文，所以专门找了这样的老师，虽然交流一开始很困难，但是效果比较好。我后来才知道，这位周老师是中国导演吴天戈的中学老师。吴天戈是我的好朋友，他父亲吴贻弓也是我妈妈的好朋友。吴贻弓是中国著名的电影人、导演，他最优秀的片子是《巴山夜雨》和《城南旧事》，他太太是演员张文蓉，他儿子吴天戈也是导演，我们都是好朋友。我在上海待了三年，也在我们的领事馆做文化方面的工作。2006年，我考上了北京电影学院的博士生。但是说实话，我考得非常差，因为我的书面汉语很差，手写水平也很差。我是唯一的外国人，老师们都建议我再学一年汉语再来，但是因为我当时和他们交流没有任何问题，所以他们也知道我还是有一定能力的，后来我给他们写信，信中说，请你们让我试试，我一定会很努力。所以最后他们还是让我入学了，我的导师是郑洞天教授，他的代表作是《邻居》。我2009年毕业，所以我是北京电影学院的博士。

问：我以为是这里的博士呢，这真不容易。

答：真的不容易，我当时特别努力，所以我比较自豪，到现在为止，我都是北京电影学院唯一的外国博士，现在还有几个外国学生，但他们都还没有毕业。我一开始的目的是通过读博士更好地了解中国文化，更好地学中文，更了解中国人。从80年代起，我们全家，包括我就很喜欢中国人，当时的中国人不复杂、很热情、很开放。可以说这种喜欢里也有一定的同情，因为我们看到了他们的不易，尤其是80年代。其实到现在也是，问题可能是另外一种形式，但是问题依然存在。

关于我的博士论文题目，我和郑老师第一次见面的时候说，希望通过中国的哲学研究中国电影，看这些哲学如何体现在电影里的，我想选"三十六计"，看这些兵法在中国电影里是不是用得上。郑老师觉得这个特别有意思，只有西方人能想出这样的题目，但是最后我没有做成，真的太难了，哲学本身已经非常复杂，如果你的语言能力也不行，虽然随着学习程度有提高，但是对于真正了解中国哲学来说也是不够的，可能还需要几十年的学习才行。因为语言方面根本达不到要求，我们就一起选择了另外一个切入点，通过我本人比较熟悉的文化去对比和了解中国文化。所以，最后我选择的题目是自外国文学改编的中国电影。

问：这个范围就小得多了，也容易多了。这样的改编电影数量首先就有限，能数得出来。

答：对，其实也就一百二十几部，大部分根据外国文学改编的电影是1949年前拍的，所以我对中国早期电影史研究得比较多。我先查原著，然后看中国的电影版，分析为什么会选择这个作品，具体是怎么改动的？从几个方面来看，内容上的改动，意义上的改动，宗教信仰方面的改动，等等。因为欧洲文学里有很多是和宗教有关的，同时也表现了很多社会问题、女性问题，反正我是通过这种比较，找出了一些因素，我觉得这对于中国的电影和文化来说是比较有代表性的。

问：很有意思，因为您可以明白原著的意义在哪里，为什么会改成这样，里面也有很多问题。

答：对。这些影片很多已经消失了，所以只能看文字，只能猜，但是还有四五十部还存在，可以参考。非常有意思的是，你看这些片子的时候，如果事先不知道这是根据外国文学改编的，你就根本不会想到这方面，因为它们看起来完全就是中国电影，中国人演，中国名字，放在中国社会背景里。只有一部是中国人演外国人，非常有趣，这是1952年拍的一部根据苏联的话剧改编的电影，他们演美国人，非常好，我们在奥地利也放过一次，我也特别愿意推荐它。

问：中国人其实有很强的能力，可以把外国的东西非常快地本土化，然后变成中国的东西，所以电影上也是这样。

答：对，这个很有意思。2009 年我读完了博士，其实在 2003 年我离开奥地利去中国学中文的时候，已经和我妈妈一起开了一个公司，叫 China Film Consult，因为妈妈非常了解中国电影。

问：这个公司主要是提供哪方面的服务呢？

答：这家公司的目的是做合拍片，不过公司太小了，只有我们两个人，只能写一些故事大纲之类的。因为我妈妈想象力很好，她对双方也都很了解，她挑选两方面都可能感兴趣的故事，再去找制片方。比如说《芬妮的微笑》之后，她写了一部原创的《莫扎特在中国》，但是后来我们和奥地利制片方的合作不太愉快。最后，虽然这个故事也拍成了电影，不过后来的工作我们都没有参与。而且，中国电影的整个局面都有很大变化，在这十几年间越来越商业化。

Wolte 照片 4：2010 年在上海世博会上主持 Kaerntner Doppelsextett 的演出

奥地利的电影产业很小，拍的大多是艺术片、纪录片和故事片，比起过去而言可能已经更加商业化了，但和中国或者好莱坞相比还是比较偏艺术，所以我妈妈推荐的那些故事，都是偏艺术片的。我其实认识了很多中国的民间企业，他们自己不做电影，但是对电影有兴趣，希望投资，但是情况每次都一样，他们都表示，故事非常有意思，但是可能会没有市场，如果没有市场，那你们就保证作品能在戛纳电影节或者柏林电影节获奖，可这怎么能保证呢？所以最后他们都退出了。

问：《莫扎特在中国》最后是奥地利拍的？

答：奥地利和德国一起拍的。但是，这不是一个合拍片，合拍的意思是中奥双方都会投资，我们的要求是整个故事从剧本到拍摄都由两方面参与，希望最后出来的影片中奥观众都会接受。现在很多中国电影，在中国非常成功，但在我们这里的观众可能不喜欢，就完全不适合奥地利人的口味，所以这是最大的挑战，这个过程很不容易。

Wolte 照片5：2013年在东京电影节上和导演宁瀛及获奖最佳男演员王景春

问：实际上我觉得你们是想要把两种文化融合在一起，但这超出了你们的能力，因为这是两个文化的差别，中国观众喜欢的这里人不喜欢，反过来也一样，您拍得再好也会有这种问题，这对你们来说太难了。

答：确实是这样，我们最成功的影片就是《芬妮的微笑》，这部片子奥地利观众喜欢，虽然也有人说这个片子怎么这样，但喜欢还是喜欢，因为他们被真实的人性感动了，后来又在电视上放过几次。但是中国人对这部片子不太满意，所以我们也不算完全成功。中国人觉得还行，但没有那么好，他们不信这个老太太说的话，因为在电影里她也说了，其实她是很幸福的，如果能回到年轻的时候，她还是会选择这样做，但是中国人不信。

问：我可以想象。

答：这里也有一个误会，因为30年代的奥地利不像现在的奥地利，其实只是父母舍不得让她走而已，但她如果真的留在奥地利也是前途未卜，也会受苦，1938—1945年，说不定她也没法活下来，她只是个很普通的小姑娘，没有很多钱，也没有什么文化，她能做的也很少。但是现在的中国观众看不到这一点。

问：中国人一提到奥地利就是认为是现代的情况。

答：这个也没办法，拍戏的时候我妈妈一直在解释，因为他们都提出了这个问题，觉得不太现实。

问：就是说现在的合作，因为中国电影业越来越商业化，所以也变得很难，因为你们主要是在做艺术片。

答：对，我妈妈写的另外一个故事去年在上海电影节首映了，但是这也不是一个合拍片，是中国投资的，而《莫扎特在中国》虽然是她写的故事，但是这部电影和我们关系不大。

问：《莫扎特在中国》的合作不好是指的和奥地利方面合作不好吗？

答：好几个方面合作得都不太好，但我说的主要是和奥地利的合作不太好，所以我们没有参与。

问：您妈妈在中国首映的电影是中国拍的吗？

答：是中国拍的，叫《爱的雪翼》，我们三月份在这里放过。导演是吴天戈。我们公司合拍方面做得其实不算成功，很艰难，但是我们在继续努力。这要实话实说。

问：2009年回来之后呢？

答：一方面也在继续努力，另一方面在上海世博会找了工作。我们公司除了电影之外，也会做文化方面的交流，我个人在世博会奥地利馆负责音乐方面的演出，在那边待了八个月。

问：世博会是2010年，待了八个月，对吗？

答：是的，回维也纳后就开始教课。2010年第一次在大学教课。

问：一般一个学期一门课？

答：对，也不是每个学期，有的学期没有课。我也在北京电影学院教博士生的英语课，因为他们都必修英语，这个也很有意思。

问：您也在维也纳大学教课，教什么课呢？

答：关于中国电影，如中国电影史、社会问题在中国电影里的表现、中国电影的文学改编、中国电影产业等。这个学期的课关注"一带一路旗帜下的文化交流"。

问：您要常去中国吗？

答：对。最近这一年有所变化，去的没有那么多，但是到2015年为止，我还是大部分的时间都在中国，至少一半时间以上。我们也做了其他的项目，一个是关于贵州少数民族服装和头饰的展览，2008年和2009年，在Schloss Bruck（布鲁克城堡）和Halbturn（哈尔图布）。我也参加了其他电影的创作和在中国的拍摄。

问：奥地利电影？

答：奥地利和德国的纪录片。

问：他们特别需要懂得中国文化、懂语言、知道怎么交流，同时又理解他们的文化的人，您是最适合的。

答：是的，我也会给他们建议和谁合作，这个很有意思。

问：现在您每年还去中国多长时间呢？

答：最近我四月份去了，现在还在考虑六月份去不去上海电影节。二月份春节我和我大姐也去了，最近几年我们春节都在中国。我们也在维也纳做了一些中国影展，一个叫"多彩中国"，是关于少数民族影片的。还有我最满意的，2015年的"石挥电影回顾展"。石挥是上个世纪四五十年代的演员和导演。这是两个电影资料馆的合作，我在中间帮他们做很多事情。我很崇拜石挥，他的电影都非常好，值得一看。2015年我帮选片，翻译字幕，在奥地利和慕尼黑都举办了十部影片的回顾展，现在有可能在德国海德堡和施特拉尔松德两个地方展出，当时还讨论了苏黎世，但最后没办成。现在这些影片都有德语字幕，我希望这个活动还能继续下去。

问：已经做过就应该越来越成熟了。

答：对，这个影展还在继续。在中国我也推动了中国的一所大学和这边的德语系合作，一起做研讨会和影展，类似的活动我们都在做。

问：所以您现在的主要工作是以小公司的名义，实际上在做文化交流方面的事。

答：对。

问：但是您生存不能靠这个吧？

答：对，很难。文化事业可以靠投入，但赚得不多。所以还是希望做一些比较大的事情。这种职业是我自己的选择，我也一直在继续学习，对我来说这样很好。因为我有一个非常支持我的家庭，我的要求也不太高，所以也可以生存了。

问：您选择这样的一个事情，完全是出于对文化和专业的爱，对交流的向往，特别有献身精神。

答：对。所以我真的希望今年会好一点，2015年不错，赚了，2016年就不太好。

问：人一辈子做自己喜欢的事情最好，如果有些成果就最高兴了。现在是最后一个问题，您认为中国和奥地利或者说和欧洲的文化交流中，最大的障碍、困难和问题是什么？

答：我觉得是两个方面。第一是传统，我们在奥地利对所有类型的艺术有的理解，那就是艺术一定是批判的，批判社会现象，为人们站起来发声。以前艺术也有过一个主旨为歌颂的时期，比如大教堂，等等，表现得都是很高、很大的东西。但是二战之后，艺术就改变了它的作用，旨在引起对某些问题的注意，展现一些负面的东西。这一点在奥地利电影中体现得非常明显，最著名的奥地利导演哈内克（Michael Haneke），如果你觉得看"文化大革命"的书难受，那看他的电影会更难受，他在戛纳电影节获得了两次金棕榈奖，最有名最成功的作品是《白丝带》（Das weiße Band）、《爱》（Amour），还有《趣味游戏》（Funny Games）。他展示的全是人最负面的一面，不会给你一点点希望，全部都很残酷，但是他拍得很冷漠，所以他很极端，非常极端，但是奥地利人对艺术的理解就是这样，中国则不一样。其实艺术，尤其是中国艺术是多方面的，有很多不同，所以我很担心会说错。但是在电影方面，因为电影是一种面向大众的艺术，政府管得比较严，可以说是一种宣传和娱乐的工具，所以不符合我们对于批判的要求，就算有批判的话，也是一种经过包装的、比较有趣的、无法直接看到的批判。

问：最近您知道有些电视剧，比如《人民的名义》，评价也很高，所以您们是不是也想过往电视剧方向发展？

答：想过，但是中国的电视剧基本上不能合拍，只能协拍，因为在这里是没有市场的，所以奥地利公司不想参与一个中国的电视剧，这是一个问题。两国看电视的习惯不太一样。

问：就是说，中国对批判性的内容不太容易接受？

答：是另外一种批判性，我们看了很多的中国影片，其中也有很明显的批判内容，起码中国人都知道这是在批判的，外国人可能看不懂。但是中国电影是另外一种做法，就是故事的最后，出现的问题总会得到解决，你总是有一些希望的，觉得什么都会好起来，这也是影片为什么能通过审查的原因。但是奥地利电影不太会这样，这是第一个文化方面的不同。第二个不同是商业性的，大部分最近几年拍的中国电影确实在欧洲没有大的市场。

问：这里可能不只是政治原因，可能您说的对，是中国人传统文化心理的问题，中国人喜欢好的结局，不管现实多么差，也愿意最后能有希望，最后如果好人没有好报，就觉得不对，这是一种文化心理，不只是政治制度的问题，即使是没有控制，老百姓也会选择好的结局。

答：对，这是一个主要的问题，第二个就是商业化的问题。我们两国的区别特别大，奥地利那么小，那么"不重要"，中国人如果想和国外合作，奥地利肯定不是他们的第一选择，他们可能只会在音乐方面选择奥地利，电影方面我们没有很高的名气。这些问题其实都可以解决，有的欧洲国家他们希望赚钱，希望中国的剧组来那里拍摄，比如捷克、斯洛伐克就有一些特殊的政策来吸引你过去，但是奥地利就没有，所以我们这方面比较保守，或者在开始，但是很慢，因为奥地利所有的变化都进行得比较慢，很多人都说，我们当然对中国人感兴趣，但是很害怕，不知道怎么和他们打交道，也不了解他们。

问：这个问题对别的国家也存在，为什么人家就没有这个顾虑呢？

答：也存在，但是欧洲各个国家对中国的态度不一样。

问：比如说捷克、斯洛伐克，他们也是欧洲国家，他们为什么就不在乎呢，还是说这是奥地利的问题？

答：奥地利比较保守，也比这些国家富裕，当然我们也在乎赚钱，但是没有那么强烈的愿望。所以我们还是希望汤姆·克鲁斯在歌剧院拍片（为

《谍中谍5：神秘国度》，那次其实奥地利付了很多钱），因为这样可以帮助旅游业，他们把注意力放在了美国。

问：但是现在很多地方已经开始转变了，因为中国马上要变成第一大经济体了，而且中国人很大方，包括在投资方面，会用大把的钱砸进去，只要不违反这里的法规。

答：对，其实现在已经有一定的变化了，有的人会对我说，如果你有什么故事，我们当然感兴趣。所以我希望也都会好起来，现在奥地利这方面变得更愿意尝试了，中方我不清楚。一方面，中国人很大方地花钱，另一方面还是管得比较严，比如说拍《爱的雪翼》的时候，把人民币换成外汇非常麻烦。很多时候是这方面的问题，不是文化的问题，而是很实际的问题，比如怎么把大数额的人民币换成欧元，因为通过银行的话现在比以前严，需要很多手续，花很多钱，才能正式汇款。中国人愿意和国外合拍片子，中国的市场改变了，观众想看新的东西、新的风景，但是有一些其他的问题，一些需要克服，也可以克服的问题，这是目前的情况。我们手里有两个合拍片的想法，会继续努力，小的活动我也会继续做，因为有意思。

问：您也可以在中国教学，等于是把这里的文化介绍到那里，让中国人多了解欧洲。不过其实中国人对欧洲的了解远远大于欧洲人对中国的了解，所以更多的还是要让这里的人更多地了解中国。他们实在是不了解。

答：中国大学现在非常缺少外教，尤其是北京，现在连北京都很缺外国老师，因为那边环境的原因。所以如果我想在中国教书，那是没问题的。

问：我的意思是，中国人对外国的了解其实蛮多的。
答：是，但是还是有很多可以讲的东西。

问：另外一方面，您说的把中国介绍过来这个真的很重要，因为我发现这里的人，就算去旅游，短时间内也没办法了解一个国家。很多因为不了解就产生了误解和隔阂，如果了解的话就不会觉得和中国人接触有什么问题了。

答：对。

问：您有没有出书？您的博士论文是用中文写的，是吗？

答：对。当时很多人告诉我，可以用德文或者英文写，然后找人翻译成中文，但是我没有这么做，因为我担心他们会翻译错。因为如果我写英文或者德文，尤其是德文的时候，我会把语言写得很漂亮，这个翻译就很容易出错。所以最后是我自己写的，请了一个中国朋友帮我纠正，我希望没有很严重的语法错误，但是如果你读的话，会觉得很粗糙，没法看，因为太简单了，语言方面不漂亮。

问：如果您用中文写，然后自己翻译呢？

答：太费时间了，所以我一直希望可以把博士论文重新做一下，因为结束之后我还发现了很多资料，这个是永远也研究不完的，我也还没有出书，所以这个还可以做，也还值得做。我偶尔也会在演讲上说一些故事，因为很有趣，这个可以比较随意地做，最后出一部比较有趣的书。

问：您应该把它变成一本书，用中文出版，肯定会有人乐意出的。

答：但是中文的话，肯定要中国人来重新写，或者我用德文写，再让专业的翻译来翻译，我现在这个版本真的没法看，中国人不会这么写的。

问：那太可惜了，因为那些资料、那些研究和内容是很有意思的。

答：我可以自己写，让别人来翻译，这个是可以的。

问：但是语言表达得达到一定水平，不能太低，这个很值得做。

答：对。

问：那您想之后还是做文化交流这方面的事情吗？

答：对，我不打算改变，但如果今年经济状况不太好，那我就还需要找一份工作。

问：这种工作应该好找，因为现在需要交流的事太多了，需求太大了，您的中文这么好、母语德文、还会法文，还有科技知识基础。

答：应该是吧，说到科技基础知识，我想到，我之前是在科学研究部工作，过了几年通过了考试，当时我的位置是固定的，就是说永远不会被解雇。现在这个制度改变了，好像没有这种做法了，或者没这么简单。我当时选择离开，也没什么其他的原因，就是觉得自己不可能一辈子在一个部门里面做同样的事情，很多我不认识的人碰到我时都说，你是不是傻了，或者说，我很佩服你，其实我有时也有这样的想法，但是我没办法违背内心的愿望。不过以前的工作经验对现在的工作也是有用的。

问：要有固定的工作和家庭。

答：所以，其实这首先是因为我的家庭，因为我不用担心家庭；第二是因为我个人喜欢挑战，也有很多兴趣，愿意做很多事情，和很多不同的人交流，我觉得很开心，很有意思。

问：但是这不容易做到，完全将时间和精力投入让自己开心的事情里去，不考虑收入也不行，毕竟还得生活。

答：对，我当然也考虑。现在我可能有一个很认真的项目，还没有完全定下来，存在一些钱方面的问题，怎么把钱汇到奥地利来，这个问题还没解决。如果这个能够成功，那我就将参与三四个月的固定大项目，这就很好，如果不行，那我真的要找一份工作了。

问：三四个月是每年三四个月？

答：不，只有今年，但是如果这个成功的话，你知道，中国人一次成功之后就会来第二次第三次。

问：对，所以要把这个做好。有这个想法就非常不容易了。还有一个问题就是，您在和中国人的接触当中，您有没有觉得有什么文化差异，阻碍交流的地方？

答：没什么真正的阻碍，因为你知道，在奥地利也有我比较喜欢、容易接触的人，也有我觉得很陌生的人，这个都一样，不管在哪里，人和人之间都有不同的感受。其实我看中国人和世界上大部分人一样，我看你这个人怎样，而不是说，是个中国人所以怎么样。

问：如果大家都能做到这样就好了。

答：我之前提到了我姐姐，我们偶尔会在这里看一些旅游团，如果看出来是大陆来的，就会觉得很亲切、很开心，感觉上是自己人。

问：感觉是不一样的。

答：对，平时真的是像我说的一样，没有因为一个人有亚洲的脸会有障碍。

问：我觉得这里的人很多还是有偏见和误解，不管中国发生了多大的变化，中国人现在多么富有，他们还是看不起，非常根深蒂固，但是很多是没必要的。

答：对，我知道，其实这个不仅是对中国人，而是对外国人有一定的歧视，比起其他人来说，对中国人还好一点。

以研究儒家思想作为理解现当代中国的桥梁
—— Hans van Ess 教授访谈录①

访谈人：Jin Ye – Gerke、Andi Siegl
时　间：2012 年 12 月 16 日、2013 年 2 月 17 日
地　点：慕尼黑大学汉学研究所
整　理：Jin Ye – Gerke
核　改：Jiagu Richter

van Ess 教授照片 1：2014 年在海德堡大学当代中国的传统价值与孝道研讨会上

问：您是怎么开始选择学汉学的？
答：这真是一个很好的问题，很多汉学家可以借此吹嘘一番，但是，我想对我来说，一个很重要的原因来自我家庭的亚洲研究的传统。我父亲是伊斯兰学教授，精通阿拉伯语和波斯语等。我母亲是在土耳其长大的，会说流

---

① 标题为收入本书时所加，收入时访谈录有所缩略，全文请见 http://politics.ntu.edu.tw/RAEC/。

利的土耳其语。我小时候曾在黎巴嫩生活过,从小就接触外来文化。上学的时候就跟很多外语以及拉丁语和古希腊语等古典语文打交道。后来我想再学一门我还不会的外语,我也可以想象去学其他的比如梵文,因为它也是一个生僻的语言。最后之所以选择了中文,还有其他几个原因,一是因为我觉得中文比其他的语言如梵文更有意思,学了中文还可以了解和研究现代中国。另一个原因是,我上高中的时候曾选了历史作为主修课。当时选主修课规定要涵盖两个专业领域,我的两个主修领域就是古希腊语和历史。历史课上,我们曾用了三个月时间了解中国,更多的是当代中国,即毛泽东执政以后的中国。这引起了我很大的兴趣。这是我第一次对历史产生了一种特殊的兴趣,因为了解到的不再是那些人人皆知的东西。

问:那是不是70年代的时候?

答:是70年代末80年代初,我想应该是1980年,我们当时接触到有关毛泽东的东西。历史课材料里还有很多关于"文化大革命"的,因为"文化大革命"在欧洲也使很多人受到震动。我长大的城市图宾根作为一个大学城就有很多毛泽东主义者和追随者。他们当中的一些人有时候也会跑到我们学校来。因此,我们当时接触的是非常现实的题目。

问:看起来起初并不是古代中国使您对中国感兴趣的?

答:正像刚刚提到的,对我来说两种因素都有。总的来说也有古代的因素,因为我对古代的语言感兴趣,但是首先使我对中国感兴趣的的确是现代中国。我中学毕业以后去图宾根大学汉学系打听了一下情况。他们似乎只研究现代中国,古代的东西很少,尽管那里的 Tilemann Grimm 教授是现代中国及明朝的专家。他们搞很多现代中国的研究。我记得我还在服兵役的时候就开始试着上大学的课,还自学了一点中文。后来大学里设了公共汉语课,我就去了。那儿有三四个人上课,用的是一个现代汉语课本,我记得是叫"Elementary Chinese Reader",里面有很多关于现代中国的东西。有时候在大学食堂里会看见一些人翻看中文书籍,曾见过一个人捧读《刘少奇全集》。古代的东西当时接触得很少。

问：那您很有勇气，不是从职业的角度考虑，而是完全出于兴趣选择了汉学。

答：我没有任何的职业的考量。正如前面说过，因为我父亲是教授，所以对我来说我也总觉得，在大学里可以从事这些，我甚至想象自己什么时候也会像父亲一样。我当时也意识到这个选择是有风险的。我还记得，还在中学的时候我去图宾根大学汉学系咨询。给我介绍情况的那个人告诉我，学这个风险很大。但他马上又说："不过，您在一个学术家庭长大，这点就不必我多费口舌了。"

问：有没有什么特别的原因使您决定违背家庭背景不学土耳其语或中亚的语种，而去学汉语？

答：当然这也是个可能性。但是我当时对伊斯兰文化不很感兴趣，对宗教一点不感兴趣，至今依然如此，尽管我现在研究儒教，但并不是着重于宗教角度。对伊斯兰教也是这样，我很了解这个宗教，但是它多少使我有点畏惧。我自己小时候还去过伊斯兰教国家，但是它没有那么强烈地吸引我。我学过土耳其语，只是辅修，我的土耳其语一直没有达到流利的程度。

问：您是什么时候开始念大学的？

答：正式是从1983年开始的，我去了汉堡。我转到别的城市是因为我想，我一定得离开图宾根这个小城市，离开父母。我看到我姐姐在那里念大学，学的是与我父亲相近的专业，小亚细亚考古学。她做了什么马上所有的人都知道了。教授的女儿没来上课当然也瞒不过别人。所以，我觉得最好离开那里。汉堡位于德国的另一头，当时对我来说是个好的选择。

问：看来选择汉堡只是出于地理位置的原因？

答：这有很多原因，有地理位置的原因，家庭的原因，另外，我特别想开开眼界，去一个大城市，我想象那里的生活一定大不一样。我们不能低估一个21岁的年轻人（我开始读大学的时候21岁），他脑子里除了学业以外还装着很多别的东西，他会想象这世界上或许还有很多新奇的事可以做。还得补充一点，我还清楚地记得，在决定学汉学的时候，我当时想，学科本身一定很有意思。另外，一定可以结交一些有意思的人。

问：现在回头看，您觉得这几年大学学习是否值得？

答：是的。我很快就发现学业很符合我的兴趣。到了汉堡以后，我就觉得那里的一切跟图宾根非常不同：尽管汉堡那时候是以现代为主，曾在这里主讲现代和明朝中国的 Tilemann Grimm 也常常来汉堡。但因为他们的继任，也就是我的一位老师 Hans Stumpfeldt 和另一位老师 Friedrich Bischoff，汉堡其实还是很注重古代的研究。这当然跟我到目前为止所学的不同。但是头几个学期我们还是搞了很多现代中国的东西，前四个学期都是搞现代文学和现代历史。

问：到现在您已经从事了 30 年的中国研究了吧？您一定对汉学研究在这段时期里的发展有个比较。

答：如果从刚上大学开始算起，近 30 年了，如果从自学汉语和参加公共汉语课算起的确有 30 年了。当然有很大的变化。我想是在两个方面，一方面是那些设有汉学研究所的大学变化很大。以前不管在哪儿汉学都只是个小专业，是奇花异葩。我上大学的时候，学汉学的学生并不少。1982 年，汉堡汉学系我中途入学的那届有 60 个新生。我是从第二个学期开始的，那时就剩下 30 个了。后来的几届人数有明显增加，跟慕尼黑大学差不多，他们当时有近 100 名新生。但大部分研究所规模都十分小，只有两三所规模较大，汉堡和慕尼黑当时是德国最大的。我记得科隆当时刚刚创立，规模也较大。通常情况是每个研究所只有一个教授讲学，也就是给那么几个学生上课，柏林嘛，也还算大。但是比起汉堡和慕尼黑当时还是小得多。这样看来汉学系在文科专业里可以说是有所壮大。慕尼黑今天不论从学生人数还是教授人数来看都算是我们文化学系里的一个大研究所，这是前所未有的规模。

问：您认为在教学内容和方法上是否也有什么变化？

答：当然内容上也有很多变化。一直到 1980 年代，大部分汉学研究所的教学都以古代为重点。以当代中国为主的汉学所不是很强，仅在几个地方，像刚才说过的汉堡,他们在这方面有所扩大,柏林和图宾根也是。而今天就大不一样了。几乎所有的地方现今都加强了社会科学的方法论,设立了研究当代中国专业领域的教授职位。比如在图宾根设立了一个台湾研究的教授职位。在当代中国为主的汉学研究方面有了很多新的发展。古代研究某种程度上被排挤,只在个别地方得到强化。这点跟以前很不一样。

其次是学生也跟以前完全不同。我念大学的时候,德国几乎没有什么外国学生,也几乎看不见中国学生的面孔。今天则大不相同。我们的学生人数很多。我们所不久前刚办了圣诞联欢,我看到那里多半是亚洲面孔,让人觉得一切都发生了很大的变化。这一个事实就使我们专业产生了内在的改观。坐在你面前的是跟以前不同的学生,他们在别的文化背景中成长,对他们来说,中国的东西显得更习以为常。我上学的时候这些东西还很稀奇。当时如果能在大学期间去趟中国就被看作非常不同寻常了,大部分人做不到。今天完全不一样。很多人已经去中国旅游过,大量的公司、企业家和职员都去过中国,很多德国人跟中国人结婚。在德国,跟中国的接触变得比以前密集。我并不是说,今天的一切都很完美,也不能说相互间的理解就一定很深,但一切的确跟以前不同。

问:换句话说,以前跟中国大陆、台湾和香港的学术联系也很有限,对吗?

答:对,肯定是。直接的联系很少。80年代,我上学的时候跟中国大学的校际交往还非常非常少。我知道那时有少数几所大学开始搞,但还不普遍。但今天几乎所有的汉学所都与中国有联系,与中国大学签订了校际合作协定。这都是以前没有的。我在汉堡的老师就是80年代才第一次去中国的。我也知道,我在慕尼黑的前任 Wolfgang Bauer 很晚才去中国访问。他们都不能用现代汉语口头表达,因为当时的大学教育不需要这些。

问:现在德国的汉学所与中国学术机构及学者的合作在何种程度上更密切呢?

答:最主要的是学生间的交流项目。这要比教授层面的直接交流更为重要。虽然如此，现在我们（教授）当然都结交了很多中国同事，跟他们保持交流并有机会去访问，有时候还进行一些项目合作交流，我们会应邀参与学术方面的合作。如果我们举办什么会议也会邀请中国的同行。那时，如果德国的汉学家在什么地方举行活动，有中国人参加是很不寻常的。

问：在汉堡汉学所当时设有哪些专业课？

答：专业课很多，而且多种多样。基础阶段的讨论课上我们探讨二三十年代的文学，或者民国的历史，还有"文化大革命"的。我跟我的老师还上过中国古代哲学史的课，跟另一位老师上古汉语或讲评中国古诗词及其评论的课。在那里我还学了蒙古语。中亚学在德国汉学有很强的传统。今天这个传统已经大大削弱，关联已不是很明显。另外，我们还上了很多很专的课。我记得我的老师开过《淮南子》。后来我在慕尼黑也给我的学生开过。我们还学唐代的文集和诗集，总之是非常丰富的。

问：您的博士论文是研究什么的？

答：我的博士论文研究的是新旧文本的分歧，主要是汉代的典籍注释、评论及历史撰写，介于经学和历史之间。

问：在教授论文里您是否继续研究上述这个课题还是有别的课题？

答：教授论文的题目完全与此不相干，是研究新儒学和宋代理学，主要是湖湘学派，即新儒学中的湖南学派。这是个迄今较少涉及的课题，是一个（与博士论文）完全不同的课题。在德国通常情况下，教授论文得选择一个新的课题，以便覆盖两个领域，这样可以提高得到教授位置的概率。这点跟美国可能不同。那里主攻一个课题的倾向重于这里。尽管他们只钻研一个课题，但这个课题是他们的看家课题，是他们最熟悉和精通的。

问：您的博士导师是谁？

答：我的博士导师是汉堡的 Hans Stumpfeldt，他本人的一个研究重点便是汉代。

问：那教授论文呢？

答：教授论文也是在汉堡提交的。我虽然之前曾在海德堡大学做教授助理，但出于各种原因我决定在汉堡通过教授论文，虽然我当时已经知道，我很可能拿到慕尼黑大学的教授位置，但在汉堡做教授较容易。

问：您能举几个对您个人、您的研究以及思想产生重大影响的学者和著作吗？

答：我在汉堡的两位老师都对我产生了影响。尽管 Stumpfeldt 和 Bischoff 两人的风格迥异。但影响更多的是通过他们的授课而非论著。我写博士论文期间剑桥的 Michael Loewe 的论著对我来说很重要。大学学习期间，我阅读了很多我的博士导师的老师 Ulrich Unger 写的东西。我觉得，他写的那些（看似）微不足道的东西对我影响很大，因为 Unger 很善于侦探式的工作方式。就是说，他不仅仅是陈述，还试图从中找出一些东西，呈现给人一些不寻常的东西。他写过不少五到十页的短文，然后寄给一些同事看，这给我的印象很深。我当时也读了很多 George Kennedy 的东西。他是 Otto Franke 的弟子，美国人，后来返回美国。我想，他留给我的印象也很深。谁还影响过我？太多了。在写博士论文期间，还有个在美国哥伦比亚大学任教的瑞典人，叫 Hans Bielenstein，他发表了很多有关汉代的论著。给我印象很深的是他的研究方法，他如何将各朝代的不同政治集团捋出来，这之前没有人注意到这些。这些东西对我本人的思想影响很大。

问：在大学期间您也有过机会去国外深造和做研究吗？

答：大学期间我几乎没去过国外，我的大学学习过程也较短，七个学期以后我已经开始写硕士论文。我较晚才考虑去中国。这跟我老师 Bischoff 的影响有关。他总是说，去中国一点不值得，你会忘记所有在这里学到的东西，去那里你只能学学现代汉语，真正的汉学不是这些，你只能在这里学到。在一段时间内我对此信以为真，后来我不大信这一点了，觉得如果能去趟中国或许是件好事，但是已经有点为时太晚，那时我已经进入第六个或第五个学期。我申请了去中国的奖学金，我的申请也被批准，但是我的导师跟我说，最好先写好硕士论文再去，当时我进入了第七个学期。其实如果算上在图宾根的学习时间可能是第八个学期。这样我很快地完成了硕士论文。有一年夏天我曾在中国逗留了两个月，是1984年。先去了北大，然后在中国各地旅行了一个月。那是在大学学习期间。读博士的时候我去过上海，在复旦大学两年，在那里的时间比较长，然后回汉堡写论文。论文写完以后我去了澳大利亚几个月，在堪培拉。我去那里拜访一位汉代专家。那时我的博士论文已经基本完成，但还未正式结束，后来又研究了几个月。

问：您觉得欧洲的汉学研究方式与英美的有什么不同吗？

答：我想是有些不同之处。与我们相比美国人非常注重专一的研究，而且他们能做得要比我们多得多。而在德国，一个汉学家应该拥有较广的研究领域，要能够并且应该开设多种课题的课程，而不是只深入研究某一个课题。因此我觉得，这有时候导致我们很难在某个领域领先。但反过来，我认为，至少理论上要求达到的较广的视野也正是我们的优势。尽管如此，我们与美国人还是有很多共同之处。我跟美国的同行有很多合作，我觉得我们互相补充。

问：从老师的风格上是否也有些区别，包括德国的老师之间？

答：我想每个人都有自己的风格，美国老师怎么上课我不敢说，因为我从没上过他们的课。就德国来说，每个人都不同。我觉得，我的老师Stumpfeldt在教学以及做报告的方式上对我的影响很大，我从他那里学来很多。他去什么地方（做报告），我也总是跟着去听。我这个人做报告喜欢用讲稿，虽然有人觉得不用讲稿做报告更潇洒。但是我当时学会在充分准备讲稿和全神贯注的前提下，如何依靠讲稿较自如地做报告。如果照稿子念，当然很索然。但是如果我们把讲稿作依据，真正斟酌好的修辞，那么，讲稿会有很大帮助，能够做到不用讲稿的发言所达不到的效果。这个就是我那时候从我老师那里看来的。我想，这一点上很多人的做法不同。一个人可以从他的老师身上学到很多，如果他愿意并用心观察。

问：30年来，中国发生了很大的变化，这对德国汉学界是否产生了什么影响？

答：怎么说呢，我想，中国对外界的开放是对汉学界有所影响。很显然我们会面对很多我们的老师们没有遇到过的询问和要求。我有时候也去中国讲学。这在以前是不会有的。从中可以更清楚地看到中国人自己是如何对待和看待他们的经典的。不同于以前的汉学家。另一方面我也觉得中国的开放也带来了某种程度的急躁，这是以前没有的。因为以前可以清静地坐在家里工作，今天这样就不行了。我们常常被迫放下手头的研究，因为活动比从前多了。我想这不只是中国方面，美国的汉学界也是如此。我并不认为今天的中国真的比以前有很大的改变，外表跟以前的确看起来不一样，有了很多以前没有的高楼。但是我想从人的本质来看，并没有比以前有很大变化。所以，我也不认为汉学家本身应该由此有什么改变。我看到比以前多了很多事情找到我们头上，这有时候会带来负面的影响，因为我们的确无法像以前那样集中精力研究了。另一方面也得承认，现在要看到与我们研究有关的资料要比以前便利了许多。以前在德国很难找到《四库全书》，只能在两三个地方能看到它。今天这些东西全部在互联网上了。这一部分跟中国的开放有关，因为很多这类资料都是从中国登录到网络里的。这就是说，互联网以及中国使用互联网使汉学研究很大程度上起了变化。

问：我想您研究的一个重点是儒学，您能就这方面的研究工作谈谈吗？

答：不错，我是从研究儒教开始的。我的博士论文就涉及儒教。那是一个历史方面的论著，跟哲学没有丝毫关系。当时我已经注意到，这个题目具有一定的意义。我还记得我的博士导师跟我说过，这是我们需要的东西。而我自己起初并未认识到这一点。渐渐地我清楚地认识到，这显然是一个题目，对此连中国本身也非常感兴趣。就这个课题我做过很多报告，并指出，20世纪很长一段时间里人们试图摧毁或放弃儒教，但情况并不完全如此，儒教在中国受到重视从来不是主流。我认为，儒教之所以对我来说如此重要，是因为作为一个汉学家，我常常被本专业以外的人士问到，中国的内在本质到底是什么，很多人希望了解中国到底是怎么样的？我想，尽管很难对儒教做一个很准确的定义，但是我越来越关注这个课题，试图找到儒家著作中精华的部分，依此架起了解现代中国的桥梁，了解中国当今发生的一切的桥梁。

问：从很多如卫礼贤那样的汉学家身上常常能感觉到一种对中国的热情，比如在读他写的《中国心灵》的时候。您是否也具有这样一种中国热情？

答：这是一个很难回答的问题。我想，卫礼贤对中国充满热情是因为他是在一个特定的时代去的中国，当时欧洲在寻找出路。那是欧洲处于一次大战的前夕，他作为一个新教的牧师去那里传教。我从未当过牧师，也不是十分信教。这一点上我跟卫礼贤的区别很大。从他的所有译作中我们随处都可以看出他是个地道的牧师，尽管他后来变成一个与其说是个新教的布道人不如说是个儒教的说道人。这我跟他很不同。我觉得我对中国某种程度上也怀有一种热情。如果有一段时间未去中国我会想念那里。但是坦率地说，反过来我也看到中国的一些黑暗面，这些东西在中国待久了会使我反感，我并不隐瞒这一点。人和人之间相处的时候有很多地方使人感到很温馨，你感觉到在德国很难感到的温暖和开怀，真的很好。另一方面也有一个令人不舒服的、粗暴和不礼貌的一面，如果你作为外人不属于其中的话。在我身上这两方面感觉并存。我爱这个国家，但同时有一些东西我不得不去拒绝。

问：这是不是因为反差太大？如果一个人先入为主接触了很多中国文化的精髓，然后到了这个国家，看到这里的一切并不是发展得那么理想，如一些书中所描述的那样而感到失望。

答：老实说，1984年我第一次到中国，坐汽车去北大的路上我心里想，这里真难看。这的确是因为去之前我脑海中对中国有一个理想化的构画，中国应该是什么样子，到了以后真的感到失望。后来就不是这样了。我想，以后我阅读经典的时候也改变了想法，不再认为经典里所描写的是理想社会。我想只有少数的经典真正描述了一个理想的社会。他们只是描述社会应该如何，他们希望如何。积极的部分我们要努力去实现它，消极的或负面的我们要去改变。我就是抱着这个态度去阅读中国的文学、古典文学和哲学的。我觉得，努力去改善不足这个精神欧洲可以向中国学习。德国人也是完美主者，总是想把一切做得好上加好。我想，这里很多人认为，我们已经生活在一个很好的社会，并感到十分自豪，但忽略了我们的弱点。我觉得，在中国人们已经觉察到，大部分人对待一切太仔细，这是一个很大的问题。很多中国人一方面正面评价自己的国家，另一方面又认为，还需要改变很多，有点像我刚才描述过的我自己的情形。我觉得，在这一点上我跟卫礼贤非常不同。

我们之间最大的不同应该是，他是个传教士，他对中国事先有个从传教士角度出发的想象，然后他又反过来想改变西方人的思想，告诉他们世界上其他地方还存在别的思想。我也试图表明，另外思想的存在，人们应该比德国现在更好地理解这些。我想，和卫礼贤相比，我更多的是个学者，他更多的是个翻译家和传播者。

问：德国汉学的历史有多久了？

答：这很难说，要看从什么时候算起。可以从传教士开始算，那应该是从17世纪开始，那时有很多德国传教士。但是传教士并不仅是在德国有，欧洲（其他国家）也有，所以我们很难据此谈德国汉学的开始。巴黎的汉学创立早于德国。Julius Klaproth，我根本不知道他是哪国人，无论如何，他曾有过一把教椅，而且跟很多德国汉学家有过交流。因此，很早就已经可以读到很多有关中国的信息。莱布尼茨就读过传教士们写的（有关中国的）东西。他们写了不少东西。汉学真正进入大学最早应该说是19世纪中期。慕尼黑的第一个兼任汉学课的教授是1830年才有的，基本与此同时柏林开始建立汉学，但是后来又被迫中断。其实后来真正意义上的汉学在慕尼黑基本上不存在了，因为没有人做了。19世纪下半叶的中期在别的地方如莱比锡和柏林开始搞汉学。

问：儒学不是您唯一的研究课题吧，除了儒学您还重点研究哪些？

答：儒学是我研究中很重要的一部分。除了儒学，对历史撰写的研究对我来说也很重要。目前我正致力于一个汉代历史撰写的研究工作。《史记》和《汉书》我真的非常喜欢读，这两本书可以说是我最喜欢的书。这些历史撰写对我（的研究）来说很重要，不光是汉代的，还有宋代的历史。另外还有就是中亚的历史，因为我也教授蒙古语。所有有关蒙古学的我都感兴趣。但我感兴趣的主要的还是历史方面的问题。

问：您开设的课程也涉及这两个方面的内容吗？

答：是的。但是我授课的范围更广。我的课除了儒学、历史撰写和中亚方面以外，还有现代的课题。其中我感兴趣的一个题目是中国的智谋、谋略，如三十六计。我还曾讲过古汉语的《鬼谷子》，下个学期我可能开一个《孙子》的讲座。这些论著我之所以感兴趣是因为通过它们我们可以看出古代跟现代的关联。这类书在中国的书店随处都可以看见，大多是现代的解读，添加了很多故事，有古代的、有现代的。我觉得这是比较典型的中国式做法。以此为例可以让我们的学生了解，不能像德国汉学界有时候做的那样，将中国简单地一分为二，比如说我只搞古代中国，或我只研究现代中国。这种想法根本毫无意义。通过这类例子能很好地证明这一点。但是我也开过现代文学的课。我总是尽量讲我个人感兴趣的课题。如果我在中国看到一本热门的书，我就想去了解。这可能是比较古代的东西，也可能是现代的，无论什么我都会迎纳。教学上一定要开放包容。我在这儿已经开过多种多样的课，现代历史撰写、现代思想史我都讲过。当然，一个研究所要有自己的重点领域，这也十分重要，这样才可以培养出真正专业的人才。所以目前我尽量集中研究我本人的确内行的、有感要发的课题。

问：您目前在研究什么？

答：眼下最重要的一个工作就是，把我的关于《史记》和《汉书》比较的论著完成。另外，目前还开设了一个关于《孟子》的课。在这方面我也有很多研究工作，也已发表了不少文章，而且还在继续写一些新的文章。这都是最早的儒教著作，我试图找出儒教最基本的思想并真正去理解这本书的真正的含义。眼下我在搞《孟子》。

问：另外，您还专门从事蒙古学和满族学的研究，抑或是结合汉学一起研究？

答：我的确学过蒙古语和满语，但我本人还从未教过满族学的课。我学习满语是来慕尼黑以后才开始的。那时科隆大学的教授 Gimm 刚退休，所以我们把他请来讲课。但是我还从没教过满语。蒙古学我开过很多课，但是至今尚未发表过这方面的论述。主要是因为我来慕尼黑上任的时候，我的一个任务就是要继续保留这个专业，并且我本人对此也很感兴趣，但是我并没有正规地学过蒙古学，所以我不敢说我具备足够的内行学识而敢贸然去发表什么，别人写可能比我更合适。但是，到目前我在这方面已经有了15年的经验了，所以今天的情形就不太一样了。我也很希望把它发展成一门学科。我们已经在考虑加强中亚学领域的研究，和这方面的专家合作，建设这个专业。有别人合作的话我可能可以在某些课题的研究上有所作为。首先当然是历史方面的研究，蒙古历史的撰写。这方面有很多值得研究的课题，或者研究中国保存的历史史料，关于蒙古历史，或内蒙古、或清代的蒙古地区。

问：刚才谈到蒙古学和满族学的时候，您提到以前德国有研究传统，但是后来有点沉默了，可不可以简单介绍一下沉默以前的情况，包括中亚研究及其与汉学的关联等问题，然后讲一下您估计这方面的研究后来沉默下去是什么原因？

答：19世纪时，大部分汉学家的中文水平都不够好，满语对他们来说比较容易掌握，这是一个原因。直到20世纪中期汉学家都是通过满语的译文才能理解中文的论著，也就是说他们先看满语的翻译，然后再看中文的原文。还有一个原因就是，当时好的字典奇缺。今天，汉学是一个专业，它几乎涵盖了所有的科目。我念大学的时候，古诗的翻译就十分困难，因为那里的典故你无从查找。今天这些很容易在网络上或《汉语大辞典》里等类似的工具查到。日本人很早就开始从事编撰《大汉和辞典》（*Morohashi*）。但是在此之前台湾已经有了《中文大辞典》，大陆有《汉语大辞典》。可此前古汉语的文章对一个研究汉学的人来说很难真正读懂，因为中国人总是喜欢引经据典，这些典籍一定得找到出处，这总是个要求很高的艺术。而如果你有个满语的译文，虽然里面没有把引语标出来，但至少你有你看得懂的译文，这样你就可以拿中文的原文跟它对照，这样对比着看就会看懂。因此，直到20世纪中期所有的汉学家都会满语。

而蒙古语则又是另外一种情形。蒙古语之所以重要是因为很多旅行的人，还有牧师经俄罗斯来到蒙古地区，并在这里住下来或传教。他们然后把很多文献带入俄罗斯，然后开始翻译文献的工作。在从事翻译的过程中他们发现文字常常溯源至中国。蒙古学和中国关联的密切程度从未达到满学和中国的渊源关系。满族学则显而易见，已有这样的传统，人们学满语是为了看中文的文献。这种情况到了20世纪下半叶，当人们开始更好地掌握中文，不再需要满语的时候便消亡了。之后便渐渐形成一个看法，一部分是从中国来的，人们认为满语不再重要，因为根本没有什么满语原文的文献，所有的都是译自中文的东西。而且研究汉学只要中文好就行，完全可以不靠满语。我觉得，这只是一个表面的结论，它仅适用于某些文献。今天我们看到，在研究清朝历史时，有些领域没有满语的知识是很难进行的。我们还是应该掌握这个语言。长期以来人们未认识到这一点。我认为，满语之所以被忽视是因为很多保存的文献未得以公开，没有人去研究它，也无从知道满语的重要性，这样便没有人去学它了。

蒙古学是特殊情况。蒙古学从来就不是一个大科系。它对掌握中文来说意义不是那么重大。它之所以得以在德国取得发展是因为这里出于历史的偶然，建立了两个研究中心，一个是在波恩，Walter Heissig 在那里主持，他认为蒙古学是很中心和重要的，并充满热情地投入对这个国家的研究。当然这之前已经有在北京生活过的汉学家 Walter Fuchs，他在蒙语文献方面做了很多工作并参与支持中心的建立。但其实是波恩的蒙古学中心使这个专业发展起来。其次应该还有 Erich Hänisch，他使从汉学角度出发的蒙古学研究有所发展。他的工作是研究13世纪的《元朝秘史》，它只有汉字版本保留下来，虽然文本是蒙古语的。但是那些汉字对中国人来说完全不明白，因为文本是用汉字音译过来的蒙古语著作，Hänisch 将这部历史著作加以复原，还原成蒙古文字，这是非常重要的一大贡献。

第二个历史特性是东德建立的大研究所。这是因为东德跟蒙古签订了友好合约，另外，60年代跟中国的关系不是很好，所以东德把精力主要放在跟他们友好的国家。这就是蒙古、北朝鲜和越南。对这三个国家的研究当时东柏林的洪堡大学最强。那里有很强的蒙古学研究。这使得直到 80 年代末，德国的蒙古学研究远远领先于世界其他地方。这不一定取决于蒙古学和汉学的关联。

问：今天它已经不存在了，对吗？

答：今天它几乎不存在了。目前还有两个半个的教职位置，一个半职我不太清楚现在在职的那个人会怎么样，那是一个已经退休的女教师，已经退休好几年了，但还在那里做，看起来这种状况不会再维持很久。

问：可以说，将来慕尼黑很有可能会成为一个重要的蒙古学研究中心？

答：我想，我们慕尼黑对这个学科的发展负有义务。我想应该是这样。

问：您本人也愿意承担这个任务吗？

答：这对我来说是个非常重要的任务，我会努力尽力做好它，使它在现有的基础上有所发展，我们将致力于此，当然不会很容易。

问：您作为 Wolfgang Bauer 教授的接班人，但并不认识他，对吗？

答：不认识，我只跟他通过一次电话，那是在准备发表我的博士论文的时候。那时我已经读完博士学位，在汉堡的一个跟中国有关的经济联合会工作。我跟 Bauer 教授联系是因为我打算把我的论文发表在慕尼黑东亚研究刊物上。后来他给我打电话告诉我没问题，但是可能需要一万马克的费用。这个慕尼黑东亚研究杂志那时候真的很贵。我当时根本没有那么多钱，所以没做。这是我跟他通过的唯一一次电话。

问：Unger 先生也已经去世了，对不对，他是研究古汉语的？

答：Unger 先生 2006 年去世了。我较晚才认识他，虽然他是我老师的老师，也来过几次汉堡，但是他总是很保持距离。我认识他是在来慕尼黑任教授以后。我知道，他曾希望过我会成为他在明斯特大学的教授位置接班人，这是拐了两个弯才传到我这里的。但是我当时根本不认识他。后来我邀请他来慕尼黑,听说他很愿意来做一个研讨会。我感到很吃惊。因为我知道 Unger 教授一辈子所发表的论著、所做的研究都使用德语。他十分看重用德语发表论著,对此我本人也一向这么认为。尽管在全球化发展趋势下,英语当然十分重要,但使用德文发表论著也很重要,否则它会失去作为学术语言的价值。并且对我们的学生来说,让他们了解用德语已经发表过些什么,以及如何用德语写作,也是非常重要的。我一开始在是否请他来做研讨会问题上有点儿顾虑,因为我考虑到他可能不太适合,也有可能不胜任。(德国)第一代的汉学家中有些人不怎么精通英文。但是他来了以后令我很吃惊,他用英文做报告一点都没问题,他只是太谦虚而已。后来我们之间的关系非常好,又多次见面。每次见面我们之间的交流都真的十分诚善。他逝世我的确很难过。去世时他应该是 76 岁。之前他给我的印象十分健硕,我总觉得他的生命还会延续很长时间。

问:德国汉学界有没有重要的学术交流或聚会的论坛或平台?

答:其实并没有一个所有教授参加的这么一个论坛。曾经有过很多次尝试。八九十年代德国教授们曾每年有过非正式聚会,都是在某一所德国大学举行。大家交流一下当前的动态,然后一起去吃饭聊天。我想,这是波鸿的 Bodo Wiethoff 教授不知什么时候提出的,因为那时某些汉学所之间存在很大的分歧,让人觉得好像大家所从事的汉学分道扬镳,引起了一些争论。这样便有了这么一个非正式聚会。开始的时候还是挺不错的,那还是我刚刚任教授不久,我们还聚过几次。但是后来就无法继续下去了,因为交谈的内容不是那么有意思,只是为了一起去吃顿饭而聚会就不值得了,后来就自然而然停了,后来还有过第二次尝试,是由波鸿的 Helmut Martin(马汉茂)教授发起的,是在 1989 年柏林墙倒了以后。他的初衷是建立一个全德汉学研究学会,目的是把东德的汉学界与西德汉学界接轨。但是这个论坛没有被德国汉学家们真正接受。一批教授加入成为成员,但远远不是所有教授。我是其成员。但是每次都只是很少数的教授去。如今,汉学学会一年一度的会议成为汉学界年轻一代学者的园地。这当然也是一件好事。只是去的教授太少,这样它无法成为德国范围的论坛。我不得不承认,未对此做出过什么贡献。有人还曾问过我,是否愿意任这个学会的主席,我不感兴趣。这并不是因为我觉得这个学会不好,而是因为我别的事务太多。那时我还兼任慕尼黑大学的副校长,所以无法再接这个职务。其实我没有能够促进这个学会发展的主要原因是,我从1990年起就与欧洲汉学学会(European Association for Chinese Studies)有联系。我是通过一位通信结识的荷兰汉学家加入这个学会的。Burchard Mansfeld-Beck 从事汉代的研究。起先我很礼貌地给他写了封英文信,然后我们有过两三次书信往来,每次他总是用漂亮的手书回复。但是在交换了一次书信后他就建议,我们最好放弃滑稽的英文,改用德文,他的德文非常之好。我们这样两年间交换了很多书信,话题都是关于汉代晚期的。大概就在交换了一年以后的一天,他说我应该到荷兰莱顿大学来,因为将在那里召开欧洲汉学学会年会。这样我就去了荷兰,倾听了所有的报告。这个论坛我觉得很有意思,那里也只有少数德国来的教授,但是还是有几个的,其他任何协会里从没有过这么多。1992年,我作为正式会员再次与会并做了报告,我的报告得到良好的反响。这使我认识到,在这里如果你想有个好的开端的话,可以引起注意。这样我1994年又去布拉格参加他们的活动。当时我虽然不在大学里任职,但是我还是去了。那次做的报告也非常重要。这个机会让我认识了海德堡的瓦格纳教授,他马上就决定让我做他的助手。我想这跟我那次所做的报告有直接的关系。从此直到今天我一直觉得我真正属于这个学会。我觉得自己更是个欧洲人而不是个德国人。我当然知道我是个德国人,身上也具有很多德国人的性格,但是对我来说欧洲的认同比德国的认同更重要。我更喜欢用别的语言同那些不常能够遇见的人们交谈。我很喜欢讲外语。这些一直都很吸引我。所以我认为,推动这样一个欧洲的学会的发展比一个德国的学会来得重要。我觉得这也是德国汉学的前途。我认为这是好事。我是欧洲汉学学会的成员。只要有时间我一定会去。但是也得看看人的一生中有多少时间。我们不可能哪儿都去。

问: 那里参加的德国人多吗?

答: 以前德国人很多。欧洲汉学学会(EACS)是战后50年代什么时候成立的,那时叫作Junior Sinologies。那批人都已不很年轻,但参加学会的仍算是他们其中相对年轻的。他们成立这样一个学会是有明确的目的的,因为战争使大家变得彼此隔膜。我想,起初德国人在那里并不会有什么好的地位。但随着时间的推移情况有所变化,学会里有了不少德国人。后来开始减弱,90年代就走下坡路,中间很多年轻一代的学者加入,我觉得是个很有意思的现象。但是我的印象是,近几年又呈增长趋势。德国面孔又比这之前多起来。

问:说到论坛,除了这样的学会,汉学界是否也有一些专刊或学术性系列平台供大家发表和交流最新研究成果?

答:是的,有那么一些刊物,但不是很多。在德国出版的汉学期刊有 *Oriens Extremus*, *Bochumer Jahrbuch für China – Studien*(*für Ostasienforschung*?)和 *Monumenta Serica*, *Monumenta Serica*(《华裔学志》),一方面目前遇到些困难,不能定期出版,另一方面准确地说它是个国际刊物,只是所在地偶然在德国而已,我根本不想把它当作德国刊物看待。另外还有 Wolfgang Kubin 的 *Minima Sinica*(《袖珍汉学》)。其他的地地道道的德国杂志就没有了。我认为,尽管目前遇到些困难,*Oriens Extremus* 仍然是最重要的德国汉学杂志。我感觉它的情况现在又慢慢地好起来,又日益发展成为相对来说很多人发表论述的论坛,我很喜欢阅读它,因为我从一开始就参与其中。这当然跟我是在汉堡读大学有关。杂志一直都是在汉堡出版,我从一开始就在那里发表文章。但是我看到其间又开始有很多其他德国研究中心在这个杂志里发表论著。这是个很好地机会使它发展成为一个德国的学术论坛,同时它也发表英文论著,这是个很好的结合。就 *Bochumer Jahrbuch* 来说,还得再看看。我本人还从未在那里做过什么,有一段时间它也曾是个很重要的杂志。当然还有像 *Berliner China – Hefte* 这样的以现代为研究对象的杂志,我曾为他们写过两次东西。但愿我没有因遗漏什么而让人觉得不礼貌。我想,德国最重要的刊物就这些。

问:您如何评价当代德国的汉学研究?

答:这是个不好回答的问题。相对于其他小专业汉学在很多方面较有利,因为中国很大又很重要。所以只是在少数大学出现大范围裁减职位的情况。基尔大学90年代,甚至可能80年代建立的汉学专业不得不关闭。除此之外,汉学专业这些年其实过得不错，虽然中间有过一些较困难时期。因为，尽管有些研究中心一时情况不太好，但最后总是有人抱成团，主张我们需要有人承担这个专业。另一方面我想，汉学专业的问题是，中国是个很大的研究对象，可是在德国对它的了解和研究却很少，致使我们有时候不得不从事很多我们不太擅长的领域的研究。我想，汉学可以很好地继续生存下去，就像目前的情况，如果我们可以做到使大学各界领悟，其他专业也应该具有足够的中国方面的知识或至少意识到他们在这方面所负有的责任。一个汉学家在研究古代或儒教的同时还要去扮演政治学家或社会学家，这是不可能的。总的来说这些专业和学科应该启动这方面的研究，做点事情。可惜这在德国做得太少。我看到在美国则非常不一样。那里有这样的传统，就是他们虽然也有亚洲学，专门研究中国或日本历史，或许还包括文学，有时候文学还归到文学专业。但是政治学、社会学的课题范围当然归于它们本身所属的专业学科，而不是负担给汉学专业。这是我们德国存在的一个很大的问题，必须尽快改变。

问：我想，德国大概有20所汉学研究所……

答：如果把所有的那些不从事传统意义的汉学研究，而是从事中国经济和社会等研究的大学全部加起来的话，可能会有20所。但是这个数字应该是过高，其实一些是不能算的，可称得上汉学研究所的应该只有十五六所。

问：现在有个新的趋势，德国的汉学研究重点偏向现代中国，为此还成立了很多新研究所，如杜伊斯堡—埃森，还有哥廷根。

答：是的，在很多研究所的确发生了背弃传统的汉学研究，转向现代中国研究的变故。我对此基本上也没有什么歧义，这样没有什么坏处，我们需要这些。但如果传统的汉学受到打击就成问题了。因为我认为我们也需要传统汉学。近几年已经出现一些问题，人们看到德国现在有为数不多的研究所真正有能力培养传统汉学研究的接班人。其原因在于，各研究所缺乏人力致力于此。所以我们感到些压力。此前的情况曾是我们培养的人过多。这曾是一个很大的问题，那些愿意在大学继续从事研究也具备这个能力的人没办法找到工作，而不得已出国，离开德国。美国有很多德国的汉学家，台湾也有不少。他们其中有些是自己愿意去，有些则是因为他们在德国找不到位置，我们是否应该继续承担这个义务，为国外培养人才，我不敢肯定。而眼下的情况在我看来是，一个传统汉学的位置很难找到人胜任。

问：尽管如此，未来研究的趋势看起来会向现代中国转移，您不这样认为吗？

答：有可能，一定会是如此。我想这其实是源于80年代以来政治层面对汉学或大学方面提出的要求。80年代和90年代社会上出现过对汉学及其培养目标的不满。我想，我自己所教的已与我读大学时所享受到的学业有了很大不同，这是由于我们总是听到外界对我们指手画脚说，你们应该如何如何做，如果不这么做你们的专业将会很危险。我们有必要面对现代中国开放。而另一方面我也看到，与我们的专业相邻的日本学专业十年前也曾面临同样的压力，后来所有一切都转向研究现代日本的日本学。现在有能力研究古代日本的学者已经很少。总是听别人怎么说就怎么做的问题在于，那些人根本不知道什么是重要的。现在我们看到，社会对当时建立的日本学专业及其培养出来的日本学者的需求并不是那么大。80年代，人们普遍认为日本是最重要的，我们需要大量现代日本学中心。但是事实上，结果并没有人们想象的那样有成效。汉学如果也这么做的话，恐怕也会遇到同样的后果。因为大学教育最重要的意义不是在于反正拥有一个课题，谁来做无所谓，我们在做就好，最关键的是，在于我们要有高水平的人才，会思考和可以胜任这个位置的人才。这样的人才不可能从什么树上采摘来，而是要靠教育培养。如果现在太过于向现代转型就会有这个危险。这种情况我经历过很多次，因为作为选拔委员会的成员我看到，很多情况下，人们急于寻找合适人选，但是却发现找不到符合他们期望的人。所以，尽管我相信现代中国的研究也很重要，但我还是认为应该慢一点来，使后来人能跟上我们的步伐，而不是操之过急，把这些位置让给一些人，之后却发现他们并非很胜任，或许并没有得到足够好的教育，这样的话就意味着会浪费好多好多年。

问：也就是说，您很乐观认为传统汉学比如说几十年以后并不一定会有被挤到旮旯里的危险？

答：那也得看发展。目前看我的确感到传统汉学的压力。我想，我们必须很好地处理好学制的改革。我们很关注开始硕士学位以后一切会如何发展，会不会继续培养出优秀人才，这关系到整个学制改革的成功与否。现在我一点都无法预言是否会成功。这正是我们需要努力的地方。另一方面我们大学的政策向来都是对已经过去十年以后的外部社会变化的反响。所以我认为，正是这一点使我能乐观地说，五六年以后如果中国还会保持现在的发展趋势，人们会慢慢地明白，没有一点关于传统中国的知识而想要正经地研究中国是不可能的。在中国，很长一段时间虽然人们也一直从事对传统的研究，但进入80年代的时候也还远没有像今天这样重视。我想，在中国也许人们并没有有意为之，但是自然产生一股压力，好像你不得不去研究经济而不是去研究传统中国。如果中国目前的这种状况继续下去的话，很可能它会影响到德国。

问：另一方面中国也很喜欢强调自己传统文化的延续性，我也无法想象它会有一天跟这个传统告别。人们更强调的是与传统的关联。

答：然而，中国其实也未有一直如他们所说的这样认为传统是多么重要。20世纪时，我们听到的是完全不同的论调。我想，强调（现代的）一切都是古老传统的延伸和继续是一个新现象，近20年才有的。有人这么看，但远没有现在这么明显。我们还要观望其发展，当然也有可能发生变化，现在还不能说。我想，可能会持续下去并对我们的汉学产生影响，这是很明显的。就拿现在图书市场上和互联网上出版的东西来看，我们需要能看懂它们的人，以了解发展动态。我觉得应该提到，是我们的任务，也是我一向代表的观点：现代中国我们需要，但是我们不能忘记还有古老些的东西我们也必须很好地掌握了解，而不是只了解点皮毛。

问：德国大学与公众和社会的关系如何，汉学系这方面的情况又是如何？

答：我觉得大学越来越重视其在外界的影响。就我个人做慕尼黑大学副校长时的经验来看，对外公关工作的地位和范围可能是前所未有的。从前人们从未认识到公关工作的必要。我记得，波鸿大学那时候为它的汉学专业做广告，别的大学的同事听说了直摇头说，不明白如此吸纳学生有什么用处，我们以后是否还得给他们提供就业，我们不是已经有足够的学生了吗，还要做这些干什么？大学是学生们来从教授那里学到知识的地方，不需要做广告。如今情况不同了。大学做很多公关工作，它也必须这么做，因为某种程度上它对社会有一种义务。有一部分资金来自国家税收。德国现行的制度使收学费的办法看来无法实施。这就是说，经费要由国家出。国家出钱的话，（大学）就不能说我们想做什么做什么。我们当然要有这个自信认为我们所做的是应该做的。但是对外我们也得对我们的所为有个交代。当然不是说我们现在不做别的只去应付这些，但是我想，汉学专业以前在这方面做得太少。而让校方知道我们的工作，对外代表我们的大学是非常重要的。这样做主要还有一个原因，就是我们自己不做的话，很可能会有别人以专家的身份代替我们做，而他们实际上可能并不是真正的专家，从而会给人错误的印象。这是大学应该负起的重要责任。遇到重大问题，人们就会想到大学，知道那里有人对此知晓。我本人就时常接过很多类似的事情，虽然有时候觉得这些是额外的负担。比如接受电台采访、给报纸写文章、为非专业读者或大学低年级学生写一些通俗的读物等，不需要注脚，浅显易懂。做这些是因为我觉得这些工作也很重要，可以对外传播知识，而这些知识以后不知什么时候又会反馈回来。

问：外界对这些工作一定很欢迎。

答：我想，我所做的总是运作得很好，使我很吃惊。起初做这些事情的时候，我根本没想到会取得这么好的效果，但却总是得到很好的反响。我常常遇见人们跟我搭话提起我写的东西，我很惊讶这些东西会产生如此广泛的影响。正是这些小部头的书，比如在 Beck's 出版社出的那些，拥有相当多的读者，收到很多反馈。

问：那些书是《101问，中国卷》……

答：对，《101问，中国卷》，还有关于儒教我也出过一本小册子。最近一本是关于道教的，2011年出版的。到目前我还不知道这本书的反响如何。

但是其他那两本走得非常好，时常有人因此来找我。不久前我刚接受过 Alexander Kluge 的采访，他是个学者，有一个电视节目……

问：是不是那个出版人？

答：出版人？我想是吧，他也有个出版社，也是电影制作人。他采访了我。我刚开始很纳闷他是怎么知道我的。后来我看到他那里摆着一本我的小册子，他正是通过它知道我的。令人惊讶，这样的东西会产生这么广的影响。

问：也就是说，您不仅重视专业圈子，也重视公众对这个专业的兴趣以及间接地对这个国家的兴趣。

答：是的。在写针对大众的读物的时候我也尽量做到在科学上站得住脚。这样的读物不允许有注脚。但是我总是尽力做到用我的知识和良心保证，我写在书里的内容是正确的，我对它负责。当然也不能写过多这样的东西，早晚还是要回到学术工作上来，这对我来说十分重要。

问：您前面提到历史的撰写是您集中研究的课题之一，您的研究方法是用比较法吗，即对比中国和欧洲历史撰写吗？

答：这个我到目前为止做得较少。这里我得说，我对欧洲的历史撰写知之甚少，鉴于这方面知识太差，所以无法进行这方面的比较。比较法近来很流行，但是常常很多不适合比较的东西被拿来比较，或者有人对比一些东西往往出于一己之见而流于平淡。欧洲式的历史撰写法也不存在，至少我没找到什么依据可以宣称在欧洲是这样的，而在中国是那样的。因为即使在欧洲，事物也是历史地发展的。还有对一些东西我有过敏反应，比如，如果有人把欧洲哲学和中国哲学拿来比较，下结论说《孟子》里说的这个和 Wittgenstein 说的什么是同样的，这是乱扯。因为从时间上看，两者根本相去甚远，因为有些现象我们认为是中国特有的，其实在欧洲以前曾经可能也是如此，只是我们今天看不到了，因为在欧洲今天已经不是这样了。正是这些东西我不是全面了解，要想真正读懂这些东西，然后对它们进行有益的对比，那你一定应该是这方面的专家。

我本人致力于中国历史撰写的研究是因为我觉得有必要写一些从汉学角度出发的这方面的论著，供古代历史学家和中古历史学家阅读，让他们了解中国的情况。这样我们就可以就此进行对话和交流。这对我来说的确非常重要。比如，我常常参加研究古罗马和古希腊史的、或古波斯、或古代东方学的古代历史学家主办的学术会议。作为汉学家我给他们介绍汉代的或更早的历史，但不会涉及汉以后的时期。

比这个更重要的是，让汉学在未来的几年里能够远远走出本专业的圈子，与别的学科的同事们沟通交流。我们慕尼黑曾有一个 Graduierten Kolleg（硕士预科），考古学或古典语言学方面的同事一起合作研究不同的古代历史。现在我们有一个得助于大学精英创新项目（Exzellenz – Initiative）成立的硕士学校 Graduierte Schule，也从事类似的合作研究。如果有对古代中国感兴趣的人参加是会有好处的，因为他们可以向这里的同学或博士生学习。在这里可以学到很多东西。

问：这么说汉学研究在过去一段时间做了很多工作，开拓了专业本身的范围。

答：做了非常多的工作。我开始读汉学的时候常听到人说，汉学最有吸引力的地方是，有很多东西尚未有人接触过，可供你研究，很多资料从没有人阅读过。如今的情况已经不是这样了。真正至今还没有人研究过的中文原始文献已经不是太多了。如果好好找找，如今不管是关于什么都可以找到有人发表过成果，即使关于道教。80年代，道教还不怎么为人所知，今天已完全不同。甚至一直到清朝的一些很不为人知的东西都不知什么时候已经有人研究过，的确有很多进展。这也很重要，因为要想能够得出这类的对比或与其他科学家交流，你必须自己对这些东西熟悉。如果你还刚接触这些东西，先得把它们翻译过来，看看里面说的是什么，否则你就很难做出对比。你还得先完成很多基本功。

问：您如果需要第一手研究资料，是否觉得很方便获得？

答：慕尼黑是德国范围内非常有利的研究基地，这点毋庸置疑，可以找到各种各样的资料。我们现在也有很好的条件购买我们需要的东西。但是并不是说我们图书馆的条件已经十分理想。其实我们很需要一个为专业人员来管理和有目标地建设的图书馆。但是目前的状况还是比我刚来的时候好得多得多。那时因为我们的经济条件有限要买什么很困难，相比之下目前已经是相当不错了。

慕尼黑的条件相比之下相当不错。我曾做过助教的海德堡大学的条件也相当不错。以前或者现在还有很多德国汉学系就很不满意，很难搞到资料。比起以往，当今书籍的重要性已经有所削弱，因为许多东西在互联网上都有，所以今天也不见得所有新出版的东西都一定要买来，我们只要买那些互联网上找不到的就行了。要想获得这方面的信息当然需要技巧。无论如何慕尼黑目前的条件是相当不错的。这很有趣。90年代的时候人们还总是说，德国大学的图书馆是世界上落后的。我们曾一度较好。70年代开始大学面向大众化，经费也同时减少，因为都流到别的地方去了。这样我们就变得跟不上趟了。常常听说美国大学的图书馆要比德国任何一所大学汉学系的图书馆都要好。可能现在还是这样。哈佛或伯克利的图书馆当然要比我们的好，但是我们之间的差距已经越来越小。我们现在可以做不少我们有兴趣做的。我希望这个状态可以稳定，我们无从而知。总之目前比10年前要好。

问：美国的汉学传统总之比欧洲的长……

答：不是这样。美国的汉学历史并没有我们长，但是欧洲一些国家的汉学比我们悠久得多。英国和法国开设汉学教授职位就比德国早很多。德国很晚才开始。令人惊讶的是美国并没有那么强，直到二战，美国相对来说只有为数不多的汉学所。美国的汉学是二战以后才壮大起来，因为那时很多中国人迁居美国，另外还有不少德裔美国人或战后移居美国的德国人，再加上美国国内的运作，哈佛的费正清（John Fairbank）等人，他们就一下子壮大起来。当然还跟战后美国强大的实力有关，心想事成，想要什么有什么，很多东西都得以现成地接过来，而我们这里却没有什么值得一提的进展。另外，还得看到，那时德国的一个很大的问题是，战争毁坏了德国很多优良的学术传统，科学人才流失。二战对德国的科学界是个严重的打击。花费了很长时间才得以恢复。50年代，人们曾试图恢复以前的规模，但远未达到。在我看来，正是我的老师这一代人或我的前辈们真正开始着手复兴战后废墟或所剩无几的汉学专业，投入了极大的精力培养人才，使一切慢慢运转起来。到如今我们已经达到了一个可观的发展，所有的构架已经形成，不再需要我们做那些我们上一代人必须做的结构性的工作。

问：至今英国和法国是否依然处于领先地位，尽管德国已经赶上来很多？

答：我想，巴黎一如既往是个富有魅力的城市，在那里无论是什么汉学课题，你都可以找到地方，找到人（研究它）。但他们之间的合作并不十分多。巴黎是个非常非常重要的学术研究基地，比德国任何一个汉学中心丰富。但是如今德国的汉学已经远远大于英、法，问题是得出的成果如何。但是我想，目前德国的学术成果已超过英国。其主要原因在于那里的学术环境，而非我们的英国汉学同事们的状况。我想，那里的汉学中心压力很大，甚至比我们这里还大。他们那里有个评估制度，每年都要做学术评估。所有英国学者都对此叫苦连天。我并没觉得这个制度对科学研究有什么补益。人为设了很多坎儿，使空出的位置很难找到人胜任。牛津大学汉学系的教授位置就空缺了好几年。我想，德国这几年至少与他们持平，从数字来看都超过了英、法。

问：但是我想，从汉学系学生来看他们比我们多。我曾看到过一个统计，据这个统计，德国的汉学系学生人数在四千或五千。

答：很有可能，英国的比我们的多吗？

问：我想……至少法国肯定比我们的多。

答：有可能。那应该都集中在巴黎，因为法国设有很多汉学中心，还有一个小的中心在波度尔，里昂也是个重要的中心，还有一小部分在 Aix en Provence，除了这些之外就没有什么了。当然在一些城市，如 Lille，也研究中国，但是那都不是正统的汉学，就是说学生都是在巴黎培养出来的。有可能他们的人数总起来比德国的多，但是我不确切地知道。我可以依据的是欧洲汉学学会成员的人数，那里的德国人远远多于法国人或英国人。可能是由于德国人自然而然地比英国人或法国人喜欢加入一个协会,因为我们有这个传统。我认为,这个数字也反映了大学里位置的多少。巴黎具有一定的优势,那里有个 CNRS(Centre National de la Recherche Scientifique)。他们有很多中层的位置,可以从事课题研究而没有授课任务。他们有位置,多少位置我不太清楚,肯定相当多。如果都加在一起,法国从事汉学研究的人员可能真的不少,最后可能果真比德国的总和要多,但这主要取决于 CNRS。

问:您对德国汉学的情形满意吗?

答:说满意可能有点夸张。像我说过的,我们必须要谨慎,关注不致使传统汉学被踩在脚下。为此要做一些工作,我觉得这很重要;第二,也是我以前说过的,汉学不能无所不研究。下一步的任务就是要说服相邻的专业,让他们把与中国相关方面纳入他们的研究领域。仅点几个专业,比如国民经济学、企业管理学、政治学、社会学等专业。他们必须行动。我对他们没有实际做什么感到很不满意。另外我也认为,如果德国在这个研究领域不够好的话,是无法在世界上立足的,这样说并不是要贬低谁。我想,这是个结构性的问题。如果我们只是无针对性地改变汉学的方向是无济于事的。让不适合的人接任一个位置,最后发现只能完成一半的任务,一晃 30 年过去,却未上正轨。工作却得由别人完成。这其实是他们专业范围应该做的工作,而不是我们的。但是他们似乎还没明白过来,躲了起来。对此我目前很不满意。他们总是声称,我们放眼大的体系,并以此作为他们对世界上这么大的一个国家一无所知的借口。我认为,长此以往,在全球化的今天这将对德国产生负面的影响。

另外,在我看来,历史也是个大问题,一般情况下他们对亚洲一点不了解,只有少数人可以搞。这种状况亟待改变,因为在美国、中国也如此,这些领域总是有专家,他们对德国的情况非常了解。我们没有别的办法,把什么都加到汉学家身上,说你们也可以搞搞。就凭我们这几个人手是根本办不到的。回过头可以看看罗马学专业是怎么做的。那里没有人会认为我们大学第十三、十四系研究古罗马语言和文学的人还应该同时研究法国历史。

对在我们(汉学)专业这些都属于研究范围这一事实我并不想变动,这一点上我并不想争辩或推托。但是除此之外，我们还得研究中国的政治或中国的人口发展，那就简直十分可笑，一点都不相称。我相信，我们的汉学中心的研究涉及多个方面，即在中国被统称为文史哲，这是好的，而不是像在美国有些情况下，中国也如此，将所有领域分开，因为这会导致产生专业呆子。比如说有人研究汉代的诗人司马相如，仅把他作为一个诗人来研究，却对其历史背景不了解，不知道他为什么重要。不应该这样，但铺得太大也不行，因为那样对汉学家的要求就过高了。

问：出现这样的情况或许是历史形成的。汉学初始是很小的专业，必须什么都做。

答：怎么说呢，这样看来倒也有趣。你是个汉学家，好像自然而然地，你去了趟中国，目睹了一些什么。如果再多少领会一点什么，看看报纸和电视，你也可以了解到人们在谈论什么。但是那只是中国观察，不是做学问。两者存在很大区别。

问：儒教是您研究的一个主要课题，您认为儒教的精华是什么？

答：哦，这个问题很难回答。我不清楚儒教是否有一个精髓。我觉得，对此不同的世纪都有不同的定义。每个人都想出来什么新的东西。我记得顾颉刚曾说过，每个世纪都有它自己的孔子，而且相互间都有所区别。我认为，以前对于儒教来说，其实更多的不是因为它有个哲学精髓而那么重要，而是因为一些社会上对其的运用，如科举考试以及整个科举体系，这才是其中的关键。还有参加科举考试的时候考生都去庙里供拜孔子。这些东西当时非常重要。而这些都是形式上的。这是没有什么实质内容的东西。科举制度及与此相关的对学习的重视是非常重要的。我觉得，这其实才是几百年来一直传承下来的中心思想。它不是个哲学概念，而是个行为态度，它反映了人的思想：重视学习，教育可以提升人的社会地位（学而优则仕）。这些直到今天还能看到，它在东亚文化中要比在很多西方文化中更加根深蒂固。还有诸如排名次，谁最好、谁第二，等等，总是要排名次，这也是很重要的事情。我认为，这要比今天普遍公认为儒教基本价值的"孝"等还重要。这当然也是对的，如果看看清朝的类似《二十四孝》里的图画，即使在最后的几个朝代的皇帝那里也会看到大写的"孝"，说他（皇帝）是个孝子。那个时候是这样。你得这样做，似乎有这样的义务，要孝敬祖先，使自己的行为不至于不礼貌。但是我觉得（儒教）强调学习比这些道德规范更有代表性。

问：除此之外，儒教在中国很长时间里曾作为统治者的治国哲学。

答：没错，问题是这样的意义是什么？我并没觉得中国的统治者和别的统治者有多大的区别。以儒教为统治哲学有什么表现？如今对很多问题的解释都被跟这个提法联系在一起。常听说中国人服从于专制统治的天性。但并不是这么简单。别的地方也有这样的，只是在那里不称为儒教罢了。我看并没有很大的区别。如果从政治角度谈论儒教的作用的话，我认为更重要的是这个事实，即（专制）是自上而下下命令，而不是监察。下级，即皇帝下面的人，有必要提出批评，发出警告，告诉皇帝应该如何改正。皇帝也有义务去倾听。这个我认为是非常核心的东西。通过这些书文告诉人们：我有义务道出你们不喜欢听的东西。我说的不中听的东西是一剂良药，你们一定得听听，否则就很糟糕。最糟糕的是上面的人不知道下面的人在做什么。我觉得这是儒教传达的核心，我们从很多儒教东西里经常能观察到。即使这一特点在其他文化里也有。最危险的总是，当一个精英舒舒服服地高高在上，而不知道下面发生了什么。我不完全肯定，有没有别的文化里这个思想也像这样写得如此明了。我想，这其实也不只是儒家思想，其他的中国哲学里也能找到这样的思想，即认为一定要睁大眼睛，不要避开可能不好听的忠告，这些忠告有时可能必须是刺耳的。我认为这个是治国体系的核心内容。

问：是不是也就是说，中国一向喜欢说自己是个受儒教影响的社会，这个说法可能完全不对或不完全对？

答：这个问题也很难回答。问题是说到儒教它是指什么。正像我刚才所说，每个人都会按自己的需要解释儒教。肯定有过一个阶段，人们说儒教是顺从和对统治者的敬畏。这个说法比如可以在杜维明那里看到。但是肯定也有别的儒教思想家会说，上述那个说法是错误的，实际情况正相反，下级对上级负有劝诫的责任才是关键。这是个很核心的东西，这是儒教里面始终存在的关键内容。只是20世纪初没有人要听这个了。我们今天听到的所有有关儒教的论述都深受五四运动的影响。现在出现了一个反向思潮。五四运动是在一个特定的背景下爆发的，那时人们把所有不好的东西都归结于儒教，说儒教使人们相信等级制度，使人们不会独立思考，压迫妇女，诸如此类。过去是多么黑暗，我们必须革新。而近20年来一切又完全颠倒过来，又说，过去并没有那么糟糕。人们试图从儒教学说里找到积极的东西，仁义呀，和谐呀，诸如此类，当然这些的确也是儒教的一部分。但是中国不同思潮对儒教的理解存在着天壤之别。我比较反对的是，不同的人总是找出自己想要的观点，而根本不去关心别的可能也存在的观点。把儒教作为关键词为自己的目的服务。这是中国历史上常常出现的做法。在我的博士论文里我也就汉朝的情况发表过类似的看法。人们其实并不是因为儒教的思想内容而需要它，而是因为需要一个可以依附的思想权威。现在在中国又可以看到这个现象，又听到人们说，我们有儒教，它是积极的，所以我们可以把它作为依据。而实际上，并不是为了全面对儒教进行思考，而是为了自己的需要找一个道德的诉求，以便可以名正言顺地说，要这样做不是我个人的想法，其背后有一个强大的依据。

问：近些年（中国）对国学的普及是否也可以这样来看待？

答：是。三个星期前我刚刚去过香港一个这样的国学院，是在香港成立的第一个国学院，很有意思。最后有个会谈，很多大陆的国学院院长也参加了。大家想要对国学下个定义，它到底是什么。后来发现，没有人对它有个具体的看法，每个人都各持己见，看法非常不同。上海复旦大学国学院对什么是国学的看法与北京的中国人民大学国学院的看法完全不一样。也许这样的争论，各人说各人的看法，大家还争论，会富有成果……，因为国学在香港翻译为Sinologie…

问：汉学？

答：对。后来结论，汉学是外国人搞的，国学是中国人搞的。问题是，是否真有这个区分，有没有可能有这个区分？大家当然也对此进行了讨论。不用说，有些国学院院长也感到不十分确切，这样的翻译对不对，我想即使那些翻译者也不很清楚，大家对国学是否是汉学争论了一番。

问：是否可以说中国基本上没有一个独立的学术研究，大部分东西是由国家操纵……

答：……我觉得不是这样……或许可以说（由国家）支持和推动的？最严重的情况应该是"文化大革命"的时候，所有的科研几乎都没有了。但就我目前对国学院的观察，人们可以相当自由地按自己的理解运作。对他们来说也很实惠，因为有很多经费来源，也有很多企业给钱，也就是说不光是国家给钱。杭州的浙江大学还有由私人企业投资开设的课程，而非国家。这是个好的方式，因为看来不仅政策决策方对此高度赞赏，民间也是如此。这是个促进教育的好方式，而且还可以盈利。各大学都很活跃。没有给我这个印象，好像国家自上而下给国学院下指令，他们应该做什么，一点儿都没有。我想，那些实际操作的人也不知道。他们只是说，等等看会发生什么，将来会如何发展。目前我觉得，每个人都可以自己决定如何使用国家给的经费，而且一切都运行得不错。当然无法知道一切是否能永远保持下去。很可能有一天有人会说，这里产生的一些新思想不合我们的胃口。然后可能会削减经费，或者说，我们把这笔资金挪走，用在别的地方。目前他们得到很多钱，我想没有严格的监督。当然我不是国学院的成员，无法真正下什么结论。

问：在这样的学术机构是否也有国际人士参加或者只有中国的学者？

答：也有国际的人士参加。外国人可以加入理事会。清华有 David Bell……对，当然，很难说，我想外国人不能参与意见决定什么，反过来在很多研究所人们很喜欢用外国人做点缀，也会（给研究所）提高威望。在我看来，中国政府认为，有必要使他们的大学国际化，包括国学研究方面。我觉得要国际化的想法是出于人们认为，在人文科学方面，可能在自然科学方面更是如此，中国做了很多，但是没有国际的参与就不可能真正地达到国际水平。我看到，现在大学生有很多机会得到奖学金，尤其是博士生。主要是因为政府希望学生们"走出去",接触不同的事物,然后把他们的知识带回国,为此他们花很多钱。相反我也常常看到,在我去中国访问过的研究所,他们如今花很多钱请外国学者去。不记得我上次是否讲过这个故事。在山东,山大我认识一个美国人,北大文献学系毕业,然后读了博士,整个学业都是在那里完成,他20岁的时候从加州去中国,在那里上大学,读了博士学位,然后开始找工作,他告诉我,他们同一届博士毕业生人数并不少,他是其中唯一的一个找到工作的,在山大。我想这可能是因为他是外国人。

问:中国现行的政策又开始提倡儒教,另一方面他们也致力于现代化,您如何看待这个现象,儒教会不会是民主化的绊脚石?

答:正如前面所说过的,这要看你如何理解儒教。有为数不少的新儒学代表,如徐复观,他们认为,儒教根本不是障碍,相反,儒教有很多民主思想的根基,人们只要好好去读就会发现。在德国,甚至也有一些教授持有同样的看法,比如波鸿大学的 Heiner Roetz,他可能会说孟子是个民主思想的哲学家,或者说他的思想里有民主思想的根基,人们只要好好去读一读就知道,这些东西只不过后来被中国的传统湮没。他不是唯一一个有这种看法的人。有很多人发表过这种观点。这仅仅取决于你如何解读它,和你选取哪个章节来读。这个学期我恰好开设了一个孟子的课。我确信,在这个章节里说的并不是人们通常理解的这个主题,即人的本性是好的。当然这个思想非常好,但这只是孟子里的一小部分。关键是,孟子是一个个人,一个作者,他总是提到,我没有得到统治者的善待,他们应该更好地善待我这个进谏者,他们如果不好好对待我,我就不跟他们合作。一个下级应该得到其上级的善待,然后国家才会很好运作。这里面其实就有个对民主的诉求,其实主要还是看你如何解读儒家著作。人们也可以说,一个专制的制度有很多好处,至少有些人这样认为,人们也可以说,这是个民主的制度。

问:您认为中国的儒教研究是否与西方的不同?比如说从出发点上。

答:这是个很不好回答的问题,因为西方研究儒教的人并不多,而且要把中国和西方的研究区分开变得不太容易。在中国之外的最大的儒学研究中心当然就是美国。但是在美国的汉学界有很多中国人。我刚刚收到邀请，为夏威夷的 Cheng Zhongying 主编的 *Journal for Chinese Philosophy* 写一篇东西。我知道那里发表的很多文章都是受西方影响的中国学者写的。他们这些人一部分刚去美国不久，而另一部分则已经在美国相当长时间。是个混合体，不能简单地加以区分。我想 50 年代的时候还是另外一个情况。正是从那个时候开始，中国人的比例越来越大。在美国刚开始有个较小的、以美国白人为主的流派，后来被欧洲移民取代。他们所做的当然跟中国人所做的看上去不同。他们可能与中国学者相比更多地从语言角度出发，所关心的问题多是原文是如何的，当时真正所说的是什么，等等。这些问题都是中国的汉学不感兴趣的，后来受到西方的影响后才稍微做了点研究。我想，今天也没有很集中地继续。所以我想说，在儒教研究方面传统的流派依然存在，在美国也是这样。但是总的来看，它如今已经被中国视角所垄断。中间还曾有过另一个研究方向，是哥伦比亚大学的 Theodore de Bary 和 Wing-tsit Chan（Chen Rongjie）搞的。他们当然也是中国人，但是从中国香港来的。还有就是 Conrad Schirokauer，他们的尝试从西方角度出发，受日本的影响很大，他们的日文都很好，是在日本学的。但是他们某种程度上已经跟中国接轨。所以我很不确定是否可以声称存在一个西方的和一个中国的儒教研究流派。

问：欧洲是否更独立一些？

答：是的，但是在欧洲都有谁研究儒教？如果仔细看看，不是很多。巴黎的 Anne Cheng 研究这个，她以前也是中国人，她有一本法国护照，是在那里生的，她的父亲已经在那里生活了很久，她毫无疑问是法国人，但我还是不得不说，她是另一个研究方向。我们欧洲还有谁真正研究儒教？这个群体很小。伦敦的 Bernhard Führer，当然，但严格地讲他属于语言学流派。当然还有意大利的 Tiziana Lippiello，她是《论语》的译者，是有那么几个人，但还谈不上有个专心研究儒教的欧洲学派。汉堡的 Michael Friedrich 从事张载的研究，Michael Lackner 也是，但这都是点状的，不是真正意义上的欧洲儒教研究。

问：还有 Christian Soffel，新一代的？

答：对，当然 Christian Soffel 是在慕尼黑读的学位，研究的是钱穆，他在美国与 Hoyt Tillman 合作过。我跟后者也有过合作。这里也必须说，他们跟中国有很多类似，或受中国的影响较大。Hoyt Tillman 曾做过一段时间 Christian Soffel 的导师。他自己说，他的读者更多的是在中国而不是在美国。他常常去中国，和北大的人很熟。他如今也用中文发表了些东西。他的关于朱熹的那本书中文版比在美国更著名。Christian Soffel 在台湾待过一段时间。我想做这样的区分是不那么容易的，即使在中国也有很多不同的意见。

问：Rudolf Wagner？

答：Rudolf Wagner，我不想把他归于儒教研究的圈子，他研究的是王弼，是属于玄学，以前曾被称为新道教，今天已经不这样称了，但是……，儒教研究的确像说过的那样，是个较小的领域。

问：有一段时期，对儒教究竟是哲学还是宗教有过争论，这个争论是否已经平息？

答：没有。我还是认为，大部分人会说，儒教缺乏一些作为宗教的因素，但是我觉得这个争论是多余的。问题是如何对宗教定义。如果像例如 Jan Assmann 所说的，宗教其实不是与超灵，也就是彼世相关的话，那么，儒教也是种宗教。可以说，如果国家制度建立并固定下来，敬拜变成了流行的形式，那么，它也就是个宗教。这样，在过去的时代很明显应该把儒教作为宗教看待。我认为，儒教不是宗教的说法更适合某些人的需要，先开始是耶稣会传教士，后来还有中国现代的政府。他们说儒教是哲学。哲学听起来也更好听，很智慧。而宗教在现代中国很容易就被联想成迷信。如此看来，这个辩论不是科学的，也无法对其进行科学的解析。要注意，这个辩论的背后有政治的意义。

问：那么，儒教和儒学两个叫法继续并存下去。

答：是的。中国传统上有三教合一的说法。那时大概还没人关心这个区分。但是认为儒教关心社会秩序的看法古已有之。还有别的人他们有别的看法。但是上述这个观点南北朝时就有了，毫无疑问。但是它决定了这个问题。我其实不太喜欢这个讨论，因为我总是觉得这个讨论是由一些非学者引发的，他们有别的目的，然后又被学术界接过来，而学者们忘记了这个讨论的背后有别人，是他们挑起的这个讨论，而且带有某种用心。看到大家替他们讨论这个问题他们感到很满足。就像中国有人说的，汉办出钱，下面就有人去做。汉办对这个问题不是很感兴趣，不直接感兴趣，它只是先说，行动起来就好，趁着有钱，真的该去做你想做的，这样就好。但是不要忘记，其背后还有别人，他当初是有什么目的的。

问：也可以从另外角度看，中国人传统上就不信神，没有西方式的宗教概念?

答：耶稣传教士也曾这么说过。中国人没有宗教信仰的说法我觉得是无稽之谈，有很多，我们只要看看佛教传入中国时的影响就知道了。随后各种各样的神传入中国，而这之前中国也已有各种神，只是样子不同。事实上，中国有拜神的习俗，为死去的人准备佛龛用来祭祀。所有这些说明，中国和世界上任何一个地方一样有宗教信仰。如果可以那么说的话，那么，也可以说印度教不是真正的宗教，而只是个神崇拜，等等。正像汉学家对中国这方面的问题感到苦恼，印度学家也为印度教到底是什么、它是不是宗教等问题感到苦恼。我觉得这的确有失偏颇。唯一可以确认的是，中国没有像西方那样的一神论。他们不一定会有类似犹太教或从犹太教发源来的基督教这样的东西。我父亲是伊斯兰教学者，他常常说，基督教里三圣合一的思想其实也是对一神论思想的怀疑。一神论在欧洲也没有真正地通行过。如果好好看看的话，比如意大利，或巴伐利亚，我们就会发现，这里跟世界其他地方、或说中国，其实没有很大的区别。所以我拒绝这种说法。

问：在学术界您如今被看作是儒教、中国哲学和思想史重要的学者之一。您如何看待这个归类?

答：我想，我更强调后者，即历史。我觉得我更是个历史学家，而不是个继续编织思想的"思想史家"，我关心的是历史角度的分析，出现了新思想以后，事情有了什么样的变化，社会有了什么样的变化，这些对人产生了什么影响？这是我更感兴趣的，而不是思想本身。

问：您如何看待您对哲学和思想史研究领域未来发展的贡献？我想这方面是德国汉学的传统。

答：是的，是有这个传统，但是个不完整的传统。我们来看一下 Otto Franke 做了什么。他发表了很多关于董仲舒的《春秋繁露》的论著，还有关于明代哲学家李贽的。我要说，这些都跟后人做的研究不同。我想，要从中找出传统的延续性是不容易的。拿 Alfred Forke 写的《中国哲学史》（三册）来说，这都是很早以前的东西。也许对我们所有的人来说历史元素一向较重要。尝试从历史中找到一些可靠依据并可以说，一些思想在某某时代比较符合，在其他的时代则不符合，这样对儒教加以区别，对我们来说很重要。这样我们可以说一个任何时代都相同的、一成不变的儒家思想是不存在的。一定要按历史阶段的顺序，然后试图得出结论。这也许是在大部分德国从事这方面研究的学者身上可以看到的共同的特点。但是我想，Reiner Roetz 还要除外，他的兴趣事实上有所不同，他的兴趣更偏重于探求思想的精华是什么。在这个问题上我则较矜持。

问：您如何看待您的（在这方面）的贡献？

答：您是指什么，我做了哪些工作？我研究的是汉代的儒教，宋代的儒教，两者都是从历史角度出发，而不是从思想史角度。我还写了本不太厚的关于儒教的书，是我的成果。我想，我还有其他两部学术性著作，论述的是不同历史阶段的儒教，说明儒教是如何依附于时代和当时所具备的政治条件的。后来还写了本关于儒教的薄书，很畅销，我很满意，因为我刚开始并不清楚是不是真的要写这本书。我想，这也是个重要的成果，写一写中国都出现过什么，人们可以查阅，看到历史的发展，了解儒教并不是如今天人们常说的是这样和那样的。我弟弟曾批评我，他翻过也看过这本书。他说，你在书中从没有提到（儒教）到底是什么样的。我回答他说，正是这样！关键就在这儿。这正是我要说的，因为现在太多人谈论儒教，好像他们知道它是什么。我就是要写这样的东西，告诉人们，事情不是那么简单。

交流与平等对话是了解中国的唯一途径
―― 史安梅教授访谈录

史安梅（Angelika Messner）基尔大学中国中心主任、汉学教授

采访人：Jiagu Richter
采访时间：2018 年 12 月 14 日
整理人：Jiagu Richter

照片 1：史安梅教授（2017 年）

问：十分高兴能够在这个项目接近全面结束的时候对您进行访谈，这增加了我们覆盖德国汉学研究情况的全面性，尤其是北部德国的情况。您是怎么开始汉语学习的？

答：我出生于意大利北部南提洛尔的一个富裕家庭。我父亲经历了两次世界大战，"一战"时他还是个孩子，"二战"时他在意大利军队中担任连长。我母亲在战时逃到了奥地利，战后才回到家乡。我出生时父亲已经55岁，母亲42岁，所以我的到来极受欢迎，我和比我小两岁的弟弟得到了关爱和最好的教育。"二战"后，我父亲到慕尼黑一所商业管理学校学习，回来后接手家族纺织企业。我的母亲出身于当地一个显贵家族，她的哥哥是当地的行政长官，其他兄弟也担任较高的职位。她本来要去读大学，因政局动乱改学了护士。在30多岁之后，又在奥地利改学了艺术刺绣。在我们家里常常有来自奥地利、德国、瑞士以及意大利南部等地的亲戚、朋友，所以我从小就会说多种语言：德语方言、意大利语和标准德语。

在上了两年幼儿园、五年小学后，我进了离家两公里远的中学。高中上的是离家100公里以外的寄宿学校。寄宿学校的建筑是原哈布斯堡王朝的一个皇家宫殿，非常漂亮。管理学校的是一些英国修女，她们也给我们上一些课。校长是一个行政官员，他当时支持意大利共产党。那是一座女子学校，那段时间十分珍贵，因为我们不仅学习自然科学，还学了很多艺术课程，如文学、诗歌、戏剧、绘画和体育。

在孩提时代，家里有很多关于世界各地的书和杂志。很小的时候，看到许多有关中国的图画，总是为那些图画所吸引。19世纪晚期，有一个出自南提洛尔的神父福若瑟（St. Josef Freinademetz），他去中国山东省做传教士，是一个很特别、很单纯的人。后来被梵蒂冈教廷册封为圣人，他身穿中式长袍、留着辫子，吃和中国乡下人一样的简单食物，总是接近、帮助身边的穷人。后来发生了义和团事件，朝廷强迫他离开，他表示一定要和他的中国信徒待在一起。他最后因照顾伤寒病患者受到感染，死在中国。我看到了他和中国孩子在一起的那些照片，从一个孩子的眼光看来，这些很让人着迷。

18岁时，我到因斯布鲁克学医学，学了两年后，我还是念念不忘中文，觉得一定要学中文，于是到维也纳到处找学习中文的地方，最后找到了维也纳大学汉学系，我开始学习中文、民族学两个专业。我同时还学世界哲学和医学史课程。我得到了意大利给年轻人颁发的杰出学生奖学金。因为不可能学中医历史，所以我从西方医药史开始。维也纳汉学系有语言、文学、历史等专业方向，但那是一般的历史，没有我这个方向的，所以我去慕尼黑找到了 Unschuld 教授。他给了我很大的帮助。

学习中文是我人生发展的一个重大事件。1989 年，我得到奥地利科技教育部颁发的奖学金，去中国北京大学学一年中文。虽然我是意大利人，但奥地利政府也给南提洛尔的学生颁发奖学金①。维也纳有几百个南提洛尔的学生呢。能到北京大学学习让我觉得极为荣幸，使我能够更多地了解中国的历史和文化。在北京时，我与北京中医药学院建立了联系，认识了一些那里的教授，他们给了我很大的支持。我买了 20 世纪 90 年代初出版的有关马王堆的书。我的硕士论文写的就是马王堆《五十二病方》。当时维也纳大学汉学系的罗致德（Ladstätter）教授和 Pilz 老师都说不能接受我的论文，因为他们不了解这个专业。Unschuld 教授推荐我去了弗莱堡（Freiburg）大学，那里的教授 Gudula Linck 接受了，她认为这是一个极好的题目，是一部很好的论文。她和维也纳大学的 Wernhart 教授是我的博士导师。

当时中国有 21 所中医药大学，我在中国认识了很多这些大学的教授，与他们进行了极有意思的对话。有一个 80 多岁的老教授同时是一个名医，一个很智慧的老人，像一个老祖父。他给我讲了当归的历史，并给我起名"当归"，这正好与我的名字 Angelika 的意思相同，他说，你会经常回到中国的。因此我有两个中文名，第一个中文名史安梅是维也纳的中文老师孙辉给我起的，这是我正式的中文名。他来自天津，在维也纳教了两三年中文，是一个很好的老师。他曾在澳大利亚待了好几年，教中文，为此常年与家人分开，这种奉献精神真让人敬佩。

我在维也纳学了四年中文，第五年去北京大学，第六年在弗莱堡得到硕士学位。维也纳大学汉学系 20 世纪 80 年代中期有 120 个学生，因为那时有中国热，但最后毕业时只剩 4 个。这与当时的教授罗致德有直接的关系，他对中文语音、语法很重视，很有造诣，但是很难与人相处，也不支持其他方面的学习与研究。当时还有 Pilz 和李夏德（Trappl），Pilz 是很好的老师，教中国历史，19 世纪后期的历史，他的博士后论文是关于汉朝的。他很内向，但

---

① 南提洛尔原为奥地利领土，第一次世界大战后划给了意大利。当地人大多为德意志民族，讲德语。——访谈者注

很愿意帮助学生，知道我们怎么去学习。但他身体很不好。他后来是我的博士指导老师之一。我的博士论文：《明朝后期至1930年——中国医学处理癫狂问题的研究》[Medizinische Diskkurs zu Irresein in China (1600—1930)]，其中介绍了中国的医生和法官如何判断这个病症。这本书有很大影响，在很长时间内是这方面研究唯一的专著。后来一位意大利教授和顾彬教授邀请我去波恩参加1994年关于中国悲伤情感问题（Melancony）研究的国际会议。我在会上做报告，谈了我这个博士论文的部分内容。这是我第一次在国际会议上宣读论文。会上我接触到很多汉学家。澳大利亚著名汉学教授Marc Elvin邀请我去澳大利亚讲课。这也是我的第一次，当时我35岁。与会的意大利那不勒斯大学的汉学教授史华罗（Paolo Santangelo）是研究明清问题的专家，他也想了解中国人如何对待情感问题。他给我提出了很多研究命题，我开始找中国医学方面的材料，没想到多年后我成了这方面的专家。他有一个研究情感问题的小组，但他没有医学方面的来源和研究背景，他只有文字方面的资料来源，我的参与给他的研究带来新的切入点。他人脉很广，与很多美国、中国这方面的学者有联系。他把我带进了这个圈子。十多年来，我们每年在意大利开这方面的会议，我们一起发表很多文章，也出版了一些书。

问：是的，一般汉学家是从中国历史、文化的角度来探讨这个问题，很少有从医学角度来研究这个问题的，您这个研究确实很有价值。

答：是的，我得到了很多的支持，Unschuld教授一直是我的指导，同时有三四个中国中医药大学教授指导我，给我寄资料等。那是90年代初，还没有互联网，都靠写信、邮寄。没有他们的支持我是不可能完成这个工作的。1992年在北京中医药学院组织了一个大型的中国医学史会议，中方参加的人就有200多。因为已认识一些人，所以被邀请。那时去趟中国不是很便宜，也不是很容易。我申请德国科学研究会（DFG）资助。为此，我得写一个申请论文。我是意大利人，所以得不到DAAD，DAAD奖学金只给德国公民。那个会是全中文的，只有个别的人有翻译，我得用中文讲。

照片2：史安梅教授2018年在杭州浙江大学

问： 全中文的您听得懂吗？

答： 当时很难啊！我为这篇论文的翻译，工作了好几个晚上，还找人帮我校订。但效果很好，因为所有中国学者都在听。会上也结识了很多学者。在会上演讲的是我这本书的一部分。会后，他们到档案馆帮我找资料，有的需要拷贝，有的需要摘抄。当时外国人不可以去查。我需要用资料完成这本书。这已经是与中国学者的合作。

问： 您提到书中有一些医生，但还有一些法官的判断，是吗？

答： 是的。书中还有清代的一些例子。为此，我得学习他们使用的不同的语言，法官使用的语言与医生是不同的。

问： 您以哪儿为工作地点呢？

答： 1991年硕士毕业后在基尔大学汉学系教现代汉语，同时读博士，这不是一件很容易的事，当时每周要教八小时课。但不总是在这儿，也去中国做研究，去意大利大学教学，有时去柏林普朗克学院教科学史课。1998年获得博士学位，2000年出版了这本书。2006年获得教授资格。

问：您这本书的结论是什么？

答：1898年美国一个传教士医生在广州建立了中国第一个疯人院。我就想中国人怎么对待这样一些人呢？当时西方人认为中国很落后，有精神障碍的人在中国很可怜，没人管他们。这是当时殖民主义者的看法。而我研究的结果是，情况不是这样的。我的结论是：中国医学界当时对待有精神障碍的人不是将他们作为另类给予歧视性、羞辱性的对待（Stigmatized），而且他们有家庭的关怀，这当然取决于有什么样的家庭。这是我没法知道的，但是我研究医学方面的资料是，他们没有因此受到另类对待。当然这是一个非常复杂的问题，可以有不同的看法和争论。在有些案例中，当一个人因为精神障碍，在愤怒中杀了他的妻子，在判决中，他会得到比较宽大的处理。这是我找到的案例中有的情况。

问：就是说您的研究不仅是医学的角度，同时也从司法的角度来分析？

答：是的。

问：如果一般从社会、历史的角度来看待这个问题，很容易得出与您不同的结论。您的这种看法是主流思维吗？

答：不是。但我在长时间与各方的讨论中更加强化了我的观点。1994年在日本东京召开了一个亚洲医学会议，也是一个国际性会议，我再次谈了这个题目，受到很大欢迎，当时没有互联网，你需要参与各种会议与人讨论和争论。

问：现在请您接着介绍您自己的发展。

答：2013年夏天，我在基尔大学得到中国研究的教授职位。可以研究所有与中国有关的问题，但我自己仍主要研究历史和医药史。2013年我开始研究老年化问题。我们与姐妹大学——浙江大学进行合作，我们已有15年的合作关系。有人建议与我共同进行有限性问题研究，包括生活、资源等各方面的有限性。有很多学者参与，每年有5—6周，我还在中国，要到中医门诊部，现场采访医生和患者，他们对我敞开大门，有时一天待8小时，他们既是医生又是教授，这是中国的做法。在杭州我们去了胡庆余堂，这是一个很大的有名的药房。我也与基尔大学的人一起做有限性研究，15个教授一起研究，很大的题目，不同的分议题，有些是环境问题专家、经济问题专家，有的是文学家。可以看到，这是一个有多重性的问题，也是一个可持续发展问题。一月份，我将去意大利教可持续性生活方式这门课，这是一个联合国教科文组织的项目，在意大利都灵有一个培训中心，在米兰附近。那里有很多中国来的学者。

2012年基尔大学中国中心成立，我担任中心的第一任主任。基尔大学原有汉学系，但在2008年关闭了，后来大学意识到不可能不研究中国，也需邀请中国学者，需有讨论21世纪的论坛。基尔大学的外国学生包括博士生中大部分是中国人。我们中心可以集中于研究当代中国的问题，不仅仅是研究也有联络等工作，还有其他任务，现在仍在成型之中。中国中心目前是哲学系的一部分，或许以后可以跨系科。因为很多系科都要和中国学者合作。20世纪50年代欧洲做很多事情可能可以不考虑中国，但现在不行。我们每年都开很多中文课，有80—90名学生来学中文。

问：从其他学科转来搞中国该学科的研究似乎是做中国研究的一个发展方向？

答：完全同意。不能让学生学10年中文再去搞研究。我们大学有很多不同的学科，如这里的海洋研究很发达，而且已经与中国青岛、浙江等地有联络，他们需要我们的支持。跨学科联合进行中国研究，这是方向。不能指望汉学专业可以培养出很多同时可以做其他专业研究的人。

我还特别希望德国联邦和州政府在中学设立中文项目，让中学老师了解中国，同时学一点点基础的中文。

问：您还参与哪些学术机构的工作？

答：我是德国亚洲研究会、欧洲中国研究会、国际东亚科技和医药史研究会、德国社会学研究会老龄问题组、德国中国研究协会、德国历史人类学协会、德国基尔大学医药史研究会等研究机构的成员。

问：您指导哪些方面的研究？

答：我指导过的博士论文范围很广，从中国医药史到情感史，还包括对当前中国环境意识的研究。

问：您的研究经费主要来源是什么？

答：主要来源于德国科学研究协会（DFG），部分来源于基尔大学。

问：您常去中国吗？

答：自从2012年起，我每年至少要去一次中国并待几周，有时一年要去两三次。我也是浙江大学和上海中医药大学的客座教授，常去讲课。今年9月，我们和浙江大学公共健康和社会医疗学院、浙江大学中国研究院以及浙江大学德国研究院都签订了谅解备忘录，这会让我们的合作更加深化。中国在过去30年里已经成为我生活中不可少的一个组成部分，中国也会在其他欧洲人以及美洲人的生活中发挥较大的作用。我努力帮助我们大学和我们这个州政府与中国学者建立联系，以促进文化和语言的交流，增进欧洲与中国相互的理解。

照片3：史安梅教授在上海中医药大学教学课堂上（2016年）

问：您认为应如何推进德国的中国研究和汉语教学？

答：需要与政府合作，政府实际上有需要。应要求所有学生都最起码学一点儿有关中国的知识，扩大这方面的知识面和视角。可将中文作为副科。汉学家有这方面的使命，要呼吁。滴水穿石，不要放弃。我们大学里有很多同事，他们说你是中国的朋友，但这是危险的事。他们可能是很好的人，但对中国太缺乏了解，而且留在过去传统的冷战思维上。只有增加人员交流才能增加了解和理解。

问：讲授有关中国的知识也取决于使用什么教材，如果教课的人对中国没有较深的了解，与人们从媒体上得到的没什么区别，您认为德国媒体在中国问题上有没有偏见？

答：偏见仍存在。也有人在努力克服，但可能有70%的报道仍是带着偏见的。两天前有个课程，我们请一个教授来讲课，他是医学方面搞放射科的，70多岁，在过去三五年中，他每年去中国，他没学过汉学，但对中国很有感情，他说，是的，中国人声音很大，人很多，有很多问题，但是……我们必须同等对待，平等对话。

我不接受中国比西方好的观点，我们不需要这种竞争，需要平等合作，需更多的合作领域。

问：您中心的情况？包括人员、工作重心和研究方向。

答：一个研究人员，一个行政人员，一个语言老师，还有好几个研究助理，希望有更多的研究助理。主要工作是中文教学，其次是研究和联络及与中方的合作。中文教学面向基尔大学的所有学科，我们大学是一个综合性大学，有各种学科，各科的学生都可以来修中文课。此外，我们每学期有4—5个不同的讲座，面对大学所有人，也向大学以外的人员开放。有时我们从别的大学，比如哈佛大学请客座教授。也有很多从中国来的客座教授，他们一般来一年，有的来三四个月。我们负责费用。

问：谁来决定开什么课？

答：一般我决定开什么课。但也有其他系科提出要求，特别是经济系，会提出一些要求，我们根据要求开课。我本人的方向集中于全球健康、亚洲医药等问题的研究。这些不是政治问题，是容易进行不同国家之间合作的领域，比如人口构成变化等问题，这是所有社会都面临的，是共同的问题。目前正在计划2019年"面向未来的学习"，如中国的可持续发展，可以和农业系合作。

问：作为基尔大学的中国中心，你们的发展潜力很大。因为是一个综合性大学，许多系科都需要与中国合作，他们需要你们的帮助。

答：对。与其他大学汉学系相比，这里工作条件很好，德国北部的人话不是很多，但很认真、敬业。我在这里很受尊敬，工作很顺利。

作为研究历史学的人，我完全同意历史研究的重要。但这仅仅是一个方面，不是全部，不能用来完全解释当代发生的事情。应该允许有些人做历史、传统的研究，但可以有分工。对于有些研究当代中国的人，比如研究当代经济的人，我不能要求他们首先学三年的古汉语，不是所有人都要去学古汉语，再用几年去学现代汉语。现在我们要求学中文的学生一周最少上6个小时中文课，在家至少再花6个小时。但需要说服他们用这么多时间，因为他们还有其他专业。只有这样才能坚持学下去，才能学好。这是我们最大的挑战。目前，我们仍教汉字，我认为只学拼音不够。虽然有人希望只学拼音。

问：是啊，拼音是1958年才创造出来的，而汉字已有长久的历史，凝聚着中国几千年的文化与历史。只学拼音是学不好中文的。

答：你知道吗？创造汉语拼音时，维也纳的罗致德教授也参与了，因为他有与俄国人就此方面合作的经验。60年代前期又为此去过中国。

问：学生有无大学以外的人？

答：现在没有对外的课程，但讲座对外开放。

问：有无培训与中国交往的企业家的想法？

答：这种培训在我们州已有，但不在大学里。现在我们有很大的经济学院，我们也可能有中国经济方面的教授，可以做这方面的培训。

问：你们或许会成为你们州中国问题的研究中心。
答：我们有这样的想法，但需要将其纳入大学的课程，需有一定的水平。

问：有无考虑设立孔子学院？
答：几年前有人说过，当时不需要，因为汉堡有很大的孔子学院了，那里离这儿不远。目前这是一个开放的问题。可是我们中心目前就很好，大学的中国中心不是必须成为孔子学院。我们的资金来源没有问题。我们研究方面很强，常常得到德国研究协会（DFG）的资助，我们是研究中心，也是一个国际中心。当然我也看到，德国有些研究中心不能很好地和中国打交道。也有人对我提出这样那样的要求。我认为，如果期待我代表政府去观察中国，你可以去找墨卡托中国研究中心（MERICS），他们的特点或许是因为资助问题。所以我很自豪或引以自慰的是，这里的研究有着自己的基础，即我关于社会医学史、全球健康问题以及相关问题的研究，我是这方面的专家，如果需要讨论人权问题，可以去找别人。

问：您对中国的前景怎么看？
答：十年前，我可以说，中国可以向任何方向发展，可是现在，作为欧洲，你不能没有中国。对我来说，中国是我生活的一部分，我希望友好合作，如习近平所说，中国梦要与别人分享，我希望如此。欧洲大部分人没看到这一点，但我看到了，要帮助他们看到。中国的发展对欧洲人来说是个很大机会，现在与以前不同了。整个世界处于社会大变动之中，我们有融入问题、教育问题、环境问题、老龄化问题，等等，我们面临很大的挑战，所有这些问题需要我们共同面对、共同解决，我们必须和中国一起做、合作。不是我们能不能这么做，而是我们必须这么做。